《农业软科学研究丛书（2004—2009）》之六

农村改革与统筹城乡发展

农业部软科学委员会办公室

中国财政经济出版社

图书在版编目（CIP）数据

农村改革与统筹城乡发展/农业部软科学委员会办公室．—北京：中国财政经济出版社，2010.8

（农业软科学研究丛书．2004～2009；6）

ISBN 978-7-5095-2406-0

Ⅰ．①农… Ⅱ．①农… Ⅲ．①农村经济 经济体制改革-研究-中国 ②城乡建设-经济发展-研究-中国 Ⅳ．①F320.2②F299.21

中国版本图书馆CIP数据核字（2010）第153921号

责任编辑：刘五书　　版式设计：董生萍

封面设计：郁　佳

中国财政经济出版社出版

URL：http：//www.cfeph.cn

E-mail：cfeph@cfeph.cn

社址：北京市海淀区阜成路甲28号　邮政编码：100142

发行处电话：88190406　财经书店电话：64033436

北京富生印刷厂印刷　各地新华书店经销

787×960毫米　16开　31.75印张　411 000字

2010年9月第1版　2010年9月北京第1次印刷

定价：59.00元

ISBN 978-7-5095-2406-0/F·1934

（图书出现印装问题，本社负责调换）

本社质量投诉电话：010-88190744

《农业软科学研究丛书（2004—2009）》

编 辑 委 员 会

编 者 说 明

呈现在读者面前的这套丛书，是农业部软科学研究2004—2009年成果汇编。

农业部软科学委员会曾编纂《农业软科学研究丛书》和《农业软科学研究新丛》，收录1994—2000年、2001—2003年间的软科学研究成果。丛书出版后，受到了社会各界的广泛好评。2004—2009年，农业部软科学委员会组织专家对农业和农村改革发展的重大问题、热点难点问题开展深入研究，形成了一大批高质量的研究成果。许多研究成果既注重前瞻性，又注重战略性；既注重理论性，又注重操作性，为领导决策发挥了重要的咨询服务作用，为推动农业农村经济持续健康发展提供了重要的理论支撑。为进一步强化农业软科学成果的转化利用，扩大农业软科学研究成果的社会影响，现将这六年的研究成果汇编成《农业软科学研究丛书（2004—2009）》继续公开出版，供读者研究“三农”问题时参考。

在丛书编辑过程中，农业部软科学委员会办公室组织有关专家在全面整理农业软科学2004—2009年研究成果的基础上，筛选出仍具有理论和实践参考价值的研究成果，按主题和内容分类，编纂形成6册专集（著作）出版，分别是：《农业综合生产能力与农业社会化服务》，《现代农业与新农村建设》，《农业产业政策与农业宏观调控》，《农村劳动力转移与农民收入》，《农村基本经营制度与农业法制建设》,《农村改革与统筹城乡发展》。

各专集编纂人员对各项研究成果进行了认真的遴选，按一定的逻辑关系进行了整理和编排，并尽量保持原貌，以反映出认识与实践演进的时代脉络。同时，为方便读者阅读和参考，对入选研究成果作了内容综述。此外，为了保证这套丛书的质量，编审人员作了认真细致的审校工作。限于编者水平，书中不妥之处在所难免，敬请读者批评指正。

农业部软科学委员会办公室

2010 年 7 月

目录

综　述

三十余年的农村改革，极大地解放和发展了农村社会的生产力，为农村经济社会发展提供了强大动力，也为农业、农村发展方式的转变和农村可持续发展奠定了基础。农村改革还带动了城市改革，为城市发展乃至社会主义现代化建设，为探索社会主义初级阶段的基本经济制度、建立社会主义市场经济体制发挥巨大作用。当前，随着工业化、城镇化和农业现代化的加快推进，我国农业和农村发展面临的有利条件和积极因素迅速增加，出现的问题和挑战也在日益增多。与此同时，我国城乡经济的关联度显著提高，协调推进工业化、城镇化和农业现代化，建设城乡经济社会发展一体化新格局，日益成为时代的要求。在此背景下，重新审视农村改革的环境、目标、方向和思路，并将深化农村改革与推进城乡统筹发展结合起来，具有重要的战略意义和现实作用。本书以“农村改革与统筹城乡发展”为题，收集、筛选了2004—2009年由农业部软科学委员会资助的37项课题的研究成果，并进行了逻辑化处理，归纳为本书的七章内容。通过本书，可以窥见同期我国农村改革和统筹城乡发展的研究进展情况，也可以为未来深化同类研究提供重要的理论参考和背景支持。

一、科学认识农村改革的进展，明确深化农村改革的方向和思路

长期以来，我国推进农村改革的一个重要经验，就是适应农业农村发展阶段的变化，科学认识农村改革的进展，不断调整农村改革的目标、任务和思路。本书第一章系统研究了农村改革的背景、进展与目标、思路。基于由范小建主持，陈晓华、张红宇负责的课题——“科学发展观统领农业和农村经济战略研究”而成。第一节提出我国农业和农村经济发展正处于一个关键的转折时期，出现了一系列阶段性特征，具体表现为：农业和农村发展的外部环境正在发生积极变化，同时面临诸多体制性、机制性障碍；农业增长方式正在发生积极变化，同时资源短缺和生态环境脆弱的制约日益突出；农民就业结构和收入结构积极变化，同时城乡居民收入差距扩大的趋势并没有根本改变；农业发展的国际市场环境正在发生积极变化，同时农业竞争力亟待进一步增强；农业和农村经济的运行机制正在发生积极变化，同时农村公共服务能力严重滞后。这些特征表明，深化农村改革比较迫切，任务依然很重！

近年来，党中央大力推进农村改革，取得了明显的进展和成效。这些进展主要表现在哪些方面？农村改革导致农村经济社会体制出现了哪些新变化？第一章第二节基于李炳坤主持、黄守宏负责的课题——“‘十一五’期间深化农村改革的总体思路研究”，提出近年来农村改革的新进展主要表现为：农村税费体制改革进入新阶段、粮食流通体制改革取得历史性突破、农村金融体制改革积极推进、农业投资体制改革进行了多方面探索、土地征收制度改革在曲折中前进、城乡二元体制改革迈出实质性步伐、农村社会事业的体制改革稳步推进。农村改革带来了国家与农民分配体制的新变化、高端财政与基层财政分配体制的新变化、农村经济运行机制的新变化、农民权益保护机制的新变化、农村社会事业发展机制的新变化、农村社会治理模式的新变化。尽管受完成时间的限制，该课题不可能囊括近年来农村改革的最新进展和成效，但在本书完成时，回过头来看，“十一五”规划实施以来，我国农村改革呈现了全面推进、加快深化的态势，出现了从微观领域向宏观领域加快拓展、从经济领域向社会领域加快延伸、微观改革和宏观改革日趋互动的景象，为统筹城乡发展、加快解决“三农”问题提供了良好基础，其后续影响将会更加广泛而深远。

尽管农村改革不断推进，目前制约农业和农村发展的深层次矛盾尚待消除，农业稳定增产、农民持续增收和农村社会稳定繁荣的制度基础尚不牢固，特别是有利于消除城乡二元结构、合理配置城乡资源、促进城乡协调发展的体制机制尚待真正建立起来。因此，在第一章第三节、第四节，进一步分析了农村经济社会发展面临的体制机制障碍，提出深化农村改革、推进农村制度创新的任务十分艰巨，主要有要继续完善公有制为主体、多种所有制经济共同发展的基本经济制度和以家庭承包经营为基础、统分结合的基本经营制度；要着力健全农村市场体系；要大力破除城乡二元体制；要建立促进农村社会事业发展的有效机制，尽快完成农村社会治理结构的转型。“十一五”时期深化农村改革的总体目标应该是：更大程度地发挥市场在农村资源配置中的基础性作用，增强农户和农村经营主体的活力，健全国家对农业、农村和农民的支持政策体系，建立精干高效的基层行政管理体制和覆盖城乡的公共财政制度，为统筹城乡发展、加快农村全面小康建设，提供有力的体制保障。随着农业税的取消和粮食流通的全面市场化，“十一五”期间农村改革的整体思路和侧重点应当有所调整，围绕“两条主线”展开。一是提高农村社会管理和公共服务水平，着力推进农村综合改革；二是更大程度地发挥市场在资源配置中的基础性作用，着力培育农村要素市场体系。“十一五”即将成为历史，展望“十二五”，这些结论尚有其适用性。

进入21世纪以来，推进农业税费制度改革、减免直至取消农业税，是农村改革的精彩一笔，其后续影响和长远效应不可低估。那么减免农业税之后，农村出现了哪些新情况、新问题呢？第一章第五节主要以吉林省为例，基于李添和侯贵斌主持的两个同名课题而成，提出免征农业税及其综合配套改革，引发了一些深层次问题：由于免征农业税的实施，使化解乡村债务的难度陡然增大，提前引发了乡村债务危机，影响农村社会稳定，制约农村发展；加重农民负担的体制性因素没有完全清除，农民隐性负担增加的趋势不容忽视；村内“一事一议”筹资筹劳管理办法难以操作，农村公益事业发展前景堪忧；乡镇政府职能转变未能到位，如何组织管理农民的问题尚待破解；农村基层财政困难，公共财政制度尚待进一步建立；乡镇事业站所人员精简安置的难度较大；人地矛盾纠纷多，政策供给不到位。因此，深化农村税费制度及相关配套改革，要注意适时调整政府架构，创新乡镇行政管理体制；尊重农民的主体地位，提高农民组织化程度；努力化解乡村债务，消化历史包袱；完善和建立相关法律及政策，强化土地管理；大力发展县域经济，壮大地方财力。

二、科学认识财政支农的现状与国内外经验，探讨完善财政支农政策的方向

当前，我国“农业基础仍然薄弱，最需要加强；农村发展仍然滞后，最需要扶持；农民增收仍然困难，最需要加快”。统筹城乡发展必须基于我国财政支农的现状，把加强和改善财政支农作为突出的方向，努力解决农业基础薄弱、农村发展滞后和农民增收困难的问题。第二章第一节选用的两个课题对于“财政支农”的口径和范围存在差别，但借此有利于全面了解我国财政支农状况的变化。第二节主要选自张照新主持的课题——“建立新型农业支持和保护体系研究”，提出当前我国财政支农的主要问题表现在5个方面。一是支持和保护农业的力度不足，缺乏支农投资稳定增长的机制；二是支农投资的结构不尽合理；三是政府财政支农资金管理体制不完善，资金使用效果不理想；四是财政支农投入高度依赖中央政府，地方政府对农业的投入严重不足，农村中小型基础设施建设资金缺乏稳定来源；五是支农投入的方式和手段相对单一。

前事不忘，后世之师！他山之石，可以攻玉！加强和改善财政支农，国内外有大量经验可供借鉴。第二章第三节基于王铁主持的课题——“公共财政支持新农村建设机制研究”，将财政支农的国际经验概括为多元化的支持目的、广泛的支持范围、灵活多样的支持方式和法制化的财政支持机制。第四节利用胡恒洋主持的课题——“整合政府支农投资问题研究”，分析了江西、甘肃和国内其他地区整合政府支农投资的经验，提出了整合政府支农投资的近期工作建议。如统一思想认识，先从中央各部门内部协调做起；发挥规划的引导和统筹作用；加快建立部门工作协调机制；规范项目管理程序和办法；开展县级政府支农投资整合试点工作等。

近年来，在我国财政支农投入迅速增长的同时，财政支农投入增长的随意性仍然比较突出。如何建立财政支农投入稳定增长的长效机制，带动农业综合生产能力的持续加强和农民的持续增收，仍是一个亟待解决的问题。农业投入除来自支农投入外，还包括金融和社会资本对农业的投入等。第二章第五节基于杨坚主持的课题——“建立农业投入稳定增长机制研究”，提出了建立农业投入稳定增长机制的基本框架和保障措施：合理调整国民收入分配格局；完善国家农业投入法律法规体系，硬化农业投入约束机制；多渠道筹集社会资金，形成多元农业投入格局；深化财政体制改革，明确各级政府的支农责任；深化投资管理体制改革，完善投资管理制度；完善相关制度，促进农业和农村经济社会协调发展。

三、科学认识农村建设用地流转和征地制度问题，深化相关改革

土地是重要的生产要素，也是城市建设的依托。在工业化、城镇化加速推进的阶段，城乡之间对土地要素的竞争不断加剧，土地的资产属性不断增强。近年来，我国关于农业用地制度改革的研究较多，农用地承包经营权流转市场的建设开始引起广泛重视，但对于农村建设用地的研究仍然较少。许多地方甚至借“统筹城乡发展”之名，行将农村建设用地转变为工业和城镇建设用地之实。至于城镇化过程中，将农业用地征为工业和城镇建设用地，则是影响城乡统筹发展的焦点问题之一。因此，本书第三章将农村建设用地流转、征地制度改革及与此相关的失地农民补偿安置问题，作为关注内容。

第三章第一节选自江华主持的课题——“农村集体建设用地流转问题研究”，回顾了农村集体建设用地流转发展的过程，指出农村集体建设用地流转中存在以下矛盾和问题：一是流转无序，产生了土地二次利用不合理的问题；二是流转不透明，农民利益可能受损；三是流转增加了土地供给，对国家垄断土地市场造成了冲击；四是流转管理不规范，容易引起土地利用混乱，导致规划难以落实；五是农村集体土地产权不清，交易混乱，加大了土地管理的难度。这些矛盾和问题，强化了改革农村集体建设用地流转制度的需求。从长远来看，作者揭示的这些矛盾和问题，还为未来的改革发展提供了契机。如农村集体建设用地流转对国家垄断土地市场的冲击，为建立城乡统一的建设用地市场指明了方向。作者分析了农村集体建设用地流转的几种典型模式，如统征统管模式、整体国有化模式和产权二元化模式。基于对不同土地流转模式的比较，农村集体建设用地的流转，必须坚持市场机制和计划管理的有机结合；流转收益的分配是否合理，决定着土地流转模式运转的成败；应该因地制宜，允许多样化的土地流转模式并存。在此基础

上，作者提出规范我国农村集体建设用地的流转，要注意流转的规范——农地产权重构、流转的平台——土地有形市场建设、流转的控制——小城镇建设、流转的程序——法律法规的配套、流转收益的分配——各方利益的均衡。

近年来，许多地方在将农村建设用地转为工业和城镇建设用地的过程中，农村宅基地往往成为农村建设用地的首选，发达地区更是如此。第三章第二节选自秦中春主持的课题——"发达地区农村宅基地流转问题研究"，通过分析我国农村宅基地的性质及其管理制度的演变，提出农村宅基地兼具生活和生产双重功能。在经济发达地区，农村宅基地具有更重要的经济价值，优化农村宅基地利用具有特殊重要的意义。一是有利于满足城乡人口发展多元化、多方面的需求；二是有利于按照政策和规划引导，更好地集约使用土地；三是有利于发育城乡土地市场，规范流转行为；四是有利于城市化快速推进地区建立农民进城的财富积累机制，探索从制度上援助农民从农村向城市转移、促进农民增收的途径。在此基础上，通过分析北京郊区、上海市金山区等典型地区的农村宅基地流转模式，探讨了经济发达地区农村宅基地流转管理的创新和问题，并提出了促进农村宅基地的健康有序流转时需要注意的事项：（1）明晰农民土地财产权，加快建立宅基地有偿使用制度；（2）加强前瞻性管理，逐步建立健全农村土地使用权流转交易市场；（3）加强战略性管理，稳步推进土地整理工作，并探索城乡移民；（4）加强综合性管理，通过探索农村宅基地置换，逐步引导农民集中居住；（5）加强规范性管理，建立健全农村宅基地流转收益合理分配的体制机制。细究起来，作者提出的这些政策建议，对于建立严格规范的农村土地管理制度，引导农村建设用地集约利用和可持续利用，统筹解决工业化、城镇化和农业现代化过程中的土地利用问题，具有重要启示。

鉴于当前我国工业化、城镇化加快推进的国情，加强土地征用制度的改革，是深化农村土地制度改革、统筹城乡发展不可回避的问题。许多地方在土地征用过程中，严重侵犯了农民土地权益，甚至损害了农民的生存权和发展权，成为妨碍城乡统筹发展的突出问题。第三章第三节选用李明月主持的课题——“沿海地区农村征地制度改革与农民权益保护研究”，分析了我国征地制度变迁的轨迹和现行征地制度对农民合法权益的侵害，对现行征地制度改革的路线之争、实践轨迹进行了反思，提出新一轮征地制度改革存在三个重大问题。一是改革没有一个明确的思路，甚至前后不一；二是政策不能及时响应实践，一些成功改革经验没有能得到高层认可而上升为政策。三是自由协商征地补偿已成普遍现象，实行统一年产值标准和征地区片综合价的征地补偿模式存在可行性问题。笔者认为，在实行最严格耕地保护制度的同时，加快征地制度改革的一个方向是，切实保障征地过程中农民对土地增值收益的分享。这方面的研究仍待进一步深入。

征地制度改革的一个突出问题，是城镇化过程中失地农民的补偿安置问题。第三章第四节利用郭晓鸣主持的课题——“城市化进程中失地农民补偿安置研究”，探讨了与征地相关的失地农民补偿安置问题，内容涵盖征地补偿从货币补偿到社保补偿、就业补偿从招工安置到引导型就业、住房补偿从货币安置到集中居住安置和中心村建设等方面。在此基础上，提出要建立合理的征地补偿和利益分享机制，强化农地征用的法律和政策支持，促进失地农民就业和培训，完善失地农民社会保障制度等。

四、科学认识农村金融改革的重要性，加快建立现代农村金融制度

农村金融是现代农村经济的核心。建立现代农村金融制度是推进农村改革发展的迫切要求。加强对农村金融发展的支持，发挥城市金融对农村金融的带动作用，是统筹城乡发展的题中应有之义。中共十七届三中全会通过的《中共中央关于推进农村改革发展若干重大问题的决定》提出，必须按照统筹城乡发展的要求，抓紧在农村体制改革的关键环节上取得突破，并将建立现代农村金融制度作为农村体制改革的关键环节之一。本书第四章涉及的五个课题，围绕农村金融改革和发展问题展开了深入讨论。其中第一节来自柳松主持的课题——“农村金融市场供给与需求问题研究”，分析了我国农村金融市场中正规金融和非正规金融的供给状况，指出我国农村存款服务和信贷供给存在明显的金融啄序现象[①]。一是商业银行只提供存款服务，基本不向农户提供信贷支持；二是在信贷供给对象上存在着明显的啄序或市场分割。该节还剖析了我国农村金融市场上不同金融主体的金融需求状况，分析了农村金融需求的区域、主体和层次差异，揭示农村金融需求变化的趋势：资金需求规模不断增大、周期逐步延长；资金需求更具有生产性、更趋多样化；农村公共产品方面的金融需求将以更快速度增加；与城镇化、市场化相联系的农村金融需求出现了一些新领域。

农村金融体制改革是农村改革的重要内容。徐忠主持的课题——“农村金融体制改革问题研究”，构成了本书第二章第二节。他的研究发现，农村金融供给与金融需求存在巨大差距，已经桎梏着农村社会经济的快速发展。长期以来，由于以下几方面的问题，农村金融体制名义上一直在变革中，但以市场为导向的农村金融改革还没有真正展开。一是将政府农村工作的目标与实现这一目标的手段混为一谈，在农村金融工作中没有真正解决好政府与市场的关系问题；二是农村金融改革只局限于正规金融机构的改革，而不是建立一个现代农村金融体系；三是没有解决农村金融体系与实体经济信用不匹配的问

① 所谓金融啄序，即资金需求者在外源性融资硬约束的背景下，被迫选择在不同市场和渠道上进行融资活动，或金融机构与其他资金提供者根据贷款人的特定特征，选择按照一定的优先顺序对不同贷款人提供有差别的金融服务。

题；四是改革方式的选择很少顾及东部、中部、西部地区农村金融需求的差异，出现“一刀切”的问题。农村金融市场的开放应该正确处理几方面的关系，建立有效竞争的、健康的农村金融市场。我国农村金融开放的核心是完善农村金融组织的治理结构；要避免将政府目标与实现目标的手段混为一谈；必须重视非正规金融的开放，并将其纳入到农村金融体系中，统筹考虑农村金融的开放问题；要科学处理农村金融开放中存量与增量的关系，重视发展非存款类放贷机构，注意在开放过程中打破垄断。他还提出开放农村金融市场，要注意建立分层监管体制，分清监管与管理的关系，并建立市场化的退出机制，注意选择低成本的农村金融开放方式。

近年来，农村金融改革加快推进，在许多方面取得突破性的进展，直接指向解决第四章第二节分析的问题，指向创新农村金融体制，放宽农村金融准入政策，加快建立商业性金融、合作性金融、政策性金融相结合，资本充足、功能健全、服务完善、运行安全的农村金融体系。第四章第三、第四、第五节分别基于褚保金、何广文、郭晓鸣主持的课题，研究了农村信用社改革的成效、问题和对策，农村资金互助合作的机制与绩效，建立村镇银行的探索。这三节的共同特点是调查深入，资料翔实，有一定的理论高度。

第四章第三节利用褚保金的课题，以江苏省为例，介绍了农村信用社改革的具体措施和成效，提出农村信用社改革仍有几个问题亟待解决。诸如省联社的管理职责和权限不清问题、农村信用社服务“三农”的问题、推进农信社完善法人治理结构取得实质性进展的问题、农村信用社股权过度分散带来的内部人控制问题、完善农村信用社内部经营管理制度问题、邮政银行对农村信用社的冲击问题等。基于这些研究，他提出进一步开展农村信用社改革需要注意的方向：（1）省联社要确定适当的行业管理标准，对农村商业银行、农村合作银行及各级联社管理应该区别对待；（2）进一步完善法人治理结构，完善微观治理机制；（3）进一步完善股本结构；（4）农信社改革的目标应定位于农信社商业化经营及可持续发展；（5）引入竞争机制和退市机制；（6）加强农信社内部的经营管理，是提高其盈利能力的根本所在；（7）为农信社建立有效的激励和约束机制。

在所有非正规金融形式中，以成员为基础的资金互助形式历史悠久，是在发展中国家常见的非正规金融组织。资金互助社是合作金融的形式之一，但又不同于农村信用社，属于合作经济与金融在农村地区自发的制度创新。在第四章第四节，何广文的课题揭示了我国资金互助合作社运行机制的共同特征。即：股金设置的多样化、有利于合作社多渠道融资、有借款额度设定、资金只能在社员内部有偿使用、非社员可以有限制地借贷且实行差别利率、建立了随农户资金需求扩大而自动充实资本的机制。目前，我国资金互助社的发展已经初步显示良好的业务绩效与制度绩效。但是，资金互助合作社的发展仍存在一些值得重视的问题。如资金互助合作组织发展中的培训需求突出；资金互助合作社设置的股金退出障碍，可能影响农户、非农户和微小企业成为社员的积极性；资金互助合作社股东权利设定上的不平等性；对非农民社员和社会组织借款数额的限定，不利于互助社更多地吸收社会股金；要避免把资金互助合作组织办成福利机构、公益机构；应更好地发挥资金互助与生产合作相结合的优势；要注意引导政府机构和村委会加强对资金互助社的支持；农户资金互助社是中国农村信用社合作性异化后，在正规金融制度之外出现的真正的合作金融组织，是中国合作金融的希望与未来；要借鉴农村信用社开展农户小额信贷的做法，与农村信用文化和信用环境建设结合起来发展农村资金互助文化。

村镇银行是近年来农村金融改革中出现的新生事物，也是放宽农村金融市场准入的成果。在第四章第五节，郭晓鸣的课题利用四川省南充市惠民村镇银行的案例，介绍了惠民村镇银行的组建、架构、特征和运行现状，指出惠民村镇银行具有三个特征：一是采用现代银行的组织架构加合作金融的经营模式，二是充分体现“服务‘三农’，惠民共赢”的服务宗旨，三是具有盈利性的商业银行。它初步建立了自身的运行框架及管理制度，以优质和高效服务在短期内拓展了存贷款业务市场，探索了能够更好地满足农村金融需求、更好地控制金融风险的模式，促进了当地农村信用社竞争意识和服务质量的改善。但从惠民村镇银行的发展来看，仍然存在以下问题：一是没有行号而导致很多业务无法正常办理，影响市场竞争力；二是存贷款业务进一步拓展面临困难；三是市场份额小，盈利困难，可持续发展面临挑战；四是支农效果仍不十分明显；五是缺乏政府的配套政策和优惠措施。套用一句老话，这些问题属于村镇银行发展中的问题，要用加快发展的办法来解决。但是，换个角度看，深化农村金融改革，仍然只是开始，万里长征刚刚走完第一步，丝毫松懈不得！

五、科学认识加强农村公共品供给的重要性，大力促进农村社会事业发展

近年来，我国城乡差距持续扩大，在农村公共品供给和社会事业发展上表现得尤其突出，成为统筹城乡发展需要着力解决的问题。那么，我国农村公共品供给和农村社会事业发展的现状与问题如何？怎样从战略上重视农村公共品供给和农村社会事业发展？如何完善其运行机制？本书第五章汇集的九个课题，从不同侧面对此做出了回答。第一节选自宋洪远主持的课题——“农村公共品供给机制建设研究”，他指出农村公共品是农村地区“三农”生产、生活共同所需的具有一定非排他性和非竞争性的产品或服务；农村公共品供给机制可分为政府供给、市场供给、社区集体供给、俱乐部供给、自我消费供给、精英供给和援助供给等。根据农村公共品非竞争性和非排他性程度，还可以将农村公共品进行不同分类。

由苏明主持的课题——“农村公共产品供给与社会事业发展战略研究”，支撑了第五章第二、第三节的内容。他的研究表明，典型的农村公共品是指那些在当前中国农村社会经济发展阶段中具有明显公共性且又符合农户需求优先序的主要公共品和公共服务。在“公共财政覆盖农村”的视角下考察中国农村公共品问题，要特别重视农村公共品的阶段性、公平性、层次性特征。通过从农村基础设施、农村基础教育、村医疗卫生、农村社会保障、农村基层组织运转和农业科技、扶贫及农业开发等方面分析农村公共品供给的现状与问题，发现其深层原因在于：（1）国家用于农业的财政支出大幅度增加，但仍未达到应有的投入水平；（2）分税制改革后财权上移、事权下移，基层政府财力弱化；（3）政府间转移支付制度不健全；（4）财政投入的总体效率有待提高。因此，财政支持农村公共品供给和社会事业发展的战略思路，可以概括为切实加大国家财政对“三农”投入的倾斜力度，建立规范的支农资金管理机制，逐步建立城乡、区域间均等化的财政管理体制，建立以需求为导向的农村公共品供给决策机制，着力深化县乡财政管理体制改革，大力推进乡镇机构改革，积极化解乡村债务。

加强农村公共品供给，贵在建立长效机制。那么，在统筹城乡发展的背景下，农村公共品供给机制建设需要注意哪些问题？在第五章第四节，由宋洪远主持的课题——“农村公共品供给机制建设研究”提出，要注意确定是否存在市场缺陷，合理划分市场供给的领域；要增加国家财政的支农力度，改善政府对公共品的支持方式；要合理划分政府间的供给职责，中央财政负责供给全国性的公共品，优先保障涉及人类基本权利的公共品供给，地方政府供给相应层次的公共品；要注意提高农村居民的组织化程度，完善村级“一事一议”政策；要制定鼓励措施，引导精英在增加公共品供给中发挥作用。

加快农村公共品供给和农村社会事业发展包括的内容很

多，如加强农村基础设施建设、建立新型农村合作医疗制度、建立农民最低生活保障制度、建立农村新型养老保险制度等。第五章第五到第八节，分别结合这些问题，从不同侧面探讨了加强农村公共品供给、加快农村社会事业发展的问题。第五节基于仲伟周主持的课题——“农村公共基础设施运营机制研究”，指出当前我国公共基础设施经营存在显著的城乡差别，政府管理缺位问题严重，农村公共基础设施市场化投融资机制尚未形成，农村公共基础设施建设效率低下，“重建轻管”现象普遍。创新我国农村公共基础设施的微观运营机制，需要加强农田水利设施建设，建立长效投入机制；加大乡村道路建设，完善农民劳动积累机制；发展农村公用沼气事业，探索吸引全社会力量的参与机制。完善我国农村公共基础设施的运营机制，在宏观政策上需要注意：完善产权管理机制，保障投资者利益；创新投资管理机制，拓展投融资渠道；探索营运管理机制，创新项目管理方式；改革价格管理机制，引入市场化运作。

近年来，党和政府统筹城乡发展、加强农村社会事业的一个重要举措，是建立新型农村合作医疗制度。中共十七届三中全会通过的《中共中央关于推进农村改革发展若干重大问题的决定》提出，要“巩固和发展新型农村合作医疗制度”。为此，系统总结几年来开展新型农村合作医疗试点的经验，具有重要意义。由潘盛洲和程漱兰分别主持的两个同名课题——“农村合作医疗试点情况调查”，从不同侧面、主要采取不同方法对此进行了研究，分别构成了第五章第六、第七节的主要内容。把两篇报告结合起来，有助于更好地把握新型农村合作医疗试点的状况和问题，廓清完善新型农村合作医疗制度的方向。第六节的研究提出，促进新型农村合作医疗制度的完善，必须提高农民对新型合作医疗制度的认知度、建立持续稳定的筹资机制、科学优化补偿报销方案、保障公共管理的经费支持和加强农村卫生服务体系建设等，实现新型农村合作医疗的持续健康发展。为此要始终坚持实事求是、循序渐进的原则，建立持续稳定的筹资机制，调整完善补偿报销机制，积极探索新的管理模式，加强农村医疗卫生体系建设。第七节的研究发现，政府意愿和能力是实施新型农村合作医疗的关键因素，中央政府应进一步加大投资力度；要合理确定补偿范围，适当提高补偿比例，提高资金使用效率；要注意完善其配套服务体系和信息系统，规范基金管理，通过立法保证制度的可持续性。

构建农村居民最低生活保障制度，是统筹城乡发展、建设社会主义新农村的重要内容，是完善社会主义市场经济体制、实现农村社会稳定和谐的客观需要。中央已明确提出，要完善农村最低生活保障制度，加大中央和省级财政补助力度，做到应保尽保，不断提高保障标准和补助水平。第五章第八节基于农业部经管司完成的课题——“农村居民最低生活保障制度问题研究”，分析了当前我国农民贫困状况及各地农村低保的主要做法，概括了近年来各地建立农村最低生活保障制度的主要经验，提出：政府主导、部门密切配合，是开展农村低保工作的组织基础；先行试点、分步推进，是开展农村低保工作的有效方式；加强法规和制度建设，是做好农村低保工作的基本保障。基于当前建立农村最低生活保障制度的问题，今后完善农村最低生活保障制度，要坚持实行统一指导、县域统筹、户为对象、分类施保、协调配套的原则。为使农村最低生活保障制度切实发挥作用并健康运行，应建立健全资金保障制度、确定科学规范的最低保障线、完善低保对象的确认与支付制度、优化最低生活保障的运行监管制度。要尽快制定指导各地推进农村最低生活保障制度的指导性文件，为有条件的地区尽快建立农村最低生活保障制度提供政策指导；要制定有利于建立农村居民最低生活保障制度的激励政策；积极开展试点、摸索经验；注意解决农垦系统职工家庭最低生活保障问题、尽快建立渔民最低生活保障制度，并将失地农民纳入城市社会保障范围。

近年来，我国农村老龄化迅速发展，农村人口的老龄化程度早已超过城市。农村养老保障不仅是农村社会保障的薄弱环节，也是整个社会养老保障体系建设的难点之一。加快建立农村新型养老保险制度，是促进农村社会转型发展、建设社会主义新农村的客观要求，也是统筹城乡发展、着力改善民生的迫切需要。第五章第九节基于华迎放主持的课题——“农村社会保障制度问题研究”，通过对农村社会养老保险制度运行现状的分析和城乡比较，分析了农村社会养老保险制度建设存在的问题，提出在我国构建农村新型养老保障制度的过程中，需要统筹考虑是家庭保障还是社会保障、基本养老保障模式是缴费型还是非缴费型、农村社会养老保险的再定位能否作为农村基本养老保障制度等问题。要从统筹城乡养老保障的高度，把握好农村养老保障框架的设计。在农村，实行农民养老补贴（非缴费性，普惠制）、农村养老保险（自愿参加，政府补贴）、个人储蓄性养老保障、家庭保障相结合的养老保障体系。农村养老保障体系主要包括农民养老补贴和农村社会养老保险。农村养老保障制度建设还需高度重视农村社会养老保险制度再发展、农村养老保障的目标和筹资机制等战略问题。要统筹解决城镇化、“三农”问题和农村养老保障制度建设；要明确思路，尽早决策，建立健全农村养老保障体系；要积极创造条件，逐步建立农民养老补贴制度；要大力推进农村社会养老保险；要加大财政支持农村养老保障建设的投入力度，特别要加大中央财政对中西部地区的扶持。

六、科学认识完善乡村治理的必要性，加快推进农村和谐社会建设

完善符合国情的农村基层治理机制，是统筹城乡发展、促进农村稳定和谐的保障，也是推进农村改革发展的依托。本书第六章汇集的四个课题，就此展开了深入研究。第一节来自赵春学主持的课题——“完善乡村治理机制问题研究”，系统分析了我国乡村治理机制的现状，探讨了税费改革后乡村治理机制面临的新机遇和挑战，揭示了新农村建设对完善乡村治理机制的新要求。即不断增强农村基层党组织的战斗力、凝聚力和创造力；健全村民自治机制，充分发挥民主治理功能，切实维护农民的民主权力；培育农村新型社会化服务组织，切实保护农民利益。第六章第二节、第三节和第四节主要来自吴仲斌主持的课题——“新形势下乡镇机构改革问题研究”、刘纯彬主持的课题——“农村税费改革后的乡镇职能研究”，基于对乡镇机构设置及职能演变的历史回顾，分析了乡镇撤并的实践与经验，探讨了乡镇政府职能的定位和转换问题，提出了乡镇机构改革的政策建议。即：分类定位现行乡镇机构在中国政权组织体系中的地位，改革行政管理体制，发展壮大非政府部门；要继续有计划、有步骤地推进乡镇撤并工作；加强被撤乡镇驻地管理，切实解决群众生产生活中的实际困难；改革和完善有关财政财务制度；发展农村社会事业，加强农村基础设施；适度恢复撤乡设镇工作；注意乡镇内设机构和人事制度改革，加强对乡镇机构职能的定性和定量研究。

加快农村和谐社会建设，是构建社会主义和谐社会不可或缺的重要内容，也是统筹城乡发展、建设社会主义小康社会的基本要求。本章第五节基于农业部办公厅完成的课题——“构建农村和谐社会战略研究”，提出要准确把握农村和谐社会的科学内涵，深刻认识构建农村和谐社会的重大意义，客观看待城乡结构、农村社会阶层结构、农村人口和就业结构、农村社会组织结构、文化和价值方面变化对农村和谐社会建设的影响，重视农村构建和谐社会的政治保障、物质保障和文化保障，并在构建农村和谐社会的过程中重点解决农民增收困难、土地承包纠纷与征地矛盾突出等严重问题。构建农村和谐社会要坚持统筹城乡经济社会发展，坚持党在农村的基本政策，更加注重社会公平，坚持正确解决人民内部矛盾的有效方法，处理好改革、发展与稳定的关系，在经济上保障农民的物质利益，在政治上维护农民的民主权力，切实解决农民群众最关心、最直接、最现实的利益问题，立足发展、促进公平，统筹协调，推动农村社会建设与经济建设、民主政治建设、文化建设全面进步。要贯彻工业反哺农业、城市支持农村的方针，加快建立有利于改变城乡二元结构的体制机制；要转变经济增长方式，大力发展现代农业，持续增加农民收入；要切实保护农民合法权益，加快发展农村社会事业；要加强新型农民培训，倡导健康文明新风尚；要理顺基层党和政府组织管理体制，完善社会管理协调机制，加强农村民主政治建设。

七、科学认识统筹城乡发展这个全面建设小康社会的根本要求，加快形成城乡经济社会发展一体化新格局

2002年召开的中共十六大首次提出了统筹城乡发展的基本方略，此后党和政府关于统筹城乡发展的思想不断深化。2010年的中央一号文件进一步提出，要把统筹城乡发展作为全面建设小康社会的根本要求。本书第七章基于六个课题，系统介绍了统筹城乡发展的理论与实践。第一节的主体内容来自尹成杰主持的课题——“统筹城乡经济社会发展的途径、阶段性目标和步骤研究”，系统分析了实现统筹城乡发展方略的体制起点、统筹城乡发展方略的基本内涵，探讨了统筹城乡发展的绩效评价指标体系和阶段性目标。第一节第四部分来自李岳云主持的同名课题，提出协调城乡关系，关键是要把全部生产要素在城乡产业间、城乡区位间、城乡居民间进行统筹配置，统筹城乡发展的总目标是化解“三农”难题。

在我国，统筹城乡发展是项全新的事业。借鉴国际经验，有利于更好更快地统筹城乡发展。本章第二节系统介绍了国外统筹城乡发展的模式与经验，涉及美国、日本、英国、法国、德国、挪威、韩国、巴西等国家，并就发达国家、发展中国家统筹城乡发展的经验与特征进行了分别概括。这一节来自于屈宝香主持的课题——“发达国家统筹城乡发展模式与启示研究”。

基于尹成杰主持的课题——“统筹城乡经济社会发展的途径、阶段性目标和步骤研究”，本章第三节从八个方面系统探讨了我国统筹城乡发展的主要途径，并提出了政策建议，包括促进农民收入较快增长、促进城乡产业合理分工、建立覆盖城乡的公共财政制度、引导金融资源在城乡之间合理配置、建立和完善城乡劳动者平等就业制度、逐步实现城乡居民同等的国民待遇、在城乡之间公平分配用于发展社会事业的公共资源、推进城镇化进程。

在工业化、城镇化加快推进的背景下，实行以城带乡战略，以及协调推进工业化、城镇化和农业现代化，对于统筹城乡发展都是至关重要的。本章第四节来自夏英主持的课题“城市带动农村发展：理论框架、重点问题与战略选择”，深入探讨了通过增长方式转变战略、收入（消费）再分配战略、投资再分配战略，如何实现以城带乡的问题。赵长保主持的课题“工业化、城镇化和农业现代化对应关系研究”，支撑了本章第六节的内容，提出了为协调推进工业化、城镇化和农业现代化，必须采取综合性措施。从近期来看，应着力抓好以下几方面的工作：一是进一步调整国民收入分配格局，健全完善国家支持保护农业的政策体系；二是改造传统农业，加快农业现代化建设；三是扎实推进社会主义新农村建设，促进城乡协调发展；改革城乡二元结构，大力实施多元化城市发展战略；五是调整工业结构，促进工业化与城镇化协调发展。

近年来，我国许多地区积极推进统筹城乡发展，为其他地区提供了值得借鉴的经验。本章第六节系统分析了浙江、四川、北京三省市统筹城乡发展的实践、经验和启示。其中第一、第二、第三部分分别选自康胜主持的课题——“浙江省统筹城乡发展经验与启示研究”、郭晓鸣主持的课题——“中西部地区城乡统筹的理论与实践”和李瑞芬主持的课题——“北京市统筹城乡发展经验与启示研究”。这三个省市统筹城乡发展的做法、经验与启示，对于类似地区推进统筹城乡发展的实践，对于深化统筹城乡发展的理论研究，都有重要的参考价值，值得认真研读。

最后，由于篇幅所限，加之编纂时间仓促，本书或许有这样那样的疏漏，诚请相关课题报告的作者和读者谅解。

（姜长云 执笔）

第一章

农村改革的背景、进展与总体思路

第一节

我国农业和农村经济发展的阶段性特征[①]

近年来，中央高度重视和加强“三农”工作，出台了一系列更直接、更有力、更有效的政策措施，使农业在宏观调控中得到加强，农民在增收减负中得到实惠，农村在统筹城乡中得到发展，农业和农村发展呈现出一系列明显的阶段性特征。

① 本节内容选自农业部软科学课题“科学发展观统领农业和农村经济战略研究”（课题编号：Z200634），课题主持人：范小建；课题负责人：陈晓华、张红宇。

农村生产力持续发展，农村经营体制日趋完善，农村发展的外部环境、农村的经济社会结构和农民的就业与收入结构都发生了积极变化。但是，制约农业和农村发展的深层次矛盾尚未消除，促进粮食稳定发展和农民持续增收的长效机制尚未形成，农村经济社会发展滞后的局面还没有根本改变，统筹城乡发展的体制机制没有完全建立起来。找准了阶段性特征，就能够驾驭农业和农村经济发展的大局，既看到农业和农村经济发展的积极因素，又能对存在的困难保持清醒的认识；就能够找到深化农村改革、加快农业和农村经济发展的可行之策。

一、农业和农村发展的外部环境正在发生积极变化，同时还面临诸多体制机制障碍

国际经验表明，在人均 GDP 达到 1000 美元之后，是开始工业反哺农业、城市支持农村，促进经济社会持续协调发展的关键时期。从我国情况看，目前已经具备了工业反哺农业、城市支持农村的条件和能力。2005 年，我国国内生产总值 18.2 万亿元，人均 GDP 已达到 1700 美元，第一产业增加值占 GDP 的份额已下降到 12.5%，第一产业就业人员比重已降到 44.7%，城镇化率达到 43%，国家财政五年翻了一番多，两年增收接近 1 万亿元，总量已突破 3 万亿元大关。在此大背景下，工业反哺农业、城市支持农村基本形成共识，统筹城乡发展方略在许多方面得到体现，国家财政支农资金大幅度增加，新型工农城乡关系加快形成。“少取”迈出了历史性步伐，“多予”有了良好开端，“放活”正在积极推进，“反哺”已有较多举措，“支持”机制正在逐步形成，城市和乡村分治、农民和市民分隔、农业和非农产业分离的现象正在发生根本性的改变，工农之间、城乡之间相互依赖、相互促进的良好局面正在加快形成。这些都为加快农业和农村发展创造了有利条件和良好的社会氛围。

同时，影响农村经济社会发展的深层次矛盾还很多，城乡二元结构尚未根本破除，制约农业农村发展的体制性、机制性障碍依然存在。特别是在体制转轨过程中，伴随着市场化改革的不断深入，过去计划经济体制下的制约机制日趋失灵，而适应经济市场化发展要求的政府调控体系还不到位、相关的市场体系还不健全，农业和农村经济发展更多地承受市场化的冲击，表现最为突出的就是农村土地、资金、劳动力等生产要素的大量流出。据有关部门统计，1998—2004 年，我国净减少耕地 1.08 亿亩，其中除退耕还林还草和农村非农占地等部分外，主要是城镇扩展大量占用农村土地。农村资金通过各种金融机构外流的规模不断扩大，主要包括以农村信用社存贷差的形式外流，以邮政储蓄的渠道外流，以各商业银行在县域内只吸储不放贷的形式外流。从各国经验看，在工业化和城镇化过程中由于市场的作用，农村生产要素容易流出农业和农村。如果国家不采取措施控制农村生产要素外流，增加对农业和农村的要素投入，农业就可能受到削弱，农村就可能出现衰落。

二、农业增长方式正在发生积极变化，同时资源短缺和生态环境脆弱的制约日益突出

高产、优质、高效、生态、安全农业稳步发展，农业区域化布局、优质化生产、标准化管理和产业化经营取得明显进展，绿色生产、节约生产和清洁生产开始起步，优质粮食产业发展加快，畜牧业不断壮大，园艺产业和水产养殖业快速发展，乡镇企业结构不断优化，农民就业非农化进程加快，非农就业占农村劳动力总数的 40% 左右，农民外出务工人数达到 1 亿人以上。突出表现在以下方面：一是农业综合生产能力明显增强。“十五”农业生产水平不断提高，农产品供求基本平衡、丰年有余，有力支撑了国民经济的较快发展。2005 年，粮食总产量达到 4.84 亿吨，粮食亩产 309.5 千克，再创历史新高。“十五”期间，主要经济作物生产能力明显提高，畜牧业、渔业保持了较快增长速度和平稳发展态势。二是农业生产的集中度和优质化率明显提高。以水稻为例，2005 年，水稻优势产区集中度比2000年提高3个百分点，产量占全国的75%；小麦优势产区集中度提高3个百分点，产量占全国的63%；棉花优势产区集中度提高9个百分点，产量占全国的67%。2005年，优质稻占稻谷播种总面积的64%，优质专用小麦占播种总面积48%，优质专用玉米占播种总面积37%，优质专用大豆占播种总面积66%，“双低”油菜籽占播种总面积76%，优新苹果品种占播种总面积75%以上。三是农业科技事业不断发展，科学技术作为第一生产力在农业发展中的贡献越来越大。2005年，农业科技进步贡献率达48%，比“九五”时期末提高11个百分点。超级稻、转基因抗虫棉、矮稗小麦、禽流感疫苗等方面的科技成果处于世界领先水平。农业主导品种、主推技术和主体培训工作深入开展。农业装备水平显著提高，农业机械化率达38%。

同时，长期积累的结构性矛盾和粗放型增长方式尚未根本改变，土地、水、技术、环境的制约日益凸显，实现农业可持续发展遇到的压力增大。一是随着耕地的减少，提高粮食产量的难度不断加大。据国土资源部公布的第一次土地详查数据，1996—2005年，我国实有耕地减少了1.21亿亩，而且这一趋势还在发展。在将来一段时间内，城镇化的加快发展会导致建设用地增加，加上生态恢复和经济建设的需要，扩大粮食播种面积的难度将越来越大。二是水资源严重匮乏且分布不均。水资源短缺比耕地短缺的局面还要严峻。我国人均占有的水资源只相当于世界人均水平的28%。我国降水的时空分布极不均衡，大部分水资源集中在南方，但是目前能调出粮食的省区却主要在北方。三是农业科技体系还比较薄弱，农业物质技术装备水平还比较低。我国目前农业科研和创新能力不足，成果转化率也较低，农业科技贡献率仅为48%，比发达国家平均水平低30个百分点左右。美国、日本等发达国家农村人口每万人中有40多名农业科技人员，而我国仅有1.7名。我国农业机械化有了较大发展，但与发达国家相比，水平仍然很低。四是农村生态环境保护的形势非常严峻。除工业污染外，每年有近30亿吨的畜禽粪便得不到有效的处理和利用，每年使用的4600多万吨化肥和约30万吨农药，利用率仅为30%和40%左右。我国每年化肥施用量占世界总量的30%左右，农药单位面积使用量比发达国家高出1倍，过多地施用化肥、农药对耕地和水资源都造成了严重污染。这种粗放增长方式如果不尽快改变，农业生产就很难适应人口增加和生活水平提高对农产品不断增长的需求，很难持久保证农产品的质量安全和优质化、多样化的供给，很难长期有力地支撑国民经济又好又快的发展。

三、农民就业结构和收入结构发生积极变化，同时城乡居民收入差距扩大的趋势并未根本改变

农村劳动力由农业向非农产业转移，由农村向城镇集聚，是工业化、城镇化的趋势，也是一个国家现代化程度的标志。改革以前我国农村劳动力绝大多数人搞饭吃，现在已有三分之一强的农村劳动力转移到非农产业，近些年又出现大批农村劳动力跨地区流动和进城务工。这是一个重大的结构性变化。今后我国农村劳动力的就业格局也大体是一个农业就业比重逐步下降、农村非农产业比重稳步上升、外出就业较快增加的基本走势。在小规模农业和兼业型农业形态下，受资源和成本效益的约束，农民增加收入会越来越依靠非农产业。改革初期农民增收主要靠增加产量和提高价格，后来主要靠多种经营和乡镇企业，现在主要靠提高效益和进一步扩大就业。目前，农民外出务工就业人数达1.2亿人，每年新增400万—500万人，工资性收入成为农民增收的重要来源。2005年，农民工资性收入人均1175元，首次突破千元，增长17.6%，比上年高9个百分点，对增收的贡献率为55.5%。在工资性收入中，外出务工收入人均469元，比上年增加71元，增长17.7%。随着经济发展和结构升级，农民收入增长来源日趋多元化和多样化，农民收入构成中来自非农产业的比重会进一步增大。

但从总体来看，城乡居民的收入差距呈现明显的扩大趋势。1978 年，农民人均纯收入为 133.6 元，城镇居民人均可支配收入为 343.4 元，两者收入差距绝对额为 209.8 元，差距比为 1∶2.57。2005 年，农民人均纯收入是 3255 元，城镇居民人均可支配收入为 10493 元，两者之比为 1∶3.22。也就是说，改革 27 年来，城镇居民人均可支配收入增加了 10149.6 元，而农民人均纯收入只增加了 3121.4 元，农民每增加 1 元钱的纯收入，城镇居民就增加 3.25 元的可支配收入。在当前工业化、城镇化加速的背景下，城乡差距呈扩大之势，需要引起高度重视。由于居民恩格尔系数持续下降、粮食等大宗农产品价格上涨空间有限，靠农业增收的难度越来越大。同时，在资本和技术替代劳动力趋势加快的影响下，乡镇企业新增就业岗位的能力下降，而城镇就业压力尚未缓解，这都加大了农村劳动力转移就业的难度。预计今后平均每年新增农村劳动力 600 万人，而“十一五”规划明确提出五年城镇新增就业和转移农业劳动力均要达到 4500 万人的预期性目标，以及城镇登记失业率要控制在 5% 以内。显然，农村劳动力转移就业、城市新增劳动力就业和下岗职工再就业等几个因素叠加在一起，决定了今后农村劳动力转移就业的压力将进一步加大，这对农民收入的持续增长将是重大的制约。

四、农业发展面临的国际市场环境正在发生积极变化，同时农业竞争力亟待进一步增强

我国加入世贸组织以后，农产品市场日趋国际化，农业发展越来越注重利用两个市场、两种资源，国外资金、先进技术、管理经验的引进步伐加快，农业“走出去”战略取得进展，应对国际农产品贸易争端的能力有所增强。“十五”与“九五”时期相比，农产品出口额从 725.3 亿美元增加到 1062.1 亿美元，增长 46.4%。我国已经成为仅次于美国、欧盟、日本的世界第四大农产品贸易国，农产品出口贸易日益成为推动农业发展和农民增收的重要途径。目前，我国已同世界上 140 多个国家和主要国际组织、区域组织以及国际农业研究机构建立了长期稳定的合作关系，合作内容涵盖了农业各个领域。通过多边和双边渠道，我们向外输出了杂交水稻栽培、沼气、水产养殖、农机具等实用农业技术和装备。一些企业赴境外投资或合作办厂，迈出了开发利用国外农业资源和市场的重要一步。

同时，进一步扩大农产品出口的难度在不断加大。我国农业经营规模小、组织化程度低、科技实力弱，在竞争中处于不利地位，面临的国际竞争日趋激烈，统筹国内发展和对外开放的要求更高。加之国外贸易保护加剧，不少国家在 WTO 框架下，不断利用各种制度“缺陷”和对本国有利的条款，采取技术性贸易壁垒等措施，加大对本国农业的保护力度，使我国农产品出口面临日益严峻的环境。加入 WTO 以来，在农产品出口持续增长的同时，国外农产品进口也快速增加，并在 2004 年首次出现农产品贸易逆差，多年贸易顺差局面被打破。2004 年农产品贸易逆差达到 46.43 亿美元，2005 年逆差仍达到 11.38 亿美元。今后农产品贸易逆差很可能成为一种常态。国外农产品大量进口对国内农户生产和加工企业已产生了深刻影响，突出的有大豆和棉花两大产业。大豆进口量已大大超过国内产量，棉花进口量也占到国内需求量的 40%。这种状况抑制了市场价格，影响了农民增收，冲击了部分国内加工企业。现在贸易保护呈加强趋势，许多国家都纷纷利用贸易保护措施和技术壁垒控制国外农产品进口，贸易摩擦明显增多，我国劳动密集型农产品的比较优势难以充分发挥，土地密集型农产品的比较劣势更加凸显。这不仅使我国农产品出口越来越困难，而且使国内市场面临的压力越来越大。

五、农业和农村经济运行机制正在发生积极变化，同时农村公共服务能力严重滞后

在我国农业和农村经济发生重大变化的同时，农村改革也

引发了农业农村经济运行机制的积极变化。从赋予农民土地经营权，到放活农村工商业、疏通流通渠道、调整产业结构、取消统购统销、调整工农城乡关系步步深入，从以往单项单兵突进向综合配套推进转变，涉及的领域越来越广，触及的矛盾越来越深，影响的范围越来越大。农业税已经全面取消，农村综合改革在试点工作和总结经验的基础上普遍推开。粮食购销市场化和经营主体多元化格局初步形成。农村信用社改革迈出实质性步伐。农民合作经济组织在实践中不断发展。农业和农村工作从为保供给抓农业、就“三农”抓“三农”，开始转变为立足全局抓“三农”、抓好“三农”促全局。在农业和农村工作的指导原则上，更加注重发挥市场机制在资源配置中的基础性作用，更加注重调动农民群众、龙头企业和地方政府的积极性，更加注重运用经济和法律手段促进农业农村发展。在指导农业发展的手段上，通过加强农业立法，加强农业的支持保护体系建设，推进农业科技进步，搞好农业发展规划布局，建设市场体系和信息网络，制定质量标准，整顿市场秩序等来实施各级政府职能。

同时，城乡公共服务不均衡的问题仍很突出，农村在基础设施、社会保障等社会发展方面与城市的差距进一步拉大。目前农村还有约 2400 万贫困人口没有解决温饱问题，还有约 4700 万低收入人口没有稳定解决温饱问题；全国农村还有 7% 的行政村不通公路，46% 的行政村不通自来水，3 亿人左右的农村人口饮水不安全；财政用于每个农村中小学生的投入仅是城市学生的 1/4，用于每个农村居民的卫生经费不到城镇居民的 1/3，有不少农民看不起病、子女上不起学。从居民社会保障水平看，目前社会保障体系主要限于城市，基本上还没有延伸到农村。城镇职工养老保险已基本实现全覆盖。农村基本没有养老保险。城镇失业保险覆盖率已达 71.7%，农村几乎为零。城镇最低生活保障基本实行应保尽保，多数农村地区都未建立低保制度。农村的经营体制已经发生了明显的变化，但农村基层社会组织和社会管理体制的创新明显不足。城乡发展在经济方面差距大，在社会事业方面的差距更大。这些问题如得不到有效解决，将严重影响我国建设全面小康设社会的进程。

第二节

农村改革的新进展和农村经济社会体制的新变化①

党的十六大报告描绘了21世纪头20年我国现代化建设的宏伟蓝图，确立了全面建设小康社会的发展目标。为实现这一发展目标，近年来中央加大了对“三农”的扶持力度，特别是大力推进农村改革，取得了明显的进展与成效。

一、农村改革的新进展

（一）农村税费体制改革进入新阶段

在已有的20个省区市先行试点的基础上，2003年农村税费改革试点在全国范围内推开，以“减轻、规范、稳定”为目标的第一阶段农村税费改革试点工作基本完成。从2004年开始，农村税费改革试点进入第二阶段，目标为逐步降低直至最终取消农业税，计划5年内完成。2004年，黑龙江和吉林省进行全部免征农业税试点，13个粮食主产省区降低农业税税率3个百分点，其他地方降低1个百分点，并在全国取消除烟叶以外的农业特产税。一些地方在推进农村综合改革方面不同程度地进行了探索。截至2005年年初，全国共有14个省区

① 第二、第三、第四节内容选自农业部软科学课题“‘十一五’期间深化农村改革的总体思路研究”（课题编号：Z200513），课题主持人：李炳坤；课题负责人：黄守宏。

市对乡镇机构改革进行了研究部署，145 个县、1650 个乡镇开展了试点工作。一些地方积极完善省以下财政管理体制，开展“省直管县”财政体制和“乡财县管乡用”财政管理方式改革试点。2005 年全面取消牧业税，同时加快降低农业税税率步伐，并鼓励有条件的地方自主进行免征农业税试点，全国共有 28 个省区市全部免征农业税，其余 3 个省也有 210 个县市免征农业税。同时，中央对推进以乡镇机构、农村义务教育、县乡财政体制为主要内容的农村综合改革试点进行了部署。

（二）粮食流通体制改革取得历史性突破

在浙江等 8 个沿海主销区率先实现粮食购销市场化、一些粮食主产区和产销平衡区自主放开粮食购销的基础上，经过两年多的研究酝酿，2004 年正式全面放开粮食收购和价格，实行粮食购销市场化和经营主体多元化，标志着我国粮食流通市场化最终完成。同时，新一轮粮改使束缚新型市场主体成长的体制性障碍被铲除，赋予农民自由处置余粮的权力，赋予新型市场主体到产区向农民收购粮食的权力，赋予新型市场主体平等竞争权力，赋予国有粮食企业更大的改革空间。特别是粮食补贴政策发生历史性转换，原来用于补贴国有粮食企业的粮食风险基金部分转用于直接补贴种粮农民。新一轮粮改还带来其他一些历史性进步。例如这次粮改方案提出，要加强粮食市场供求情况的监测分析，所有从事粮食收购、销售、储存和加工的粮食经营者都要建立粮食经营台账，并向当地粮食行政管理部门定期上报相关数据；国家实行粮食生产、消费、库存、价格等信息的定期发布制度。

（三）农村金融体制改革积极推进

2003 年 6 月，国务院印发了《深化农村信用社改革试点方案》。该方案明确规定，把农村信用社逐步办成由农民、农村工商户和各类经济组织入股，为农民、农业和农村经济发展服务的社区性地方金融机构的改革方向，提出了“明晰产权关系、强化约束机制、增强服务功能、国家适当支持、地方政府负责”的总体要求。随后，浙江等8个省市深化农村信用社改革试点工作正式启动。2004年，改革试点范围扩大到29个省区市。2005年，海南省申请开展改革试点。至此，除没有农村信用社的西藏外，农村信用社改革在全国范围推开。国家在资金、税收等方面给予大力支持，中国人民银行计划安排1650亿元资金支持农村信用社改革，增加对农村信用社的再贷款，扩大贷款利率浮动幅度，鼓励发放支农贷款，增加农户小额信用贷款和联保贷款。调整邮政储蓄资金转存中国人民银行利率政策，减缓邮政储蓄资金流出农村。鼓励中国农业银行等商业银行和中国农业发展银行等政策性银行创新金融产品和服务方式，加大对县域经济的支持力度。鼓励通过吸引社会资本和外资，积极兴办直接为“三农”服务的多种所有制金融组织，在四川、山西、陕西、贵州进行民间资本放贷试点。上海、四川、吉林等地在发展农业保险方面迈出实质性步伐。

（四）农业投资体制改革进行了多方面探索

在逐年增加投入总量的基础上，对农业投资体制本身也进行了一系列改革。针对农业投资渠道多、规模小、效率低等问题，逐步加大国家农业资金投入的整合力度，鼓励以县为单位，通过规划引导、统筹安排、明确职责、项目带动等方式整合投资，提高资金使用效率。江苏省一些地方已取得明显成效。针对基层财力不足、集体和农民自筹资金困难的实际，逐步降低中西部地区对涉农固定资产投资的资金配套比例。适应农业科技研发、引进和推广主体多元化的新形势，对国家出资的农业科技研发、引进和推广项目实行招投标制度，鼓励各类农业科研和推广组织、个人及有关企业公平参与申报。针对农业资金过分集中于大型工程、农民受益不直接等问题，逐步增加农民能够直接参与和直接受益的“六小工程”投入，在部分地方实行良种、农机具、节水设备购置补贴等直接补贴到户的措施。针对扶贫贴息贷款到户率低、使用不足等问题，完善贴息资金的分配机制，在部分地区开展将中央财政贴息资金直接分配到县、由县域内各金融机构竞标承担贴息贷款发放业务。

（五）土地征收制度改革在曲折中前进

为探索征地制度改革的有效途径，国土资源部门在全国19个城市开展了征地制度改革试点。一些地方为了保护被征地农民的利益、减少因征地而引发的社会矛盾，在提高补偿标准、为失地农民提供培训和建立社会保障等方面进行了大量探索。中央有关部门开展了大量调查研究。党的十六届三中全会通过的《中共中央关于完善社会主义市场经济体制若干问题的决定》指出，要按照保障农民权益、控制征地规模的原则，改革征地制度，完善征地程序；严格界定公益性和经营性建设用地，征地时必须符合土地利用总体规划和用途管制，及时给予农民合理补偿。2004年国务院第28号文件《关于深化改革严格土地管理的决定》就完善征地补偿和安置制度进行了具体部署：土地补偿费和安置补助费的总和达到法定上限，尚不足以使被征地农民保持原有生活水平的，当地人民政府可以用国有土地有偿使用收入予以补贴；实行最低征地价格，各省区市人民政府要制订并公布各市县征地的统一年产值标准或区片综合地价；征地补偿做到同地同价，国家重点建设项目不能随意压低补偿标准；以土地入股、纳入城市社会保障体系、保留部分耕地或提供就业岗位等多种途径，保障被征地农民长远生计；健全征地程序，维护农村集体的土地所有权和农民的土地承包经营权。

（六）城乡二元体制改革迈出实质性步伐

党的十六大报告指出，我国城乡二元经济结构还没有改变。党的十六届三中全会《中共中央关于完善社会主义市场经济体制若干问题的决定》进一步指出，完善社会主义市场经济体制的主要任务之一，是要建立有利于逐步改变城乡二元经济结构的体制。近年来围绕破除城乡二元体制、统筹城乡发展这一目标做了大量工作，特别是在加强对进城务工农民权益保护、为农民进城创造良好环境方面取得了明显进展。中央把解决拖欠农民工工资问题作为一件大事来抓，加大清欠工作力度。有关部门在全国范围内组织开展农民工工资支付情况专项检查活动。清理针对进城务工农民的歧视性政策和各项乱收费。加强劳动保护和安全生产督查。研究解决进城务工农民子女上学问题，一些城市已出台了具体的办法。中央财政安排专项资金，支持开展对外出务工农民技能培训的“阳光工程”。继续推进户籍制度改革，一些地方已经取消农业户口与非农业户口的二元户籍制度，实行按居住地登记的新型户籍管理制度。

（七）农村社会事业体制改革稳步推进

为加快农村社会事业发展、缩小城乡社会事业差距，中央作出“新增教育、卫生、文化、计划生育等事业经费主要用于农村和用于县以下不低于70%”的决定，并对农村社会事业体制进行了一系列改革。农村义务教育管理体制进一步完善。初步形成以县为主的农村义务教育管理体制，由县级财政统一发放的农村教师工资保障体制，以政府投入为主的农村中小学经费保障体制。撤销乡镇教育办公室，实行教师资格制度。逐步推行对义务教育阶段贫困家庭学生免杂费、书本费和补助寄宿生生活费的“两免一补”制度。建立和完善农村合作医疗制度和医疗救助制度。在部分地方开展以大病统筹为主的新型农村合作医疗制度试点，实行农民个人缴费和政府资助相结合的筹资机制。对农村五保户和贫困农民家庭实行医疗救助。改革农村五保户供养制度，由集体福利事业转型为国家在农村的社会救助事业，所需经费由集体保障转向财政保障。部分地方在农村实行最低生活保障、养老保险等社会保障制度。创新农村计划生育工作机制，对农村部分计划生育家庭实行奖励扶助制度，在部分贫困地区实行“少生快富扶贫工程”试点。

除上述几个方面外，农村其他领域的改革也有不同程度的进展。在巩固棉花市场、价格和经营“三放开”的基础上，重点推进质量检验体制改革试点，提高棉花质量检验的科学性和公信度，保证棉花质量，降低流通成本，增强我国棉花和棉纺织品的竞争力。农村供销社系统大力发展专业合作社和行业协会，发展农资集中配送和连锁经营，努力寻找新的增长点。福建省、江西省等南方集体林区推进集体林权制度改革，在把集体林所有权和林地使用权分包到户的基础上，培育林权交易市场，推动活立木交易和林地使用权流转。一些地方推进农村小型水利工程产权制度改革，调动农民管好现有工程、投资新建工程的积极性；界定和明晰各类用水主体的用水权分配，培育水权交易市场。

二、农村体制的新变化

（一）国家与农民分配体制的新变化

随着农村税费改革的深入推进和支农惠农政策的陆续出台，国家与农民的分配关系由过去的单纯索取向现在的多途径给予转变。国家与农民分配关系发生变化的第一个标志是“少取”：千百年来农民种地缴纳“皇粮国税”的历史即将结束，征收了21年的农业特产税正式退出历史舞台，牧业税正式取消。免征农业税具有划时代意义，不仅免除了过去意义上的农业税，而且免除了过去政策范围内合理的乡镇统筹费和村级提留费。2005年与1999年相比，全国农民共减轻负担1035亿元，按户籍人口计算农民人均减负115元。国家与农民分配关系发生变化的第二个标志是“多予”：实行种粮农民直接补贴、良种补贴、农机具购置补贴。2005年，“三项补贴”达到182亿元。实行这些补贴，有力地调动了农民的生产积极性。这也是我国农业政策调整的显著标志，具有转折意义。

（二）高端财政与基层财政分配体制的新变化

正税清费、降低农业税税率，使乡镇财政收入大幅度减少；取消农业税，使相当部分县乡失去了一个主体税种。为弥补基层财力缺口，中央和有条件的省、市、县级财政增加了对乡镇财政的转移支付。2004 年中央对地方转移支付为 524 亿元，各地配套的转移支付达 185 亿元。2005 年中央对地方转移支付增加 140 亿元，总额达到 664 亿元。各地配套的转移支付进一步增加。为尽快缓解县乡财政困难，2005 年中央财政新安排 150 亿元专项资金，对财政困难县和产粮大县实行“三奖一补”政策，这也是一种财力性转移支付。目前相当一部分乡镇的财政收入主要依靠上级财政的转移支付。

（三）农村经济运行机制的新变化

加快农业和农村发展，既需要创造良好的环境条件，加大外部支持力度，更需要创新体制机制，激发自身活力。在农产品流通市场化改革不断取得进展的基础上，主产区粮食收购市场全面放开，标志着农产品流通体制基本上实现了全面市场化。粮食等大宗农产品期货市场稳步发展。改革相对滞后的农村要素市场，近年来也在逐步发育。农村信用社改革试点取得初步成效，建立多种所有制农村金融组织已列入议事日程，农业保险试点已经起步。龙头企业、行业协会、专业合作组织的发展，使小规模经营的农民组织化程度明显提高，使小规模经营的农业竞争力明显增强。乡镇集体企业的体制机制创新，个体、私营企业的蓬勃发展，有力地促进了农村第二、第三产业发展。市场机制在农村资源配置中的基础性作用得到更大程度的发挥，进一步增强了农村经济发展的活力。

（四）农民权益保护机制的新变化

尊重农民的物质利益和民主权力是多年来农村改革的基本

取向，也是农村改革取得成功的重要经验。对农民权益的保护，过去主要强调赋予农民生产经营自主权、农产品平等和自由交换权，现在更加注重维护农民的土地财产权利、平等就业权利、子女接受义务教育权利和社会保障等公民权利；过去主要靠政策保障农民的权利，现在更多地靠法制保障农民的权利。最具保护农民权益、破除城乡二元结构作用的改革，是征地制度改革和农民工就业制度改革。限期兑付拖欠农民的征地补偿款和安置费，提高征地补偿和安置标准，使通过牺牲农民利益积累城市建设资金的做法开始得到纠正。在全国范围内清理拖欠的农民工工资，清理取消针对农民进城就业的歧视性规定、不合理限制和乱收费，研究解决进城务工农民工伤保险、大病保障、养老保险和子女上学等问题，农民正在逐步获得平等就业权和自由居住权。2002 年 8 月 29 日，第九届全国人民代表大会常务委员会第二十九次会议通过了《中华人民共和国农村土地承包法》（以下简称《农村土地承包法》），农民维护土地承包经营权有了法律武器。

（五）农村社会事业发展机制的新变化

过去主要强调发展经济，农村社会事业发展没有得到应有重视；农村社会事业的缓慢发展，主要靠农村和农民自己的力量。随着全面建设小康社会目标的提出，农村社会事业发展日益受到重视；随着国家综合实力的增强，公共财政开始延伸农村、覆盖农民。农村义务教育经费筹集制度正在发生重大变革，由过去主要靠农民自己负担转变为目前主要由各级财政承担，而且县级以上财政在农村义务教育经费保障方面的责任逐步加大。对部分义务教育阶段贫困家庭子女免除杂费、书本费和补助寄宿生生活费，推动了九年制义务教育的普及。新型农村合作医疗制度试点的推行、乡镇卫生院建设的加强，使农民享有的公共卫生和基本医疗服务逐步增加。“村村通”等文化工程的实施，使农村文化设施条件有了明显改善。五保供养由农村集体福利事业转型为国家财政保障经费的社会福利事业，农村低保从无到有，农村社会保障体系开始探索建立。

（六）农村社会治理模式的新变化

经济基础决定上层建筑。为适应农村经济的发展，农村社会治理模式也势必发生变革。从政社合一的人民公社转向建立乡镇政府、成立村民委员会，是农村社会治理模式的一大变革。乡镇政府职能开始转向主要提供公共服务和社会管理，村民自治逐步完善，是农村社会治理模式的又一重大变革。特别是村务公开普遍实行，建立“一事一议”机制，民主监督得到加强，增强了农民在农村公共事务中的发言权。对农村部分实行计划生育的家庭实行奖励扶助制度，不仅是农村计划生育工作方式的创新，而且使农村计划生育政策更加人性化，更易为农村群众所接受。

第三节
农村经济社会发展面临的主要体制机制障碍

尽管农村改革在多个方面取得重要进展，但目前制约农业和农村发展的深层次矛盾并没有消除，农业稳定增产、农民持续增收和农村社会稳定繁荣的制度基础并不牢固，特别是有利于消除城乡二元结构、合理配置城乡资源、促进城乡协调发展的体制和机制没有真正建立起来。深化农村改革、推进农村制度创新的任务十分艰巨。

一、农村公共产品和服务的供给体制没有理顺

随着农村税费改革的逐步深化，转变和规范乡镇政府职

能、改进农村基础设施和公益事业经费保障机制等工作也在不断进行，但取消农业税以后究竟应当建立什么样的农村公共产品供给体制，才能既适应农村发展的需要，又能防止农民负担反弹，还是一个有待破解的难题。目前农村公共产品供给体制不顺表现在很多方面。

1. 政府职能的边界不清

随着公共财政理念的普及，公共财政应该覆盖农村，政府应当切实承担起对农民和农村的责任，已逐步成为共识。问题在于，政府究竟应当对农民和农村承担哪些职能，以什么方式承担这些职能更有效率，认识并不一致。比如，在农业技术服务和农村医疗卫生服务中，究竟哪些事项属于公益性、哪些事项属于经营性，却缺乏明确的判定标准。基层政府财力宽裕，可以将更多的事项界定为公益性职能；反之，许多事项不得不界定为经营性职能。在乡镇机构改革过程中，有可能单纯为了减轻财政负担，而把应该由政府提供的服务、承担的事项推向市场。

2. 各级政府间的事权划分不清

近年来农村行政管理体制有很大调整，一些事权已上收到县级甚至省级政府；税费取消、粮食放开、计生方式转换，使乡镇政府减少了相当大一部分工作内容。在新的形势下，各级政府间的事权究竟如何划分，特别是乡镇政府究竟应当承担哪些职能，目前还不十分清楚。由于职能不清，一些地方乡镇政府职能缺位和不作为的问题比较突出，农民享有的公共服务被打折扣。也有一些地方政府出现越位和错位的问题，如直接参与招商引资等经济活动。

3. 基层政府履行职能所需经费如何保障不清

在农村税费改革的前两个阶段，中央和省、市级财政加大了对乡镇财政的转移支付，部分弥补了乡镇财政出现的亏空。但转移支付的计算标准是根据前几年的开支水平确定的，没有考虑到开支水平逐年提高的因素。即使乡镇政府职能得到重新界定，供养人员数量稳定在政策界限内，仅因开支标准的提高，就要求乡镇财政支出总额不断提高。取消农业税后，多数地方的乡政财政失去了主体税种。今后究竟是通过完善税制、提高地方特别是基层财政的分成比例，还是通过建立规范的转移支付制度，来提高乡镇政府的财力保障水平，有待尽快明确。

4. "一事一议"机制何去何从不清

在公共财政覆盖农村的广度和深度有限、特别是还不能完全覆盖到村内公共基础设施的现阶段，为了解决村内基础设施和公益事业发展所需经费，保留一个村内"自筹"的机制是必要的。同时，为了防止村干部在上级压力下过分追求高起点、大规模的基础设施建设，导致强行向农民摊派、致使农民负担失控，对这个机制的运用作出严格限制（如每年人均筹资不得超过 15 元、不得跨村使用、必须直接受益等）也是十分必要的。问题在于，对这个机制到底能起多大作用、有什么利和弊、如何进一步完善，各方面认识并不一致。上述四个问题不理清，既不利于农村全面发展，又不利于从根本上防止农民负担反弹。

二、农业投入稳定增长的机制没有建立起来

近两年来，中央和地方财政逐步加大了对农业的投入，并在开辟新的较为稳定的投入渠道方面采取了一些积极措施。如 2004 年中央政府出台了将部分土地出让金用于农业土地开发的政策，规定市、县要将不低于土地平均纯收益的 15% 用于农业土地开发。2005 年，出台了中央和省级财政要通过整合有关专项资金、从预算内新增财政收入中安排部分资金等途径，设立小型农田水利设施建设补助专项资金的政策。尽管如此，农业投入增长机制方面的问题仍然很多。

1. 农业投入总量增长机制不健全

虽然《中华人民共和国农业法》规定财政支农支出的增长幅度要高于财政经常性收入的增长幅度，但由于年初财政预

算安排的经常性收入增长幅度偏低、财政超收较多，预算安排的财政支农支出的增长幅度往往低于财政实际收入和实际支出的增长幅度，导致支农支出占财政实际总支出的比重不断下降。这与调整国民收入分配结构和进一步优化财政支出结构，新增财政支出和固定资产投资要重点向农村倾斜的政策取向并不一致。

2. 中央农业基本建设投资面临逐年减少的危险

中央农业基建投资包括预算内基建投资和从国债中安排的投资。1998—2004 年，中央农业基建投资年均达 500 亿元，但其中国债投资占 75% 左右，多年来预算内农业基建投资规模没有增长。随着国债规模的逐步减小，中央农业基建投资总规模将大幅度下降，这将使“六小工程”等许多深受农民欢迎、对农业和农村经济发展至关重要的建设项目失去资金来源。

3. 各种专项支出之间缺乏有效的协调配合机制

虽然财政支农支出总量不大，但投资管理部门很多，不同渠道的支农投资建设内容和地区投向上存在明显的交叉重复，项目安排缺乏统筹协调，使用相对分散，形不成整体合力，不利于政府对支农投资进行有效的宏观调控，从而影响了政府投资的效率。

三、农村金融体制改革滞后严重影响农村经济发展

面对日益增长且日趋多样化的农村金融需求，农村金融供给严重不足。农民贷款难、农村中小企业融资难，已成为农村经济发展和农民增收的瓶颈。造成这种局面的主要原因是农村金融体制改革的滞后，农村金融市场存在制度和功能上的缺陷。

1. 农村金融组织体系不健全

农村金融需求中，既有农户和小规模企业对合作金融的需求，也有规模较大的农产品加工等企业对商业金融的需求，还

有扶贫开发、农业综合开发等对政策性金融的需求。名义上目前这三类金融组织在农村都存在，但实际上各自的功能都没有充分发挥出来。部分农村信用社已改造成农村合作银行或农村商业银行，继续保留合作金融外壳的那些农村信用社，能否真正回归合作制原则还有待实践检验。国有商业银行已逐步从农村退出，新型股份制商业银行主要在城市争夺市场，商业银行在农村应当承担什么义务、以何种方式承担这些义务，缺乏明确有效的政策导向与法律约束。作为专门支持农业发展的政策性银行，中国农业发展银行的业务范围却仅限于提供粮、棉、油收购资金贷款，并不提供真正意义上的农业政策性贷款；国家开发银行开始进入县域经济领域，寻求支持县域基础设施建设和中小企业发展的有效途径，但目前还没有形成规模。

2. 非正规金融缺乏“正规化”的途径

正规金融组织不能满足农村经济发展的需要，为农村非正规金融活动提供了广阔空间。据多途径调查，目前农户借款的2/3来自民间借贷。非正规金融活动的存在和发展有其必然性，对农户生产生活的进行和农村中小企业的发展起到了重要作用。但由于非正规金融活动的隐蔽性，游离于政府监管之外，潜伏的金融风险也较大。选择什么方式加强对农村非正规金融的引导和监管，使已经具备相当规模的民间借贷资本从“地下”浮到“地上”，合法合规地发挥作用，是农村金融改革面临的一个重大挑战。

3. 农村储蓄资源利用不足

由于吸储与放贷的激励约束不对称，国有商业银行和农村信用社在农村都出现巨额存差，从农村吸收的储蓄资源不能用于农村发展。邮政储蓄政策虽有调整，但还没有找到将从农村吸收的资金用于农村发展的有效办法。此外，农村担保机构还有待进一步发展。商业性保险机构开展的农业保险业务刚刚起步，政策性农业保险尚未付诸实施。

四、集体经济产权制度改革滞后派生出一系列社会矛盾

20世纪90年代以来，一些地方在集体经济产权制度改革方面进行了有益探索。主要是通过股份合作制、股份制、拍卖等方式对集体所有制乡镇企业进行改制。有些地方实行社区股份合作制改造，把集体资产按一定标准折股量化到人，实行按股分红。但是，不同地方个人持有的股权的权利束不尽相同，多数地方只拥有收益权和部分处置权，是一种不完全产权。有些地方尽管实行了股份合作制，但由于股权设置不合理，也带来了一些矛盾。就目前情况看，除所有权保留集体所有、承包经营权长期赋予农民的农地产权制度比较明确以外，对其他集体资产的产权制度改革重视不够，全国范围内的集体经济产权制度改革还相当滞后，传统的“共同共有”的集体产权制度框架没有根本改变。在土地增值潜力不大、集体经济实力不强的地方，“共同共有”的集体产权制度暂时还不会带来大的矛盾和问题。然而，在土地增值很快、集体经济收益为数可观的地方，特别是城乡接合部和乡镇企业发达的农村地区，“共同共有”的集体产权制度，是造成农村诸多矛盾和问题的重要根源，也是造成群众上访多、干部违纪多、干群矛盾多的重要原因。

“共同共有”的集体产权制度的主要弊端：

1. 产权模糊性

集体资产名义上属于集体全体成员共同所有，但实际上多数地方的多数农民对集体资产情况不清，产权关系极为模糊。在民主决策、民主管理、民主监督不到位的情况下，村干部对集体资产有高度支配权，极易出现“内部人控制”问题，从而导致集体资产经营效率低下和大量流失。

2. 社区封闭性

“共同共有”的一个显著特征是，只有保留或取得集体成员资格，然后才能分享集体资产收益。迁走户口、离开社区，

就意味着丧失了集体成员资格，也就意味着丧失了对集体资产的一切权利。在集体经济收益高和集体福利好的地方，农村人口不愿向城市迁移，以前迁出的想方设法回迁；为了保护既得利益，村规民约中甚至规定娶进的媳妇也不得迁入户口从而不得参与集体分配，已与村外男性结婚的女性即使户口在本村也不得参与集体分配。长此以往，既影响劳动力自由流动和城市化进程，又不利于优化婚配和促进农村社会和谐稳定。

五、农村富余劳动力转移就业的制度障碍依然存在

近年来，国家在推进户籍制度改革、保护农民工合法权益等方面做了很多努力。但是，目前城乡二元体制并没有从根本上被打破，城乡劳动力市场一体化程度还很低，城乡劳动者平等就业的制度还远未形成。

1. 就业限制依然存在

前几年一些城市公开宣布禁止使用农民工的行业和工种。目前这种公开限制性规定减少了，但各种变相的限制性措施依然存在，只招本市户口人员的招工行为并不少见，农村富余劳动力还不能自由地进入城市所有就业领域。

2. 就业歧视十分明显

城乡劳动力同工不同酬的问题极为严重，用人企业不与农民工签订劳动合同的现象比较普遍，这既为企业逃避为农民工缴纳社会保险金的法定义务打开了方便之门，又为企业任意克扣和盘剥农民工提供了可乘之机。

3. 落户城市的门槛依然很高

由于城市户口的社会福利功能（主要是低保和高考）依然很强，即使在城市有稳定职业和住所的农民工及其家属并不能顺利落户城市，同工不同酬，没有社会保障，使城乡二元结构演化为城市二元劳动力市场结构；长期离土离乡，又不能落户城市，使城乡二元结构演化为城市二元社会结构。长此以往，既不利于农村人口转移，也不利于城市自身的稳定和发展。

六、农村土地制度需要进一步完善

农村改革是从土地经营制度改革起步的，此后也一直在完善土地经营制度，并用法律的形式予以确认；随着工业化和城镇化的推进，土地征收征用政策也在不断调整。但从目前情况看，土地制度特别是土地产权制度不健全仍是农村多种社会矛盾的根源，对农村发展的不利影响越来越明显。

1. 农民土地承包经营权存在缺陷

改革以来，农民所拥有的土地承包经营权的权利束是在不断扩大的。起初，由于承包地不能自行流转、土地收益的一部分要“留足集体的”、粮棉流通没有放开，农民所拥有的土地承包经营权实际仅包括土地的使用权和部分收益权、部分产品处置权。后来随着改革的深化，土地承包经营权的内涵和外延不断扩大，特别是农村土地承包法的颁布施行，使农民获得了法定的长期稳定的土地使用权、收益权和部分处置权。尽管如此，目前农民所拥有的土地承包经营权仍不完整，如使用权受承包期限限制、缺乏抵押等处置权。土地承包经营权更多地还是一种债权，离物权化的目标还很远。土地承包经营权还不是完整意义的产权，使集体经济组织调整土地承包关系的可能性依然存在，使农民流转土地的行为受到限制，使土地在就业、收入和生活保障功能下降的同时融资等新的功能没有同步跟进。因此之故，农村土地承包纠纷时有发生，一些已长期转入非农产业的农民既不有效利用土地又不让渡土地承包经营权。

2. 集体土地所有权存在缺陷

集体对土地的所有权，在农地上仅表现为发包权，已没有使用权、收益权和处置权。在农地转为非农建设用地过程中，集体土地的产权也是残缺的，使用权、收益权和处置权都不完整。从使用权看，多数情况下集体土地不能进入一级市场、不能直接用于城市非农建设，只有在个别情况下才可以把集体土地使用权入股或直接开发建设；从收益权看，集体土地转为城市建设用地的增值收益大部分被政府和开发商占有，集体所得甚少；从处置权看，集体土地转为城市建设用地，要经过行政审批，并受计划指标控制。由于集体拥有的土地产权不完整，在农地转为城市建设用地过程中出现了大量问题，征地纠纷和冲突屡见不鲜。这不仅使农民和集体的土地财产权利受到侵害，而且使宝贵的耕地资源大量流失。

七、农村社会保障制度还很不健全

长期以来，城镇职工靠单位保障，农民靠集体经济组织保障。随着城镇国有和集体企业以及事业单位改革的不断深化，城镇社会保障体制改革的目标和思路逐渐明朗，国家财政投入大量资金支持建立健全城镇社会保障体制，城镇居民和职工在最低生活、养老、失业和医疗等方面享有的保障范围和保障水平不断提高。然而，在农村，多数农民在失去了对集体经济组织的依靠后，没有相应的社会保障来替代，家庭和土地成为农民的主要保障来源。社会保障网不覆盖农村，是现阶段城乡二元结构的重要标志之一。尽管中央已经提出，有条件的地方探索农村养老、医疗保险和最低生活保障制度，一些地方已经做了一些工作，但从总体上看，目前农民享有的社会保障仍极为有限。

1. 养老保险覆盖面小

目前农村主要是被征地农民和部分经济较发达地区的农民参加了专为农民设立的养老保险，部分进城务工农民加入了城镇职工养老保险，其他绝大多数农民还没有加入任何形式的养老保险。各级财政对农村养老保险基金的支持力度很低。据国家统计局、劳动和社会保障部公布的数据，2004 年年末，全国参加农村养老保险的人数为 5378 万人，不到农村适龄人口的 10%。这固然与农村经济发展水平和农民缴费能力较低有关，但与“农村养老保障以家庭为主”的指导思想也有很大关系。

2. 医疗保障覆盖面小

农民所享有的医疗保障，主要是2003年以来开展的新型农村合作医疗试点所提供的大病医疗统筹。据卫生部农村卫生司资料，目前全国尚有79.1%的农村人口没有任何医疗保障，基本上靠自费看病。由于经济困难，农村患者未就诊比例为45.8%，未住院比例为30.3%。

3. 最低生活保障覆盖面小

一些地方在传统的农村五保供养、农村特困户救助之外，开始在农村建立比较规范的最低生活保障制度。据民政部统计，2004年年底，全国有236万个农户、488万名农民得到了最低生活保障。但同期全国城镇共有956万户、2205万人得到最低生活保障。考虑到城乡户籍人口基数的差异，农村最低生活保障覆盖面比城市低很多。同时，农村低保标准普遍比城市低得多。

第四节 深化农村改革的目标、任务与思路

一、“十一五”期间深化农村改革的目标和任务

确定“十一五”期间深化农村改革的目标，除了要从解决当前制约农村发展的主要体制机制性障碍出发外，还应该紧扣以下三个重要参照系。一是完善社会主义市场经济体制的总体目标，二是建设社会主义新农村的阶段性目标，三是近中期整个改革工作的总体部署。在此基础上，“十一五”时期深化农村改革的总体目标应该是：更大程度地发挥市场在农村各种资源配置中的基础性作用，增强农户和农村各类经营主体的活

力，健全国家对农业、农村和农民的支持政策体系，建立精干高效的基层行政管理体制和覆盖城乡的公共财政制度，为统筹城乡发展、加快农村全面小康建设提供有力的体制保障。实现上述农村改革目标，面临的任务十分艰巨：

（一）要继续完善公有制为主体、多种所有制经济共同发展的基本经济制度和以家庭承包经营为基础、统分结合的基本经营制度

探索农村集体经济的有效实现形式，努力克服传统集体经济模式存在的主体缺位、社区封闭、效率低下等弊端。在长期稳定以家庭承包经营为基础、统分结合的双层经营体制的同时，随着农村富余劳动力逐步向非农产业和城镇转移，积极探索多种形式的农地使用权流转模式，发展农业适度规模经营。

（二）要着力健全农村市场体系

巩固农产品流通市场化改革的成果，健全农产品质量标准、检验检测和市场信息体系，发展专业合作组织、行业协会和农产品加工流通龙头企业，完善农产品批发市场体系，加强和改进对农产品市场的调控。着力推进农村土地、资金、劳动力、技术等生产要素的市场化改革，以及山林等集体资源和小型农田水利等集体工程的产权制度改革。

（三）要大力破除城乡二元体制

建立有利于逐步改变城乡二元经济结构的体制，形成工业反哺农业、城市支持农村的多予少取政策体系。消除不利于城镇化发展的体制和政策障碍，引导农村劳动力合理有序流动。改变公共资源在城乡之间的不均衡分配格局，建立覆盖城乡的公共财政制度，形成“三农”投入的稳定增长机制。

（四）要建立促进农村社会事业发展的有效机制

明确政府在农村各项社会事业发展中的责任，把加强农村义务教育、农村公共卫生和基本医疗服务、困难群体生活保障，作为公共财政覆盖农村的切入点，统筹城乡发展的突破点，促进社会和谐的关键点。

（五）要尽快完成农村社会治理结构转型

推进乡镇机构改革，明确行政权在县以下农村社会治理中的作用范围和作用模式，建立行为规范、运转协调、公正透明、廉洁高效的农村基层行政管理体制。借鉴村规民约、老人权威等传统乡村治理的有效办法，健全村民自治机制，推行村务公开，切实保障村民的各项民主权力。

二、“十一五”期间深化农村改革的主线

从上述目标和任务来看，“十一五”期间深化农村改革需要做的事情很多。为使改革更加顺利，必须明确重点，理出中心线索。随着农业税的取消和粮食流通全面市场化的实行，“十一五”期间农村改革的整体思路和侧重点应当有所调整。“十一五”期间深化农村改革应当围绕“两条主线”展开：

（一）围绕提高农村社会管理和公共服务水平，着力推进农村综合改革

之所以把推进农村综合改革作为深化农村改革的一条主线，有以下考虑：第一，农村综合改革是农村税费改革的自然延伸。第二，农村综合改革是农村发展的迫切需要。第三，农村综合改革既包含广泛内容又具有鲜明主题。由这条主线串联起来的改革主要有以下五项：

1. 乡镇机构改革

着重解决乡镇政府职能越位与缺位并存、乡镇事业站所效

能低下、机构庞大臃肿、人浮于事等问题。重新界定乡镇政府的职能范围，减少对具体经济事务的直接参与，强化社会管理与公共服务职能。合理区分公益性事业和经营性事业，创新公益性事业运作机制，增强经营性事业自我发展能力。

2. 农村义务教育体制改革

着重解决投入保障水平偏低、资源配置不合理、县级以上政府对农村义务教育的责任不明确等问题。尽快建立起各级政府责任明确、财政分级投入、经费稳定增长、管理以县为主的新体制。以县为主指的是人员、教学等管理工作以县为主，不能理解为经费投入以县为主。为使各地义务教育不至于因为财力不均而出现较大差异，实现均衡发展，县级以上财政在农村义务教育经费保障方面应承担更多的责任。加强农村教育系统人事、财务等制度改革，提高教育资源配置效率。

3. 农村医疗卫生体制改革

着重解决政府在农村医疗卫生事业中的责任不明确、农民医疗保障水平低、农民看病难看病贵等问题。审慎推进农村医疗卫生体制市场化改革，强化政府保障农村公共卫生和基本医疗服务的责任。改进筹资办法，加大政府补助力度，提高农民参与的积极性，加快推进新型农村合作医疗制度试点。建立健全农村医疗救助制度。在有条件的地方探索建立农民医疗保险制度。

4. 县乡财政管理体制改革

着重解决县乡财政保障能力低、履行社会管理和公共服务职能缺乏财力支撑等问题。增加一般性转移支付规模，建立规范的转移支付制度，加大对财政困难县乡的支持力度。扩大推行省管县财政体制试点范围，减少财政管理层次，提高行政效率和资金使用效益。实行乡镇财政管理体制改革试点，对经济欠发达、财政收入规模小的乡镇试行由县财政统一管理乡镇财政收支的办法，对一般乡镇实行“乡财乡用县管”的管理模式。扩大公共财政覆盖农村的范围，适当扩充政府在农村教育、卫生、文化、社保等社会事业发展和道路、水利等公共基础设施建设中的责任，逐步把农村公益事业发展和公共设施建设纳入各级财政支持范围。

5. 完善“一事一议”机制

着重解决加重农民负担与自愿投入之间政策界限不清、议事效率低等问题。严格区分加重农民负担与农民自愿投工投劳改善自己生产生活条件的政策界限，注重运用政府补助、民主议事等方式引导农民开展自己直接受益的基础设施建设和发展公益事业。

（二）围绕更大程度地发挥市场在资源配置中的基础性作用，着力培育农村要素市场体系

之所以把推进要素市场化改革作为深化农村改革的一条主线，主要基于三点考虑：第一，农村要素市场化程度相对较低，已成为农村经济市场化的瓶颈。第二，农村要素市场化改革相对滞后，已成为制约农业和农村经济发展的主要矛盾。第三，农村要素市场化改革涵盖面较宽，能够把当前各方面关心的主要问题囊括进来。由这条主线串联起来的改革主要有以下六项：

1. 农地经营制度创新

着重解决农民土地承包经营权长期保障和有效流转问题。农民合法获得的土地承包经营权是一种产权，权利边界越清晰，越有利于发育土地使用权流转市场。扩大农户土地承包经营权的权益范围，提升土地承包经营权的法律地位，为土地家庭经营的巩固和土地使用权依法、自愿、有偿流转奠定坚实的制度基础。

2. 土地征收征用制度改革

着重解决集体所有制农用地转非农建设用地过程中农民土地财产权利流失问题。打破城市政府对土地一级市场的垄断，制定明确具体的征地目录，严格限制政府征地权的使用。扩大农村集体土地使用权的权益范围，在符合土地利用规划和城市建设规划的前提下，允许农村集体土地进入城市建设领域。

3. 农村金融体制改革

着重解决农村资金外流、农村金融服务主体少与农村金融需求多元化的矛盾等问题。通过改造农村信用社、建立金融机构对农村社区服务的机制、兴办直接为“三农”服务的多种所有制金融组织、扩大农村政策性金融机构功能、发展政策性农业保险等途径，增加农村金融供给。

4. 转移就业制度改革

着重解决城乡劳动力市场不统一、就业不平等问题。进一步消除不利于农村富余劳动力进城就业的政策规定，缩小城乡之间、城市原居民与新移民之间的劳动力价格差异。针对农民工在城市就业市场中的弱势地位，加大政府监管力度，维护农民工合法权益。

5. 农技推广体制改革

着重解决增强农技推广体系活力问题。创新农技推广机制，实行农技推广项目招投标，鼓励各类推广主体参与项目竞争。对龙头企业、农民专业技术协会、农业技术人员或农民个人开展的农技推广活动给予支持。

6. 集体资产产权制度改革

着重解决土地资产以外的其他集体资产产权不清问题。适宜从实物或使用形态上均分到户的集体资产，如南方集体山林等，应尽量均分到户。适宜继续维护实物或使用形态上的统一的集体资产，如集体企业、集体工程等，应折股量化到人，或拍卖、租赁。

第五节

农业税减免后农村新情况、新问题——以吉林省为例①

我国农村的税费改革，从正税清费开始，循着“减轻、规范、稳定”的路子，经过四年多由点到面的试点，到2004年明显加快了速度，先是年初党中央、国务院作出决策，在吉林、黑龙江两省先行开展免征农业税的试点，其他11个粮食主产省（区）降低农业税税率3个百分点，其余省份降低1个百分点。随后国家又将吉林省作为免征农业税综合配套改革的试点省份，并于2004年年中率先在全国开始了免征农业税综合配套改革的试点工作。本节将主要以吉林省为例，对免征农业税尤其是免征农业税综合配套改革后农村出现的新情况、新问题进行研究。

税费改革给农村带来了意义非同寻常的重大变革。首先，它意味着农民的负担切实减轻。吉林省2004年当年全省免征农业税14.78亿元，取消农业特产税1.86亿元，两项合计共减轻农民负担16.64亿元，全省农民人均减负118元。其次，意味着从“治乱减负”到形成比较规范的农业税及其附加，再到最终取消农业税，终结了传统农业社会遗留的这项赋税制度。它不仅体现了国家经济结构和财源结构的变化，更体现了整个国家税收制度和人们思想观念向现代化的迈进。再次，意味着干群关系出现了积极而深刻的变化。农村税费改革成为近

① 本节主要选自农业部软科学课题“农业税减免后农村新情况、新问题调查”（课题编号：200532－1）；课题主持人：李添。其中，第一部分“（七）人地矛盾纠纷多，政策供给不到位”的内容以及第二部分“（四）完善和建立相关法律及政策，强化土地管理”的内容选自农业部软科学课题“农业税减免后农村新情况、新问题调查”（课题编号200532－2），课题主持人：侯贵斌。

几年农村干群关系进一步好转、农民积极性得到进一步调动、农村社会继续保持稳定的最重要的政策动因。最后，意味着为全面深化农村改革奠定了基础。农村税费改革进展到今天，不可避免地要求进行乡镇机构、农村义务教育和县乡财政体制等方面的综合配套改革，以带动农村上层建筑的变革与进步，将进一步引发农村上层建筑和农村经济社会各个领域的深刻变革。

一、免征农业税及其综合配套改革引发的深层次问题

免征农业税综合配套改革，不仅初步规范了农村的分配关系，而且通过这一改革还将过去掩盖着的不利于农村发展的一些重要的深层次问题逼到层面上来了。这表明，此次改革是一个系统工程，改革的艰巨性和复杂性决定了要完成其改革任务不可能一蹴而就，必然要经历一个长期的调整过程，也必然会遇到种种问题和困难。

（一）由于免征农业税，使化解乡村债务难度陡然增大，提前引发了乡村债务危机，影响农村社会稳定，制约农村发展

当前存在的乡村债务属于历史遗留问题，情况复杂，数额巨大。据保守估计，吉林省乡村债务总额不低于300亿元，占2004年全省GDP的比重约为10%，与2004年全省的全口径财政收入大体相当，相当于当年全省第一产业增加值的53%，是中央财政给予吉林省免征农业税转移支付补助的20多倍。

实际上早在农村税费改革之前乡村两级就存在严重的债务危机，但由于当时农业税收政策不规范，乡村可以通过多收费向农民转嫁危机，也可通过高息借贷对外掩盖危机，还可以通过寅吃卯粮向后转移危机，使债务危机没有爆发。免征农业税，使得以上方法皆无法施行，乡村只能依靠自己的合法收入来还债。但吉林省大多数债务严重的乡村集体经济几乎为零，尤其是粮食主产区的大部分乡镇工商税收来源偏少，根本没有

偿还债务的能力，其可支配的收入主要是中央所拨付的转移支付资金，即使全部用于还债，也有待时日。由此在全省农村引发了“讨债热”，一些债权人纷纷向乡村组织讨债，有的地方已经把供养五保户、敬老院、优抚资金和对村级的转移支付资金，判决执行给了债权人（这种行为已得到了纠正。吉林省高级人民法院还专门为此向各级法院下发了《关于在审理和执行民商事纠纷案件时不得查封、冻结或扣划农村税费改革转移支付资金的通知》）。总之，免征农业税使乡村债务的矛盾凸显出来，如果处理不当势必因为讨债问题引起农村社会经济秩序的动荡和混乱。这一问题必须要高度重视，着手化解。

（二）加重农民负担的体制性因素没有完全清除，农民隐性负担增加的趋势不容忽视

一般认为，农业税取消了，农民的负担应当很小了。但实际情况并不如想象的那样乐观。从调查情况看，农民负担反弹主要表现在以下几个方面：一是向农民收取“村村通”公路修建费的数额大。如吉林省蛟河县某村因修“村村通”负债581万元，人均7120元，仅此一项就远远超过了税费改革前的农民负担水平。据估计，免征农业税后，村级新增负债的80%是因为修“村村通”公路而引起的。二是农村中小学乱收费屡禁不止，而且普遍不给学生开具收据，也不在收费卡上登记。三是向村集体、农民乱收费和摊派名目繁多。甚至有什么“新楼建成赞助费”、“春节慰问赞助费”等等，仅从2005年上半年省政府组织的抽查中就发现50多项类似的收费。这些收费和摊派项目虽然绝大多数是向村集体收取的，但最终还是要落在农民身上的。四是各种培训班收费有增无减。有的县一个部门一年办了三次村书记培训班，收取的培训费、资料费1000多元。五是村级报刊订阅负担普遍超过限额。税费改革后，省有关部门规定，每个村级报刊订阅费用大、中、小村[①]分别不得超过1000元、800元、600元的限额。但从执行的情况看，普遍超限严重，有的村达到了3000多元，个别的村甚至超过了5000元。六是在经营服务环节上加重农民负担。有的县乡收取畜禽防疫费，通过疫苗大幅度加价来增加费用造成农民不合理负担。七是农民受生产资料涨幅过大的影响，农民生产成本提高。据测算，在吉林省主要粮食产区2005年因主要农用生产资料涨价，使农民耕种一公顷土地的生产费用比以往年份增加400—550元，以主要粮食作物玉米为例，每千克玉米的生产成本要增加0.06—0.10元，在大多数粮食主产县增加的生产费用与国家给予的粮食直补资金大体相当。

（三）村内“一事一议”筹资筹劳管理办法难以操作，农村公益事业发展前景堪忧

农村税费改革后，取消了村提留和乡统筹，农村兴办公益事业所需资金不再每年固定向农民收取，而是采取由村民大会或村民代表大会会议决定的“一事一议”的办法来解决。这可以说是税费改革后农村基层村民自治、民主理财、民主决策的新尝试。可在实际中，“一事一议”操作难度非常大，极易造成有名无实。若决策权集中在少数人手中，很容易造成公共偏好的扭曲，甚至成为变相增加农民负担的手段。若决策需要经全体村民一致或大多数的同意，则很难作出决议。在实际中，“一事一议”往往走了样，变了味，不是太讲民主的“有事难议”，就是不讲民主的“有事不议”，由此造成了村内筹资筹劳的难度非常大。不少村开会议事，大多数村民不愿意参加，而按规定，参会人员不够不能开会议事。有的即便是大多数村民参会，但议事扯皮，导致“议而不决”；有的虽然大多数村民拥护，但就因为少数人不履行义务而使决议“流产”。

① 指村民分别为1500人以上、1500人以下、1000人以下。

有的村由于村干部作风不民主，“一事一议”筹资方案未经通过，就直接向农民筹资。个别地方还把“一事一议”作为固定项目向农民摊派。这个问题在修建村级公路上表现得比较突出。总之，由于“一事一议”难以成事，加之财政压力大，对农村公益事业的投入十分有限，使农村诸如修路、植树造林和防洪排涝、抢险救灾等势在必行的公益事业建设陷入停滞状态。

（四）乡镇政府职能转变未到位，如何组织管理农民的问题尚未破解

农村乡镇基层政权组织，在长期的运行过程中，积累下的主要问题有两条，一是机构膨胀，人浮于事；二是乡镇政府职责不清。目前正在进行的免征农业税配套改革，在撤并乡镇，精简机构、人员方面力度大，效果明显，但在转变乡镇政府职能方面仍然显得力不从心。应当说，转变基层政府职能要比单纯地撤并乡镇、精简机构和人员重要得多，也困难得多，是本次改革的重中之重。免征农业税后，乡镇干部催种催收、征税要费的工作任务没有了，对农民进行直接管理的事务就少得多了。但是对于如何实施依法行政、加强社会管理、提供公共服务等方面，以及在新形势下如何对农民进行行之有效的管理，一时还找不到抓手。无论是在认识上还是在实践上，仍然沿用过去的工作路数。在调查中大部分乡镇负责人概括他们的工作任务是“季节抓农业，常年抓招商”，即把招商引资作为乡镇政府的主要工作任务，或者是上级政府和相关部门部署什么就抓什么，工作越位、错位、缺位的问题没有得到真正的解决。免征农业税后，乡镇政府职能转变的难点在于：乡镇事权不清，到底哪些是乡镇政府应当做、必须做好的事？哪些是县级政府的事？乡镇与县、村的关系在新的形势下应当是怎样的一种关系？这些基本问题不理清，就会使乡镇职能转变难以推进，处在“老办法不行，硬办法不灵，新办法不明”的尴尬境地。

（五）农村基层财政困难，建立公共财政制度的问题未能破解

取消农业税后，从理论上讲，通过中央财政转移支付，是可以达到减轻农民负担、实现乡镇机构以及村级组织正常运转、农村义务教育经费的正常需要得到有力保障的目标的。然而从实际运行的情况看，免征农业税让农民确实得到了实惠，但转移支付却难保乡镇机构和村级组织的运转以及农村公益事业经费的正常需要。上级政府的财政转移支付数额是远远不足以弥补农村基层组织的办公经费、人员工资、补贴以及发展公益事业的需要的。加之吉林省大多数县（市、区）财政比较困难，根本没有机动财力弥补基层组织经费不足的缺口，致使基层组织运转更加困难，至于建立覆盖城乡的公共财政制度，更是缺乏有力的财力支撑。在这次调查中我们了解到大多数县尤其是粮食主产区的乡镇政府在这次改革前或者改革后都只有少量的办公经费或干脆没有办公经费，这次改革实行“乡财县管”的体制，县级财政只能勉强保证乡镇行政和事业编制人员开支，无法保证其运转所需经费。对乡镇财政来说是只有收的义务，没有支的权力，这样为了维持乡镇政府的正常运转，难以避免举借新债的事情发生。

（六）乡镇事业站所人员精简安置难度较大

在这次改革中带来的另一个新问题就是乡镇事业单位人员精简安置难。本次改革在人员分流安置上，分为三类：即乡镇正副职领导干部、乡镇行政编制干部、乡镇事业编制人员。前两类人员由于涉及的人员少，情况简单，因此在这次乡镇机构改革中都得到了顺利解决。而乡镇事业单位人员的分流安置在大多数县乡则进展缓慢，这是由于事业单位人员分流存在以下几方面的困难：一是涉及的人员多；二是分流的渠道狭窄；三

是事业单位人员构成情况复杂，既有全额拨款开支的人员，又有差额拨款开支的人员；既有有编制、无经费的人员，又有无编制、无经费的人员。如公主岭市，全市乡镇行政编制人员编制数为868人，实有人数为766人，重新的核定的编制为690人，需分流人员76人；全市乡镇现有事业编制1617人，实有人员为1635人，重新核定的编制为968人，编制控制数为1266人（指改革第一年要求压缩达到的人数），可见按编制控制数计算还需分流人员369人，如按重新核定的编制数分流人员，则需要分流667人。正是这些原因，使乡镇事业单位虽然机构整合了，但人员精简工作在大部分县乡还存在不小的难度，工作进展缓慢。

（七）人地矛盾纠纷多，政策供给不到位

国家实施了“一免两补”政策之后，加之粮价大幅回升，种粮效益明显提高，农民对承包土地的积极性空前高涨，对土地的重视程度超过了以往任何时期，使农村存在多年的土地承包问题更加尖锐，甚至达到白热化的程度。发生在黑龙江省的情况主要有以下几种：

1. 毁林开荒的耕地引发争议

毁林开荒主要有以下几种情况：一是农民要求将承包的国有林地降低承包费或变为家庭承包地。从20世纪80年代起，黑龙江省有些地方未经批准开荒种地，后来林业部门开始收林地补偿费，“一免两补”政策实施后，农民认为自己种粮林场不能收费，却不退耕还林，并且还要签订30年承包合同和发放粮食直补，这种情况在林区比较普遍。二是农民要求免征私自开荒的承包费。省内有些地方村里组织或农民私自开垦村集体有林权证的林地和1982年划为“两荒”的国有荒地，有在林地开的，有在荒地开的，有的超坡，有的不超坡，情况相当复杂，开荒的面积也无法精确统计，由于各县、乡、村对“小开荒”地并没有纳入机动地管理收承包费。农民就要求免征私自开荒的承包费。三是农民要求免征林地补偿费。20 世纪 80 年代，林权划拨书上确定了一些两荒地给村集体进行荒山治理，有些地方对农民在国有林地上开垦的耕地收取了农业税，村民认为收取了农业税就等于承认开垦的荒地为村集体的耕地，不应再交林地补偿费。处理以上这些问题没有相关的政策依据，很难解决。

2. 机动地管理混乱

一是机动地数量和性质不清。依据村土地性质构成，村委会对外发包的机动地包括二轮承包中依法留出的 5% 机动地，给外出务工人员预留的承包地及在两荒林地和原村集体的自留山、草原上开垦的耕地，对这些土地多年来始终没有进行土地性质的认定，造成机动地概念混淆、界限不清、数量不准。二是有的村超标准留机动地。村民对超标准预留的机动地，要求重新丈量全部分掉，农民认为国家免除了农业税，机动地也不应该收取任何费用，应平均发包给农民无偿耕种，此类上访案件较多。三是机动地发包不规范。部分村干部法制观念淡薄，在机动地发包过程中，没有按照土地承包法规定程序进行，暗箱操作，将机动地低价发包给亲戚和朋友。四是村干部随意调整承包地。第二轮土地承包以前，由于农民负担重，农产品价格低，种田收益低下，土地不值钱，一些农民纷纷外出打工经商，导致承包田弃耕，村干部为了不让承包地负担的税费落空，就将其承包地收回作为机动地发包给其他农户，现在这部分人跑回村里要求返还土地。

3. 土地承包问题较多

一是没有分到责任田。1983 年第一轮土地承包时，部分农民去了社办企业，只分到了口粮田，没有分到责任田，还有些农民对土地重视程度不够，放弃了承包土地的经营权外出务工经商。随着土地的增值，没有分到责任田的农民纷纷回来要地，村里又没有多余的土地可以用来分配。二是 1983 年以后迁入的农民要地。按照政策，1983 年以后迁入的只要户口不要土地的农户，不应参加承包土地调整，而这部分农户强烈要求分到土地，由于种种原因，有的村对他们分配了土地，在第二轮承包时按照政策收回了当时分的土地，参加第二轮平均分配，按政策应分到土地的承包户因村里不执行政策平均分配而少分了土地。三是第二轮土地承包政策执行偏差。个别村第二轮土地承包时没有认真执行大稳定小调整的政策，完全顺延一轮土地承包合同，积累的矛盾没有解决。如第一轮土地承包时没有达到劳动力标准的农民，当时只分到口粮田，没有分到责任田，第二轮土地承包时没有调整，这部分已达到劳动力标准的新增劳力要求分到责任田，乡办企业人员、矿工、民办教师及其子女是农民身份，但在第二轮土地承包时，未同其他农民同等对待，分得了较少的承包田。还有第一轮、第二轮承包时户口在人未在，始终未得到土地、属放弃承包经营权的农户要求补地。四是妇女婚嫁后，承包地被收回，已婚妇女无论是否离开原居住地、户口是否迁出，承包地均被收回。五是农民索要流转出去的土地。免征农业税前，由于土地含金量低，需要缴纳各种税费及承担各种公益事业，以及粮食价格低等原因，农民低价将土地转包他人，或退还村里，或以地抵债等，但手续不健全，约定不规范，现在看种地不上税，国家还给补贴，就要求返还自己流转出去的土地。

4. 国家征地安置补助费的分配出现纠纷

农民土地被征收后，土地安置补助费的发放成为当前被征地村的焦点问题，极易引发群体性上访案件。安置补助费是根据该耕地被征用前三年平均产值的 10 倍至 15 倍，计算倍数是根据该村人均占有耕地面积进行确定，人均面积越少，获得补偿的倍数越高。随着征地安置补助费的大幅提高和粮食直补政策的实施，农村土地大幅度增值，无地或少地农民依据《中华人民共和国农村土地承包法》要求重新分地或补给承包地，特别是对于已经征地或即将被征地的村，无地或少地的农民认为，将安置补助费全额分给现承包户有失公平。主要理由是：

土地所有是全体村集体经济组织成员的，不是现在承包户的，分地不均是国家政策造成的，无地或少地户只是放弃了第二轮土地承包经营权，在第三轮土地承包时，还有承包土地的权力，土地被征后将永远失去土地，如果将安置补助费发放给现承包农户，侵害了他们的利益。另外，安置补助费是按全村需要安置人员计算的，如果不将少地或无地户计算在内，现在承包土地的农户也得不到现有的安置补助费的高倍数，按地分配安置补助费对无地或少地农户是不公平的。目前，由于相关法律和政策对这种安置补助费分配方式没有明文规定，多地户认为利益受侵害，迫切需要出台相关政策解决这一问题。

二、进一步深化改革的对策思考

（一）适时调整政府架构，创新乡镇行政管理体制

吉林省在全省范围内推进的免征农业税综合配套改革的实施效果是，进一步强化了县级政府在管理乡镇经济社会事务方面的权力和责任，而乡镇政府则在管理农村的经济社会方面的权力被“弱化”却是不争的事实。在免征农业税综合配套改革之后，为了提高政府管理效率，减轻农民负担，以适应建设社会主义新农村的需要，迫切需要调整农村基层政府架构，适时撤销乡镇政府，保留经过这次改革调整后的乡镇区划，设立县级政府派出机构的构想已初步具备了理论与现实上的可能性。乡镇“三办一所”的设立、“乡财县管”的实行，以及乡镇站所的改革本身就说明了政府层级简化的必要性。同时，由于改革后乡镇政府的职能已日渐萎缩，大部分乡镇将越来越多地依靠国家转移支付来维持其基本运转，这样一来，在全面取消农业税后，国家通过巨额转移支付来供养一级人浮于事、功能萎缩的政府显然有悖于改革的初衷。

基于这一构想，可以考虑在粮食主产区以农业为主的乡镇撤销乡镇政府，建立“乡公所”将乡镇政府转变为县级政府的派出机构，接受县政府的委派，专司县政府委托的任务，借

鉴“乡财县管”改革的经验，将乡镇的财政支出收归县政府统一管理，在人员方面可进一步精简，在机构设置上不必要求设立对口的机构，在县政府领导下行使事权。将原来为农民服务的机构转变为真正的中介机构，通过为农民提供服务作为其存在的基础。改革后的乡镇机构的职能应作如下调整：一是强化政治职能，即确保党在农村的路线、方针、政策不折不扣地得到贯彻落实。二是弱化经济职能。三是完善社会管理职能，如维护社会治安，保障农民权益等。四是增强公共服务职能，包括建设公共设施，兴办公益事业，提供信息服务，搞好社会救济等。这样既解决了过去乡镇政府存在的经济职能的“越位”，又弥补了其在社会管理、公共服务方面的“缺位”，从而实现乡镇职能的“到位”，与建设社会主义新农村的总要求相适应。

（二）尊重农民的主体地位，提高农民组织化程度

在当前农村改革和发展进入新阶段的情况下，深入研究和积极探索农民组织建设问题，是必要的也是及时的。县乡政府对在农村的中心工作要与时俱进地作出重大调整，其中，尊重农民的主体地位，提高农民组织化程度，帮助农民组织起来应当作为其主要内容，以便在社会主义新农村建设中充分发挥“以政府为主导、以农民为主体”的作用。

1. 从现实情况出发，充分发挥村民自治组织在建设社会主义新农村中的作用

村民自治组织仍然是现阶段农民组织的主体，是广大农民群众反映和维护自身利益的主要依托。在农村中其他民间组织不发达的情况下，建设社会主义新农村任务的主要承担者就是众多的村民自治组织，否则“乡风文明、村容整洁、管理民主”便无从谈起。因此在今后的工作中，县乡政府要注重发挥村民自治组织的作用，增强其“草根性”，克服其目前存在的行政化、准政府化的倾向，使其真正成为反映和代表农民利

益的主体。

2. 采取各种措施，支持农民专业合作经济组织的发展

在吉林省的粮食主产区中，为了解决农产品卖难的问题，产生了各种农民专业合作经济组织，这些组织多数集中在种植业和养殖业中，两者合计占78%，但在其发展过程中，存在着覆盖面狭窄、规模小、带动能力弱等问题。因此，当前和今后相当时期内农民专业合作组织发展应结合实际坚持“政府支持、能人领办、群众参与”的基本思路，积极采取组织上、财政上、法律上的各种措施，加快农民专业合作经济组织的发展，提高其覆盖面，同时发挥农村精英分子在合作组织发展中的带头作用，提高普通农民的参与度。

（三）努力化解乡村债务，消化历史包袱

一是在摸清乡村债务底数的基础上，针对乡村债务构成情况，对乡村债务进行清理锁定，分门别类进行化解，重点是将违反国家政策的高息部分从债务中坚决剥离出来。二是尽快启动化解乡村债务试点工作，摸索出化解乡村债务的切实可行的办法和途径。以村级债务化解为例，可以尝试如下化解途径：（1）按债务来源化解；（2）按债务用途化解；（3）清收债权化解；（4）盘活集体资产化解；（5）建立偿债基金化解；（6）国家扶持化解。三是完善制度，遏制乡镇和村级新债务的发生。规范乡村财务支出行为，各级政府、各部门在农村办任何事情都要量力而行，量入为出，更不允许通过乡镇政府和村级组织举债和担保贷款上项目，或向乡村组织转嫁支出。县级政府今后不要向乡镇下达招商引资的指标，同时切实负起监督责任，坚决杜绝乡村组织举债上建设项目，另外，绝不允许乡镇政府为经济活动提供担保。

（四）完善、建立相关法律及政策，强化土地管理

农村土地纠纷形成的原因，既有大部分乡村干部在执行政

策上的偏差，也有法律和政策不完善的地方，这些都需要在实际工作中不断改进和提高。

1. 针对土地纠纷制定相关政策

《中华人民共和国农村土地承包法》和新《中华人民共和国土地管理法》（以下简称《土地管理法》）实施后，有些地方相关配套法律没有出台，应尽快制定相关法规。在《中华人民共和国农村土地承包法》的配套法律中，建议明确村集体经济组织成员的界定范围、土地承包合同纠纷仲裁范围和办法，对乡村干部违反《中华人民共和国农村土地承包法》的处罚办法和程序及执行部门，在《中华人民共和国土地管理法》的配套法规中对于安置补助费发放问题上，应考虑农民承包土地面积不均的特殊情况。

2. 建立和健全农村土地承包合同仲裁机构

各地要在农村土地承包合同管理机构的基础上，组织建立土地承包合同仲裁机构，依法解决农民合同和土地纠纷问题。逐步形成完善的县、乡二级仲裁体制，及时受理农民土地承包合同纠纷的仲裁申请。组织好仲裁人员法律政策培训，使各地仲裁机构能尽快开展工作。同时，人民法院也要积极受理农民合同和土地纠纷案件，依法保护农民利益。

3. 加大农村土地承包法律政策的宣传力度

在不断总结解决农村土地承包纠纷的好做法、好经验的基础上，加大农村土地承包法律政策宣传力度，逐步提高农村基层干部的政策水平和处理土地承包纠纷的能力。尤其是对换发新的农村土地承包证这项工作，必须做好宣传，搞好调查摸底，弄清换证容易引起矛盾和纠纷的焦点问题，拿出处理意见，换证时应以第二轮土地承包时确定的土地面积为基础，完善土地承包合同，核实农户的承包面积，对于清查出的土地应按公开、公平、公正的原则分配到户，并且记入粮食直补土地范围，建立规范的农村土地管理档案。

4. 积极处理土地承包纠纷案件

解决土地承包纠纷的主体是县乡两级党委和政府，主要领导是第一责任人，各地要实行主要领导和主管领导轮流代班接待农村信访工作制度。实行领导包案包村工作制度，充分发挥包村干部的作用，搞好农村土地承包纠纷矛盾的排查和化解工作，努力将矛盾化解在基层。

（五）大力发展县域经济，壮大地方财力

一是用好“扩权强县”政策，利用“十一五”期间国家大力推进“建设社会主义新农村”的有利时机，整合各种财政资源，统筹使用，合理配置，集中支持重点项目建设，促进地方经济发展。二是把用工业化理念抓农业的各项措施落到实处，充分利用当地的资源优势，进一步推进农业产业化。同时要充分发挥取消农业税对农业的促进作用，引导农民进行农业产业结构调整，加大农业科技推广力度，促进农业发展和农民增收。三是继续实行政策倾斜，加大招商引资力度，县级政府应是本县域内招商引资的主体，在以农业为主的地区不应把招商引资的责任和目标进行层层分解，要通过制定奖励、财政贴息、补贴等优惠政策，吸引发达地区的项目和资金向本县域流动。四是加大对农村公共事业的投入。加大整合县域内教育资源的步伐；加强农村公共卫生和基本医疗服务体系建设，推进新型农村合作医疗制度试点。五是加大农村事关农民切身利益的生产生活基础设施建设投入的力度，加快小城镇和大集镇的建设，逐步解决部分农村人、畜饮水的困难和安全问题。

第二章

财政支农：现状、经验与建议

第一节

我国财政支农状况的变化[①]

一、2003 年以前我国的财政支农状况

（一）财政支农支出规模

1990 年以来，中央和地方财政的财政支农支出绝对量稳

① 本节内容选自：（1）农业部软科学课题“建立农业投入稳定增长机制研究”（课题编号：200503），课题主持人：杨坚。（2）农业部软科学课题“公共财政支持新农村建设机制研究”（课题编号：Z200817），课题主持人：王铁。由于研究目的不一，本节所选用的两篇研究报告对于“财政支农”的口径和范围不完全一致。本节前半部分内容选自《建立农业投入稳定增长机制研究》，该研究将“财政支农支出”等同于“国家财政用于农业的支出”，其指向范围遵循了国家统计局的口径，包括支援农村生产支出和农林水气象等部门事业费、农业基本建设支出、农业科技三项费用、农村救济费和其他。本节后半部分内容选自《公共财政支持新农村建设机制研究》，该研究定义的“财政支农支出”除包括“国家财政用于农业的支出”外，还包括财政对农村教育、文化、卫生、社会保障等方面的支出。为了区别两者，我们将前者定义为财政支农支出，将后者称作财政用于“三农”的支出。

步增加，从1990年的307.84亿元增加到2003年的1754.45亿元，13年间增加了4.7倍，年均增长14.32%。尤其是1998年以后，国家对农业的发展更为重视，相继实施了积极财政政策、农村税费改革、农民直接补贴、天然林保护、退耕还林等重大政策，政府的农业投入呈跳跃式增加态势。为增加农业投入，国家财政在预算内增加了支援农村生产支出、农林水气等部门事业费、财政扶贫支出和农业综合开发支出。同时，通过发行特别建设国债，支持包括重要水利工程设施建设在内的农业基础设施建设。“九五”以来，国家财政还相继设立了水利建设基金、粮食和棉花等主要农产品风险基金。1997—2003年，国家财政支农支出增加了1.3倍，年均增长14.80%。增幅最大的是农业基本建设支出，从1997年的159.78亿元增加到2003年的527.36亿元，6年间增加了2.3倍，年均增长22.02%（详见图2－1、表2－1）。

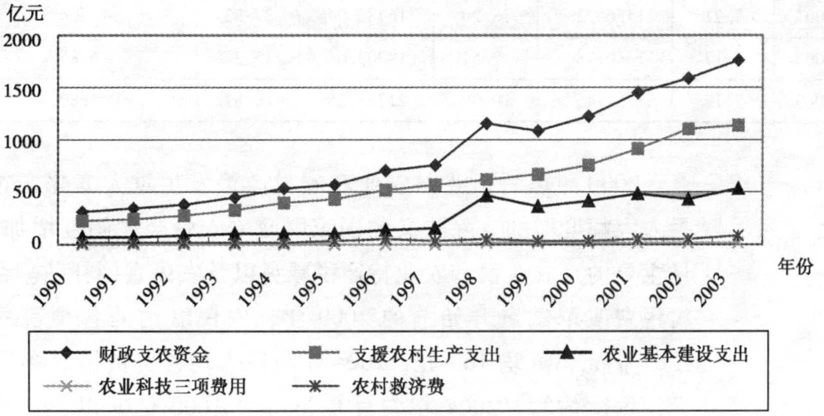

图2－1　1990—2003年财政用于农业的支出

从广义口径分析，国家财政支农资金的数量更高一些。在“九五”时期，除了狭义的国家财政支农资金外，还有财政扶贫支出391.39亿元、农业税减免64.96亿元，两者之和占国家财政支农总支出的8.8%，占国家财政总支出的0.95%。

表 2-1　　1990—2003 年国家财政支农支出情况　　单位：亿元、%

年份	占财政支出的比重	财政支农资金	财政支农增加速度	财政收入	财政收入增加速度	财政支农增速与财政收入增速之间的差额
1989	9.42	265.94	—	2664.9	—	—
1990	9.98	307.84	15.76	2937.1	10.21	5.54
1991	10.26	347.57	12.91	3149.48	7.23	5.68
1992	10.05	376.02	8.19	3483.37	10.60	-2.42
1993	9.49	440.45	17.13	4348.95	24.85	-7.71
1994	9.2	532.98	21.01	5218.1	19.99	1.02
1995	8.43	574.93	7.87	6242.2	19.63	-11.76
1996	8.82	700.43	21.83	7407.99	18.68	3.15
1997	8.3	766.39	9.42	8651.14	16.78	-7.36
1998	10.69	1154.76	50.68	9875.95	14.16	36.52
1999	8.23	1085.76	-5.98	11444.08	15.88	-21.85
2000	7.75	1231.54	13.43	13395.23	17.05	-3.62
2001	7.71	1456.73	18.29	16386.04	22.33	-4.04
2002	7.17	1580.76	8.51	18903.64	15.36	-6.85
2003	7.12	1754.45	10.99	21715.25	14.87	-3.89

2000 年以后，我国农业和农村政策发生重大变化，农业投入大幅度增加。除狭义的国家财政支农资金大幅度增加外，最主要的是农业税和农业特产税减免以及农民直接补贴。在农村税费改革试点开始前的 2000 年，农民缴纳的各项税费为 1367 亿元，人均 168 元，2004 年农民人均税费负担下降到 38 元。据此估算，2004 年农民负担减少 1000 亿元以上。实际上，这也可以算作财政投入的一部分。2004 年仅中央财政就投入 510 亿元用于农村税费改革转移支付。为提高农民种粮积极性，从 2004 年开始，国家从粮食风险基金中拿出 100 亿元对种粮农民进行直接补贴。2004 年、2005 年中央财政安排良种补贴资金 28.5 亿元和 37 亿元，用于水稻、小麦、大豆、玉米四大优良品种的推广。2004 年汇总中央和地方决算，全国

财政收入 26396.47 亿元，比上年增长 21.6%。同期，中央财政预算内资金用于解决“三农”问题的投入为 2626 亿元，比上年增长了 22.5%，超过了决算的增幅。这充分表明中央财政增加“三农”投入的力度和决心。

（二）财政支农占财政总支出的比重

国家财政的农业支出数量和占财政总支出比重的变动，反映了不同时期国家财政对农业的支持和保护力度。1949—1980 年 30 年间，除“二五”时期及“调整时期”国家财政用于农业支出占财政总支出的比重较高外，其他时期基本是一种逐步上升趋势。从“七五”时期开始，国家财政加大对农业的投入，其中实施农业综合开发是一项非常重要的政策。同期，国家财政用于农业基础设施投资、支援农村生产支出、农林水气等部门事业费和财政扶贫支出几乎都是成倍增长，如果加上农产品价格和农业生产资料价格补贴，国家财政支农资金投入占总支出比重一直稳步提高。由于统计口径的因素，表 2-1 中的国家财政农业支出占总支出的比重并不能完全反映实际情况。“九五”时期的具体分析可以使我们对国家财政的农业支出增长状况有一个更为客观的印象。“九五”时期是我国农业财政投入增加最快的时期，特别是 1998 年以来，国家实施积极的财政政策，一方面通过发行特别建设国债，支持包括重要水利工程设施建设在内的农业基础设施建设，一方面在预算内增加支援农村生产支出、农林水气等部门事业费、财政扶贫支出和农业综合开发支出。同期，国家还相继设立了水利建设基金和粮食、棉花等主要农产品风险基金。所有这些因素的共同作用，使得“九五”时期国家财政的农业支出占国家财政总支出的比重达到 13% 左右。

（三）农业基本建设投资占全国基建投资的比重

农业基本建设资金投入主要用于农业、林业、水利、气象行业的重大基础设施项目建设。从“一五”开始，除个别时期和年份之外，农业基本建设投资总量保持了持续增长的势头，特别是“八五”之后增长速度较快，但是，农业基本建设投资占全国基建投资的比重从“六五”以来却持续下降（见表2－2）。“九五”以来，特别是1998年国家实施积极的财政政策以来，政府对农业基本建设的投入大幅度增加，使全国农业和农村基础设施建设步伐明显加快，成为我国历史上农业基本建设资金投入最多、建设成就最大的时期。农业基本建设投资占全国基建投资的比重有所上升，达到了5.6%，其中1999年和2000年分别达到6.7%和7.0%。不考虑价格因素，“九五”期间农业基本建设投资总量是“八五”期间的4.5倍，是历史上增加幅度最大的时期。我国农业基本建设投资很大程度是政府主导型的。政府的农业基本建设投资约占全社会农业基本建设投资的一半以上，而且与“八五”之前相比，“九五”以来国家财政用于农业基本建设投入占国家财政基建总投入的比重也有明显提高。以中央财政为例，“九五”期间中央财政预算内农口基本建设投入总规模达到606亿元（含水利建设基金74亿元），与国债投资合计，“九五”中央农口基建投资达1610亿元，是“八五”时期的5.6倍，是历史上投入规模最大、增长幅度最高的时期。

表2－2　　　　农业基本建设投资情况

时　　间	农业基本建设投资（亿元）	占全国基建投资比重（%）
“一五”时期	41.8	7.1
“二五”时期	135.7	11.3
三年调整时期	74.5	17.6
“三五”时期	104.3	10.7
“四五”时期	173.1	9.8
“五五”时期	246.1	10.5
1980年	52.0	9.3

续表

时　间	农业基本建设投资（亿元）	占全国基建投资比重（%）
“六五”时期	172.8	5.1
1981年	29.2	6.6
1982年	34.1	6.1
1983年	35.5	6.0
1984年	37.1	5.0
1985年	36.9	3.4
“七五”时期	241.3	3.3
1986年	35.1	3.0
1987年	42.1	3.1
1988年	46.2	3.0
1989年	50.7	3.3
1990年	67.2	4.0
“八五”时期	697.8	3.0
1991年	85.0	4.0
1992年	111.0	3.7
1993年	127.8	2.8
1994年	154.9	2.4
1995年	219.1	3.1
“九五”时期	3144.2	5.6
1996年	317.9	3.7
1997年	412.7	4.2
1998年	637.1	5.4
1999年	835.5	6.7
2000年	941.0	7.0

二、2002—2008年我国财政用于“三农”支出的状况

（一）财政用于“三农”支出的绝对规模

财政用于“三农”支出的绝对规模，可用各年度财政用

于“三农”支出的数额来表示。由于缺乏地方财政在“三农”投入方面的数据，这里仅讨论中央财政的情况。2002年以来，中央财政用于“三农”支出的绝对规模呈逐年上升趋势。近几年来，中央政府坚持把支持解决“三农”问题作为预算安排和财政工作的重中之重，逐年加大了对“三农”的投入。2003年，财政用于“三农”支出的规模达到2144.16亿元，比上年增加238.73亿元；2004年为2626.22亿元，比上年增加482.06亿元，增量是上年的两倍多；2005年为2975.32亿元，比上年增加349.1亿元。开展新农村建设以后，财政用于“三农”支出的规模更是大幅度提高，有力地促进了农业生产和结构调整，农村基础设施的改善，农村社会事业的发展和农民收入的提高。2006年，中央财政用于“三农”的各项支出共3517.22亿元，比上年增加541.9亿元；2007年，中央财政用于“三农”的各项支出共计4318亿元；2008年，中央财政安排“三农”支出5955.5亿元。财政支农规模从2002年到2008年6年间增加了2倍多（见表2－3）。

表2－3　　中央财政用于“三农”支出的相对规模　　单位：亿元，%

年份	财政用于“三农”支出规模	中央财政本级支出	财政用于“三农”支出占比
2002	1905.43	6771.70	28.1
2003	2144.16	7420.10	28.9
2004	2626.22	7894.08	33.3
2005	2975.32	8775.97	33.9
2006	3517.22	9991.40	35.2
2007	4318.32	11445.04	37.7
2008	5955.5	13374.31	44.5

（二）财政用于“三农”支出的相对规模

财政用于“三农”支出的相对规模用各年财政用于“三

农”支出数额占当年财政总支出数额的比重来表示，是财政用于“三农”支出规模的比率。2002 年以来，我国财政用于“三农”支出的相对规模不断增加（见表 2 - 3）。2002 年，财政用于“三农”支出的相对规模为 28.1%，2004 年达到 33.3%。随后几年，财政支出在不断向着困难的农村地区、低收入的农民群体以及农业、农村教育、农村医疗卫生、农村社会保障等经济社会发展的薄弱环节倾斜，财政用于“三农”支出数额占财政支出总额的比重不断增加，到 2008 年达到 44.5%。

（三）财政用于“三农”支出的增长速度

2003 年以来，财政用于“三农”支出的增长速度，并没有像其绝对规模和相对规模那样呈现稳定的增长趋势，而是呈现出一定的波动性，但总体还是呈上升态势。从表 2 - 4 中可以看出，2003 年财政用于“三农”支出规模的增长速度为 12.5%，2004 年增幅较大，达到 22.5%。但这种较大的增幅未能保持，于 2005 年下降到 13.3%。在开展社会主义新农村建设的随后几年，财政对“三农”的投入逐年增多的同时，财政用于“三农”支出规模的增长速度也不断加快，2006 年为 18.2%，2007 年达到 22.8%，2008 年达到 37.9%。

表 2 - 4　　中央财政用于“三农”支出规模增长速度

年份	2002	2003	2004	2005	2006	2007	2008
增长速度（%）	—	12.5	22.5	13.3	18.2	22.8	37.9

第二节

当前我国财政支农的主要问题[①]

尽管“三农”问题引起有关部门越来越多的重视，我国财政用于支农的支出不断增长，这对于促进我国农业的发展和市场竞争力的增强，对于增加农民收入和农业生态环境的改善起到了很大的作用，但由于我国整个经济管理体制和财税体制都还不完善，因此，具有明显的过渡特征：支农的管理体制不完善，投入结构不合理，不同政策之间相互冲突、交叉，而且投资的方式和手段也很不完善。随着我国农业发展进入新阶段，社会主义市场经济体制的确立以及我国加入世贸组织等社会经济背景的变化，上述问题和矛盾也显得更加突出。

一、支持和保护农业的力度不足，缺乏支农投资稳定增长的机制

近年来政府财政支农资金投入增长幅度较大，但与我国农业发展的要求相比，政府农业支持总量仍较低。按 WTO 协议计算口径，把支持贫困地区发展的财政支出、粮棉油糖价格补贴计算在内，2000 年，我国农业支持总量为 2200 亿元，占当年农业总产值的 8.8%。而同期发达国家的支持水平为 30%—50%，巴基斯坦、泰国、印度、巴西等发展中国家约为 10%—20%。1996—1998 年三年我国的绿箱政策平均支持水平为 183 亿美元，而 1997 年美国、欧盟、日本的绿箱政策补

① 本节内容选择农业部软科学课题“建立新型农业支持和保护体系研究”（课题编号：Z200424），课题主持人：张照新。

贴分别为512亿美元、209亿美元和204亿美元。对于中国这样一个基础设施薄弱、生产方式落后、科技水平低下的农业大国来说，目前的绿箱政策支持总量是非常小的。而且1998年以来，国债资金一直占年度间中央预算内基建投资的70%以上，正常年度预算内基建投资不足30%。2004年国家已经开始压缩国债规模，显然靠发行国债筹集资金不是长久之计。

尽管2003年修订的《中华人民共和国农业法》规定中央和县级以上地方财政对农业总投入的增长幅度应当高于其财政经常性收入的增长幅度，但由于财政紧张，各地并没有严格按照《中华人民共和国农业法》的规定执行。某种意义上说，农业财政支出还缺乏一个稳定的内在增长机制。

二、支农投资的结构不尽合理

这主要表现在四个方面：

1. 政府财政农业支出的大头用于人员供养及行政开支，而用于建设性的支出比重不高

支持农业生产支出和农、林、水、气部门的事业费占财政农业支出的70%左右，用于建设性支出的占比仅为30%。

2. 用于水利建设比重较大，直接用于农业基础设施建设的比重较少

1996—2000年，中央财政累计安排水利基础设施建设投入约占中央农业基本建设投入总量的70%。大部分水利资金被应急投到了防洪、抗旱、灌溉等救急性工程项目上，对农业节水技术研究推广投入不够。农业生产性投入和气象等基础设施投资总量所占比重却呈下降之势。1996年以来，中央政府在安排农业基本建设投入时，用于农业科技、良种工程、信息体系建设、检验检测体系等方面的投入还不足农业投入总量的10%。一些关系农业和农村经济发展全局的基础性、战略性、公益性项目，如农业品质改良、重大病害控制、食品安全保障、执法体系建设、社会化服务体系建设等则缺乏足够的投入

保障。

3. 直接用于流通环节的多，用于产前、产中和产后服务环节的少

1998年以来，政府支农投入中，每年用于粮、棉、油、糖流通的补贴占政府农业支持总量的30%以上。2000年，政府财政支农资金用于农业基础设施的资金约在600亿元左右，占整个投入的比重在30%稍弱；用于补贴流通领域补贴615亿元，占整个投入的30%；用于农业公共服务462亿元，占整个投入的22%；直接用于生产的资金423亿元，占整个投入的18%左右。在农产品产前和产后，尤其是在社会化服务、产业化经营、农产品检验检疫等环节，政府支持力度明显不够。但2002以来随着我国粮食流通体制改革的深化，以及实行对种粮农民的直接补贴，政府用于流通领域的补贴开始逐步下降。

4. 对农民的直接收入支持有限

我国农业财政资金的投入主要以间接支持为主。2000年，以间接方式支持农业、农民、农村的资金占整个资金投入的67%左右，包括对大型水利、生态、气象等基础设施的投入，对农、林、水、气象等部门事业费的大部分政策补贴等；与农民收入直接有关的资金投入占23%左右，包括支持农村生产支出、农业综合开发、支持不发达地区发展支出、农林水气等部门事业费和农业基本建设投资的一部分。目前我国已经开始实施的对种粮农民直接补贴的规模还比较小。

三、政府财政支农资金管理体制不完善，资金使用效果不理想

目前我国财政支农资金规模很大，但整个支农资金的管理体制并不完善。首先，由于财政农业支出实行分块管理，有限的资金被分割到不同部门，很多项目不但不能有效配合和协调，有时甚至冲突，大大削弱了支农资金的使用效果。其次，

资金使用监督机制落后，资金使用效果差。财政支农工作重资金分配、轻资金管理，而没有一个切实有效的监督机制对资金使用进行全过程监督，导致资金层层流失，真正落实到项目上的部分大打折扣。最后，支农资金的分配、使用和管理缺乏法律依据。尽管我国颁布了《中华人民共和国农业法》，对财政支农的用途和运用作了规定，但更多的是定性规定，在实际操作上留有很大的空间，导致资金受人为因素和非经济因素干扰，缺乏稳定性和连续性，影响资金使用效果。

四、财政支农投入高度依赖中央政府，农村中小型基础设施建设资金缺乏稳定来源

尽管《中华人民共和国农业法》规定了国家和地方政府财政都要对农业投入，但对中央政府和各级地方政府支持保护农业的具体责任和义务并没有明确划分。由于中央政府和地方政府所处的位置、税收结构等方面的差异，其农业发展的政策目标并不完全相同。对于中央政府而言，保障国家粮食安全和食物供给、维护生态环境平衡是国民经济健康发展的前提。而对于地方政府而言，首要目标是促进当地经济发展和地方财政收入增加。显然，农业在中央政府和地方政府的政策目标中的地位和作用有很大的差异。但中央政府为了更好地实现自己的政策目标，往往试图以自己的资金来引导地方政府的资金分配，要求地方政府对中央政府的支农资金给予数额相当甚至更高的配套资金。地方政府为了诱导中央资金更多地分配到本地区，往往作出难以兑现的承诺，导致很多投资项目中地方配套投资到位率非常低，农业投入高度依赖中央政府。按照现行的财政体制和投资体制，中央和省级政府投资主要负责大中型基础设施项目，农村中小型基础设施项目建设的职责在基层的县（市）和乡镇政府。但县乡政府捉襟见肘，无力进行投入，导致地方小型水利设施建设资金缺乏稳定的来源，很多地区农田水利设施超期服役，严重老化。

五、支农投入的方式和手段相对单一

在支农的手段上，过多依靠财政投资，不能有效利用金融、税收等手段。受长期计划经济的影响，我国在支农手段上习惯于上项目、搞基地，用财政投资支持农产品产量的提高和结构调整。如从20世纪80年代以来，政府投入了大量资金先后进行了商品粮和商品棉基地建设、农业综合开发等项目。近年来，政府也开始注重利用信贷、税收政策，调动和社会资金，提高农产品质量，优化产品结构。如从20世纪90年代中期以来大力发展农业产业化经营，鼓励大中型企业进入农业领域，提倡订单农业。但总的来看，财政直接投资仍然是主要的支农手段，没有能够有效利用金融、税收和其他政策手段，调动社会资金来发展与市场需求相适应的优质产品。

在农业支持和保护的方式上，主要依靠单一的基础设施建设、农业科研、产中环节服务等来提高农产品产量。从1996至1998年我国农业投入的结构也看出，基础设施建设、粮食安全储备、农业科研、技术推广是主要的投入项目。我国在农产品市场营销、农业保险等方面基本上没有投入或投入很少，直接补贴政策也刚刚开始实施。从其他国家的经验看，农产品的营销服务、农业保险、直接补贴等政策对于优化农产品结构、提高本国农业市场竞争力、增加农民收入具有十分明显的效果。这表明，我国农业支持方式还远不适应市场经济发展的需要。

此外，我国农业支持和保护体系中的很多政策由于缺乏法律依据，稳定性比较差，削弱了政策的实际效果。如何根据新的形势的要求，建立适应我国农业发展需要的农业支持和保护体系，成为目前我国农业政策的一个十分迫切的任务。

第三节

财政支农的国际经验[①]

财政干预是西方国家对农业支持和保护的核心措施。研究表明，工业化国家对农产品提供了很高的名义保护率，并且保护水平从20世纪50年代以来急剧上升。需要说明的是，无论是在西方工业化国家还是新兴工业化国家，农业政策针对的往往不仅仅是农业本身，而且包括了对农村尤其是落后的农村地区的支持和倾斜，对农民收入、就业等的支持与帮助，范围也涉及农业、农村和农民。因此，了解这些国家公共财政支持农业的做法，借鉴其成功经验，对于完善我国公共财政支持农业农村的机制，推进新农村建设有着重要意义。

一、多元化的支持目的

西方工业化国家和新兴工业化国家，由于建立了比较完善的市场机制，政府的财政干预往往能够借助市场机制引导农民的行为，实现政府多元化的目标。

（一）追求综合效应

无论是西方工业化国家还是新兴工业化国家，在运用公共财政支持农业时，目标往往不是单一的农业增产、粮食安全，而是希望实现综合目标，包括质量安全、收入公平、水土保持、环境保护、农业可持续发展等。在收入公平方面，1970

① 本节内容选择农业部软科学课题“公共财政支持新农村建设机制研究”（课题编号：Z200817），课题主持人：王铁。

年韩国农村居民年平均收入只有城市居民的61%，通过开展“新村运动”，1993年农村居民年平均收入达到了城市居民的95.5%。从20世纪30年代起，美国国会与政府开始制定一系列法律法规和政策，对生态环境进行严格保护，主要包括：禁止水土严重流失的土地用于耕作，政府提供部分资金帮助农场主进行绿化，同时实行休耕计划；实行污水、废气和废物的排放标准，禁止生产和使用剧毒的农药；研究和推广新的耕作方法，如少量耕作法、免耕法、耕播法和松土法等，尽量减少因土壤耕作而导致的土壤流失；提倡有机农业和持续农业，鼓励有机产品的生产。2002年《农业法案》规定，用于资源环境保护计划的补贴到2007年要达到171亿美元，此外，还增加了如草地储备计划（GRP）等新的保护计划，该计划通过长期合同或地役权帮助土地所有者恢复草地，保护天然草地，2003—2007年共资助2.54亿美元。欧盟从20世纪末也改革了农业补贴政策，强调满足社会的目标取向。1999年欧盟15国首脑签署了“柏林协议”，决定加大对环境保护、对山区和不利地区的资助，对农村空间发展和自然资源保护的资助，并要求各成员国立法直接资助真正从事农业的农民，改变对农业单位的资助转而支持农业环境计划。

（二）适时调整重点

欧、美、日、韩等国家和地区，在运用财政支持农业发展时，注重根据情势需要，调整支持重点，以解决最紧要的问题，从而实现政府目标。以日本为例，第二次世界大战后日本的农业政策实行了三次大的改革，1945年起实施的第一次农业政策改革，政府将194万公顷地主的土地强制收购，以非常低廉的价格（有的地方仅相当于一双靴子或一袋烟钱）卖给420万户农民，实现了耕者有其田，刺激了农民投资农业的积极性，达到了恢复与发展农业的目的。1961年起实施的第二次农业政策改革，重在控制农产品价格和流通，以期实现降低生产成本，提高农产品竞争力的目的。价格支持政策导致日本农业生产能力减退，食品自给率下降。于是日本政府在1999年进行了第三次农业政策改革，重点改革农产品价格支持政策、农产品关税和贸易政策，以期实现提高农业生产能力，发展多功能农业的目的。再比如，为了促进农村均衡发展，解决山区半山区农业衰退、农村基础设施落后、农民弃耕等问题，2000年，日本政府把对山区半山区的支持由以往的投资基础设施改为直接收入补贴，希望达到促进山区半山区经济发展的目的。

二、广泛的支持范围

在西方工业化国家和新兴工业化国家，政府出于社会公平的考虑，往往会对农业农民提供名目繁多的财政支持。另外，比较强大的农业集团或农民协会组织可以通过游说等方式影响议会立法和政府决策，从而争取到财政支持。这些国家对农业、农民的财政支持涉及农业、农村基础设施建设和农村社会事业，覆盖了农民的生产、生活、教育、医疗、养老等各个方面。

（一）补贴农业

在西方工业化国家，财政对农业的补贴主要是通过农产品价格支持和收入政策实现的。农业补贴成为各国农业政策的核心，既是国内各利益集团在农业政策上争论的焦点，也往往是国际农产品贸易谈判的难点。

补贴的范围和农业补贴政策的内容各国有所不同。欧盟国家主要包括：制定共同的农业预算，实行农产品价格支持、直接收入补贴，建立结构基金（包括地区发展基金、社会基金、渔业生产指导财政基金、农业指导与保证基金），对符合条件的青年农民提供投资资助或者贷款利息补贴等。美国主要包括：休耕补贴、贷款（实际就是农产品保护价），无追索权贷款，目标价格和差额补贴，农产品储备计划和直接收入补贴等。关于补贴的实际受益者，各个国家情况也不一样。日本、韩国的农业以农户和小型农场为主，得到补贴的主要是农户和小型农场主；而美国的农业以大型农场为主，农场主成为农业补贴的主要受益者。2000年，占美国农场总数8%的大农场得到了47%的农业补贴；根据2002年《农业法案》规定的补贴方式，占美国农场总数30%左右的较大规模农场获得政府补贴总量的75%。

（二）投资农村基础设施建设

加强农业基础设施建设一直以来都是美国政府支持农业的重点之一，主要投资措施包括以下五种：一是投资重大农业项目。对一些与农业发展密切相关，但投资大、收效慢的重大基础设施项目进行重点投资，比如举世闻名的田纳西流域综合治理工程。二是优惠贷款支持私人建设农业基础设施。为了鼓励农民投资农业，国家制定了长期（最长可达40年）低息贷款政策。三是建设农业流通基础设施和信息网络。通过加强农业流通基础设施和信息网的建设，形成了世界上最庞大、最便捷的陆海空运输网，从而使农业形成了合理的区域化分工，较好地利用了各地区的比较优势。此外，美国还通过加强农业信息体系的建设，建成了覆盖全国主要集散中心及产区的市场信息系统，为农场主和经销商提供各种供求信息。四是投资农业科研。美国的“农业研究强度”（ARI）从20世纪60年代的1.6%上升到80年代前期的2.4%，研究人员平均每人的经费就达到9.91万美元（1980年不变价格）。在一些花费大、短期难以见效的基础研究和应用基础研究领域，联邦政府的拨款约占到2/3—1/2。五是建设农业推广系统。在美国，农业研究、教育、推广三位一体的农业科技体制是一大特色，并且都有相应的法律予以保障，各州都有农学院和农业试验站，其经费拨款由法律规定。

韩国“新村运动”正是从投资农村基础设施、改善农户生活环境入手的。其投资范围主要包括：一是改善农村公路。

新村运动初期，政府无偿提供水泥和钢筋，并派出工程技术人员，在农村修建桥梁、改善公路。二是改善住房条件。1971—1975年，农民出劳力和沙石料，政府提供水泥和技术，并负责村庄建设规划，推荐了12种标准住宅图纸，将茅草房改建成水泥瓦房，到1977年全国所有农民都住进了换成瓦片或铁片房顶的房屋。20世纪70年代末，政府又提供长期贷款，帮助农民将平房建成2—3层楼房，彻底改变了农村村庄面貌。三是农村电气化。通过政府投资、低息贷款等措施，建设电厂，改造农村电网，20世纪60年代末，韩国农村只有20%的农户用上了电灯，其余农户还在传统煤油灯下生活。到1978年，全国98%的农户都装上了电灯，彩电、冰箱、洗衣机等家庭耐用消费品在农村基本普及。四是安装自来水。政府把村民们组织起来，在村里建蓄水池，把山上的水引到蓄水池，再用水管接到每家每户。地势高、不宜引水的村庄，政府就组织深挖井，用抽水泵取水，再用水管接到每家厨房。20世纪80年代，普及使用汲取地下水的井管挖掘机，农村饮水条件进一步得到改善。

（三）提供农村公共服务

美国、日本、欧盟各国及其他工业化国家对农村提供的公共服务包括农村基础教育、卫生保健和社会保障等，特别是北欧的瑞典、挪威、丹麦、芬兰等国，为包括农村居民在内的全体国民建立了“从摇篮到坟墓”的社会保障体系，从而实现了城市与农村基本公共服务的均等化。在单一制国家，基本公共服务支出主要由中央政府承担，而在联邦制国家，则主要由州（省）级地方政府承担。

在农村基础教育方面，各级政府财政是最主要的教育经费来源。据教育部“农村基础教育的公共投入政策研究”课题组的数据，美国、法国、德国、日本等发达国家，韩国、印度、埃及等发展中国家，来自政府的公共经费一般均占基础教育投资总额的85%—90%。1989年，OECD国家初等、中等及中学后教育经费政府拨款平均已达到90.9%。在各级财政的职责分担上，法国和日本主要以中央财政为主，法国中央财政承担着整个教育系统的2/3的经费，日本中央财政承担的公共教育经费在20世纪60年代上升到48.4%。美国则以州和地方财政为主，从1980年至2002年，州和地方财政承担的公共教育经费一般稳定在88%左右，联邦财政承担了6%—7%。

在医疗卫生方面，美国、英国、法国等西方工业化国家，卫生设施基本上覆盖了包括农村人口在内的所有国民。在基本医疗服务的资金筹集上，各国模式不尽相同，比如英国为政府统一出资模式，为所有国民提供医疗保健服务；美国是基于公共资源的自愿保险模式，几乎一半的保险资金来源于公共资源，另一半则来自个人缴费和雇主缴费。

社会保障制度起源于英国，社会保障最初是为了化解社会风险，随着社会的演进已发展成为社会成员分享经济发展成果的社会权利。在工业化国家，由于其在工业化的同时实现了城市化，城市与农村之间不存在社会政策差异，城市居民和农村居民有职业区别而无身份差别，包括农村居民在内的全体国民实行统一的社会保障制度。新兴工业化国家韩国则针对本国城乡差距的现实国情，建立有专门的农村社会保障体系，包括地域性的医疗保险、最低生活保障和国民年金。

三、灵活多样的支持方式

欧美等西方工业化国家在运用财政干预农业发展上，已有近百年历史，在实践中总结出多种多样的支持方式，根据农业生产、农产品流通和对外贸易、农村发展和农民收入等需要，相机组合，灵活实施，多数支持方式收到了良好效果。

（一）价格保护

对农产品实行价格保护，曾是西方国家对农业干预与支持的主要措施。客观上，价格保护确实能够刺激农业生产，增加农产品供给。但价格保护有着较大的负面作用，既扭曲市场价格，又直接地增加财政支出压力。由于农业补贴总是直接或间接地与种植面积和产量相连，农民为了获取更多的补贴总是尽可能地扩大种植面积和提高产量，从而产生市场供给压力和导致生产价格下降，进而引发新一轮的市场价格与保护价格的差距扩大，最终导致农业补贴不断强化而难以自拔。

（二）收入补贴

直接收入支持政策可以使农民在得到一定收入保障的同时，不会引起农产品价格和产出的扭曲，从而有利于控制农产品过剩和农产品价格虚高。从国外的实践看，直接收入补贴一般都与其他农业计划结合起来实行。美国 1973 年开始对农民的直接收入予以支持，与目标价格、休耕计划共同实施，最常用的方式是补足支付。其主要做法是，政府对实行目标价格的小麦、饲料、谷物、稻米和棉花等主要农产品，根据本市场年度前 5 个月的市场价格确定目标价格。如果市场价格低于目标价格，政府向农民直接补贴目标价格与市场价格的差额。1992 年，欧洲共同体对共同农业政策进行改革，规定对那些冻结了耕种面积的农业生产者，根据种植面积给予补贴，对粗放经营的畜牧业生产者也增加补贴。韩国 1993 年起开始实行农业直补，分为三种：一是稳定农户所得直补制度，包括固定型直补和变动直补，2005 年两项直补合并为大米所得保障直补；二是农业结构调整直补制度，包括经营转让直补和大米生产调整直补；三是维护农业公益功能直补制度，包括亲环境农业直补、亲环境畜牧业直补、条件不利地区直补和景观保全直补。农业直补预算占农业总预算的比重，2001 年为 4.1%，2005 年增加到 13.6%，并计划到 2013 年达到 22.9%。现行的 6 种农业直补资金有 4 种全部来自中央财政，只有条件不利地区直补和景观保全直补由中央和地方政府分担，承担比例为中央

70%、地方30%。

(三) 农业保险

美国、欧盟和日本等国家和地区都特别重视农业保险，将其作为农业支持的重要方式和手段，并且经过多年的发展已经比较完善。这些国家均为私营保险公司提供大规模的保费补贴，从而使农户以很低的保费普遍参加保险。以美国为例，美国农业保险体系覆盖范围广，保障水平高，主要属于政策性保险。目前，美国农作物可保品种达100多个，75%的农户投保了农业险。美国在1938年制定出第一个联邦作物保险计划，此后，作物保险及灾害援助计划就一直处于不断修订和完善中。美国自20世纪70年代起开始实行“自然灾害补贴计划”，1980年实施《联邦作物保险法》，均规定联邦为所有参加保险的农户按参保作物种类提供保险费补贴。1989年实施的《灾害援助法》规定，不仅参加农产品支持计划的农场主根据减产幅度可以得到相应赔偿，而且，没有参加农产品支持计划的农场主也能得到一定的赔偿。另外，根据特别灾害援助法，如果受到大范围的严重自然灾害，所有遭灾的农场主都可以得到紧急灾害援助。由于自然灾害而不能播种或严重减产的谷物生产者，可以从联邦政府获得一定限额的灾害补贴。1990年美国《农业法》又规定，凡是参加联邦作物保险的农作物可以得到赔偿，没有参加保险的农作物也可以得到一定补贴数额。2002年美国对《农业法》进行修订，增加了4个可保农作物种类。《2003年农业援助法案》中有一项“作物灾害计划”（Crop Disaster Program，CDP），向遭受破坏性气候等损失且有资格的农产品（除了糖和烟草）生产者提供直接补贴。每个生产者的补贴上限为8万美元，生产者的灾害补贴加作物保险补贴和非保险类作物灾害援助计划的补贴之和，不能超过在没有作物损失时所能得到收益的95%。

（四）税收优惠

相对于其他产业，农业处于弱势的地位，因此，世界各国政府一般都比较重视对农业的税收政策扶持。以美国为例，美国税制中并没有专门针对农业生产开征的税种，而且涉及农业生产的税收都存在着特殊税收优惠条款。与工业、服务业相比，农民所缴纳的税种明显要少，主要是所得税、遗产税和销售税等，额度相对较低。

主要优惠措施包括：

1. 减税

农场主可以通过资本开支扣除法，将购买机器设备、生产用房以及饲养一年以上的牲畜开支等作为资本开支从当年收入中一次性扣除。因为实行的是累进税，通过这种措施可以减少农场主赋税，其中所得税由于实行累进税率，每年约有一半的农场主只需要按15%的最低税率缴税，只有5%的大农场主需要按较高税率纳税。

2. 免税

通过资本收益税额减免，农场主出售农业固定资产所得可以免除60%收入赋税，只需按40%的收入纳税。每年约有1/4的农场主由于其农场属于资源有限农场而免缴所得税。此外，农场主在农场遗产纳税方面也享有较大的优惠。

3. 延期纳税

农场主可以将部分尚未出售或虽已出售但未收到现金的产品收入延至下期纳税，同时也可以从当年收入中扣除提前购买下年使用的农药、化肥、种子及其他供应物质的费用，从而减少应纳税收入。

（五）贸易保护

美国、法国等国家是目前世界上最主要的农产品出口国，农产品出口贸易对于其生产过剩的农业和国家的整体外贸形势都有着重要意义。以美国为例，其贸易保护农业的基本思路是，维持并提高美国农产品在国际市场上的竞争力和市场份额，使国际市场成为美国农产品余缺平衡的调节器，从而达到维持并促进其整体农业生产能力的目的。美国农业贸易保护政策体现在财政政策上是出口价格补贴，由政府农业部门制定对某一国家或地区一定数量的出口产品目标价格，通过价格和补贴竞争报价从而选定出口商，当出口商在规定时间内完成出口计划时，政府支付目标价格与竞争价格的差额。出口补贴主要用于粮食和饲料谷物，其中大部分用于补贴小麦和面粉出口。正是在这种贸易保护下，美国的小麦、玉米、大豆在国际农产品市场上均占有较大的份额，2001 年美国农产品出口额达到 536 亿美元，居世界第一位。

四、法制化的财政支持机制

在西方工业化国家和新兴工业化国家，公共财政干预、支持农业农村，不仅仅是简单的“散财”，而且建立了一套完备的法制和权力制衡制度，实现了理财、管财的公开化、透明化、制度化，为不同社会集团、社会阶层在围绕农业决策进行博弈时提供了共同的游戏规则，从而使财政对农业农村的干预和支持不但实现了既定目标，而且达到了利益均衡，至少是暂时的利益均衡。

（一）健全的农业立法

西方工业化国家和新兴工业化国家对农业的干预和支持都是以法律提案的形式出现的。不论是价格保护、收入补贴，还是农业保险、农产品贸易，不论是支持农业生产，还是支持农村农民，所有的财政支出都制定有明确的法律规定。美国是世界上农业立法最早的国家，也是农业立法最完备的国家之一。在 19 世纪初至 90 年代，为了促进农业技术进步，美国先后通过了《莫里尔法案》、《哈奇法案》和《史密斯—利弗法案》，从而建立了庞大而稳定的农业教育、科研及技术推广网络。为了支持农业信贷，1916 年美国制定了《联邦农业信贷法》，成立联邦土地银行，专门向农场主提供用于购买土地和房屋等不动产的抵押贷款；1923 年美国通过了《农业信贷法》，在全国设立 12 家联邦中介信贷银行，向农场主提供中短期贷款。1933 年美国通过了新的《农业信贷法》，成立合作银行，逐步健全了农业信贷体系。为了支持和保护农业生产，1933 年美国制定了《农业调整法》，对国内农产品生产进行控制，以应对农产品生产过剩危机。为了应对国内农业生产形势和农产品贸易国际协议，美国通过不断修订有关法律，以实现对农业的干预和保护，先后修订实施了 1990 年《农业法》、1996 年《农业法》、2002 年《农业法》、2003 年《农业法》，不断削减扭曲市场机制的"黄箱"政策，不断强化"绿箱"政策。

这些国家不仅重视农业立法，而且十分重视农业法律法规及政策的执行与监督。比如，日本以《农业基本法》为根本，配套制定了 200 多部农业法律，已形成了较完善的农业法律体系。日本农业法律法规分为八大类：即总类、经济类、农业基本建设类、种植业类、畜产类、食品流通类、粮食管理类和其他类。这些立法注重法律责任的规定，都规定了违反农业有关法律应承担的法律责任。一般以承担民事责任为主，但也不忽视追究刑事责任的手段。通过采取有力的法律制裁措施，从而有力地调控和保护农业。

（二）规范的公共选择

公共选择是政府提供公共产品的决策机制，它以公民权利平等、政治权力制衡为前提。欧、美、日等工业化国家和地区和许多新兴工业化国家和地区都实行资产阶级民主制，建立了比较完善的民主制度，议会与政府之间形成了财政分权格局，从而使政府的财政活动，经由议会而处于市场的根本控制之下，主要表现：一是对财政活动以立法形式加以规定，如税收立法和国家预算的审批监督等权限，属于立法机构而非行政机构；二是国家预算是具有法律效力的财政计划，对具体的财政分配，尤其是对各项财政支出，作了详细规定和安排，这就使得市场具有通过议会控制政府具体财政活动的能力；三是财政活动必须遵循国家预算程序，即必须经过国家预算的提出、审批、执行、调整、决算等一系列由议会监督的过程。其政治过程一般是这样的：政策议案由政党提出，而且在提交国会及立法机构审批前就要制定出备选议案；然后，各种利益集团开始行动，向投票人提供有关各种投票结果的成本及收益的信息，以便他们能够决定如何投票；多数情况下，根据多数赞成票原则决定一项法案能否通过，从而决定了对农业问题是否进行干预、干预范围、干预程度等等。

第四节

整合政府支农投资的经验和建议①

近几年来，中国各地政府针对支农投资管理中存在的突出问题，结合本地实际，在整合政府支农投资方面进行了有益的探索和尝试，取得了初步成效。

一、地方整合政府支农投资的经验

（一）江西省的主要做法

江西是农业大省和重要的粮食主产区。2000—2003 年，全省政府支农投资总量为 132.3 亿元，其中省本级财政支农投

① 本节选自农业部软科学课题“整合政府支农投资问题研究”（课题编号：Z200410），课题主持人：胡恒洋。

资13.8亿元，仅占10.4%；中央财政资金为118.5亿元，所占比重高达89.6%。目前省级直接分配和管理支农投资的部门超过10个，多部门管理、多渠道下达、部门间缺乏协调的问题比较突出。几年来，江西在整合支农投资、实现资金打捆使用方面进行了有益的尝试和探索。

1. 以移民搬迁和病险水库建设为切入点，打造资金整合项目平台

为提高移民搬迁工作效果，江西省委、省政府在三个关键环节对支农资金进行了整合：（1）集中省财政资金500万元、财政扶贫资金1500万元和农业基建投资1000万元，共计3000万元，用于移民建村的建房补助，解决“整体搬得出”问题；（2）围绕移民后的村镇建设，由政府协调，做好发展规划，对其交通、文化、教育、卫生等所需的各类投入进行测算，提交有关部门，要求纳入相关资金的年度项目计划给予扶持，解决“长期稳得住”问题；（3）围绕移民生计头等大事，集中农口部门管理的财政扶贫、以工代赈、农业综合开发、小型公益设施建设等支农专项资金，重点投入，解决“逐步富得起”问题。通过集中使用支农资金，2003—2004年，江西省移民搬迁工作取得显著成效。2003年，江西省政府又搭建病险水库项目平台，整合中央和省农业基本建设投资、以工代赈资金、农业综合开发资金、水利建设资金、岁修经费和防汛资金等，对全省143座重点小型水库进行除险加固，有效地解决了病险水库除险加固资金分散和不足的问题。

2. 以壮大农业优势产业为抓手，打造资金整合的产业平台

2002年，江西省决定在省内重点发展10大优质农产品生产基地、20个农产品品牌、100家省级龙头企业，并集中财政、农业综合开发办公室、扶贫开发办公室和中国农业银行4个部门的资金共同扶持农业优势产业。首先，4个部门联合开展农业优势产业申报和审定工作，确定了99个县的优势产业

和11个设区市的重点产业，建立产业档案和项目库；其次，实行对优势产业重点扶持的政策，4部门商定，今后凡向4个部门申请中央和省级资金扶持的项目，必须在核定的优势产业范围内选择申报，优势产业之外的项目原则不予受理。省里的做法和示范，带动了市、县整合工作的开展。

（二）甘肃省的探索和实践

甘肃省紧紧围绕农业发展、农民增收和农村脱贫奔小康的目标，依托生态文明小康示范村建设等工程，在整合政府支农投资方面进行了一些有益尝试，并取得了初步成效。

1. 通过生态文明小康村建设，以村为载体整合政府支农投资

为加快农民奔小康进程，甘肃省实施了建设生态文明小康示范村工程，明确了示范村在基础设施、产业开发、社会事业、生态环境、社会保障等方面要达到的各项指标，并在全省确定了一批条件较好、村级组织能力强的村开展试点。示范村建设实施方案，由省发展和改革委员会牵头，会同省直9个部门联合审查，共同审批，把各部门安排的资金向示范村倾斜，改善了村容村貌，促进了农业增产和农民增收，从而达到整合的目的。近几年，甘肃省在牧民新村建设、扶贫整村推进工作中也采取类似方式，以村为单位整合支农投资，同样取得了明显成效。

2. 利用优势资源培育主导产业，以产业为载体进行投资整合

甘肃省一些县市利用自身资源优势，通过发展粮食基地、农产品深加工等主导产业，引导相关资金围绕主导产业安排建设项目，在扶持产业发展的同时，达到整合支农投资的目的。

3. 以项目为载体整合政府支农投资

以易地扶贫搬迁为例，为探索扶贫开发的新途径，甘肃省根据国家有关要求，针对生活在生态环境恶劣、“一方水土养

不活一方人”的状况，自2001年开始组织实施易地扶贫搬迁试点工程。由于这项工程涉及经济、社会、生态多方面项目，投资量大，甘肃省在确定项目实施方案时，由省发展和改革委员会牵头，联合相关的10多个部门共同审查，并整合相关资金共同致力于移民安置点建设。肃南县明花区易地扶贫安置点在项目建设中，除正常的易地扶贫试点资金外，还将小型水利、人畜饮水、乡村公路、农网改造、农业综合开发、乡镇卫生院建设等200多万元资金配套使用，帮助搬迁群众改善生产生活条件，取得了较好的效果。

（三）各地整合政府支农投资的经验

地方实践表明，在支农资金总量有限的情况下，通过有机整合，的确可以达到提高使用效益、事半功倍的效果；同时，整合支农投资涉及方方面面，势必会冲击一些部门的利益，难度和阻力也很大。必须立足当前，按照先易后难、稳步推进的原则，有计划、有步骤地开展整合工作。概括起来，地方的经验主要有：

1. 思想认识要统一

各级政府要发挥统筹协调作用，建立行政领导负责、部门分工协作的机制，调动各部门、各方面支持“三农”的积极性。

2. 要找准投资整合的切入点

资金整合不是简单的归并和扎大堆，也不是单纯地将几类资金划归某一部门管理，应通过资金整合，变单兵作战为集团作战，统一规划，合理分工，分口实施，把各类分散使用的专项投资统一到重大事项或重点范围里，在不调整原有管理体制、不改变资金原有性质的前提下，有机捆绑，相互衔接，匹配投入，各司其职，实现项目共建，资源共享。因此，在支农投资整合中，应努力寻找资金整合的切入点和着力点。实践证明，优势产业、重大项目、统一规划都是现阶段整合支农投资比较切实可行的切入点。各地可根据具体情况，选择不同的切入点。

3. 部门职责分工要明确

只有各有关部门职责分工理顺了，工作程序规范了，有一个好的工作机制，整合支农投资才有可能。要在政府的统一协调下，发挥投资主管部门的协调和平衡职能，财政部门主要负责支农投资的拨付与监督，行业主管部门负责行业指导和区域规划布局，加强检查监督等工作，形成部门间分工明确、共同配合、相互制约的工作机制。

4. 整合的重点要突出

在政府支农投资领域，投资总量不足、地方配套能力差的问题非常突出。因此，要把资金整合的重点放在“增量”上，稳定存量、整合增量。一方面，努力扩大支农投资总量，另一方面，原则上不再设新的支农投资渠道。当前可把交叉重复现象突出的田间地块投资、农村小型基础设施投资、生态建设投资作为资金整合的重点；而对于使用方向比较明确、用途单一，且与其他渠道很少交叉重复的支农投资，则无需进行整合。

5. 适当扩大地方的自主权

国家应改变对资金使用对象、范围、环节、标准等方面采取的“一刀切”的做法。在制订相关政策措施时，应因地制宜，以有利于事业发展为前提，既要保证政策措施的原则性、明确性和规范性，又要给地方适当留有余地，以便于地方的灵活运用和自主决策，做到原则性与灵活性相结合。国家在制订项目管理办法和下达资金时，对于禁止做什么应明确、具体，而对于允许做什么要原则、宽泛。对于投向相同的资金，要允许地方捆绑使用。

6. 要搭建资金整合的平台

整合政府支农投资不是“空中楼阁”，应有明确的载体，只有这样，才能达到整合的目的。整合政府支农投资不宜采取统一的模式，不能搞“一刀切”，要允许和鼓励各地结合实际，因地制宜地探索不同的整合思路和整合模式，总结经验，最终达到投资整合的目的。

二、整合政府支农投资的近期工作建议

当前，支农投资整合面临着两个硬约束：一是短期内中央和地方的财权、事权划分难以改变；二是短期内国家负责分配和管理支农投资的相关部门的职能分工难以改变。这两个硬约束决定了近期的支农投资整合只能是改良性的，而不是改革性的。基于这一前提，考虑到这项工作的复杂性、艰巨性和现实可行性，当前重点是按照统一规划、明确分工、统筹安排的要求，把工作的着力点放在加强有关部门之间的沟通和协调配合上，着力解决支农投资在建设地点上的重复和在同一区域内的分散问题。

（一）统一思想认识，先从中央各部门内部协调做起

整合支农投资不是减少现有支农投资规模，也不是削弱部门的工作，但也不可避免地涉及现有部门利益格局的调整。为此，各有关部门要充分认识整合支农投资的重大意义和紧迫性，进一步统一思想认识，树立大局意识，摒弃部门观念，加强沟通与协作，始终围绕发展农业生产、增加农民收入，建立稳定的农业增产与农民增收长效机制这个目标，下大决心、花大力气、采取大举措，积极推动政府支农投资整合工作。为尽快推动支农投资整合工作，中央各有关部门应首先从内部协调做起，理顺内部司局分工和工作程序，加强支农投资项目的统筹，切实做到部门内部安排项目不交叉、不重复。

（二）发挥规划的引导和统筹作用

统一规划是现阶段整合支农投资的一个有力切入点。国务院有关部门要根据国民经济和社会发展中长期规划，编制水

利、农业、林业、生态建设等领域的发展建设规划，包括必要的专项发展建设规划，提出发展的指导思想、战略目标、总体布局和主要建设项目，明确中央政府支农投资支持重点、范围和补助标准等。各类规划之间要加强相互衔接。在全国性规划的指导下，可考虑以县为基本单元，对政府支农投资涉及的主要建设领域，按照项目类型和建设内容，编制县级综合性发展建设规划，把规划确定的方向和目标与国家有关支农投资相衔接，增强工作的主动性。要尽快出台规划编制条例，明确规划编制、衔接和审批程序。在规划的指导下，逐步做到今后所有渠道的支农投资和项目，都按照规划进行统筹安排。

（三）加快建立部门工作协调机制

要按照投资体制改革决定精神，进一步明确部门职责分工，切实发挥投资主管部门对政府建设性资金的统筹安排和项目审批核准作用，明确财政主管部门在安排预算、做好资金拨付和监督、保障资金安全运行等方面的职责，加强行业主管部门的行业指导、建设管理和检查监督职能，加大审计监督工作力度，形成部门间合理分工和相互制衡的机制。建议在国家一级，建立由发展改革、财政、科技、扶贫、国土、农林水利等行业主管部门组成的支农投资政策部际联席会议制度。联席会议的主要任务是：按照党中央、国务院有关要求和部署，审议农业和农村发展重大建设规划，研究制定年度支农投资的安排原则和使用方向建议，衔接各项支农投资的建设重点和项目布局，审定各项支农投资管理程序和办法，统筹协调支农投资中的有关重大问题，汇总编制年度政府支农投资指南，指导各部门年度支农投资安排。各部门根据部际联席会议精神，在不改变资金投向的前提下，安排下达本部门管理的支农投资。这几年在京津风沙源治理等生态建设工程中，已进行过这方面的实践，证明部际联席会制度协调各部门工作方面是行之有效的。应当看到，部门联席会议形式不应该是部门间利益的相互妥协，而应该是在统一规划约束下、以提高资金使用效率和效果为宗旨的项目及资金安排协商机制。此外还应注意加强各部门在支农投资和项目安排上的沟通与信息交流，建立公开透明的运作机制。今后，各部门安排投资和项目时应相互通报，在下达计划时应互相抄送，用制度的形式明确规定下来，改变目前部门分割、相互封闭的局面。统一清理各部门现有不适应新形势要求的支农投资项目，该取消的坚决取消，该归并的适当归并，原则上不再设新的支农投资渠道，防止新的重复投资。

（四）规范项目管理程序和办法

按照投资体制改革决定，抓紧研究制定政府投资条例，规范项目管理程序，该下放的审批权限坚决下放，该管的一定要管好。规范中央政府支农投资下达方式，凡是地方事权范围内的投资项目，都要由地方政府负责组织实施，投资计划直接下达地方，减少中间管理环节。加快清理现有各项支农投资管理办法，逐步形成统一规范的支农投资项目管理程序和办法。完善资金拨付方式，逐步实行所有政府支农投资通过财政部门统一拨付，或由财政委托统一拨付。根据各地经济发展水平，实事求是地确定地方配套投资比例，从源头上防止“假配套”。

（五）开展县级政府支农投资整合的试点工作

县域经济是我国经济的重要载体和组成部分，在整合支农投资中发挥着重要作用。“上边千条线，底下一根针”。各个渠道的支农投资，最终都要落实到县里去组织实施。各地的实践证明，以县为单位开展投资整合是可以有所作为的。为积极探索县级投资整合的有效路子，各省（区、市）可选择1—2个支农投资相对较多、有较强代表性的县，先行开展政府支农投资整合试点工作。国家可在项目和投资安排上对试点县予以倾斜，在坚持按项目安排投资的前提下，在建设布局和项目管理等方面赋予县级政府更大的自主权。鼓励和支持县级政府从实际出发，编制县域发展综合性建设规划，以优势产业、重大项目或重点区域为载体，探索有效的整合模式。加强统一领导和协调，建立由县级政府统一领导、有关部门各负其责的支农投资领导小组会商协调机制，统筹安排县域内各项支农投资。把好项目申报关，避免一个项目多头申报、多头管理和交叉重复。强化县级政府责任，实行责权挂钩，建立绩效考核和约束机制，确保资金使用安全高效。通过重点扶持，典型示范，总结经验，推进支农投资整合工作。

第五节

建立农业投入稳定增长机制的政策思路①

一、建立农业投入稳定增长机制的基本框架

随着我国社会主义市场经济的建立与完善，国家财政的公共属性必然更加突出和确立，成为弥补市场缺失提供公共产品的主体。研究表明，农村公共产品不仅有纯公共产品，还有诸如农田基础设施建设、乡村道路等准公共产品。由于乡村布局的松散，人口分布不均衡且密度低，使得农村公共产品较之城市公共产品的受益范围相对狭窄，利用效率相对较低，建设成本和运行成本却在一定程度上高于城市。为此，必须在稳定和逐步加大国家财政农业投入、明确农业投入重点、改善农业支出结构的基础上，增强创新意识，锐意改革，善于动员和组织工商资本、金融资本、境外资本和其他社会资金，通过民建公

① 本节选自农业部软科学课题“建立农业投入稳定增长机制研究”（课题编号：200503），课题主持人：杨坚。

助、民营公助、公办民营等方式积极参与建设，扩大供给资金规模，弥补中央财政支农资金的不足，形成以国家公共财政稳定增长机制为主，包括农业信贷资金运营稳健机制、农民增加农业投入的激励机制、工商资本投入导引机制、资本市场农业直接融资机制、境外资本进入机制在内的互为补充、相互支撑、有机协调的农业投入稳定增长机制。

（一）建立国家财政农业投入稳定增长机制

财政支农资金是国家财政对农业的直接分配方式，反映着工农之间、城乡之间的分配关系。与银行信贷资金不同，财政支农支出分配并不是把经济效益放在首位，对那些社会效益好、经济效益差的农业公共性投资项目，如农田基础设施建设、大江大河治理、水库建设、农业开发、资源保护、环境整治、农业科技教育等，国家财政资金理应给予更大的支持。国家财政的农业投入具有显著的社会导向作用。

从现实看，农业财政投入无疑是其他农业支持政策所不能替代的，需要政府在农业投资中必须继续发挥主导作用。长期以来，国家始终坚持把增加农业投入作为支持农业最重要的手段之一，政府投资一直在农业投资中发挥着重要作用。近几年，无论是用于“三农”的财政投入数量的增加，还是比重的提升都非常明显。为了保证财政支农投入不断增加，中央采取了一系列措施，如明确规定，财政用于农业的总投入增长幅度要高于财政经常性收入的增长幅度；新增教育、卫生、文化支出主要用于农村；开辟新的支农资金渠道，国有土地出让金用于农业土地开发的比重不得少于15%；运用各种手段调动和鼓励其他社会各方面资金投入农业农村等等，但尽管如此，保证财政支农投入稳定增长的机制还没有形成。近年来，政府支农资金的主要来源是国债资金。1998年以来，国债资金一直占年度中央预算内基建投资的70%以上，而正常年度预算内基建投资不足30%。显然，靠发行国债筹集资金不是长久之计，农业财政支出缺乏稳定的增长机制，仍是当前的一个突出问题。

建立财政农业投入稳定增长的机制，就要落实和完善法律、政策要求。一要制定农业投资法。把《中华人民共和国农业法》中有关“农业投入与支持保护”部分单独分出来，重新修订与完善，形成更加具有约束力的农业投资法，加大公共财政对“三农”的支持力度和覆盖范围。把近几年已实施的扶持“三农”的政策上升为法律法规，不断拓宽支持领域，明确各级财政投入比例或额度，以及应该承担的责任，保障农业和农村经济社会协调稳定健康发展。二要完善已有基金和管理办法。水利建设基金、粮食和棉花风险基金等基金与管理办法要进一步调整完善使用方向和范围，拓展筹资渠道，使之既增加总量，用于整个农业、农村经济社会发展，也能适应市场要求。水利发展基金要延伸到农田水利、田间地头，粮食和棉花风险基金要延伸到生产环节。三要建立农业建设基金。主要用于农业基础设施建设、农业灾害救助、农业科研教育和技术推广的条件建设等。基金资金来源以中央和省级财政资金为主，市、县财政及企业、个人捐助为辅。

（二）建立农业信贷资金运营稳健机制

由于我国长期执行城市和工业优先发展战略，导致金融业实行了牺牲农村金融保城市金融、抽调农村资金支持城市工业发展的政策。改革开放特别是20世纪90年代以来，这种政策取向虽然有所变化，但金融机构对农村信贷资金投放不足的问题并未得到根本改变。保险业主要以城市为主，国家缺少对农业保险的补贴扶持政策，保险公司缺乏开展农业保险的积极性。现阶段农户和农业企业普遍存在着融资需求。

农业是弱质产业，是各国政府投资和保护的重点产业，但对农业的全部投入并不都属于公共财政的范围，要由国家独自“买单”。据有关研究，2000年我国全社会农业总投入是1.2

万亿元，其中：农业信贷投入占40%，农民自筹投入占37%，各级政府投入占17%，其他投入（包括上市公司、城乡企业、外资等）占6%。这说明农业现代化是离不开金融资本的。

建立农业信贷资金运营稳健机制，就是要加快改革和创新农村金融体制，按照有利于促进农业和农村经济发展，增加农业生产、农产品加工和农业科技研发贷款，改善农业和农村金融服务的要求，实现政策性与竞争性金融脱离的目标，形成合理的农业和农村金融机构体系。一是农村信用社（以下简称农信社）等金融机构要加大农村资金投放，除满足农民小额贷款需求外，采取积极措施，为农民扩大再生产提供更多的信贷支持。邮政储蓄要建立资金回流机制，使邮政储蓄在农村地区吸收的资金留在农村，从而实现农村资金的体内良性循环。二是进一步明确农村政策性金融和商业性金融的服务范围和职责分工，并力求在贷款利率和年份上有所差异，充分体现政策性金融的引导支持作用。中国农业发展银行应重新定位，拓宽信贷范围，真正发挥政策性银行的作用。农村信用合作社要充分体现为农村服务的本质，切实当好农户信贷资金的“靠山”。三是建立农业贷款的政策保障机制。国家对于积极支持农业发展而使经营效益受到影响的农业金融部门应给予必要补偿，从利益上鼓励农业金融部门增加农业信贷投入。鼓励、支持农村小额信贷机构发展，充分发挥小额金融作用。适当降低农村金融市场的准入门槛，发育、培养民间金融机构，放宽民间资金进入金融业的限制。四是建立政府财政支持的农业保险制度，分担农业生产和农村金融机构的贷款风险。建立符合农业、农民和农村小企业实际的贷款担保制度，加快农业保险制度建设，建立金融机构对农村社区服务的机制，明确县（市、区）域内各金融机构为农业、农村、农民服务的义务，拓展金融支农、扶农的渠道和领域。

（三）建立农户增加农业投入的激励机制

建立激励和保护农户农业投入的机制，就是要充分发挥农户作为农业生产的基本单位和农业投资直接受益者的双重身份、双重作用，巩固壮大农业投入稳定增长的关键主体。一要按照《土地承包法》，并结合即将颁布的《中华人民共和国物权法》，明确农民对耕地的权益，使农民“吃上定心丸”，激励农户稳定耕地投入，保护提高耕地地力和质量。二要加快各种养殖水域确权，协调有关部门，本着尊重历史、尊重现实的原则，尽快落实政策，使养殖农户放心养殖，尽心投入，促进渔业发展，提高农民收入。三要进一步实行财政补贴，鼓励农户投资改善生活环境。四要积极推进农业产业化经营，通过农业产业化经营，拉长产业链条，完善经营中的利益分配机制，使农户与企业实现双赢，激励农户和社会投资农业。五要民主规范的管理，激励农户投资公益设施建设。在取消农业税以后，多数地区还难以将农村小型基础设施建设完全纳入各级政府基本建设投资的范畴。应建立政府补助、农民自主决策的农村公共品供给机制，更多地采取“以奖代补”的方式，鼓励农民积极组织兴修水利、修建道路、兴办社会事业。六要严把政策界限，严格控制标准，严格行为规范，防止为办公益事业而出现乱收费、乱摊派现象。

（四）建立工商资本投入导引机制

在过去的50多年中，我国工业化建设在很大程度上是依赖于农业提供的资金。如今我国已入以工促农、以城带乡的发展新阶段，今后建设现代农业要更加重视工商企业的参与和支持。要鼓励城乡企业、上市公司、外商和各种基金公司投资农业。这不仅是扩大农业资本的需要，而且是推进农业产业化经营、实现农业现代化的需要。

建立工商资本投入导引机制就是通过农业财政支农惠农政

策的导向作用，充分发挥市场机制，积极鼓励和扶持各类工商企业投资农业综合开发。一是要调整和优化农业财政支出结构，强化农业基础性投入，对于公益性的、非营利性的水利基础设施、农业生态建设、农业科技服务、农村扶贫事业、粮食安全储备等建设投入，国家要加大投入，努力为工商资本增加农业投入创造良好的环境条件。二是在税收、补贴、贴息等方面国家给予更多的优惠和奖励，吸引工商资本投向农业，鼓励农业利润用于农业再投资。三是改变财政投入方式，减少政府直接兴办的项目，加大对农民和工商资本投资项目的补助。对各类所有制主体的农业产业化“龙头企业”要一视同仁地进行支持。

（五）建立资本市场农业直接融资机制

目前我国财政、信贷等多方面对农业投资均显不足，这有政策性原因，也有体制性原因，但归到底是需求大于供给的问题所致。因此，迫切需要探索建立新机制、开辟新渠道，建立多元化的农业投融资体制。通过证券市场进行直接融资就是增加农业投入的一条有效途径。

在证券市场直接融资机制下，既能保证资金筹集与使用具有较高的透明度，促使社会资金配置到生产效率高的农业企业，又能通过股票二级市场的流动，实现投资期限的转换，将投资者进入股市的短期资金转换为一级市场对上市公司的长期投资，从而保证充足的长期资本供给，改善企业财务结构，降低企业财务风险，促进农业上市公司产权结构和内部治理结构的积极转变。证券市场能为农业企业发展提供有效的扩张机制。证券市场的直接融资，既帮助农业企业高起点动作，使之迅速进入成熟健全的发展轨道，又能通过外部交易战略，实施企业间的控股、收购、兼并、承包等。优势企业在短时期内实现低成本扩张，可以避开行业壁垒，形成跨地区、跨部门、跨所有制的企业集团。同时证券市场的多次筹资功能（上市后配股或增发新股），能满足农业企业高成长性的大量投资需求，从而促进优秀农业企业超常规、跨越式发展，使资本在再生产过程中实现保值和增值，增强企业的扩张能力。

（六）建立境外资本进入机制

在相当长时期内，农业仍是我国国民经济体系中重点发展产业，积极合理地利用好境外资本，乃是提高农业水平、实现产业化经营现实而重要的选择。要建立起境外资本进入机制，当务之急是要进一步优化我国农业投资环境。我国政府鼓励外商投资农业，但缺乏实实在在的鼓励措施或倾斜政策，对外商投资农业项目缺乏明确激励和引导措施，加之管理体制和管理工作中的问题，都不同程度地影响着外资投入农业的积极性。目前的鼓励措施仅体现在：农业生产者销售的自产农业产品免征增值税；农业机耕、排灌、病虫害防治，植保、农牧保险及相关技术培训业务，家禽、牲畜、水生动物配种和疾病防治项目免征营业税；从事农业、林业、牧业的外商投资企业所得税在减免期之后10年内可减征15%—30%。由于这些政策同时惠及其他产业，在客观上对外商投资于农业的吸引力并不大，外商对我国农业投入的回报缺乏良好的预期，对投资农业能否补偿投入并获得一定的利润缺乏信心。因此，我们要充分利用WTO成员国的身份与地位，进一步开放农业市场，放宽外资进入农业的领域，在竞争中合作，在合作中发展，很好地把握和发挥其全方位的补充作用。

二、建立健全农业投入稳定增长机制的保障措施

（一）合理调整国民收入分配格局

2003年，我国人均国内生产总值超过1000美元，已进入工业反哺农业阶段。应根据新阶段经济发展的特征，合理调整国民收入分配格局，提高国家财政农业支出在财政支出中的比重，依法加大农业产业基金和预算外支农资金的筹集力度，积

极开拓农业发展资金的筹集渠道。

1. 提高政府对农业投入占财政支出的比重

严格按照《中华人民共和国农业法》（以下简称《农业法》）等有关法律法规要求，努力增加预算内支农资金，确保预算内支农支出按法定比例增长。要采取有效措施，使新增财力向农业倾斜，改变预算内支农支出占财政总支出的比例不断下降的状况，使财政对农业的投入总量有较大幅度提高。

2. 增加中央预算内投资用于农业基本建设的比重

目前支撑农业投资主要是国债资金，中央农业基建投资中国债资金比重很大，而正常的预算内基建投资较少。针对近几年我国经济增长较快、中央财政收入增加较多的实际，可考虑进一步调整国民收入分配格局，逐年增加一部分中央预算内投资，重点用于农业基本建设，保证农业投资有正常稳定的来源，实现中央农业基建投资与中央财力同步增长。

3. 从土地出让金中提取一定比例作为农业建设基金的来源之一，这是增加农业投入的一条现实可行的重要渠道

目前，国家虽然已经要求土地出让金纯收益用于农业的比重不低于15%，但在实际执行中并没有得到很好的落实。要把这部分资金集中到中央，并在法律或政策上进一步加以明确，确保落实到位。

（二）完善国家农业投入法律法规体系，硬化农业投入约束机制

目前，我国除了《农业法》中有“中央和县级以上地方财政每年对农业总投入的增长幅度应当高于其财政经常性收入的增长幅度”的原则要求外，国家对农业的支持与保护还缺乏具体的、可操作的条例和细则。应抓紧研究制定更加具有约束力的法律法规，从而在法律和制度层面上保证政府支持与保护农业的政策措施落到实处。

1. 尽快以《农业法》为基础制定农业投资法

在法律中明确各级政府在农业方面的事权和财权，将近几年中央对农业和农村经济社会发展出台的含金量很高的政策上升为法律，同时，明确农业投资方向和领域，并要求各级政府严格按照职责划分对农业进行投入。农业投入责任应实行区域分类、分别对待。各地的投入量和投入结构应当有所差异，中央对各地的支持力度也应该有所不同。对粮食主产区和西部地区，中央应该承担更多的投入责任。

2. 完善《中华人民共和国预算法》（以下简称《预算法》）

应当明确农业支出等公共财政支出在财政预算支出中的地位。可以放宽地方政府发行债券的限制，允许债券收入用于改善农业生产条件。要严格执行《预算法》，在财政决算过程中，发现有挤占和挪用财政支农资金的县乡，应追究相关当事人的责任。

3. 农村公共产品供给要逐步立法

一方面，要认真贯彻已有的相关法律，另一方面要修改不适应的法律法规，细化和完善相关的法律法规。要逐步加快制度化、法制化步伐，尽快制定农村公共卫生条例、农村最低生活保障制度等专门法规，扩大财政对农村公共设施的支持，为农村公共产品供给提供必要的法律保障。

（三）多种渠道向社会筹集资金，形成多元化的农业投入格局

尽管近年来政府财政支农资金不断增加，但占农业投入比重不大，需要进一步发挥政府财政支农资金的引导作用，利用多种形式积聚农业资金。

1. 继续完善农业信贷体系，逐步增加农业信贷规模

提供财政贴息或支持贷款担保，鼓励商业银行向农业提供贷款。通过税收等政策引导商业银行把一定比例的资金用于农业。建立完善政策性农业信贷体系。中央财政和省级财政应列

出一部分预算用于补偿性财政支出，即向有政策性金融业务的机构提供贴息资金和呆账损失的弥补，用少量的财政补贴引导社会资金流向农业和农村。将农业发展银行从单纯的“农产品收购银行”转变为支持农业开发、农村基础设施建设、农业结构调整、农产品进出口的综合型政策性银行。深化农村信用社改革，切实把农村信用社建成“三农”银行，鼓励农村信用社向农业贷款；发展民间信贷，鼓励民间信贷资金投入农业。

2. 建立政策性农业保险制度，推进农业保险的发展

国际、国内开展农业保险的实践经验表明，农业保险具有准公共产品的性质，如果完全实行商业化经营模式，必然导致市场失灵。但由于农业保险技术复杂、监督成本高，政府独自办花费很大而收效并不理想。较好的方式是政府主导的政策性农业保险制度，即将农业保险作为支持农业和保护的一项政策措施，运用政府和市场相结合的方式，政府决定农业保险供给的方向和数量，制订统一的制度框架，各种被批准的组织机构在这个框架中经营农业保险和再保险，同时政府对规定的农业保险产品根据可能给予相应的财政支持和其他支持。

3. 完善政府支持方式，采用政府财政补助、财政贴息、税收和贷款优惠等方式，引导各种经济成分的企业投资农业，鼓励和扶持各类工商业进入农业基础设施建设领域

尽快出台有关政策和办法，除农业基础设施建设之外，对农业产业化经营、农业高新科技示范和推广等方面的建设项目均可实行财政投资补贴政策，吸引和鼓励农户、农民专业合作组织、农业产业化经营组织、龙头企业等各类社会主体增加农业投入。

4. 按照“谁投资、谁管护、谁受益”的原则，积极引导农民开展群众性的农田水利基本建设，以多种形式建设和经营小型农田水利设施

通过“四荒”使用权拍卖，鼓励广大和各种社会投资主

体从事绿化荒山荒坡、治理沙土流失，改善生态环境。结合实施西部大开发战略，制定鼓励和支持到西部地区开展农业基础设施建设的优惠政策。按照“谁投资、谁管护、谁受益”原则，实施农村小（微）型水利、水电等设施使用权拍卖，引导社会资金向农村公益设施投入。

（四）深化财政体制改革，明确各级政府的支农责任

长期以来，由于政府间财权和事权划分不清，农业投入往往得不到保证，应在完善财政体制的基础上，明晰各级政府的投入责任。中央政府重点负责对跨地区、跨流域，涉及农业和农村经济发展全局性的事项，包括大中型农业基础设施建设项目、重要的农业公共服务体系（良种繁育体系、动植物保护体系、科技创新体系、资源保护与生态建设体系、信息体系、质量和安全检测体系、执法体系等）、扶贫等。对关系一个省范围内农业发展的重大项目，如大型水利设施和跨地区性的大型农业基础设施、重大农业科学技术的研究和科技成果推广、重点生态公益林、农产品质量安全管理体系、农业信息化体系、省级农业龙头企业和农业专业合作经济组织试点等，省财政应加大支持力度。对一些区域性中小型农业基础设施建设、生态环境保护和农科教项目，以及受益面比较小的农业项目主要由市、县级财政支持。

改革预算管理方式，按照事权划分，明确中央与地方的投入重点，科学界定经常性投入和追加性投入，改变现行零基预算的单一模式，对植保、防疫、信息管理和质量检测等经常性支出科目，要在科学确定工作量的基础上，实行基数化管理，减少人为因素对财政投入的影响，提高财政资金的到位效率。

（五）深化投资管理体制改革，完善投资管理制度

国务院已出台了《国务院关于投资体制改革的决定》，明确了投资体制改革的思路和方向，应尽快制定配套政策，切实

推动投资体制改革。

1. 整合财政支农资金，统筹安排来自各种渠道的支农资金，突出重点，集中使用

要根据财政支农的目标和重点，逐步改变过去财政支农资金渠道多、分类不合理的状况，按照建立市场经济体制和公共财政体制框架的要求，适当归并设置支农资金，突出财政支农资金的公共性。可分设为六大类：（1）提高农业综合生产能力类资金。指主要用于支持农业生产、改善农业生产条件、促进农业现代化建设的资金。目前可以归并为此类的资金有：农林水等领域的基本建设投资、支持农业生产类资金、农业综合开发资金、水利建设基金、农业科研推广资金、良种补贴资金、粮食直接补贴资金等。（2）防灾减灾救灾类资金。指主要用于农业防灾减灾、病虫害防治和农村灾歉救助的资金。目前可以归并此类资金的有，特大防汛抗旱资金、农作物和森林病虫害防治资金、动植物疫情防治资金、农业水灾歉减免补助资金、农村救济费等。（3）生态环境建设类资金。指用于农村水土林草等生态资源的建设保护和开发利用的资金。包括农村水土保持补助费、退耕还林资金、天然林保护资金、防沙治沙资金、退牧还草资金等。（4）结构调整类资金。指促进农业结构调整、农产品精深加工和农村劳动力转移就业资金。目前可以归并此类的资金有：农业产业化资金、农民培训资金。（5）管理服务类资金。指主要用于对农业农村发展进行组织管理和提供公共服务的资金，包括农、林、水、气象等部门的行政事业费。（6）农村发展类资金。指主要用于支持农村公益设施建设和农村社会事业发展的资金，目前可以归并为此类的资金有支援不发达地区资金、农村公共基础设施建设资金、农村教育、医疗卫生和文化方面的支出、农村电网改造、县乡公路建设、农村沼气、农村税费改革转移支付等。

在适当归并资金分类的基础上，对现有财政支农资金进行整合。近期考虑是通过打造“项目”或“产业”平台实现农

业资金整合。在不调整原有管理体制、不改变资金原有性质的前提下，有机捆绑、相互衔接、匹配投入、各司其职，实现项目共建、资源共享和利益均沾。要着重寻找资金整合的切入点和着力点，努力构建资金整合的载体。比如，可将农村基础设施建设作为一个整合载体，把农业基建投资、农业综合开发、水利建设基金、农村小型公益设施、农村基础教育、医疗卫生和文化等方面的资金，按照统一的规划投入到重点区域，统筹安排使用。

长远的政策选择是通过调整机构和职能实现农业资金整合。按照“减少交叉、强化协调、适应市场、增加服务”的原则，明确各部门职能，尽量减少职能交叉，建立能够对农业进行灵活、有效宏观调控的管理体制。初步设想是，综合职能部门如国家发展和改革委员会、财政部、科技部等主要负责农业农村发展规划、农业农村发展战略、农业农村发展政策、农业农村投入计划布局的研究、预算和投资平衡、预算审查，切块分配农业财政资金，并监督投资应用。将预算的具体执行、项目的具体审批、项目的组织实施等职能划归相关职能部门，推进决策、执行和监督分离。充分发挥农、林、水、气象、交通等行业管理部门在农业公共产品供给及推动农村产业发展中所起的作用，将分散在各部门的农业投资管理权还原给各行业部门。通过体制改革和职能的合理配置实现资金整合需要循序渐进，分步实施，应与政府工作阶段性目标和节拍相衔接，应与政府机构改革和职能调整相一致。

2. 完善项目管理制度，提高项目管理水平

在资金的分配和使用上，对可以择地支持的项目实行项目实施单位招标，如对农产品种子种苗基地建设、优势农产品基地建设、农业龙头企业技改项目贴息、实用农业技术科技攻关、农业科技成果转化项目等可以采用公开招标的方式，吸引有条件建设的地方和单位前来投标。对不能择地的工程项目实行项目专家实地评审制度。如水利设施建设、农村道路建设、

渔港设施建设等，推进科学决策、民主决策。对不同类别的财政支农专项资金应当采用不同的支持手段。对于大型水利设施等受益范围大的公共产品，主要采用财政直接投入的方式；对于小型水利设施、乡村道路等受益范围小、受益对象明确的准公共产品，可采用投资补助的方式；对于灾害补贴、贫困农民生活补贴等救济性支出宜采用直接补贴的方式；对于龙头企业技术改造、优势农产品基地建设等能产生经济效益同时又具有“外溢”效应的项目，可采用财政贴息、以奖代补、配套投入等财政支持手段；对于金融机构对农业项目的贷款，则可采用财政支持担保的形式。

3. 加强投资管理的监督约束

加强投资决策部门的内部监督。政府农业行业管理部门内的行政监察机构、项目监管机构负责所在部门投资决策阶段，包括政府投资计划制定、投资项目咨询论证、评估、听证、项目决策等环节的监督。发挥社会对政府投资管理的监督作用，制定政府投资政务信息公开制度。建立支农资金使用问责制度，对挪用项目资金的单位要收回资金，并按规定对责任人追究责任。对达不到预期效果的项目要分析原因，如果是项目申报过程中弄虚作假导致的，应追究有关人员的责任。

（六）建立和完善相关制度，促进农业和农村经济社会协调发展

1. 完善补贴机制，扩大补贴领域

调整财政支农资金的使用方向，用好“绿箱”、“黄箱”政策，减少对流通环节的补贴，扩大农业直接补贴、良种补贴和农机具购置补贴范围。进一步总结粮食直补、良种补贴和农机补贴的经验，逐步扩大补贴品种和补贴范围，加快建立长期稳定的农业补贴补偿新机制，使之制度化、规范化。同时，积极研究粮食生产以外的种养业良种补贴、风险补贴政策，特别是对于强制性扑杀和销毁动植物应逐步完善重大动植物病虫害

扑灭补偿制度。建立健全对农业资源和生态环境保护的补偿机制。

2. 建立解决“三农”问题相衔接的机制，促进农村和谐发展

在坚持家庭承包经营制度的基础上，鼓励农村土地流转，逐步发展规模经营；实行最严格的土地征用和补偿制度，并落实到地块和农户；积极探索集体非农建设用地进入市场的途径和办法。坚持劳动、资本、技术、管理等生产要素按贡献参与分配的原则，完善按劳分配为主体，多种分配方式并存的分配制度；调整土地收益分配机制，提高土地征用补偿标准，建立失地农民的社会保障制度，从根本上调动农民对耕地质量建设投入的积极性。

3. 建立科学的规划编制制度，通过法定程序保障规划的实施

加强基础调研与规划编制工作，各级农业部门要根据国民经济发展的总体要求，围绕农业和农村经济发展需着力解决的突出问题，科学编制总体发展规划和分阶段建设规划。国家农业建设规划要体现农业发展的整体趋向，搞好各行业间的有机衔接。地方农业建设规划既要做到符合国家农业建设规划的总体要求，又要针对地方实际，突出地方特色，解决当地问题。进一步健全农业法律法规体系，明确规划编制的责任部门和规划审批的法定程序，用法律手段保障农业规划的有效实施。

第三章

农村建设用地流转和征地制度变迁

第一节 农村集体建设用地流转[1]

一、农村集体建设用地流转产生和发展的历史过程

农村集体建设用地尽管是我国建设用地的重要组成部分，但它作为主要的生产要素之一，一直是我国城乡各种经济活动的载体，然而现行的政策法律对农村集体建设用地的流转进行了严格限制。例如《土地管理法》第四十三条规定：任何单

① 本节内容选自农业部软科学课题“农村集体建设用地流转问题研究”（课题编号：200629），课题主持人：江华。

位和个人进行建设需要使用土地的，必须依法申请使用国有土地。但是，兴办乡镇企业和村民建设住宅经依法批准使用本集体经济组织农民集体所有的土地的，或者乡（镇）村公共设施和公益事业建设经依法批准使用农民集体所有的土地的除外。该法第六十三条规定：农村集体土地使用权不得出让、转让或出租用于非农业建设，但是，符合土地利用总体规划并依法取得建设用地的企业，因破产、兼并等情形致使土地使用权依法发生转移的除外。

但事实上，近年来由于我国经济社会的不断发展，经济结构特征已出现多样化，形成了多种所有制并存的局面，以乡镇企业为主的集体经济已具有相当规模。集体经济的发展加快了城镇建设，缩小了城乡差距，活跃了市场，也促进了农村集体建设土地的流转。早在20世纪90年代初农民集体就已经有一定数量的土地使用权进入了地下土地产权市场，通过联营、股份制、出售、出租等各种方式转让农村集体土地使用权，出现了农村集体建设用地流转的隐性市场，但基本处于无序的流转状态。随着近年来经济的进一步发展，城市化水平的不断提高，农村集体建设用地流转，由自发的、小规模的出租房屋、场地逐渐演化为有组织、大规模、多种形式的流转，特别是沿海在经济发达地区和大中城市城郊结合部地带，农村集体土地流转尤为活跃。

从20世纪90年代后期到21世纪初，为限制农村集体土地流转，法律限制过，行政干预过，执法清理过，经济也制裁过，但随着社会经济的发展，特别是市场经济的发展，私下的农村集体建设用地流转活动却相当普遍，并且愈演愈烈。根据有关部门对浙江、上海、江苏、广东、湖南等省市的调研情况，无论是经济发达地区还是经济欠发达地区，农村集体建设用地流转都已大量存在，特别是大中城市城乡结合部是农村集体建设用地流转的主要区域，乡镇企业随企业改制的用地流转，宅基地也随房屋买卖或出租等进行流转的现象已经相当普遍。

在中国社会转型过程中，来自基层的创新冲动往往先于全国性法律法规的调整。农村集体建设用地的流转几乎又一次重复了这一规律。农村集体建设用地的现有法律和管理框架，已被现实中发生的土地流转远远抛在身后。政策与现实的脱节要求政策必须进行调整。面对这一现实，1999 年以来，国土资源部连续几年将农村集体建设用地流转问题作为部重点调研课题，在安徽芜湖、江苏苏州、浙江湖州等地布置了农村集体建设用地流转试点，先后召开了三次以农村集体建设用地流转为主题的土地制度创新座谈会，组织起草了《规范农民农村集体建设用地使用权流转若干意见（征求意见稿）》，征求各有关方面意见。2003 年《中共中央国务院关于做好农业和农村工作的意见》（中发〔2003〕3 号文件）明确指出："要通过农村集体建设用地流转、土地置换、分期缴纳土地出让金等形式，合理解决企业进镇的用地问题，降低企业搬迁的成本"。目前，国土资源部正按国务院的要求，提出相关法律的修改意见，并正在抓紧制订《农村集体建设用地流转管理办法》。

回顾土地流转的历史我们不难发现，农村集体建设用地流转发展的历史进程历经由隐性市场向公开市场转让的过程，流转正从自发逐步转向规范，流转由小规模正在发展成大规模，流转由被法律禁止正逐步向被法律认可过渡，流转也正由无序逐渐向有序转变等。

二、农村集体建设用地流转中的矛盾与问题

目前农村集体建设用地流转的几种主要形式为出让、出租和转租、抵押、转让以及入股联营。近年来，全国各地实践表明，农村集体建设用地流转对农民、对社会发展、对土地资源的合理利用和管理等方面都有较明显的多重效益。比如，通过流转可以使农民受益，使土地资产价值显化，有利于体现农村集体土地的财产权性质，有利于保护耕地和节约耕地，有利于

完善城镇土地市场，同时提高了土地利用效率，加快了城镇化进程。但是，农村集体建设用地流转仍然存在许多矛盾和问题，由此容易产生一系列不容忽视的负面效果。具体表现在以下几方面：

（一）流转无序，产生了土地二次利用不合理的问题

首先，部分地区的土地流转经营，很多是农户或村集体自行参与流转，大多不报土地管理部门备案，当地政府也不加干预。调研发现，有些地区的农户或村集体为了获得土地高收益，对投资项目不加以选择，将土地私自租给生产工程不达标、污染大的企事业单位，造成环境污染，给环境整治带来了很大困难，产生了土地二次不合理利用的情况。其次，农村集体建设用地流转的实质是土地使用权交易，理应有契约约束。但从调研情况看，目前许多地区的土地流转绝大多数采取口头形式，这样，一方面容易造成纠纷，另一方面土地使用权当事人普遍存在短期行为，因流转双方大多属短期约定，接包方不愿对土地进行较多整理或投入，只求短期效益，从长期来看，这十分不利于土地资源的可持续利用。

（二）流转不透明，农民利益可能受损

现行的《土地管理法》以及有关的行政法规对土地使用权的流转规定不明确。目前许多地区还没根据实际情况制定具体的规定和意见，农村集体建设用地流转中还缺乏管理和监督机制，这容易使一些村干部在没有征得村民委员会或者村民小组同意的情况下，就将土地流转出去，损害了农民的利益和引发了农民的不满情绪。

（三）流转增加了土地供给，对国家垄断土地市场造成冲击

多年来国家一直硬性将土地产权市场分割为国有土地市场

和农村集体土地市场，前者主要存在于城镇国有土地中，后者主要存在于农村集体土地中。但是，事实上土地市场并不会因人为的硬性规定而区分为国有土地市场和农村集体土地市场，城市和农村是地区社会经济发展的整体，共同发挥着作用，土地市场客观上就是国有土地和农村集体土地市场的统一体。在当前农村集体土地并未能实现登记、国家并未能完全实现城乡土地一体化管理的条件下，大量农村集体土地以合法的、非法的不同途径进入公开土地市场和灰色土地市场，使得土地市场的总供给增加，建设用地总量难以得到有效控制，特别是生产经营性用地供地渠道增多，这就导致了政府宏观调控土地市场的能力被削弱，土地市场价格的指导作用被降低，正常的土地市场秩序遭到干扰，国家垄断的土地市场受到严重冲击。比如在广州、杭州等沿海发达城市的城乡接合部，随着城市化进程加快，城市规模不断扩大，城郊的地价随之攀升，农村集体和村民也发现了土地的增值收益，大量农村集体土地便被合法或非合法的方式推进了土地市场。这些城市的用地规模因此被扩大，土地市场随之受到了负面的冲击。

（四）流转管理不规范，易引起土地利用混乱，规划难以落实

由于国家对农村集体建设用地流转缺乏明确的操作指导，农村集体建设用地能否流转，如何流转，对破产兼并除外的土地该如何处理等缺乏明确的法律规定，使得地方土地管理部门对农村集体建设用地的管理处于无法可依、无章可循的状态。虽然一些地方出台了一些管理措施和方法，但不同地方，政策标准和管理程序不同，缺少可共同遵循的符合市场规律的章法。这种情况就直接导致了土地利用上的混乱。政府的管理缺位，使农村集体建设用地的所有者和使用者以及使用者之间的私自交易对土地利用总体规划和城市规划的实施带来了冲击，规划落实困难，规划指标屡遭突破。在广东省，违法建筑和建设布局混乱导致建设规划的实施困难，实际建设用地面积远远超出规划用地面积又导致土地利用总体规划被频繁突破。

（五）农村集体土地产权不清，交易混乱，加大了土地管理难度

1. 由于我国农村集体土地产权不清，容易导致交易不安全

目前我国农村集体土地所有权的权能大小和边界都是模糊的，故使以产权权能交易为核心的农村集体建设用地市场陷入产权困惑。在土地产权不清的情况下，农村集体建设用地流转的可靠性就差，流转的法律纠纷和经济纠纷不断，甚至原集体经济组织中人事变动，也会引发违约和毁约的现象，其交易安全得不到保障。

2. 农村集体土地的确权登记工作滞后加大了流转管理难度

当前，国家对于农村集体土地管理尚无比较完整、规范的法规。例如，近年来我国大部分地区均按严格的确权、登记的法律规定对国有土地进行了确权、登记，而对于农村集体土地，至今没有统一、明确的法规，国家只对部分农村集体建设用地进行了登记，农村集体土地产权的登记管理尚处于起始阶段。由于农村集体土地规范管理滞后，农村集体土地自发进入市场的行为就自然比较普遍了，这就致使农村集体土地产权市场混乱，进一步加大了土地管理部门对农村集体土地流转实施管理的难度。

三、农村集体建设用地流转的典型模式比较

近年来农村集体建设用地流转在前面几种主要形式的基础上也初步形成了具有一定代表意义的模式，这些模式在一定程度上反映了农村集体建设用地流转的内在规律，通过对这些模式的比较、分析和总结，将有利于形成有益的经验，并能为今

后进一步开展土地流转提供借鉴，同时也对引导和规范农村集体建设用地流转以及加强土地利用和土地市场管理等具有十分重要的意义。

（一）不同模式的特点

按照我国农村集体建设用地的流转方式和土地权属性质及用途变化情况，在近年来的工业化、城市化过程中，农村集体建设用地流转可以初步归纳为“统征统管模式”、“整体国有化模式”和“产权二元化模式”等三种基本模式。

1. 统征统管模式

该模式的特点可概括为“五统一”，即对农村集体建设用地实施统一征收、统一开发、统一出让、统一规划、统一管理。这种模式强调只允许国家作为土地所有者的身份将国有土地使用权在一定的年限内出让给土地使用者，严禁农村集体建设用地直接进入土地市场，以保证政府对土地出让市场的高度控制。以山东省威海市为例。在20世纪90年代，威海市就在总结国有土地使用制度改革基本经验的基础上，提出了“转权让利，统一出让”的模式设想。这里的“转权”是指将集体所有的土地征为国有。“让利”就是对农村集体建设用地转权的同时，给予原土地所有者或使用者、乡镇基础设施投资者合理的补偿。另外，根据广东省的实践，有人还提出了“两个区域、两种产权、一种利益分配关系”的模式，即在政府规划的城镇建设控制区内，实行“转权让利”。农村集体土地所有权转为国有，集体有偿、有限期行使土地使用权，国家将部分利益让给集体。在规划的城镇建设控制区外，实行“留权分利”。农村集体土地所有权不变，农村集体经济组织按有限期、有偿流动的原则，将农村集体土地使用权统一租让给用地单位和个人，并允许土地使用者再次流转，即租让或抵押。两种产权制度均统一体现国家与集体之间的合理收益分配关系。

2. 整体国有化模式

所谓整体国有化，是指因城市建设的发展，原属农村的乡村社区整体性被并入城市建成区，并随乡（镇）村的建制撤销，农村基层行政组织或居民自治组织转变为城市基层行政组织或居民自制组织，农村集体经济组织成员全部由农村居民转变为城镇居民，原属于农村集体所有但尚未经征收的土地或土地大部分被征收之后的残余土地随之全部整体性地转归国有。这种流转模式必须同时满足两个条件：其一，被整体国有化的农村集体土地已经并入到城镇建成区范围。其二，在被整体国有化的农村集体土地上，集体经济组织已经进行了符合城市规划的建设。这一现象多发生在农村经济相对发达和农村土地规划制度实行较好的地区。比如，广东省佛山市顺德区就在整体国有化这一模式上进行了大胆的探索，并取得了良好的实践效果。顺德区主要从以下四方面着手推进农村集体建设用地流转。一是经区规划国土局发出通告且无异议的全部转为国有土地，并在农村集体土地转为国有过程中都给予免补地价的优惠。二是在明确农村集体土地所有权证的发放主体，建立农村集体建设用地使用权流转公开制度，充分尊重村（居）民、股民的合法权利，强化流转的监督制度，明确股份合作社农村集体建设用地使用权流转的收益分配等前提下，推进推行农村集体建设用地使用权流转。三是按每人不超过 80 平方米的标准一次性固化村民住宅建设用地指标，对符合固化条件的 49958 户村民宅基地进行固化，从而增加了农村集体建设用地流转面积，提高了土地利用集约率。四是从法律和政策制度上规范农村集体建设用地流转，保证实施方式长期有效（图 3－1）。

3. 产权二元化模式

产权二元化是指在城镇规划建设区内，允许两种产权同时存在。即：（1）国家首先将原农村集体建设用地上的农村社区转变为城镇社区，农村居民转变为城镇居民。（2）按照土

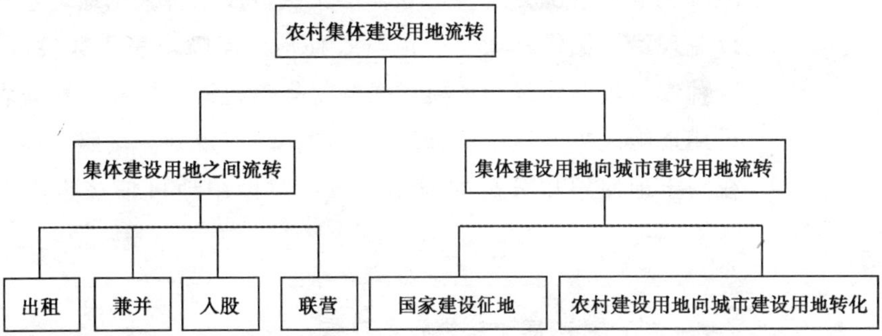

图 3-1　农村集体建设用地流转示意图

地所有权与土地使用权分离的原则，农村集体建设用地使用权实行有偿、有限期、有流动的制度。（3）在符合乡镇土地利用总体规划、集镇建设规划及规定的用途下，除必须征为国有的外，其余用地可以不改变集体所有权性质，并可依法流转。土地流转合同规定的使用年限到期后，土地使用权由土地所有者收回，其中属于土地使用权转让（包括作价入股）的，其地上建筑物、附着物归土地所有者所有。（4）土地收益分配按“谁所有、谁投入、谁受益”和公平的原则，在土地所有者与市、县、乡（镇）间进行分配。

为了便于管理，在城镇规划区内划分集体所有土地区和国有土地区，这种产权二元化模式已开始在重庆市、北京市、芜湖市和苏州市等发达城市一些小城镇试点。又如北京市大兴区榆垡镇在集体土地流转中成立土地基金会，进行土地资产运营。土地基金会采取用地项目和被占地村组“双入会”的机制，用地单位以土地补偿费为会费入会，平均每亩 5 万元作为土地基金。土地基金作为专项资金，调拨时需管委会主任、相关村的委员和存储银行三方会签才能实现。被占地村集体代表农民将所占土地入会。入会的村集体与土地基金会签订永久性收益权合同，土地基金会统一对土地进行开发建设、招商、融资，同时以每年每亩 1550 元的价格补偿农民，并根据社会和经济发展的情况分阶段增加补偿比例。如果将来土地基金不足以兑现给农民的补偿，由镇财政补贴，保障农民永久性收入。这种农村集体建设用地模式强调将集镇建设用地和乡村非农建设用地纳入小城镇统一管理的范围，统一规划。按照土地所有权与土地使用权分离的原则，城乡建设用地可依法定程序流转。

（二）对不同流转模式的思索

通过对各地农村集体建设用地不同流转模式的调查以及对各种不同流转模式的对比和分析，笔者认为，上述农村集体建设用地流转模式可以给我们以下几方面的启发：

1. 不同流转模式，都必须坚持市场机制和计划管理的有机结合

市场机制本质上是一种着眼于提高资源配置效率的运行机制，它的充分发挥作用固然可以使既有的土地所产生的经济收益达到最大，但它又常常使社会效益和环境效益受损。计划机制固然可在宏观上起到保护耕地、约束城市增长和调节城市土地结构的作用，但一味强调计划机制往往会抑制农村集体建设用地流转，使之难以形成资源的合理价格，不能通过价格的变动及时反映资源的供需状况和不能为土地的有效配置和使用权、所有权的流转提供信息，从而影响土地经济效益的提高和资源的优化配置。

2. 流转收益分配合理与否是流转模式运转成败的关键

农村集体建设用地流转的方向是建立有偿、有限期、有流动的土地利用制度，目的在于建立一个完善、高效、统一的城乡土地大市场去优化土地资源配置，促进工业化、城市化的健康发展。而成功实现农村集体建设用地流转目标的关键在于建立合理的政府、集体、农民三方流转主体土地利益分配机制，只有坚持公平原则分配土地流转利益，才能真正促进社会总体效益的提高。针对各地经济发展存在的差异，农村集体建设用

地流转收益分配应依照既要激励使用者集约利用土地，将闲置存量建设用地入市流转，又要约束参与流转者不能以追逐经济利益为单一目标，以保证集体经济利益得到最大体现。

3. 应因地制宜，允许多样化的土地流转模式存在

由于各地经济发展水平不同，工业化、城市化处于不同发展阶段，其面临的困难和需要解决的问题也不相同，因此，各地要结合当地实际，遵循工业化、城镇化发展规律，在沿海和内地，经济发达地区和落后地区，山区和平原地区分别采取不同的土地流转政策和措施，并允许多样化的农村集体建设用地模式的存在，以使政策措施与区域发展条件紧密结合。

四、规范我国农村集体建设用地流转的政策建议

基于前文分析，规范我国农村集体建设用地流转的基本思路应当是：通过进一步制度创新，解决农村集体建设用地流转的法规和相关制度限制；在强化土地利用总体规划控制的前提下，进一步明确农村集体土地所有权，尊重农民意愿，保护农民土地财产权；农村集体土地所有权和使用权可以分离，允许并鼓励农村集体建设用地使用权依法流转；规范农村集体建设用地流转的条件、范围、方式，保护农民土地收益和保障农村集体建设用地依法、合理、规范流转。同时，农村集体建设用地流转应把握以下六条原则：自愿和有偿的原则；控制新增建设用地和盘活存量建设用地相结合的原则；土地利用总体规划、城市和村镇规划先导原则；地政统一管理和土地市场准入原则；保护农村集体建设用地所有者和使用者合法权益原则以及公开、公平、公正、效率优先的原则等。

（一）流转的规范——农地产权重构

1. 明确农村集体土地产权主体和权能，规范流转的经营组织形式

农村集体建设用地流转的基本前提是依法明确农村集体土

地的所有权主体，建立农村集体土地产权市场。农村集体土地所有权主体的形成，是市场经济发展的客观结果。依法明确农村集体土地产权主体和权能是农村集体建设用地流转的基础和前提。同时，建立农村集体土地产权主体制度，也是市场经济健康发展的需要。笔者提出三个建议以明确产权主体。

第一，若村内有两个以上的农村集体经济组织（村民小组），各集体经济组织之间有明确的土地界限和范围，并在各自范围内占有、使用土地的，应确认村民小组为相应的农村集体土地所有者。

第二，已经属于村农民集体所有的，包括第一轮土地承包时就已经打破村民小组土地界限和虽未打破村民小组界限但由村农民集体实际使用的土地以及过去村办企业、村公共设施、公益事业建设使用村民小组的土地，并且在使用时已给予相应补偿或土地调剂的，宜承认现状，依法确认为村农民集体所有的土地，由村集体经济组织或村委会负责经营管理。

第三，已属于乡（镇）农民集体所有的土地，包括过去乡镇企业、乡（镇）公共设施、公益事业建设使用村农民集体所有土地或村民小组所有土地且在使用时已给予相应的补偿或土地调剂的，应依法确认为乡（镇）农民集体经济组织所有，没有乡（镇）集体经济组织的，可由乡（镇）政府代为负责经营管理。

2. 完善农村集体土地使用权结构

应将农村集体土地承包经营权界定为集体农用地使用权，与农村集体建设用地使用相对应，办理农用地转用手续后，享有建设用地使用权，并在此基础上设定他项权利，如地役权、抵押权等。承认并赋予农民这一物权，农村集体建设用地才可以顺利流转，土地统一管理的职能以及农村集体土地的权能才能真正落到实处，并加快土地登记、发证，依法保护农村集体土地所有权和使用权。同时，在符合土地利用总体规划和用途管制的前提下，土地使用权可以依法转让。土地财产权归农民集体所有，集体决定土地处置和土地收益分配。而土地所有者必须按规划合理利用土地，不得擅自改变用途。

此外，构建农村集体土地产权体系，明晰农村集体建设用地产权权能，并加快农村集体土地登记确权工作步伐，也是重要的。

（二）流转的平台——土地有形市场

1. 建立流转政府服务平台

为适应我国土地流转（特别是农村集体建设用地流转）规模日益扩大的需要，要建立健全土地有形市场的三大政府服务平台，即各专业人员配套的服务平台、相关部门互动的联络平台和土地交易实施平台。首先，土地交易实施平台要通过建立健全交易规则，确定进场交易范围及主体，将所有涉及国有划拨土地使用权、国有出让土地使用权、符合规划的农村集体建设用地使用权的流转依法纳入有形市场管理的轨道，形成土地交易实施中心。第二，要积极培育土地流转中介组织，充分发挥中介组织在土地流转中的作用，使土地流转逐步走向市场，进一步拓宽参与土地流转的群体，让广大农民甚至城镇富余劳力也能顺利进入农村土地流转当中。第三，针对农村集体建设用地面广量大、主要日常管理在乡镇的特点，各乡镇可设立土地有形市场分支机构，专门对集体建设用地流转实施规范管理，特别是要对农村已产生的集体建设用地自发流转行为逐步进行规范，完善管理机制及手段，不断引导其步入健康合法的市场交易轨道。

2. 搭建法律平台

法律平台是农村集体建设用地合理流转的基本保障。各地在土地流转方面可借鉴广东等发达地区的经验超前立法，可以先行制定地方性的《农村集体土地流转条例》，以法规的形式对农村土地流转加以规范，使流转有序进行，从而达到集约利用、规模经营的目的，对暂不具备立法条件的也应制订和完善土地流转的政策，明确规范农村集体建设用地流转的形式和程序，确保流转规范、有序地进行。对于已出台相关政策的地区要进一步完善法律保障和监督体系，确保农村集体建设用地流转交易合法、公平。

3. 加强政府政策支持，为流转创造一个环境平台

为农村集体建设用地流转创造一个良好的环境是保证其流转顺利进行的重要条件，因此各地政府部门应大力支持土地制度创新的探索和研究，在政策上鼓励农村集体建设用地流转的试点。对于现行《土地管理法》没有规定的农村集体建设用地流转形式，在实践中应根据市场发育情况，允许其转让、出租、抵押等。同时对交易主体应予放宽，既可包括集体经济组织，还可包括其他经济组织和个人，以扩大市场的交易面。农村集体土地使用权应当与国有土地使用权的权利基本相等，享有土地收益处分权，转让、出租和抵押权等，对其地上建筑物应当核发合法的产权证书。此外，各地政府应加强基础设施建设的投资力度，改善政府服务和加强引导，为农村集体建设用地流转营造一个良好的外部环境。

4. 建立农村集体建设用地流转交易的信息网络平台

目前，不少地区因农村集体建设用地供需双方未能及时沟通而使流转受阻，出现要转的转不出去，要接的接不到这一矛盾，难以形成有效流转。因此，各地应尽早建立农村集体建设用地流转交易信息网络，搭建土地信息公告平台。

（三）流转的控制——小城镇建设

1. 流转对象要以存量土地为主，确实保护耕地

农村集体建设用地与农用地相比，存在着较大的比较利益差异，如果对农村集体建设用地流转的条件和范围不加以必要的限制，无疑会导致农村建设用地的人为扩大和农用地的减少。因此，各地区要在流转的条件与范围上加以严格的规定。一是要靠严格的保护耕地，集约用地；二是主要依靠存量集体

建设用地的市场流转，在流转中促使存量土地用活，既要使经济发展所需的土地得到满足，又要保护耕地。

2. 流转必须符合规划控制，依法取得，统一管理

农村集体建设用地流转的一个基本前提是所有集体非农建设用地的安排必须符合土地利用总体规划，农用地转为非农建设用地必须在土地利用总体规划的控制下，按年度用地计划实行农用地转用，任何非农建设用地的取得必须依法行事。在管理上，要搞“两种权利、一个市场”，不能将城镇国有土地市场与农村集体建设用地流转割裂开来，要将农村集体建设用地流转纳入城乡建设用地流转统一大市场中来，统一市场供应，统一市场管理。

3. 引导土地使用权的流转方向与城镇发展及规划相协调

农村集体建设用地流转应与小城镇发展方向相协调，集中布局，实现农村集体建设用地流转与小城镇建设相互促进。

4. 政府要加强宏观调控，控制农村集体建设用地供应总量

政府对农村集体土地流转市场进行宏观调控，目的是严格控制农村集体建设用地供应总量。一个稳定、公正、安全的建设用地市场秩序，是农村集体建设用地流转试点成功的基本保证。

（四）流转的程序——法律法规的配套

1. 要明确农村集体建设用地流转的条件和范围

农村集体建设用地流转的条件和范围应该是：（1）以土地利用总体规划、城市规划和村镇规划为依据，严格管理；（2）权属合法，没有纠纷；（3）已经依法批准作为建设用地使用或已经依法批准由农用地转为建设用地使用的农村集体建设用地应准予流转；（4）符合用途管制的要求，具体土地用途要符合城市规划或村镇规划，不得擅自改变用途。对商业性房地产的土地供应总量要严格控制，农村集体建设用地不得擅

自改变用途搞商业性房地产开发等。

2. 要明确流转、管理原则和管理模式

农村集体建设用地流转必须以能否体现先进生产力的发展要求，农民愿意不愿意、满意不满意作为基本准则和判断标准。农村集体建设用地流转必须坚持土地所有者和使用者自愿原则、有偿使用原则和集体经济组织内部成员优先的原则。在农村集体建设用地流转管理中，政府与其在国有土地出让活动中的角色不同，不再具有产权代表的身份，而只能作为流转活动的管理者和服务者，行使管理和服务职能，不能越俎代庖，超越自身职能行使产权人的职能。政府管理部门主要应加强建设用地总量控制、规划和土地登记等流转管理，并通过信息公开、提供交易场所等为产权人提供公共服务。

农村集体建设用地流转的模式应坚持因地制宜、政策引导，土地所有者和使用者自愿的原则，对城镇规划区内外既可采取“转权让利”的方式，将农村集体土地征为国有后，再按国有土地使用权管理的有关规定办理手续，也可以采取“保权留利”的方式，可不改变农村集体土地所有权性质，由土地所有者将农村集体建设用地使用权按一定年限转让、出租、作价入股、联营等方式提供给土地使用者使用，并以土地所有权获得土地收益。同时为了加快城市化进程，有利于城乡土地的统一管理，在条件允许的地方也应当从政策上鼓励和引导采取在城市规划区内尤其是城郊结合部采取“转权让利”的方式。

3. 要适当限定流转土地的用途

只要严格执行土地利用总体规划，坚持用途管制原则，就不应当对流转的土地用途限制过多，但考虑到土地市场的宏观控制问题，现阶段农村集体建设用地流转应当严禁用于商品住宅开发。

4. 同步完善农村集体建设用地流转管理工作

一是要实行集中统一管理。根据法律赋予土地行政主管部门的城乡土地统一管理的职责，在合理准确界定土地所有者、土地使用者及土地管理者三者关系的基础上，应将农村集体建设用地流转全面纳入国土资源管理业务范畴。对现有存量建设用地的流转，应在尊重土地所有者意愿的前提下，做好土地流转的相关服务和管理工作。对新增农村集体建设用地应逐步纳入各地区年度建设用地供应计划体系，并受土地所有者委托，逐步做到集中统一供应土地。二是要做好农村集体土地使用权分等定级及资产评估工作。既要防止价格偏低导致集体资产流失，又要有效地指导和调控集体建设用地使用权市场形成科学、合理、完整的农村集体建设用地地价体系。三是应推行“两种产权、一个市场”的运作模式。按照市场经济规律，并在产权主体明确、权能明晰的基础上，加快国有土地和农村集体土地的“两种产权、一个市场”的一体化进程，逐步建立国有、农村集体建设用地并轨供应、统一交易、管理的体制。四是要制订统一规范的操作程序。按照公开、公平、公正的原则，制订一整套统一规范的农村集体建设用地供应、流转的操作程序。实施农村集体建设用地流转的“阳光工程”，以使农村集体建设用地流转机制和管理体制逐步走向科学化、标准化。此外，应制订和完善法律法规，使农村集体建设用地流转合法化。

（五）流转收益的分配——各方利益的均衡

各主体在流转过程中应当共同享有土地流转收益。农村集体建设用地流转中的土地收益分配，关系到农村集体建设用地流转制度运作的利益机制，它是规范农村集体建设用地流转管理的关键问题。由于在现行法律法规中还没有相关的农村集体土地流转收益分配的规定，流转的收益分配机制仍须在实践中不断探索，寻找合理的分配方案。为此，要正确处理各分配主体的经济利益关系，正确确定农村集体建设用地流转收益的分配原则。农村集体建设用地流转必须依财产权定价，依产权性质分配利益。农村集体土地增值很大程度上来源于国家的建设投入，国家有权参与分享收益。还要细化农村集体建设用地流转分配比例，按农村集体建设用地——乡镇、村企业用地，乡镇、村公共设施和社会公益事业用地，农民宅基地三种用地类型划分不同的分配比例比较合理。因为只有对流转收益进行区分，才能较合理地对收益分配比例进行细分。流转收益由绝对地租和级差地租构成，对三类农村集体建设用地而言，它们最主要的差别体现在级差地租中，尤其是级差地租Ⅱ。在三类用地中，农民投入最大的是宅基地，这也是与他们关系最密切的农村集体建设用地，所以在农民宅基地流转中农村集体土地所有者和使用者所得到的收益分配里应至少给予农民 80% 以上的分配比例，以体现农民作为宅基地使用者所付出的投资。而在其他两类用地里，则更体现农民集体的投入，所以农民集体应获得绝大部分收益。

如何合理地管理和支配集体经济组织获得的收益是保证农村集体建设用地持续健康流转、保证社会稳定的重要一环。而首先最重要一条就是，农村集体土地所有者取得的那一部分流转收益中必须要拿出相当一部分用于农村的社会保障，解决失地农民的后顾之忧。总的来说是必须要在明确集体经济组织产权主体的基础上，对其在土地流转中取得的收益进行合理的管理和必要的监督，并以法律的形式给予规范。从前面所述的农村集体土地与生俱来的保障功能出发，所获收益应该用于以下几个方面：为集体经济组织成员建立社会保障，包括医疗保险、养老保险和失业保险；集体经济组织必要的日常开支、兴办集体公益事业和基础设施事业等。同时要完善财务透明、收支公开制度，要建立起强有力的监督机制等等，多管其下，使农民集体获得的土地流转收益真正能为农民服务，为深化农村集体建设用地制度改革服务和发展农村经济服务。

第二节

经济发达地区农村宅基地的流转分析①

一、我国农村宅基地的性质及管理制度的演变

农村宅基地是指农村居民因生活居住建造房屋等所占用的土地，包括住房、辅助用房用地与房前屋后庭院用地等。农村宅基地与城市土地具有不同的性质，属于农民集体所有。农村宅基地的产生是我国城乡二元结构的产物，是国家为保护农民利益和基本的生活居住权利而实施的一种特殊制度安排。1998年国务院《中华人民共和国土地管理法实施条例》（以下简称《土地管理法实施条例》）规定，每一农户可以申请划拨到一块宅基地，对申请到的宅基地无偿、无限期使用。

我国对农村宅基地的管理经历了一个不断的演变过程。早在新中国成立以前，实行土地私有制，农民是以自有地、买地或者租地进行个人建房。建国初期，因经济和社会发展水平所限，农村个人建房数量不多，主要是原址翻建或利用杂地建房，一般没有审批手续。在新中国成立后很长历史时期，我国农村宅基地与房屋都是农民私有。1955—1958 年，农业社会主义改造和人民公社化初期，农民土地等主要生产资料入了社，宅基地和房屋作为生活资料仍然归农民所有。1956 年 6 月全国人大一届三次会议通过的《高级农业生产合作社示范章程》规定："入社的农民必须把私有的土地和耕畜、大型农

① 本节内容选自农业部软科学课题"发达地区农村宅基地流转问题研究"（课题编号：Z200615），课题主持人：秦中春。

具等主要生产资料转为合作社集体所有”；同时规定：“社员原有的坟地和房屋地基不必入社。社员新建房屋需用的地基和无坟地社员需用的坟地，由合作社统筹解决”。还规定“社员有退社的自由”，退社时可以带走土地。人民公社初期实行了高度集中统一的集体制，取消了农民退社的自由，但对农民的住宅，《关于人民公社若干问题的决议》认为是生活资料，宣布永远归社员所有。

1959年起，国家遭遇了三年暂时经济困难，此时的宅基地连同自留地一起，成了农民的保命园。在大拨轰、大锅饭、无效率的集体生产条件下，这两块归农民自己支配的园子，其效率大大超过了它的面积。“怎么让农民像种自留地、宅基地那样种集体的地?”于是，包产到户的呼声大起来。针对这种情况，毛泽东在1962年中共八届十中全会上提出“千万不要忘记阶级斗争”，要反对单干风。就是在这样的背景下，全会通过的《人民公社工作条例修正草案》（简称《六十条》）第一次写上了宅基地“归生产队所有”，“不准出租和买卖”，同时继续承认房屋归农民私有，可以出租和买卖。这件事引起了农民的抵触和误解，于是1963年3月20日“中共中央关于各地对社员宅基地问题作一些补充规定的通知”，讲了四条：（1）社员的宅基地，包括有建筑物和没有建筑物的，都归生产队集体所有，一律不准出租和买卖。但仍旧归各户长期使用，长期不变。生产队应保护社员的使用权，不能想收就收，想调剂就调剂。（2）宅基地上的附着物，如房屋、树木、厂棚、猪圈、厕所等永远归社员所有。社员有买卖或者租赁房屋的权利。房屋出卖以后，宅基地的使用权即随之转移给新房主，但宅基地所有权仍归生产队所有。（3）社员需建新房又没有宅基地时，由本户申请，经社员大会讨论同意，由生产队统一规划，帮助解决。社员新建住宅占地无论是否耕地，一律不收地价。（4）社员不能借口修建房屋，随便扩大院墙，扩大宅基地来侵占集体耕地，已经扩大侵占的必须退出。

农村宅基地由农民私有变成集体所有以后，农民住宅就由房、地的所有者主体合一，演变到房、地所有者主体分离，房屋属农民、宅基地属集体，形成了“一宅两制”。虽然从1962年起，《人民公社工作条例修正草案》第一次宣布宅基地归生产队所有时，但也没有否定“社员有买卖或者租赁房屋的权利”。1963年中央关于宅基地补充规定的通知中又明确声明：“房屋出卖以后，宅基地的使用权即随之转移给新房主。”

改革开放以后，农民有了余钱，第一位的是修房或建房，宅基地的生活功能突出了。随着市场经济的发展和都市农业的兴起，宅基地和房屋的财产功能逐步显现，农家乐的文化色彩也把城里人吸引过来。建房热引起了用地的紧张和无序，一些地方乱占、滥用耕地严重。为了纠正错误倾向，规范建房秩序，1981年4月国务院发出制止农村建房侵占耕地的紧急通知。1982年2月国务院发布《村镇建房用地管理条例》。同年12月第一次把宅基地属于集体所有写进宪法。1986年中共中央、国务院发出“加强土地管理，禁止乱占耕地的通知”，决定成立国家土地管理局，同年6月《土地管理法》公布(1998年8月修订)。这些政策法规中，有关宅基地的具体规定主要是：农村村民一户只能拥有一处宅基地；申请宅基地要符合条件；面积要有限额（北京市规定，近郊及远郊人多地少乡村一户不超过0.25亩，其他地区不超过0.3亩，1982年以前划定的、多于规定标准的，按不超过0.4亩从宽认定，超过部分按建设规划逐步调整)；由于买卖房屋而转移宅基地使用权的，应按规定办理申请、审批手续；出卖、出租房屋的，不得再申请宅基地；社员迁居并拆除房屋后腾出的宅基地，由生产队收回，统一安排使用；不得在承包地和自留地上建房；建住宅应当使用原有的宅基地和村内空闲地，使用耕地的要报县政府批准等等。贯彻这些法律法规和政策，对于刹住乱占滥用耕地起了很好的作用。

1986年通过、1988年修订的《土地管理法》规定：“城镇、非农业户口建住宅，需要使用集体土地的，必须经县级人民政府批准，其用地面积不得超过省、自治区、直辖市规定的标准，并参照国家建设征用土地的标准支付补偿费和安置补偿费。”

到了1993年，“国务院办公厅关于加强土地转让管理严禁炒卖土地的通知”（国办发［1993］39号）提出：“农民的住宅不得向城市居民出售，也不得批准城市居民占用农民集体土地建宅，有关部门不得为违法建造和购买的住宅发放土地证和房产证。”

2004年10月，《国务院关于深化改革严格土地管理的决定》提出，“严禁城镇居民在农村购置宅基地”。国土资源部提出的《关于加强农村宅基地管理的意见》（同年11月），在这一“严禁”之后又加了一个“严禁”：“严禁为城镇居民在农村购买和违法建造的住宅发放土地使用证”。从此，这一管理制度一直延续至今。

二、经济发达地区农村宅基地流转的意义

农村宅基地具有生活和生产双重功能，属于农村非农建设用地性质。在我国土地资源十分有限、国家实行最严格的耕地保护政策形势下，农村宅基地的管理越来越具有特殊的重要意义。在经济发达地区，农村宅基地具有更为重要的经济价值。在城市产业集中、农民工进城的过程中，不仅形成了巨大的城市用地需求，而且对用地高成本承受力也不断增强，新增建设用地指标高价难求。这种建设用地的矛盾为盘活农村宅基地的资源和深入开发农村宅基地增值提供了机会。在国家可用土地资源十分有限、实行最严格耕地保护政策形势下，优化农村宅基地的利用越来越具有特殊的重要意义。

一是有利于满足城乡人口发展多元化、多方面的需求。各地城市的快速发展膨胀，涌进大量来自外省市的流动人口，在廉租屋等配套制度缺陷的情况下，农民房为流入城市的低收入

人群提供了栖息地。此外，很多市民则向往农村的景观、田园风光和生态吸引力，通过规范的途径进入乡村发展，也可以盘活目前很多闲置的农民宅基地资源，形成利益互补的格局。

二是有利于按照政策和规划引导，更好地集约使用土地。我国可利用的土地资源极为稀缺。目前农民宅基地闲置，该减的减不下来，新的还要继续占用，是对土地资源的极大浪费。应允许农村宅基地在符合规划和规范条件的前提下正常流转。可以设定一定的条件、时限和方式保障有序流转。

三是有利于发育城乡土地市场、规范流转行为。土地流转涉及面广、专业性强，如果不通过有效的市场机制，往往很难达成交易，即使达成交易也不利于保护农民的利益和社会公共利益，很难监管。建立城乡土地市场，前提就是要在法律政策上允许农村宅基地正常流转。

四是有利于在城市化快速推进的地区建立农民进城财富积累机制，探索从制度上援助农民从农村向城市转移和促进农民增收的途径。农民的财产不多，宅基地作为农民的财产，可提供给农民作为进步的阶梯。农民的房屋在自己不用的情况下，通过出租或买卖，可将闲置的固定资产转变成现金收入，收益可观。这种流转收益行为被称做“瓦片经济”。

三、典型地区农村宅基地流转

（一）北京郊区农村宅基地流转

1. 北京郊区宅基地流转的主要形式

北京市郊区农村宅基地流转主要有三种形式：一是国家征收宅基地。因开发区或者基础设施建设需要，征收农民宅基地而将农村部分居民搬迁，原宅基地改作他用。如京沈高速公路建设中，公路所经村庄部分农民必须搬迁；或因城市规划调整，城乡接合部的部分原宅基地被用做城市建设用地的也要征收。二是出租房屋。村民在依法取得的宅基地上建成房屋后，将房屋整体或部分出租，个人获得利益，在出租了房屋的同时也出租了宅基地的使用权。三是买卖房屋。郊区一些务工经商的农民逐步向城镇集聚，在取得一定的经济收入后在城市购买商品房而将原农村住宅连同宅基地出售给他人居住或用作经营场所。买卖后，通常还由买方出资修葺房屋甚至改造房屋结构，部分房屋的用途转变为商业用房。

2. 近郊和远郊宅基地流转的差异

（1）从流转活跃程度来看，北京市朝阳区等典型村庄较远郊更为活跃。从区域环境和周边经济发展水平看，在工业区、农场周边的村庄宅基地流转最为活跃。如北京市朝阳区的曹各庄村有一家北京著名的民营电缆厂，许多外来人口在此打工，全村常住人口 800 多人，而外来人口达到 1350 多人，超过了本村常住人口，大大活跃了当地的宅基地和房屋出租，几乎家家都有房间出租。旅游资源和自然景观丰富地带的宅基地流转也较为活跃，如北京市昌平区兴寿镇的上苑村，聚集了许多画家，在一定程度上推动了当地经济的发展。

（2）从流转方式来看，短期租赁行为主要集中在北京近郊，长期租赁和买卖房屋的行为主要发生在远郊且风光秀丽区域。

（3）从流转成交价来看，近郊农宅买卖价和租金明显高于远郊。

3. 北京郊区宅基地流转的主要根源

一是政府强制征收。近年来北京的城市扩张很快，同时国家基础设施建设或者根据城镇规划修建道路的，途经的村庄需要拆迁，农民宅基地被征收。这类宅基地流转是强制性的，由国家或建设单位给予补偿安置。二是市场需求旺盛。在北京城市的快速发展膨胀中，涌进大量来自外省市的流动人口，郊区城乡结合部地带的农民房成为流入城市的低收入人群的栖息地。三是经济利益驱动。农宅通过买卖或出租，可将闲置的固定资产转变成现金收入，收益可观。

（二）上海市金山区农民宅基地置换的试点

2004年，上海市政府在全市郊区划定了15个村作为宅基地置换试点。目前，首批15个宅基地置换试点单位已在9个试点区（县）正式启动，规划置换宅基地873公顷，预计置换后可节约土地475公顷。上海市宅基地置换政策有四项具体规定：一是试点地区以同一行政村为单位，在置换宅基地总量不变的前提下，通过集约用地和市场化运作方式，使农户原则上实现住房的无偿置换。二是对原宅基地进行复垦，使新建住房申请用地免缴耕地开垦费，不占农用地转用指标，并实现农用地规模经营。三是试行征地留用地等新的征地补偿安置方式，征地中预留部分建设用地，由试点村集体经济组织开发经营，给被征地农民以股份，使之获得长期收益。四是宅基地置换建房工程竣工后，建房用地实施征用和办理出让手续，最终让农民取得房地产权证，获得交易、买卖的权利。

1. 置换的基本做法

（1）坚持公开透明、规范运作，农民自愿置换。针对农民宅基地置换特点，严格按照"公平、公正、公开、公示"的要求开展各项工作。建立置换事项公示制度，接受农民监督，保证农民利益。在置换过程中，由于公平、公正、公开地开展各项工作，在实质性置换的万春村置换率达到了95%。一是对开展试点的政策、置换标准、现行动迁评估补偿标准、新房数量和房型等涉及农民利益的都予以公开。二是宅基地评估由专业评估公司承担，新房分配在广泛征询农民意见和建议的基础上，由村民代表大会表决"新房分配方案"，房号在公开场合抽签，基本没有发生矛盾。三是坚持公示制度，中签的房号当场公示；特殊照顾户、困难户的补偿补贴、宅基地建房年份公示后接受举报。

（2）坚持政府主导、市场运作、落实计划步骤。为了把试点工作落到实处，根据市试点办的意见和金山实际情况，选择全民企业“上海金山土地整理发展有限公司”，按企业模式经营开发金山区两个试点村宅落实农民宅基地置换的经营运作，实行资金封闭运作与专款专用，通过市场化运作，探索建立资金平衡机制。整个宅基地置换试点工作分为四个阶段实施，包括宣传、调查摸底、方案标准制订等准备工作；集中置换基地建设施工；置换入住；整理复垦等。

（3）坚持细致的调查摸底，落实方案、制定有关政策、标准。在调查摸底的基础上，按照市与区的有关精神，结合金山实际情况，按试点进程起草并逐步完善置换试点工作的具体实施政策、标准、方案。在落实设计方案时，即符合土地利用和农村居住点规划要求，又强调居住功能与观赏功能的一致性、超前性与均好性统一，专家意见与农民意愿相结合，体现现代建筑风貌、生态园林风貌，使农民更愿意置换。

（4）安排好集中小区物业管理。为了推进集中小区物业管理标准化管理，逐步提高农民集中居住生活意识，万春村集中基地的物业管理采取社会公开招投标的方式，由深圳和平物业公司中标接管小区管理。物价部门核定物业费为：多层0.58元/平方米、小高层1.06元/平方米。对农民前二年物业费按照0.15元/平方米收取，不足部分通过商业房租金和村镇予以补贴。

（5）宅基地置换后土地流转、集约化经营。万春村户均耕田面积4.6亩，人均耕地不到1.1亩，平均分包土地的格局使农民在有限的承包土地上增加收入的难度增大。万春村经过村民代表大会表决通过，全村土地实行自愿流转，实际每户农户都同意流转并已从2006年初开始，土地流转率100%。具体措施为：一是统一规划耕田和自留地种植区域位置。二是流转的土地首先由本村大农户和种田能手自报种植数量，签订合同；本村以外的由镇农技中心托管，签订协议。三是确定土地流转后，每亩每年补偿给农民250千克稻谷，以后按稻谷市场价调整。四是农民自留地经营方式，以1979年划分自留地时的人口，按户核定登记自留地面积，在规划确定的蔬菜种植区，按原自留地面积农民自行种植，村民应服从村委会规划，农民不愿种植自留地的可进行土地流转，按承包责任田土地流转标准给予补偿。

2. 试点遇到的问题

(1) 置换资金供求难以平衡。根据金山区地处远郊的特殊情况，仅通过将节余土地近期拍卖收入难以平衡宅基地置换资金投入；宅基地资金平衡的时间需要3—5年，而宅基地启动资金需要融资，按照目前银行的贷款条件，宅基地置换项目难以满足银行的贷款条件。

(2) 农民难以长期享受土地开发的增值收益。上海宅基地置换试点中，有的是政府主导，有的是集体和农民主导。在政府主导型的宅基地置换中，政府征收了集体土地，搞房地产开发、经济开发、基础设施建设、城市建设等。老百姓认为，过去有土地时，农民可以从土地种植中获得收益，尽管这种收益不高，但至少对生活有所保证，而且这种保证是永久性的。然而，土地被征收后，农民除了一次性的补偿，不享有土地开发的收益。将来他们的后代没有了土地，生活和社会保障怎么办？房子不能再拆小建大，没有工作也不能重新回到土地上种粮糊口。

(3) 补偿对象确定有待改善。补偿对象的确定方式存在两个问题：一是补偿安置对象依户口考虑。但有的试点存在着户口在农村人不在农村或人在农村户口不在农村的现象。就前一种现象而言，有些人早已在城市工作，但由于户籍制度的原因导致了户口不能转入城市，结果其户口一直留在农村。第二种情况更为普遍，农村学生考上了大学（一般是中专），户口转了出去，但毕业后找不到工作，后来就一直生活在农村。老百姓认为，这两种情况不灵活解决，有违公平，也不符合、不尊重现实。二是老年农民的补偿不能到位。儿女结婚后，老年农民随儿女生活，其儿女在建房时获得批准的面积中有老人的一份，但在宅基地置换时，有的儿女却不把老人计算在内，不给老人补偿金。

(4) 房屋评估建筑面积测算存在困难。农村住房建设实行先申请后建设的原则，建筑面积不能超过批准的标准，不许私自搭建。但是建筑面积的多少受各个阶段政策的影响，政策松的时候，可以多申请建筑面积；政策严的时候，同样情况就不能申请到同等面积。不同时期的农村建房政策的宽严不同，造成了农村“不同人口、同等面积；同样人口、不同面积”的状况，在评估时统一测算标准就会遇到问题。

(5) 被置换后农民的就业和社会保障问题未根本解决。根据现有规定，身份转换的农民（下称“农转居民”）分为两种，征地劳动力和征地养老人员。征地劳动力是指：男性年满16周岁不满55周岁、女性年满16周岁不满45周岁，具有从事正常生产劳动能力的劳动力。征地养老人员是指：男性年满55周岁，女性年满45周岁的养老人员。征地劳动力可享受两年内下岗待业的补助，提供三次就业的机会。但两年后怎么办？因为农转居民享受的是“镇保”，还不能享有城市居民的失业保险和最低生活保障。

四、经济发达地区农村宅基地流转管理的创新和问题

（一）政府更加主动地介入推动农村宅基地流转工作

1. 对农村宅基地及农村房屋情况进行调查、登记、确权和发证

按物权方式管理农村宅基地，全面调查登记农村宅基地的使用情况，是加强宅基地前瞻性管理的重要条件，也为下一步推进宅基地权益固化、量化，实行萎缩性管理打好基础。

2. 在土地征用过程中，改进一次性的土地补偿和安置补偿方法

在经济发达地区，对宅基地的征用往往与城中村的改造联系在一起，考虑城市化建设快速推进和推进城乡一体化发展的

需要，改进了一次性的土地补偿和安置补偿方法，探索创新流转方式。比如实行产权调换、货币综合补偿安置以及土地使用权入股等方式。此外，经济发达地区在城市扩张土地征用过程中，对土地的征用还普遍采用采用了实施村级发展留用地政策。这一政策的主要思路是以土地换保障、以村级留用地促发展。

3. 鼓励并建立专项资金引导农村宅基地整理，对农村村庄进行分类整治

经济发达地区农村宅基地整理的目标多种多样，包括推进城市化进程，推进新农村建设，改善农村居民生活居住环境，加强新农村基础设施建设等。为了保证农村宅基地整理的有序推进，基本上都采取了严格的项目管理方式进行监督和管理，规范项目运行。强化分类整治，通过对城中村、城边村、城郊村的分类指导，区分层面，分年实施，引导有条件的村庄进行宅基地整理，具体做法是突出了“三部曲”，即坚持抓好一个规划（以制定村庄整治建设规划为前提，按区域归类管理）；实施二类拆除（危房、严重影响道路交通和村庄形象的违章建筑）；开展三项整治（柴蓬基、粪缸基、空房基）。

4. 促进农民宅基地的财产权益在流转中得到保护

其主要措施是：一是强化政策保障。浙江省余姚市专门出台了《关于切实保障城市化进程中农民利益的若干意见》、《余姚市城市规划重点控制区集体所有土地征用房屋拆迁实施办法》等政策文件，对农民宅基地征用、房屋拆迁的利益保护进行了明确规定。允许被拆迁农户在安置标准面积内选择两套安置房。在实际操作中，被拆迁农户基本选择调产安置。如余姚市城东新区双河村改造后，平均每户拆迁户都获得了2—3套安置房。同时明确被拆迁人选择产权调换方式安置的，按规定办理国有土地使用权证和房屋所有权证，其在安置标准建筑面积内的部分免缴契税和本市事权范围内的行政事业性收费，安置房可直接上市交易。

二是强化培训保障。每年安排专项资金，通过多种途径积

极加强对失地农民的就业培训。

三是强化安置保障。积极实施预安置。对符合建房条件、住房困难的农户，在规划许可可建单家独院或联建房的条件下，允许预先安置到集中居住点建造房屋，其原旧房收归政府所有；规划不再建造单家独院或联建房的地区，政府预先建设安置公寓，允许符合建房条件的农户预先安置到公寓居住，其原旧房收归政府所有或在今后拆迁时折抵补偿。

四是强化社会保障。主要是抓好失地农民的社会保障体系建设。

5. 以宅基地流转为契机，推进配套改革，发展村级股份制经济

在市场经济条件下，宅基地作为土地资源，是村级集体经济的重要资产。经济发达地区在农村土地征用和城中村改造中，对条件成熟的村积极推进体制改革，对村集体经济进行股份制改革，集体资产在完成失地农民养老保障后，量化到人，成立股份制公司，年终进行股份分红。

（二）农村宅基地流转市场建设不断得到发展

1. 逐步探索建立符合国情的宅基地流转市场制度

通过不断推进宅基地权利固化工作，推进分类管理、货币化发展，建立农村宅基地基本流转基准。主要探索思路和路径有三种：一是在城市近郊农村的村镇，对农民的宅基地由政府进行收购，然后再无偿转化给农民，按经济适用房的方式转性。二是对村里宅基地量化到户，逐步转到按份共有，确立长期的使用权、固化，如果转了，下次就没有了，如果不转，归自己用。三是宅基地继续归集体所有，但使用权可以流转。

2. 规范推进宅基地置换和整理的管理原则

综合对经济发达地区的调查，主要是规范和强调了三个方面的条件和原则。一是经济实力原则。宅基地整理、置换试点所在镇、村的集体经济组织必须具有相当雄厚的经济实力。因

为无论是集中居住基地的建设、住房的置换、被置换户家庭人员中劳动对象的“镇保”、原宅基地的复垦整理，还是土地的规模化经营、给离土农民提供充分的就业机会等，都须要投入大量资金，推进宅基地整理只能在有经济实力的地区进行。二是农民自愿原则。宅基地置换不仅是农民居住空间的置换，还是农村土地制度的重大变革。宅基地置换的性质是土地使用权的流转并非征收，中央对土地使用权的流转有具体的要求和严格的规定，农民自愿是前提，并且还要经过一定程序的表决和批准。三是农民权益保障原则。在实现宅基地置换以后，在农民离开了对他们具有基本保障功能的土地以后，他们的生存和发展必须取得更加具体、切实可靠和优越的条件和保障。

（三）现行宅基地流转管理工作还存在很多难题

1. 监管难

由于现行法律限制农村宅基地使用权的流转，宅基地租赁和买卖交易大多存在暗箱操作的现象，具有无序性和随意性，政府对其依法监管存在难度。《土地管理法》规定，宅基地是农民的居住财产，无法入市。但因为涉及老百姓的切身利益，基层有关部门在执法中往往陷入两难境地，一方面严格执法可能会损害宅基地出让或出租人的既得利益，引发群众群体性上访，另一方面不严格执法又损害政府的威信，可能助长一些违规行为的产生，因而在管理中多采取“睁只眼闭只眼”的逃避主义办法。

2. 不规范的宅基地流转经常引发大量社会问题，造成村庄住宅布局混乱，环境脏、乱、差，损害公共利益

尤其是在城市郊区形成了一个个的城中村，恶性循环，难以治理。此外，大量宅基地流转私下进行，也扰乱了土地市场的正常秩序，造成集体资产利益流失、国家税收流失。同时，由于农民宅基地的自发流转行为和结果不受法律保护，当转让、出租行为发生后，双方一旦发生矛盾和纠纷，各执一词很

难处理。如果对簿公堂的话，法院只能依法判处此项交易不成立，从而不分谁对谁错。一味地维护本村居民（即宅基地使用者）的利益，在一定程度上损害了承租人或者是买方的利益，助长了村民在处理宅基地交易案件上的无理行为。

3. 宅基地整理在实践和管理上也存在不少问题

在实践方面，宅基地整理耗资巨大，资金筹措难，如果单靠县乡级财政只是杯水车薪，难有大的作为，主要还是要靠村级集体的经济支持。同时，社会力量参与还不够。虽然各地群众的参与意识得到了较大增强，但总体来看推进村庄整治建设，多数还是上层行为、政府行为，真正形成合力的不多。在管理方面，宅基地问题涉及农民根本利益，领导和群众都比较敏感，工作压力和风险比较大，工作难度大。

4. 正常有序地推进农民宅基地的置换、整理和空间布局优化工作难、成本高

由于缺乏相关的农村宅基地拆迁统一法规，现行的农村宅基地置换、整理工作也是一场博弈，主要依靠基层干部的力量、工作和经济补偿政策，农民的宅基地住房拆迁经常需要漫长的谈判，交易成本太高，过程过于复杂，利益矛盾难以平衡。一是在正常的公共工程建设在需要征地的时候拆迁很难顺利地进行，地方普遍反映一般都有20%—30%的拆迁户难以处理；二是对农民在宅基地上的乱搭乱建，因为法律规定不能强拆，政府部门对此也多处于无奈境地；三是对部分农户的不合理要求难以平衡，往往影响整个工作的进度和集体的利益，过度增加整理的成本；四是对个别农民因特殊情况合理利益需要保护的惠顾不够，造成有不公平因素存在。

五、促进农村宅基地健康有序流转的政策建议

（一）明晰农民土地财产权，加快建立宅基地有偿使用制度

要转变思路，改变农村宅基地无偿使用为有偿使用制度。

可建立以明确农户宅基地财产权为重点的管理新制度，同时研究拟定一些配套鼓励节约利用土地的措施、引入市场机制配置用地资源的新方法和鼓励提高现有建设用地效率的激励措施等。如在加强规划管理的基础上，鼓励“联户一地”，改变过去对农宅限制高度的做法，建造多层住宅，做到多户共同拥有一块宅基地。探索建立宅基地权利有偿退出激励机制，以经济手段鼓励农户自觉退出空置宅基地。逐步建立农村宅基地有条件空间置换制度，允许和引导农村个人建房有条件地跨村镇使用土地。

加强宅基地资源管理的法治建设，促进农村土地管理的法制化、规范化。要按照规范的程序，建立一套严格的确权、财产评估、登记和可追溯监管的制度，健全信息档案资料，提高专业化管理水平。一是要规范、简化和严格对农村宅基地的审批管理程序，完善现行管理法规，提高可执行力。在农村建房审批时，政府一定要依法办事，要使农民同样情况建同样面积的房屋。二是加强对于未批先建、少批多建等现象的整治。对面积超标的处理，应出台具体的处罚措施。对违法用地上的建筑物、构筑物应予拆除，退出多占的土地。对一时确实难以拆除的建筑物、构筑物或其他原因确实难以退出的超占土地，同时采取行政、法律和经济手段，比如按超占时间分级累计交纳宅基地使用费，促使其尽快退出土地，由村集体组织统一安排使用。三是改进政府资产评估行为。在评估农村房屋时，应从有利于保护被置换农民的权益出发，鼓励由被置换农民自己参与聘请评估公司，明确在农民不服评估结果时，可另行聘请其他评估公司重新评估。

（二）加强前瞻性管理，逐步建立健全农村土地使用权流转交易市场

短期内，要实施农村宅基地和住宅使用权的发证工作，在现行法律范围内，对于符合规划、合法取得的宅基地，由政府

土地、房产主管部门核发土地使用权证、房屋产权证，农户可以凭此权益证明按市场需求合法转让交易。由于宅基地获得带有福利性质，出于公平考虑，转让时集体对转让者可以收取一定的收益费用。发证过程中必须坚持每一农户只能获得一处宅基地权益证明的原则，并且一旦凭证转让就不得再申请宅基地。农民拥有两处以上的宅基地，如果宅基地长期闲置的，集体应当有权重新规划、调整，以保证土地资源的有效利用；集体如果因规划调整需要收回宅基地的，应当给予适当的补偿。

长期内，探索农村集体土地使用权的制度，消除集体土地市场配置的障碍，统一城乡土地市场，建立集体土地和国有土地“两种产权、一个市场”的制度，在集体建设用地和国家用地之间建起一座桥梁，逐步探索建立农村土地使用权市场，允许村级集体建设用地有条件入市和有秩序流转，促进农村土地资源的优化配置，促进农民的土地权益在经济上能够变现和增值。

（三）加强战略性管理，稳步推进土地整理工作并探索城乡移民

应做好“三个结合”，推进农村宅基地整理。一是结合土地利用总体规划，把农村宅基地减少同中心村镇建设用地增加相挂钩，盘活存量建设用地，推进农村宅基地要向中心村镇集中。二是结合村镇建设规划，科学合理地调整村镇建设规划布局，实现集约节约用地，防止盲目重复布点。三是结合新农村建设规划。按照“生产发展、生活宽裕，乡风文明，村容整洁，管理民主”的社会主义新农村标准，结合实际开展村庄整洁，既为新农村建设提供用地保障，又为新农村建设提供资金支撑。

深入推进农村宅基地整理工作，在快速城市化和工业化发展的经济发达地区，可以探索以宅基地整理指标为媒介推进城乡移民。具体思路是：规范宅基地整理产生的土地整理折抵

（流转）指标的形成和使用，完善宅基地整理折抵（流转）指标使用的权利和义务管理，推动宅基地的整理工作和推进农民宅基地权利的指标化和市场流转；在国家新批增城市用地指标时要解决农民的正式转移；在农民正式转移到城市定居后，其宅基地要收回并整理复耕；农民转换为市民，以宅基地流转指标为媒介，一次性为转移到城市的农民提供住房集中优惠安置、进入城市居民社会保障和公共服务等扶持。作为与城市化相对应的宅基地流转指标管理，要坚持明确到人、一次性使用的原则，建立一套严格的与居民个人身份和社会保障状况挂钩的管理制度，与全国统一的户籍管理体系挂钩监管。现行的户籍管理法规和制度也要进行配套改革，规范“农转非”、户口迁移等相关法律制度。

（四）加强综合性管理，通过探索农村宅基地置换逐步引导农民集中居住

农村宅基地置换是宅基地整理的基础。为了稳步推进宅基地的整理，在有条件的地方，政府在宅基地置换中为集体组织提供财政和信贷上的支持，如政府加大对农村基础设施的投资，提供项目贷款担保，制定信贷优惠政策等。要努力做到：一是各级政府按照财政预算，通过规划、政策的宣传，有计划、有重点地引导和鼓励那些有较好经济实力和发展潜力的农民集体，自愿积极地开展宅基地置换工作；二是充分利用政府的权威调动社会资源，设计制定出具有前瞻性地向农民倾斜的政策，在宅基地置换中给农民以政策和物质的支持；三是通过推动宅基地置换，达到盘活农村存量非农建设用地，促进农业规模集约经营，适应发展都市农业、生态农业的要求；四是通过试点让农民尝到甜头，以此来影响和带动其他农民加入到置换的行列中来，改善和提高农民的居住和生活水平。

确立农民和农民集体在宅基地置换中的主体地位，要让农民了解掌握国家有关法律法规和政策，尤其是对宅基地置换具

体政策的了解和理解。要进一步规范农村宅基地置换操作程序，置换方案应规范、公开、透明。

（五）加强规范性管理，建立健全农村宅基地流转收益合理分配的体制机制

土地收益分配应该坚持公平与效率原则。从公平出发，农民集体应享有土地所有者对土地的“剩余”收益权。从效率出发，政府在土地资源优化配置中发挥的行政作用，以及政府对基础设施的投入，使土地发生了增值，政府理应享有投资收益。在土地收益分配中，公平和效率何者优先，要视具体情况而定，并随社会经济的发展而变化。但无论何者优先，都要做到两者兼顾，既要有利于最大限度地保护农民权利，又要有利于促进经济社会的发展。就当前而言，为了充分贯彻宅基地置换的“市场主导”思想，充分保护农民和集体对土地的收益权，抑制政府借口“公共利益”征收征用宅基地，宅基地置换中土地所有权转移后的土地收益分配，应体现公平优先的原则。

农民和集体之间分配土地流转收益时，确定补偿对象不能简单处理。要改进收益补偿的制度安排，既要充分保证实施村民自治管理，履行民主管理程序，又要保护弱势群体利益，防止多数人剥夺少数人权益的情况发生。由于历史和法律问题的复杂性，定居城市的农村户籍农民原则上仍然被确定为补偿对象，因为其并没有享有与城市居民平等的待遇。定居农村的城市户籍的“市民”和从其他农村迁徙过来的农民，由于其在生活、生产等方面都是事实上的农民，因而其应该享有一定的置换利益，宅基地置换时在补偿安置等方面应该对其给予一定的考虑。老年农民的置换利益保障，关键要靠政府。政府应制定保障弱势群体分享收益的专门政策。

第三节

现行征地制度及其改革①

一、征地制度变迁的轨迹

土地制度是国家的基本制度之一，而征地制度又是土地制度中极其重要的内容。征地是指国家为了公共利益的需要依照法律规定对土地实行征收或征用，即对集体所有土地凭借国家强制力依法取得，然后由政府和法定机构进行开发和建设。通过土地征收，实现土地所有权由集体向国家的转移和农地向建设用地的转换。新中国成立后，我国建立和逐步完善了以公有制为基础的土地制度，随着时代背景的变化，征地制度也在不断地调整和完善。

党的十一届三中全会后，我国确立了以经济建设为中心的国家总体发展战略，用地需求急剧增加。1982 年颁布的《国家建设征用土地条例》规定："国家建设征用土地，凡符合本条例规定的，被征地社队的干部和群众应服从国家需要，不得阻挠和妨碍"，突出了征地的强制性。1986 年将此条例上升为法律，但制定的《土地管理法》对征地方面的许多条款未作修改。随着我国社会主义市场经济的发展，为了加强土地管理，切实保护耕地，1998 年对《土地管理法》进行了修订，其中对征地制度做了调整，主要是上收了征地的审批权、确定了征地批后"两公告一登记"制度、提高了补偿标准，在控

① 本节内容选自农业部软科学课题"沿海地区农村征地制度改革与农民权益保护研究"（课题编号：Z200529），课题主持人：李明月。

制征地、增加工作透明度和保护农民权益等方面都有较大改进，但整个征地制度仍带有明显的计划经济特征。

二、现行征地制度对农民合法权益的侵害

国外征地制度一般具备以下三个要件：（1）征地是政府的特有权力；（2）征地用于公共目的；（3）征地必须给予合理补偿。由于我国特殊的经济后发背景，为降低城市化、工业化成本，实行赶超战略，我国征地制度在某种程度上发生了变异：第一，宽范围性。把国家征地目的由公共利益需要扩大到了满足各种建设用地需要，无限扩大了征地范围。第二，低补偿性。征地强调了对农地所有者和使用者的补偿，但按原土地用途年产值的一定倍数而非市场价格进行补偿。第三，超强制性。理论上，征地权是国家对土地可以行使的最高权力，即使土地所有权人也无法凭借所有权与之对抗。在征地实施过程中，少数地方政府更是将强制性发挥得淋漓尽致，甚至不惜出动人民警察以保障被征土地顺利实现用途的转换。

与征地制度发生变异的三个特征相对应，现行征地制度的运行极大地侵害了农民的合法权益。

现行征地制度主要由《土地管理法》及《土地管理法实施条例》相关条款所确立。但仔细研究发现，这两个法律文件里都没有提到被征地的农民在征地过程中拥有哪些权利。这些法律关于征地程序的规定不可谓不详尽，但从建设项目的论证到征用农地方案的批准，整个过程始终没有农民的事情。即使农民有义务服从国家建设大局，法律也不可以否认在政府批准征地之前农民拥有拒绝中止承包合同的权利。农民的这一权力是《中华人民共和国农村土地承包法》第二章第二十条规定的：耕地的承包期为三十年，同时第二十五条规定国家机关及其工作人员不得利用职权干涉农村土地承包或者变更、解除承包合同，而且《中华人民共和国合同法》规定：合同的订立、履行、变更、终止、解除等等都必须当事人协商一致。

现行《土地管理法实施条例》也没有规定在征地方案形成和批准过程中作为合同当事人的农民在土地承包合同中止时要求补偿的权利，现行法律规定的征地补偿标准等是由单方面决定并“公告”的。当然，《土地管理法实施条例》也有一个征求农民意见的规定：“市、县人民政府土地行政主管部门根据经批准的征用土地方案，会同有关部门拟订征地补偿、安置方案，在被征用土地所在地的乡（镇）、村予以公告，听取被征用土地的农村集体经济组织和农民的意见。”但是，这个征求意见的行为被明确规定，在有权部门批准征地方案之后、在有关部门拟订了补偿安置方案之后，这种“民主作风”很容易流于形式。这种虚假的“民主”在《土地管理法实施条例》第二十五条又一次得到体现：“对补偿标准有争议的，由县级以上地方人民政府协调。”对“有争议的”征地问题要由作为征地方而且为强势一方的政府来“协调”，这种所谓协调，除了让农民闭嘴，还能有什么别的结果呢？所以，“协调不成的，由批准征用土地的人民政府裁决。征地补偿、安置争议不影响征用土地方案的实施。”既然补偿标准是政府有关部门单方面决定并公告出来的，有争议也只能是农民有不同意见，而为了不影响“国家建设”，为了体现征地的强制性，即使农民不满意，也不能“影响”征用土地方案的实施，这样的法律完全忽视了农民的权利。

既然法律都没有明确赋予农民权利，有强烈征地冲动的地方政府当然更不会主动来保护农民的利益。现行征地制度对农民合法财产权利的侵害和正当民主权力的漠视到了相当严重的程度，看似简单的征地问题已经由纯粹的经济问题衍变为经济、社会、政治上的复杂问题，也是中国当前突出的问题之一。在快速城市化、工业化过程中旺盛的土地需求、强调要保护农民合法利益双重背景下，1999 年征地制度改革被提上决策层的议事日程。

三、对现行征地制度改革的反思

从 1999 年起，国务院法制办公室、中央农村工作办公室、国土资源部等多个部门相继成立了征地制度改革课题组，为即将进行的征地制度改革进行理论准备和实践探索。以此为标志，新一轮征地制度改革拉开了帷幕。

（一）改革的路线之争

对于现行征地制度凸显出的种种问题，各有关部门和专家学者均有十分清醒的判断和高度一致的认识，但对于改革思路和具体操作模式，却存在渐进式的“治标”或激进式的“治本”两种大相径庭的观点：

第一种思路认为，现行征地制度框架仍然具有一定的合理性，当前的核心问题是对农民失去土地后的补偿不够，其他种种问题都是因此而衍生。因此，当前改革的重点是征地补偿标准的重新制定。这种思路以国土资源部的专家为代表，此为渐进式的“治标”改革方案。

第二种思路也认为，现行征地制度的核心问题是征地补偿，但认为这个问题是由于制度而造成的，改革如果仅仅停留在一定幅度的征地补偿提高上，改革将是不彻底的。一直以来，同是所有权，但农民集体土地所有权与国有土地所有权的待遇却截然不同。在这种制度范围内，根本谈不上补偿费的高低以及农民土地权利的保障。征地将农民集体土地转变为国有土地，是所有权发生转变的过程，仅用“补偿”的概念是说不通的。失地农民土地被征收时补偿不高的真正原因在于农民集体土地产权残缺，只有完善农地产权才能真正保护农民集体土地的财产权，因此改革的重点是农地产权制度建设。这种思路以国务院发展研究中心的一些专家为代表，此为激进式的“治本”改革方案。

在改革初期，两种改革思路激烈交锋。也许是国土资源部特定的部门主管地位而掌握了征地制度改革的话语权，更可能的是因为其主管地位而长期积累的对现行征地制度问题的深刻认识，加之渐进式的“治标”改革思路是在现有法律框架下进行改良，制度创新成本不高，改革的成本、代价也远比激进式改革思路要小，这种思路逐渐主导了征地制度改革。以国土资源部征地制度改革研究课题组制定的《征地制度改革总体试点方案》的出台为标志，宣告改革路线之争尘埃落定。在这个方案中，本轮征地制度改革的试点内容被界定为：规范征地权行使范围，界定“公共利益”内涵；依照市场经济规律确定征地补偿费用；依法确定受偿主体，按土地产权关系分配征地补偿费用；采用以社会保障为核心、以市场为导向的多种途径安置被征地农民；推行公开、公开、高效的征地程序；推行征地的行政管理、事务经办、纠纷仲裁相分离的新型管理体制。目前的现实改革也正是按照以上思路逐步展开。

从近期看，渐进式的“治标”改革方案确实能一定程度的保护农民利益，增加农民收入，缓解日益尖锐的征地矛盾。但是长远来看，不赋予农民真正的土地产权，其财产权被侵害将是不可避免的。因此，实施渐进式的“治标”改革方案，改革后的征地制度仍将潜伏着巨大的问题和风险，征地制度改革仍将是一个漫长而艰苦的过程。

（二）新一轮征地制度改革的轨迹

一项成功的自上而下的制度创新，一般要经过四个阶段：调研——试点——政策——法律。按照这种划分方法，新一轮征地制度改革已经进入第三阶段。

第一阶段，1999—2001 年。1999 年，国土资源部成立“征地制度改革研究”课题组，对各地征地情况进行调研。在广泛而深入调研的基础上，课题组针对征地的各个环节的问题，撰写了八个专题报告和一个总报告，为下一步改革实践奠定了坚实基础。

第二阶段，2001—2004 年。2001 年下半年，国土资源部在广东省佛山市召开了“征地制度改革试点座谈会”，提出了《征地制度改革总体试点方案》。这个带有官方色彩方案的出台，既为改革路线之争画上了句号，也意味着新一轮征地制度改革的实质性启动。在这次会议上，确定了在上海、南京、佛山等 9 个城市进行征地制度试点。2002 年 11 月，国土资源部在北京召开“完善征地制度调研暨改革试点工作座谈会”。在这次会议上，北京、沈阳、南宁等 10 个城市被确定为第二批全国征地制度改革试点城市。上述城市在被确定为改革试点城市后，都结合本城市的实际情况，制订了重点各异的试点方案，但大都没有脱离国土资源部改革方案框架，因此也都局限于在现有法律框架下进行改良式的改革。尽管如此，各地的试点实践仍然为全国范围的改革提供了很有价值的经验。

在提高征地补偿费方面，试点城市探索了三种模式：一是提高征地补偿实际年产值标准或倍数标准；二是制订征地区片价；三是建立协商机制，征地双方通过协商确定补偿费。在失地农民安置方面，试点城市也探索了三种比较成功的模式：将被征地农民直接纳入当地城镇职工的社会保障体系；为被征地农民购买医疗和养老保险；给被征地农民集体留一定数量的经济发展用地。此外，在改进征地程序方面，广州等城市也提供了不少具有借鉴、推广意义的经验。

第三阶段，2004 年至今。2004 年起，中共中央、国务院相继颁发文件，明确提出要进行征地制度改革，并提出征地制度改革的原则性指导意见。作为职能部门，国土资源部则将试点城市相对成熟、具有推广意义的经验上升到文件，颁发各省、自治区、直辖市遵照执行，征地制度改革在全国范围内展开。

（三）新一轮征地制度改革存在的三大问题

1. 改革没有一个明确的思路，甚至前后不一致目前，征地制度改革基本上都以国土资源部《征地制度改革试点方案》为框架进行。仔细分析这个方案，再对照后来的改革实践，当初看似明确的改革方案，在某些方面并不明确，个别方面甚至前后矛盾。

关于补偿费的分配改革。对农民集体和农民的失地补偿，实质上是一种产权补偿。即使在征地只是补偿而非价格的现实背景下，两者所得补偿与其产权损失相匹配这个基本原则仍然应当得到贯彻，因此，在目前农地产权对象、产权边界都尚未明晰的情况下，来研究征地补偿费的分配，肯定无法得到有理论价值的结论。

关于公益的界定。这是由我国目前有关征地的法律规定而引起的对政府征地权行使范围的探讨。从各试点城市的实践看，没有一个城市能够结合自己的实际给出一个概括式的定义或列举式的目录；即使地方能够从理论上把“公共利益”准确、严密地界定，地方到底有没有从法律上界定“公共利益”的权力？

最矛盾的要数征地价格了。目前关于征地价格的具体概念有征地区片价、征地区片综合地价两种说法。两者的计算方法相去甚远、内涵差异很大。“征地区片价”来源于国土资源部发布的《农用地估价规程》（TD/T 1006－2003）。该规程规定，征地区片价主要根据农用地利用条件和农用地对农民的社会保障水平确定，即征地价格主要由农用地质量价格和农用地的社会保障价格构成。而征地“区片综合地价”来源于国发28号文，随后国土资源部以国土资发〔2005〕144号文附件的形式，明确了征地区片综合地价的构成及其测算方法。在征地区片价的测算时，根据以土地换保障的思路，其价格构成中包括了社会保障因素；在后来的征地区片综合地价测算时，坚决摒弃这个思路，尽管在测算区片价格时应该而且必须考虑社会保障因素，但土地的社会保障功能已由当初价格测算时最重要的因素降格为众多价格影响因素之一。至此，所有试点城市关于征地补偿标准的改革努力都被遗弃，全国所有县（市）都必须统一按征地“区片综合地价”的测算方法来进行测算、公布、实施。

2. 政策不能及时响应实践，一些成功改革经验没有能得到高层认可而上升到政策

自国土资源部2005年发布第144号文件发出后，全国各地都在进行征地补偿改革，现实征地制度改革基本没有偏离当初的改革方向和改革框架，即现实改革完全按照当初的设想展开，某种意义上讲，这是一个好的现象。但是另一个危险的倾向也相伴而生：改革完全拘泥于当初设想的框架，对现实情况置若罔闻，对试点城市创造的很多已经经受了实践检验的成功经验没有及时响应而上升到政策层面，其中以留地安置最为典型。留地安置可能是目前试点城市在失地农民安置方面创造出的最为成功的操作方式。所谓留用地，其大致含义是指农民集体土地被征后，政府给集体留一定数量的农转用土地，以便农民集体发展经济。但对于留用地，各地叫法不一，留地方式也不一样：南宁市称为第三产业用地，按失去土地的农民的人口数进行留地。广州市称为经济发展用地，按征地面积的一定比例进行留地。按人口数量留地，消除了原农民集体之间的资源禀赋差异，而按比例留地，则承认、继承了原农民集体的资源禀赋差异，到底哪种操作方式更好、更科学？在目前实行按项目用地报批制度的背景下，农民集体留用地的报批程序到底应该怎样？农转用指标怎么解决？实践已经证明，实行留用地政策，确实能够较好地保证农民利益，也受到了地方政府的普遍欢迎。在征地制度改革中，恐怕再难找到像这种政府和农民一致叫好的改革方式了。但是到目前为止，中央政府层面还没有一个相关的政策对这些问题予以明确规定和规范，导致很多项目的留地不能及时兑现，进一步导致这种政府和农民双方接受程度都比较高的操作方式面临着难以为继的危险。

3. 自由协商征地补偿已经成为普遍现象

在这种情况下实行统一年产值标准和征地区片综合价征地补偿的可执行性令人怀疑。按照规定，制订出的统一年产值标准和征地区片综合价应接近于目前征地的“市场价格”，而且这个补偿标准是“前置性”的“一口价”，双方根本没有讨价还价的空间。在市场的触角已经延伸到社会生活的各个角落、市场经济意识已经深入人心的今天，仍然企图以行政命令规定征地补偿价格的方式来替代自由协商，实践中恐怕难以行得通。第一，各地制订的统一年产值标准和征地区片综合价可能会大大低于目前的土地市场价格。第二，自由协商征地补偿已经成为现实征地过程中的普遍现象。

第四节

与征地相关的失地农民补偿安置问题①

一、城镇化进程中与征地相关的失地现象

我国城镇化一直滞后于社会经济发展，直到 20 世纪末，城镇化进程开始加速，伴随着城市扩张，越来越多的农民被卷入到城市化浪潮中来。但是，基于我国城乡经济社会二元分割的事实，他们作为一个整体难以融入城市文明，从而聚集成了一个新的社会群体——失地农民。

我国已进入了城镇化加速发展的时期，预计在未来十余年，有近 2 亿名农民将实现身份的转变。而通过征地来实现城市扩张发展的模式已成为城市化进程的主要方式。按照目前城

① 本文选自农业部软科学课题“城市化进程中失地农民补偿安置研究”（课题编号：Z200419），课题主持人：郭晓鸣。

市化和基础设施建设的速度计算，我国今后每年建设用地需要250万亩至300万亩。如果按照城郊农民人均1亩耕地推算，就意味着每年大致又有250万—300万名农民失去土地。根据四川省联合调查组对全省“两无”农民情况的调查，截至2003年9月，全省人均耕地不足0.3亩的农户人数有316.6万人，占全省农业人口的4.7%；完全无耕地的农户人数141.4万人，占全省农业人口的2.1%。

与此同时，失地农民难以享受到城市扩张带来的利益。据国土资源部统计，1987年到2001年，全国非农建设占用耕地3300多万亩，近七成是政府用行政方式征地。在征地工作中，不尊重农民的知情权、补偿标准过低且不完全到位、不妥善安置失地农民等问题相当严重。特别是近几年来，大量出现的工业园区、开发区建设圈占了不少土地甚至是农民的耕地。其结果是，农民的土地被大量低价征用、高价出让，土地增值的收益绝大部分转化为经营城市、建设城市的资金，农民得不到土地增值带来的收益，并产生了大量失地农民。从实际情况看，改革开放23年（到2001年）中，国家通过土地征收从农民手中获得的利益超过2万亿元，产生了巨大的“土地剪刀差”。一项对5个城市255个失地农户的调查显示，2002年这些被征地的农户人均获得的补偿按照目前的物价水平，仅能维持2年半的基本生活。一些城镇失地农民超过城镇低保人口的20%，个别地区这一比重超过80%。

随着国有土地使用制度改革的深入，城镇非农建设用地已从行政划拨全面转向市场化的出让，土地出让价格大幅飚升，但向农民集体征用土地的补偿办法和补偿标准仍停留在行政划拨年代，土地出让的价格远远高于对农民的补偿。这是改革开放年代里出现的“以乡养城”的一种新形式，是政府筹集城镇建设资金的主要途径，也是当前农民利益流失最严重的一条渠道。我国的社会保障制度把农民排除在外，许多农民一旦失去土地便处于无土地、无工作、无保障的“三无”状态，由此引发的上访甚至极端事件已成为一个日益突出的社会问题。来自国土资源部提供的数字显示：2002 年上半年群众反映征地纠纷、违法占地问题，占信访接待部门受理总量的 73%；其中 40% 的上访人诉说的是征地纠纷问题，这里面又有 87% 反映的是征地补偿安置问题。据统计，在全国各地的土地上访案件中，有 70% 以上是因征地引发的，而且这种上访具有明显的群体性、组织性、对抗性和持久性。

城镇化进程中的农民失地现象已引起了党中央的高度重视。2003 年，党的十六届三中全会提出在征地制度上要保障农民权益，同时倡导建立统一的城乡劳动力市场。2004 年中央一号文件进一步强调要妥善安置失地农民，并为他们提供社会保障。要求各级政府要切实落实最严格的耕地保护制度，按照保障农民权益、控制征地规模的原则，严格遵守对非农占地的审批权限和审批程序，严格执行土地利用总体规划。要严格区分公益性用地和经营性用地，明确界定政府土地征用权和征用范围。完善土地征用程序和补偿机制，提高补偿标准，改进分配办法，妥善安置失地农民，并为他们提供社会保障。

各级政府也在具体政策措施上积极探索，寻找解决问题的适当方式，在加快城市化进程的同时促进城乡共同发展，消除传统的城乡二元结构，让更多的农民进城或转化为市民。这既是城市化顺利推进的重要保证，也是求解“三农”问题的一个切入点。

二、补偿：从货币补偿到社保安置

（一）货币补偿

1. 法定的补偿标准偏低

从现行《土地管理法》相关规定来看，在征地补偿方面，采取的是对被征用土地给予适当补偿，以被征地单位的农民生活水平不降低为原则；补偿标准是以产值的倍数为依据。《土地管理法》第四十七条规定，国家建设征用土地，按照被征用土地原用途进行补偿。征用耕地的补偿费用包括征地补偿费、安置补助费及地上附着物和青苗补偿费。其中，征地补偿费为该耕地被征前三年平均年产值的6—10倍；安置补助费按照需要安置的农业人口数计算，每人的补助标准是该耕地被征用前三年平均年产值的4—6倍。根据规定，土地补偿费和安置补助费的总和不得超过耕地被征用前三年平均产值的30倍，这意味着农民及其所在集体只能取得该土地不超过30年的农业收益。这种计算方法已受到越来越多的质疑。有研究者指出，这一规定与1986年《土地管理法》的规定相比，征地补偿的立法思路仍沿袭着计划经济的老办法，只是在数字上做文章，将标准适当调高了。以产值定补偿的方法未充分考虑市场因素，这种补偿既不是地租，更不是地价，仅仅是土地价值的部分补贴而已。土地不能交易，最终导致农地产权的拥有者在法律上没有资格作为土地交易的一方，无权参加讨价还价。

征地补偿费的数额是以土地的平均年产值的倍数计算，而其倍数的确定缺乏科学依据波动幅度过大，而且这一测算方法难以体现各地的经济发展水平和种植结构、耕作水平的差异，无法反映土地的区位价值。在征地过程中，基本都是套用国家标准进行征地补偿，按传统的粮食作物来测定前三年的农业产值，没有或较少顾及现在的城郊农业已不是传统意义上的农业，而是集生态农业、精品农业和休闲观光农业等为一体的现代都市型农业，土地的产出价值已不是普通的粮食或蔬菜价值可比的。因此，这样形成的土地征用价格当然不能反映被征耕地本身的产出价值，是偏低的价格。

从市场经济的角度来看，一个地区的基础地价从根本上讲是由区域经济条件决定的，任何土地交易价格的形成均受到区域经济条件的制约。但是，由于农地产值趋于一致，各地类的产值特别是耕地的产值与区域的经济条件没有明显的相关性，以此为基础测算的征地补偿标准就无法反映地区的地价差异。安置补偿费仅为耕地被征之前的三年平均产值的4—6倍，即使以每亩1200元的产值计算，也不过每人6000—7000元，这当然不足以自我安置。耕地补偿费的分配办法无法保证农民应得利益。农民反映补偿过低，难以接受。

2. 现有补偿不完全

征地补偿中的另一个问题是，征地补偿标准未包含土地的增值部分，因而这种补偿是不完全的。马克思的地租理论已经科学地阐明，级差地租可以分为级差地租Ⅰ和级差地租Ⅱ。级差地租Ⅰ形成的原因之一是土地位置的差异，级差地租Ⅱ产生的原因是在同一块土地上连续投资的劳动生产率的差异。级差地租Ⅰ应该归土地所有者所有，级差地租Ⅱ应当由土地所有者和征地者共同所有。而当今土地征用后之所以会产生增值，是由于土地的位置差异、国家规划和经济投资两部分造成的，增值部分当然就包括两种形式的级差地租。因此，在对增值部分的分配上应考虑被征地者的利益。

从我国当前的征地和用地实际情况来看，农地一经被征用，其用途的改变通常会导致地价的飙升。但是，在制定征地补偿标准时却没有考虑增值因素。根据现行《土地管理法》，政府每向农民集体征用一亩耕地，一般现金形式补偿费只有2万元左右，最高的也不超过3.6万元，有的基础设施建设如高速公路的补偿只有8000元，而政府在工业用地、商业用地出让时的价格高达每亩十几万元，甚至几十万元、几百万元。据中国土地勘测研究院统计，2002年，使用权出让的收入全国平均为每亩12.97万元，使用权转让流转的收入平均为每亩23.47万元，招标拍卖的收入平均为每亩35.67万元。对此，农民心态严重失衡，征地纠纷已成为当前农民上访最多的领域，尤其是在城镇边上的农村，大片土地被征用后，其补偿费根本不足以让“失地农民”在城镇创业和安居，成了影响社会稳定的一大隐患。

3. 征地补偿费分配机制不合理

根据《中华人民共和国土地管理法实施条例》：“土地补

偿费归农村集体经济组织所有；地上附着物及青苗补偿费归地上附着物及青苗的所有者所有。”地方性实施办法一般以此为准：对农村集体经济组织的土地被依法全部或部分征收，由征地单位安置的，土地补偿费、安置补助费由安置单位用于土地被征后人员的安置；对被部分征收，需要安置的人员由被征地单位安置的，土地补偿费支付给被征地单位，用于发展生产、就业和生活补助，其使用由村民会议或者村民代表会议决定，报乡（镇）人民政府批准后执行，安置补助费支付给被征地单位，由被征地单位管理和使用；地上附着物和青苗补偿费支付给地上附着物和青苗的所有者。这就意味着，农民个人所能明确获得的补偿费只是地上附着物和青苗补偿费，只占全部征地补偿费的5%—10%。据一项研究表明，在土地征用出让的利益中，农民只得其中的5%—10%，村级集体经济得25%—30%，60%—70%为政府及各部门所得。从成本价到出让价之间所生成的土地资本巨额增值收益，大部分被中间商或地方政府所获取。据有关资料显示，土地出让金与征地成本之间存在巨大的利益空间，土地增值收益占51%—93%。

因此，出台征地补偿分配条例，规范分配行为是当务之急。第一，严禁乡镇政府截留农民集体土地征用补偿费，将征地补偿款项一分不少地交到村级集体手中；第二，明确规定只有村级集体经济组织才具有处置征地补偿费的权力，一般不再将征地补偿款分配到村民小组，以防村民小组再次提留而又使用不当；第三，村集体经济组织必须通过民主决策程序分配征地补偿费；最后，鉴于目前实践中存在的村级分配处置方法混乱，部分失地农民不能享受征地权益的现象，农村基层政府有责任指导、协调、监督村集体的分配行为，保护失地农民中弱势群体的利益。

4. 征地安置程序不完善

现在的征地程序大体上可以分为申请和实施两个阶段。申请是按照土地利用规划向上级主管部门申报，履行审批程序。

申请批准之后即进入实施阶段，这个阶段可以概括为“两公告、一登记”，一是征地公告，农民及集体据此办理补偿登记。二是具体的补偿安置公告，听取群众及集体意见，然后由土地主管部门实施。根据《土地管理法实施条例》，对补偿安置有意见的，可由政府协调，协调不成的可由政府裁决，但“征地补偿、安置争议不影响征用土地方案的实施”。这种征地程序无法有效保护失地农民的合法权益，助长了一些地区简单粗暴对待失地农民的坏风气。首先，在征地之前，有关审批程序中并不包括对失地农民安置补偿方案可行性的论证。其次，在征地之后，缺乏解决安置补偿有关争议的机制。因为争议不影响“征用土地方案的实施”，所以不论具体情况如何，都可以在没有解决问题之前先剥夺农民。三是缺乏失地农民维权服务机构，没有一个固定的机构负责失地农民事务，失地农民解决争议的唯一途径就是上访。因此要通过建立科学的征地安置补偿工作程序，将保障农民合法权益纳入制度化轨道，做到征地之前让农民放心，征地之后让农民踏实，有了争议有渠道解决。

总的来看，货币安置存在以下几个问题：首先，货币安置是一种生活指向性安排，而非就业指向性安置。征地农民在得到土地使用权置换的生活安置费后，就被永久地推向了劳动力市场。在劳动力市场机制不健全、就业信息零碎失真、简单劳动力卖方竞争过度的情况下，缺乏非农产业工作技能的被征地农民能够找到就业岗位的不多。这给被征地农民留下了失业隐患。不少“农转非”人员不愿接受这种做法。其次，货币安置着重考虑了征地“农转非”人员眼前的生活安排，并没有与社会保障制度同步衔接。“农转非”人员对涉及自身社会保障方面的问题，只能完全靠自己的力量去解决。在重新就业尚无把握的前景面前，“农转非”人员极易对未来的生活产生忧虑，从而制造潜在的社会不稳定因素。

（二）社会保险：以土地换保障

基于单纯货币补偿的局限性，最近几年来，各地政府都在探索不同的社会保险政策和措施，建立和完善的社会保障制度。社会保险安置不再向被征地村集体和农民个人支付土地补偿和安置费用，而是核定农转非人员，将费用列入劳动和社会保障部门设立的“安置费”专户，由劳动和社会保障部门与被征地对象签订安置协议，对符合缴纳社会养老保险统筹费条件的被征地人员，为其设立社会保险个人账户，达到退休年龄的，按月发放养老金。在目前政策条件下，将失地农民纳入城镇社会保障系统，虽然增加了社会保障负担，但是有利于解决失地农民的后顾之忧，促进城乡一体化的顺利实施，长远来看是值得的。我国经济较发达、人地关系较紧张的省市已做了大量工作，取得了一些经验和教训，这体现了一种大的趋势。

（三）留地安置

留地安置是指在征地时为了使失地农民的生产、生活有长远稳定的保障，在规划确定的建设用地范围内安排一定面积的建设用地，支持被征地的农村集体经济组织和村民从事生产经营的安置方式，是货币安置的一种重要的补充形式。这种安置方式将农民置换土地使用权获得的安置费通过开发性项目的投资转化为生产性的物质资本，使征地“农转非”人员通过与生产性物质资本结合实现再就业。

留地安置产生的背景是因为传统的补偿标准过低，无法实现原土地所承载的农民生存保障功能，同时，失地农民向“非农”转业困难。另一方面，以市价补偿增加了地方政府的财政困难，减缓了城市化进程，因此政府也愿意适当地采用这种安置方式。鉴于集体经济组织承担着许多公共性社会经济职能，因此，在征地过程中划出或置换部分土地、资产，由集体经济组织按照城市规划要求，兴办第二、第三产业，发展集体经济，解决失地农民的就业和生活问题，并为以后农村社区向城镇社区过渡创造条件。

留地安置能促进村集体经济的发展，是符合现行法规的。按征地补偿办法，每一个已大量征地的行政村，都可获得一笔可观的土地补偿费。按照政策征地单位补偿给村里的土地补偿费只能归集体经济所有，用于发展集体经济的启动金，不能分发给个人。为了保证这笔费用的保值增值，从而改善农民的福利待遇，缓冲失地给农民带来的困难，就需要寻找有利的投资场所，建设标准厂房出租或者投资办厂成为当前安全可靠的主要选择，而这种方式需要一定的土地。为此，国家政策规定，根据征地总面积大小，被征地单位可以留用6%—10%的土地，利用土地补偿费作为发展基金，逐步壮大集体经济，实现村级经济的可持续发展，从而不仅有利于失地农民的就业，还可以提高农民的福利待遇。

但是，目前的村级经济发展留用地政策并不完善，在实践中并没有明确的政策来规范如何使用，各地的做法也都不一样。由于留地安置的适用范围有存在一定的局限性，不同经济发展地区或地段，土地价值相差很大，且易产生“城中村”，加剧旧城改造成本，这使得该政策并没有得到很好的执行。

实践表明，通过“留地安置”制度发展村集体经济组织，可以成为解决失地农民就业问题的一个重要途径。应鼓励失地农民和村集体严格按照城市规划发展第二、第三产业，并在工商、税务、信贷等方面提供方便和优惠。此外，还可借鉴股份合作制的经验，将征收的村集体土地收益以股金方式分配给村民，通过动员村民自愿入股再筹措部分资金，建立股份制合作经济组织。还可以通过在外建立特色农产品生产基地，在内发展第二、第三产业，安置人员就业，解决农民失地又失业问题，将集体经济组织的收益与每个村民（股民）紧密地连在一起。

三、就业：从招工安置到引导型就业

（一）招工安置

招工安置是指地方政府或用地单位依据征地数量有比例地安排“农转非”人员就业。这是从计划经济体制时期存延的一种老办法，现时期实施起来困难加大。随着国有企业和集体企业改革的不断深化，原有的计划用工方式逐渐为市场主导的就业形式所替代，国家已经不再包揽“农转非”的就业问题，地方政府对失地农民就业安置的渠道也越来越少，采取货币化安置成为各地普遍的选择。这使得传统的招工安置成效甚微，具体表现在：首先，征地“农转非”人员的文化素质和技能不能满足用地单位的要求。其次，用工单位的市场化改革与招工安置在制度安排上存在矛盾。再次，基础设施项目无法提供就业岗位。在城市扩张中，征地中的基础设施用地份额较大，这些用地几乎不能提供就业岗位，也就无法通过直接的建设项目实现征地“农转非”人员的招工安置。此外，失地农民的就业观念落后也是一个重要的原因。征地“农转非”人员择业期望与用地单位为之提供的就业岗位还存在明显距离。

虽然各地政府在征地安置办法中，都提到了对劳动力可实行单位安置的办法，但是，在实际操作中，极少数的单位安置名额对大量失地农民的就业需求来说是杯水车薪。对年龄较大的劳动力（男性年龄50—60岁，女性年龄40—50岁）来说，更是被排除在招工安置的考虑范围外。其结果是失地农民一时找不工作，产生不稳定的社会因素。据调查，四川省成都市近郊五城区（含高新区）近三年的“农转非”人员，有60%处于失业和隐性失业状态；青羊区苏坡乡，近三年“农转非”8000余人，有70%失业，30%靠租房和打工维持生活，部分划归办事处管辖的，只能吃低保。这说明仅靠传统的招工安置难以解决集中出现的失地农民的就业问题。

（二）再就业的培训成本

对于失地农民来说，他们失去了土地也就相应地失去了在土地上获得就业的机会。因此，他们需要在城市非农部门获得相应的就业机会，以保障自己未来的生计。一个失地农民要在城市非农部门获得和市民平等的就业机会和收入水平，就应达到市民的平均文化素质及工作技能水平。由于失地农民文化素质相对较低，要使他们适应城市化和工业化进程中产生的就业岗位，必须对他们进行相应的转岗培训，以提高他们的文化素质。这个职业培训成本就是失地农民的转岗培训费用，可参考如下公式计算：

$$F = (Ec - Ep)(Fd + Fi)$$

式中，F 表示失地农民转岗就业培训费用；Ec 和 Ep 分别表示市民和失地农民的平均受教育年限；Fd 表示失地农民转岗就业培训的直接费用，即缴纳的学杂费等；Fi 表示失地农民转岗就业培训的年间接费用，即培训期间损失的预期工资收入。目前，一个城市劳动力的平均受教育年限是 12.2 年，一个农村劳动力的平均受教育年限是 7.7 年，两者差距为 4.5 年。也就是说，平均一个失地农民大约需要再接受 4.5 年的教育培训，其劳动就业能力方可以等同于一个城市劳动者。这 4.5 年的教育培训费用包括直接的支出和间接的支出。直接的支出包括缴纳的学费、材料费用等；间接支出则是因为学习而减少的工资收入，也就是 4.5 年的预期工资收入。但是，如果这 4.5 年的成本全部由国家和用地者承担补偿是不公平的。因为国家提供 9 年义务教育这一公共品后农民没有完全享用，其自身应该承担一定的责任。显然，我们可以将 Ep 至少定为 9 年，则算出（Ec – Ep）为 3.2 年，这一部分则显然应该由征地者和用地者来承担，从而构成征地补偿费的一部分。

（三）成都市的经验

作为我国西部的大城市，成都市面临着巨大农村劳动力培训和就业的压力。针对成都市自身的特点，2004 年，成都市委、市政府出台了《关于加强我市农村劳动力培训和就业工作的意见》以及相关配套措施，明确了农村劳动力培训和就业的总体思路和目标任务。在失地农民的再就业工作安排上，实行“劳动者自主择业、市场调节就业、政府促进就业”的原则。根据规定，成都市失地无业农民将享受与城镇下岗失业职工相同的再就业扶持政策，并且凭本人向所在区县就业服务机构申领的《成都市失地无业农民再就业证》享受这些优惠政策。凭证享受的再就业扶持政策包括：免费参加就业技能培训；免费接受职业介绍；从事个体经营（国家限制的行业除外）的，三年内免缴登记类、证照类和管理类的各项行政事业收费；享有由政府提供的再就业小额贷款扶持；招收持有“成都市失地无业农民再就业证”人员的用人单位，享受国家对城镇下岗失业人员的补贴优惠政策。

成都市五城区按照“政府统筹、部门协作、社会参与”的思路，把对失地失业农民的技能培训作为促进其再就业的突破口，采取财政补助、社会筹资相结合的办法，筹措了 400 万元用于构建区、乡、村三级培训网络，以区党校和职工学校、乡职业教育中心和农技推广中心、村成人技校为载体，组建农村劳动力职业培训基地。企业也可以给各培训点下“订单”，为自己培养所需人才。

成都市各区县在就业培训上加大财政资金投入，发放了农村劳动力免费培训卡，强化就业培训，重点突出，分步实施，多形式、多渠道地开展培训。对有劳动能力且有就业愿望的失地农民至少免费推荐就业两次。有劳动能力和就业愿望但就业困难的男性 50 周岁、女性 40 周岁以上失地农民（以下简称大龄就业困难对象）是再就业援助的主要对象。由政府投资和社区开发的公益性岗位、机关事业单位的后勤岗位要优先安排给大龄就业困难对象。对享受最低生活保障并且失业1年以上的失地农民免费发放再就业优惠证，对吸纳持证人员达到要求的，辖区内用人单位在2005年年底前享受以下各项再就业扶持政策：包括税收优惠、行政事业性收费减免、小额担保贷款、社会保险补贴、现金补助、职业培训补贴和职业介绍补贴。

成都市近郊各区、乡把通过腾岗、买岗等形式增加的物管、保洁、治保、巡逻、守车、厨工等岗位无歧视地向失地失业农民开放，相继为4000多人解决了就业。除了区、乡的工作外，市郊各行政村还成立了失地农民再就业服务中心，坚持按需培训、注重实效的原则，以市场需求为导向，以提高就业能力为根本，积极开展岗前培训。中心制定了个性化订单式培训计划，根据失地农民的不同年龄和不同学历状况，聘请师资有针对性地开展实用技术培训、职业证书培训、社区服务技能培训、家政服务技能培训等，提高失地农民技能，增强其谋生能力。

但是，目前的政策在执行过程中也发现了一些问题，还有待进一步解决。首先，现在的培训是通过社会办学机构，而社会办学机构在资格、设备、实践基地上与专业学校相比都有明显的差距，更不能大批量地完成培训工作目标任务。而现有的专业学校在培训经费价格上都不能承受。其次是培训经费与就业后社会保险补贴等政府难以承担。据初步测算，未来五年对5万名农村劳动力的培训经费高达4500多万元，而社会保险补贴和其他补贴现还无法准确计算，仅靠区财政解决困难很大，能否承受还是一个问题。

四、住房：从货币安置到集中居住安置和中心村建设

（一）住房安置政策

土地补偿、安置补偿和社会保险安置都涉及失地农民长远

的生计问题，也最容易产生矛盾。相对来说，住房安置比较好操作一些，但也有不少具体的问题需要解决，这也是一个政策导向的过程。从成都市的经验来看，就是从货币安置到集中居住安置。在安置办法中尽量采用相对统一的标准。根据成都市2000年制定的《成都市征地补偿安置办法》中对住房安置的规定，持有《农村房屋宅基地使用证》的被拆除房屋的农转非人员按每人35平方米建筑面积进行住房安置；住房安置方式实行货币化安置，有条件的可以实行现（建）房安置。

总的来看，虽然政策上鼓励货币安置，但是在实际操作中仍然难度很大。首先是农民自建房或重新购买商品房的成本远远高于拆迁房得到的补偿，在大城市的房地产大盘开发热潮中，失地农民难以找到安身之地。其次，如果失地农民因无法进入较为正规的房地产开发区，而只能找到一些临时性简易住所，他们又面临着二次拆迁的风险，从而无法安定下来，成为社会稳定的隐患。另一个因素是货币安置的共同困境，即农民的理财能力和经验很可能导致坐吃山空，而无法达到住房安置的目的，最终还是要找政府来解决。基于这些原因，地方政府在解决失地农民住房安置问题，最终还是倾向于采用集中规划，集中修建农民新居的办法。

（二）农民新居建设

从广东省的经验来看，如果住房安置没有得到很好的规划，容易造成“城中村”的现象。近年来，成都市在失地农民安置方面的一项措施是采用建设“农民新居”的方式，目的是为了合理使用土地，有效解决失地农民的安居问题，将一部分被征地的农民和农民拆迁户集中在一起，建立一个近郊民居集中点。“农民新居”直接由当地政府规划，把城市化进程中的失地农民集中起来安置，充分体现了聚居特性。“新居”工程采取统一规划设计、统一选址的方式，集中修建，并积极向空中发展，用较少的地理空间积聚更多的农户。比如成都市金牛乡“近郊民居”总规划用地为31.96公顷，可解决临近各村2000多农户共6500多人的住房问题，人均居住用地仅48.9平方米，比旧居实际人均居住用地109.8平方米（含林地）少了60.9平方米，共节约住房用地597亩。

如此大规模的集中居住点设计需要巨额资金，成都市金牛乡充分发挥调动各种社会力量，共同筹集资金，资金来源包括：农民因旧居拆迁而获得的居住安置补偿资金，农民在房屋置换过程中因面积大小补交的差价，上级政府支持的低息贷款，政府对基础设施建设的投入，村组集体经济收入，通过部分剩余房屋进入市场而实现的社会融资。金牛乡“近郊民居”有不同规格的多种套型，既满足了不同经济水平农民的需要，而且还可以把剩余房屋出售给当地企业职工或外来人员，筹集部分资金。

从住房安置看，将集体土地征为国有，以现代化城市小区为标准，在城乡结合部为农民建多层住宅，既可解决被征地农民的安居问题，又能靠出租多余房子增加收入，加快失地农民向市民过渡，是尽快解决被征地农民安置问题的有效途径。但是，集中安置也存在一定的问题。一是不少农房原有的生产性功能消失，失地农民的经济利益受损；二是大量同质性很强的失地农民集中居住在一个地方，容易造成就业的困难。

（三）中心村建设

当前我国城市化推进面临着双向突破的艰巨任务，一方面必须突破单纯建立农民居住区，将居住与就业割裂的现状，探索建设居住与创业融为一体的新的社区模式；另一方面，应克服“摊大饼”式的城市化模式。在拆迁安置过程中的中心村建设兼顾了货币安置和集中安置的利弊。

中心村的建设具有双重功能，一是可以妥善安置征地农民，二是通过中心村的建设和发展创造就业机会，解决失地农民的就业问题。因此，中心村既是失地农民的居住区和创业区，又是城乡交融的新社区。各级政府要积极探索市场化运作方式对中心村进行日常管理。对公共场所的清扫保洁和广场绿地养护权向社会公开招投标，选择专业物业管理公司进行管理。政府的工作重点则放在管理和监督上，分工明确，各司其职，建立日常管理的长效运行机制。

结合中心村的建设，在政策允许、政府支持、程序合法、手续完全的前提下，将部分集体土地转变为商业用地，进行商业开发，修建商业铺面与专业市场，吸引本地农民进场进行商业经营，大量吸收本地农民从事第三产业，鼓励农民走自我就业、自立创业的道路。要试行农村集体建设用地使用权流转，并要在商业用地的指标上给予支持。通过农村集体建设用地使用权流转，允许以出让、转让、出租和抵押等形式进行农村集体建设用地使用权流转，符合条件的农村集体建设用地可以享有与城镇国有土地使用权同等的权益。同时，在用地指标上对中心村部分商业设施和仓储与物流中心给予支持，以此加快中心村的建设步伐。

五、政策建议

（一）建立合理的征地补偿和利益分享机制

目前，征地补偿是失地农民在城市化进程中能获得的最直接的经济效益，是他们最重要的生活来源，同时也是最容易引发征地矛盾的焦点。建立合理的征地补偿和利益分享机制，是解决失地农民问题的关键。为此应做好以下三点：

第一，逐步核准，提高征地补偿标准。土地征用补偿要充分考虑农村经济发展和农民收入增长的实际，更应该参考城市最低生活保障标准，将现行补偿标准提高。在统一征地中逐步推行土地“片区综合价”。坚持市场化方向，根据城市发展总体规划，按地段将城镇土地划分成若干区片，每一区片确定一个相对合理的基准地价，在统一征地时实行统一的补偿标准。

第二，商业性用地和公益性用地应该严格区分。一是对纯公益性项目用地（如无经济收益的城市道路、绿地等）仍由国家统征后拨付，但应提高征地补偿标准。二是对准公益性项目用地（如有收益的高速公路），除了提高征地补偿标准，还应建立合理的利益分享机制，允许集体经济组织代表农民同征地主体平等协商谈判，让农民分享所征土地的增值收益，避免土地被“买断式”征收。三是对开发性项目用地（如房地产开发等），引入谈判机制，允许集体土地逐步进入一级市场或一级半市场，让集体经济组织代表农民作为市场主体一方，直接参与市场交易。

第三，引入市场机制，促进土地合理定价，这是提高土地补偿的科学依据，也是建立完善土地补偿机制和社会保障机制，从根本上解决失地农民利益补偿问题的重要前提。

（二）强化农地征用的政策和法律支持

通过法制的轨道来解决农民征地过程中的相关问题应是一个基本方向。一是尽快出台完善相关的法律文件以便依法规范征地制度，使其健康发展。二是各级政府主管部门应该认真调查研究，总结征地制度改革中的各种模式，开展试点示范，宣传推广典型经验，逐步使征地走上规范化、法制化轨道。我国当前的农地征收制度改革可以分两步走。第一步，这是具有过渡性质的一步，即在现行法律框架下做出适当调整，严格区分公共目的征地和其他目的征地，并据此执行不同的土地征收补偿办法。第二步是着手修订现有法律有关征地条款，将征地严格限定在公共用途和符合公共利益的范围内；在城市规划控制下，允许集体土地直接进入土地市场；通过土地发展权和土地用途管制对城市规划控制区以外的农地用途转换加以限制；公共目的的征地补偿应充分考虑土地的市场价值、农民的生活安置、相邻土地的损害以及地上作物、建筑物、构筑物的损失，从根本上解决现行征地过程中法律条文和相关政策不一致的问题。

（三）深化农村土地制度改革

完善农村土地制度，是解决城市化过程中失地农民利益补偿问题的前提。在这个问题上存在着三种不同的观点：第一种观点认为，应将农村土地制度私有化，让农民拥有土地产权，从而合法地维护土地的产权利益和因转让而增值的利益；第二种观点认为，应该将农村土地国有化，使国家统一调配土地资源，统一分配占用土地的补偿权益；第三种观点主张坚持和完善农村土地制度。这种观点认为现有的农村基本土地制度是好的，问题是利益分配机制不完善。我们赞同第三种观点，既不赞成土地私有也不赞成公有。

当前土地要素流转机制缺失是我国农村土地制度存在的根本缺陷。应尽早实施土地使用权资本化，通过把农民使用土地所带来的潜在收益予以贴现，进入市场交易，从而建立起我国现有制度约束条件下的土地要素流转机制。它不仅能有效解决失地农民土地的补偿，同时还能促进土地的规模经营和集约经营，从而提高农业劳动生产率，加速农业现代化进程。

进一步完善农村土地制度可以从以下几个方面着手：一是要从法律上赋予农户物权性质的农用土地承包权，给农民稳定的和有保障的土地使用权，允许其自由转让、出租、抵押、入股、继承。二是要给农民私有和集体所有的房产颁发房产证，允许上市交易和抵押。三是要积极推进社区股份合作制，把村集体经济组织的资产量化为其成员的股份，明晰集体资产产权，促进集体资产保值和增值，特别是地处城郊区的村集体经济组织应普遍推行这一制度。在征地过程中，政府应给予村集体组织一定比例的非农建设用地，允许其自用或入市交易，增加集体经济收入，安置“失地农民”。

（四）促进失地农民培训与就业

对失地农民实行培训与就业优惠政策，可将失地农民与下岗职工合并管理，建立再就业培训机构，培训再就业技能，增强就业竞争力。政府应针对被征地的农转非人员制定专门的培训计划，并列出专门的培训经费和使用方法；积极鼓励用地企业就地招工；对失地农民从事个体经营、自谋职业的，要参照鼓励城镇失业人员再就业的政策在税收、工商等方面给予政策扶持，适当减免营业税、所得税、管理费等。同时要考虑建立专项扶持基金；对自办实业而资金有困难的失地农民，则提供专项小额贷款给予帮助扶持。此外，还应把对失地农民的培训同对城郊农村劳动力的培训结合起来，让潜在的失地农民先提高素质，逐步脱离对土地和农业的依赖。

（五）完善失地农民社会保障制度

在目前农村社保尚未立法，且社保制度建设基本是空白的情况下，必须尽快把失地农民纳入城镇社会保障体系，实现与城镇社保的对接。城镇养老、医疗、低保应扩大覆盖面，首先覆盖失地农民，特别是对于过去补偿过低的失地农民，应当首先解决其养老保障、基本医疗保障问题。在其符合最低生活保障标准的情况下，按照当地城镇居民的标准领取最低生活保障金。通过立法强制性将征地费首先用于支付被安置人员保险费用。将失地农民纳入社会统筹保险范畴，参加养老保险、医疗保险、失业保险，按年龄段分别投保。农村居民基本养老保障制度可实行“低水平、有弹性、广覆盖”三原则，即实际缴费基数、缴费比例和缴费年限以当地基本生活需求标准为宜。在基本保险的基础上采用“个人账户”的方式，多缴多得，确保在农村中各类人员均可参保，尤其是纯农民也能得到基本养老保障。

建立多元化的社会保险费用筹集机制。政府应规范明确征地主体无论是进行何种用途的土地征收，均应在土地收益中留出一块作为农民失地后的社会保障资金，并专户储存，由专门机构管理。同时，按失地农民的实际社会安置成本，由国家和地方政府按一定比例分别切出一块，支持建立失地农民的社会保险制度。鉴于目前农民理财能力差和货币化安置存在一些弊端，应引导农民在土地补偿中拿出部分资金，建立基本医疗和养老保险。

第四章

农村金融改革

第一节 我国农村金融市场的现状[①]

一、我国农村金融市场供给状况

当前，我国农村金融市场的供给主体形成了正规金融机构和非正规金融组织并存的基本格局。正规农村金融包括农村商业性金融、农村政策性金融以及农村合作金融，具体的供给主体和机构包括农村信用合作社、中国农业银行、中国农业发展

① 本节选自农业部软科学课题“农村金融市场供给与需求问题实证研究”（课题编号：200727－1），课题主持人：柳松。

银行、中国邮政储蓄银行等。非正规金融组织，指在改革过程中自然发育和成长的民间借贷组织，通常建立在人缘、地缘和血缘关系基础之上，主要包括亲友之间的自由借贷、民间私人信贷组织以及合会、标会、轮会、抬会等。

（一）农村金融市场正规金融机构的供给现状

1. 农村存贷类金融产品供给状况

近些年，中国农业银行逐步走向商业化经营，出于利润最大化的经营原则，其市场定位和经营策略也发生了变化，其资金投放已从以农业为主转为与工商业并举，将市场重点转向大中城市。目前中国农业银行业务经营范围与其他商业银行基本无异，并且在农村地区撤并机构，减少基层网点，缩小业务范围，信贷权限高度集中，部分地区的中国农业银行机构甚至取消了基层网点的信贷审批权，将其工作重点转到了存款、清收和中间业务方面。中国农业银行支农贷款逐年减少，截至2005年年末，中国农业银行各项贷款余额为28292.91亿元，农业类贷款余额为4508.78亿元，农业贷款所占比重仅为15.94%左右，并且主要是向农村大型基础设施、国债配套资金、生态建设等大型项目以及农业龙头企业发放贷款，对农户和农村中小企业的贷款业务处于极度萎缩状态。

中国农业发展银行作为政策性金融机构，其成立的目的是为了弥补市场机制对社会资金配置及对实现国家总体经济发展战略和落实国家产业政策的不足和缺陷，其经营方式既不同于财政的无偿拨付，又不同于商业银行的追逐盈利。其“独立核算、自主保本经营、企业化管理”的经营方针与其政策性银行本质之间的矛盾，使得中国农业发展银行举步维艰，只有通过逐步缩小支农服务范围来减少亏损数额。截至2005年年末，中国农业发展银行开办的贷款业务有棉花良种、商品棉预收、棉花企业技改贷款，粮油及化肥、地方糖、地方肉储备贷款，而急需政策扶持的农业开发、农业技术进步及农村基础设施建设却得不到应有的政策金融支持。截至2005年年末，各项贷款余额为7870.73亿元，2005年全年累计发放粮棉油收购、调销、储备贷款为3423.7亿元，其中发放粮油产业化龙头企业和加工企业贷款187.3亿元，仅占粮棉油信贷业务的5.47%。

农村合作金融机构，包括农村信用合作社、农村合作银行及农村商业银行，几乎成为唯一在农村为农户提供借贷服务的正规金融部门，其中农村合作银行及农村商业银行在全国数量较少，仍处于初始发展阶段，业务量较小。截至2005年年末，全国共有24596家农村信用合作社、58家农村合作银行、12家农村商业银行。2005年年末，全国农村合作金融机构，各项存款余额32626.31亿元，占金融机构（不含外资金融机构，下同）存款总量的10.94%，各项贷款余额为22008.1亿元，占金融机构贷款总量的10.83%。农村合作金融机构存贷款差额逐年扩大，在2005年年末存贷差达到了10618.21亿元，2005年年末农村合作金融机构的农业贷款余额为10071.16亿元，仅占其各项贷款余额的45.76%。2005年年末农村合作金融机构的农业贷款余额占全部金融机构农业贷款余额的87.7%（农业贷款主要由农村合作金融机构提供），其中农户贷款7983亿元，支持了7000多万农户，占全国2.2亿农户的32%左右，农户贷款占农业贷款余额的79.3%。由此可见乡镇企业获得贷款的比例较小。

邮政储蓄作为一个只存不贷的金融机构，其在农村市场上吸收的存款转存中央银行，分享利差收益。中央银行将邮政储蓄的转存款一部分用于购买国债，一部分通过国有商业银行发放贷款，而国有银行的贷款又大部分贷放给了国有企业。虽然近几年中国人民银行每年以再贷款的形式从邮政储蓄转存款中拿出一部分资金用于农村信用社支农，但相对于从农村地区抽走的庞大资金而言，此部分返还无异于杯水车薪。邮政储蓄在农村生产资金紧张的情况下，成为农村资金外流的一个重要渠道。截至2005年年末，全国邮政储蓄机构共有营业网点

35043 个，其中农村网点 20674 个，邮政储蓄存款余额达 13598.98 亿元，其中农村存款余额为 4861.92 亿元。2007 年年初，中国邮政储蓄银行正式成立。改革后的中国邮政储蓄银行面向“三农”开展金融服务，其在农村吸收的资金可以通过开办农户及农村经济组织贷款等方式回流农村，并将与农村信用社开展业务竞争，促进竞争性农村金融体系的建设，为“三农”提供更优质的金融服务。

总之，我国农村金融市场上的上述供给主体对农村信贷产品的供给严重不足。从表 4－1 可以看出，1999—2006 年我国农业贷款占贷款总额的比重为 4.9%—5.9%，而农业总产值占我国 GDP 的比重平均为 14.84%，对农业的投入与农业对我国经济发展所发挥的作用是极不相称的。以农户储蓄存款和农业存款反映金融部门从农村筹集的资金，以农业贷款和乡镇企业贷款反映金融部门向农村地区注入的资金，我国农村存贷类金融产品在资金总量上呈现出以下特点：第一，农村存贷款资金的绝对量在增长；第二，农村存贷款资金占全国存贷款资金的比重呈下降趋势。

表 4－1　我国农业信贷规模及农业总产值占 GDP 的比重　单位：亿元,%

年份	贷款规模	农业贷款	比重	农业总产值	GDP	比重
1999	93734	4792.4	5.1	14472.0	82067.5	17.6
2000	99371	4889.0	4.9	14628.2	89442.2	16.4
2001	112314	5711.5	5.0	14609.9	95933.3	15.2
2002	131293	6884.6	5.2	16117.3	105172.3	15.3
2003	158996	8411.4	5.3	17092.1	117251.9	14.6
2004	178198	9843.1	5.5	20768.1	136875.9	15.2
2005	194690.4	11529.9	5.9	23070.4	183084.8	12.6
2006	225347.2	13208.2	5.9	24700.0	209407.0	11.8

资料来源：1999—2004 年的资料来源于《中国金融统计年鉴》（2000—2004）、《中国统计年鉴》（2000—2005）；2005—2006 年的资料来源于中国人民银行济南分行。转引自张乐柱：《需求导向的竞争性农村金融体系重构研究》，华南农业大学博士后研究工作报告，2006 年 6 月，第 22 页。

目前，在品种及期限等具体设置上，我国农村信贷产品主要存在下列问题：第一，由于信息不对称与农村信用严重缺失问题，导致了金融机构把信贷资金的安全性主要寄托于保证、抵押等第二还款来源上，导致出现贷款投放“垒大户”，新增贷款户审批权上收等情况。在经济快速增长、企业规模不断扩大的环境中，抵押资源短缺是必然的，抵押贷款是难以满足农村乡镇企业的资金需求的。其他的信贷方式如农户联保贷款、“公司＋农户”、“公司＋基地＋农户”担保贷款业务开展较少。第二，农村金融信贷产品在贷款期限与资金用途上管制过死，近年来，农业银行几乎不再涉足农村地区中长期贷款项目，农业发展银行的粮棉购销贷款期限也多在一年以下，农村信用社以一年期以下短期或流动资金贷款为主，中长期贷款和固定资产贷款比重过小，中长期贷款供给条件明显较短期贷款苛刻，从而影响对结构调整项目的支持能力。第三，农业信贷资金投向偏重于传统种植业，对农业规模化和产业化支持力度不足，农村地区第二、第三产业难以获得信贷支持。第四，农信社提供的小额信贷产品虽然在一定程度上增加了对农户的贷款，但其对农村乡镇企业的贷款却明显偏少。第五，农户小额信贷的交易成本高，贷款额度低，乡镇农村信用社仅有单笔2万—3万元的贷款审批权限，发放较大额度的贷款均需上级层层审批，手续繁多，程序复杂，远不能及时满足农村金融需求。总之，现有的农村信贷产品的期限、额度、品种等已经无法适应农业生产和农村建设项目对资金的大额、长期需求，也无法满足农村乡镇企业发展的资金需求。

2. 农村证券类金融产品供给状况

农村证券类金融产品严重缺乏，主要表现在：第一，农民投资渠道单一，在绝大多数县及县以下地区没有证券交易网点。大部分地区农民的闲余资金只能选择储蓄，投资于证券市场以期获得增值的途径基本不存在。第二，农村企业在金融市场上直接融资不足，在股票上市、发行企业债券吸收社会融资等方面的限制较大。债券发行和股票上市的门槛较高，农村企业很少能符合条件。一些农村企业不得不求助于民间非正规金融组织，造成企业融资成本上升，企业的发展受到阻碍。

3. 农村保险类金融产品供给状况

目前，我国在农村地区开展的保险业务少之又少，传统的种植业、养殖业农业保险业务逐步萎缩，农民迫切需要的养老、医疗等保险产品严重缺乏。目前，我国开展农业保险业务的只有中国人民财产保险公司和中华联合财产保险公司两家。从保险种类来看，目前我国农业保险主要可以划分为种植业保险和养殖业保险两大类，具体种类包括：水稻、蔬菜保险、小麦冻害、烤烟种植、西瓜雹灾、香梨收获、苹果、鸭梨、烤烟保险、棉花种植、棉田地膜覆盖雹灾等保险；生猪保险、奶牛保险、耕牛保险、山羊保险、养鱼保险、养鹿、养鸭、养鸡等保险；对虾、珍珠蚌等保险、家禽综合保险等；稻麦场、森林火灾保险等等。

由于农业投资风险大，农业保险的高赔付率、保险公司与农户之间存在的严重信息不对称等特点，导致保险机构大都不愿涉足农村保险市场，面向县域及广大农村的保险机构严重缺乏，农业保险业务呈萎缩态势。

4. 其他农村金融产品供给状况

由于信托投资公司、租赁公司、期货等非银行金融机构没有县以下的经营网点，广大农民基本享受不到现代化的金融产品。在农村地区，银行开展的中间业务较少，基本只有结算、汇兑等少量中间业务，消费信贷、租赁、个人理财、网上银行、资信调查、咨询等业务几乎是空白。农村信用社金融服务手段落后，金融业务品种不足，部分地区票据、电子汇总、银行卡等科技含量较高的新业务尚未开办或刚刚起步，缺乏自上而下的通畅结算渠道。

综上所述，中国农业发展银行贷款业务范围小，中国农业银行、农村信用社在大部分地区仍局限于提供存贷款类业务。

我国农村存贷类金融产品从资金总量上看存贷差较大，农村资金外流现象严重，金融部门对农业的支持减弱。信贷产品从品种及期限等具体设置上看已经无法适应农村发展所需的大额、长期资金需求。在我国农村地区保险业务开展范围较窄，农业保险业务萎缩，养老、医疗等保险产品缺乏。农村地区金融服务手段严重落后，农村金融机构基本提供的是存、贷、汇“老三样”服务，其他金融产品品种匮乏，农村地区的融资、投资、保值渠道非常缺乏，远不能满足农村经济发展多方面的金融需求。

2007 年，中国银行业监督管理委员会关于调整放宽农村地区银行业金融机构准入政策出台后，国内外反响强烈，在总体上给予此政策以高度评价。截至 2007 年 5 月 31 日，6 个试点省（区）共有 18 家新型农村金融机构开业，其中：村镇银行 9 家，贷款公司 3 家，农村资金互助社 6 家。18 家新型农村金融机构共吸收存款 5523 万元，发放贷款 13843 万元。其中，发放中小企业贷款 8550 万元、农户贷款 5024 万元，分别占贷款总额的 61% 和 36%，总体运行良好。

新型农村金融机构的诞生，对激活农村金融市场、完善农村金融体系和改进农村金融服务产生了积极影响。一是中国金融史上增加了三种新型农村金融机构，进一步丰富完善了金融组织体系。二是为“三农”提供了新支持。在将城市资金“甘甜之水”引入农村的同时，也将城市金融成熟的产品、先进的理念和技术引入农村，为促进农业和农村经济快速发展，实现城乡经济协调运行提供了有效金融支撑，初步实现了“筑渠引水”的目标。三是探索了金融支农新思路。调整放宽农村地区银行业金融机构准入政策，既是中国银监会在金融机构市场准入方面进行的新探索，也为金融机构如何更好地支持“三农”发展摸索了新思路。四是激活了农村金融机制。新型农村金融机构的设立，激发了农村金融体制机制的创新活力，“汤水效应”已开始显现，有竞争、有合作的农村金融市场已经在试点地区开始形成。

（二）我国农村金融市场非正规金融机构的供给现状

非正规金融的主要形式指亲友间的借贷、公司对农户的借贷、项目融资、非正规的地下钱庄等。据调研，非正规金融是农户资金来源的主要渠道之一。农村每年有55.3%的农户有过借贷行为，有20%的农户借钱给别人，有高达51.3%的借贷来源于农村非正规金融，其中向亲友邻里借款的农户占46.9%，其他多种形式占4.4%。非正规金融向低收入农户提供信贷的利率水平要高于农村信用社的利率水平，低收入农户最终的加权平均利率水平为14.5%。少数农户支付的利率水平达到30%。这种高利率的借贷行为符合经济学的资金供求规律，在农村正规金融供给严重抑制的条件下，对低收入的农户持续获得贷款支持起到了不可替代的作用。调查显示，非正规金融的高利率并没有引起农户与贷款人的利益纠纷。农户在出现短时间流动性困难时，往往采用“借新还旧”的方式调整债务偿还期限，没有发现低收入的债务人对非正规金融有负面评价，更没有发现债务人受到非法威胁的情况。说明非正规金融期限结构和还款方式的灵活性符合农民的需求。

我们在广东地区调研中发现，民间借贷中亲友间的借贷发生率最高，将近占所有农村借贷的一半。有些农牧产品收购公司与农户签订农产品收购合同，向农户提供现金贷款或种苗实物，要求农户按照合同的要求到期将农牧产品卖给公司，并偿还或扣除欠款。这种公司加农户的借贷和收购形式即订单农业，不仅解决了农户的生产资金，又解决了销售问题。项目融资也时有发生，调研中发现有3.5%的农户把钱借给别人做投资用。尽管对民间融资的合法性仍有争议，但作为农村借贷、集资和投资的方式之一，项目融资无疑是一项很好的选择，尤其对村级建设项目，如小型水电厂、粮食加工厂等。这些项目既能让村民投资有所回报，又能发展地方经济、增加就业等。

有关调研发现，58%的农户必要时可以接受年息15%以上的高利贷。如此高的需求给地下钱庄和黑市提供了生存和发展的空间。地下钱庄与高利贷为那些被正规金融机构认定为"高风险"而拒之门外的客户提供服务。"高风险"加高需求促成了高利率。如果让它们合法化，引入竞争机制，放松利率管制，加强监管，在农村金融市场会有比较大的发展空间。

因此，农村的非正规金融在相当长的一段时间内无法消失。将农村非正规金融合法化，并积极探索政策性金融机构与农户互助小组或农村合作组织相结合的模式，拓展农村的信贷市场，具有很大的发展空间。

（三）农村金融市场供给中的金融啄序现象

金融啄序是指资金需求者在面临外源性融资有硬约束的条件下，被迫选择在不同的市场和渠道上进行融资活动，或金融机构与其他资金提供者根据贷款人的特定特征（如资本规模、资产负债率、企业存续时间等），选择按照一定的优先顺序对不同的贷款人提供有差别的金融服务。

在调研中我们发现农村的存款服务和信贷供给存在明显的金融啄序。这种啄序体现为：第一，商业银行只提供存款服务，基本不向农户提供信贷支持；第二，正规金融（主要是农村信用社）和非正规金融在信贷供给对象上存在着明显的啄序或市场分割。当中小企业信贷风险能得到较好控制时，农村信用社的贷款对象将首选当地的中小企业。在对农户的信贷中，农村信用社将首选高收入人群，然后随着贷款对象收入等级的下降逐渐降低贷款的深度。农户在进行债务融资时首先考虑在亲友之间进行成本较低的"内部融资"，然后争取从农村信用社获得贷款，最后在借贷需求无法满足时转向高利率的非正规金融。而非正规金融则在农村信用社和借款人的这种金融啄序下主要为中低收入农户提供融资。

二、我国农村金融市场需求现状

对我国农村金融市场的需求分析主要以4个有关农村金融的调查为依据：(1) 课题主持人2007年7月在广东省的实地调研，本次调研共获得农户有效调查问卷262份、农村中小企业有效问卷106份以及乡村政府有效问卷26份（以下简称“广东调查”）；(2) 国务院发展研究中心农村经济研究部2005年在全国29个省（市、自治区）的实地调查（以下简称“中心调查”），本次调查获得农户有效调查问卷1962份、村庄有效问卷133份以及农村中小企业有效问卷206份；(3) 四川省社会科学院在2003年至2004年期间在四川省内展开的调查（以下简称“四川调查”），分别选择平原、丘陵、盆周山区和少数民族地区各一个县开展调查，涵盖17个村，243个农户；(4) 中国农业大学和亚洲开发银行2005年7月在贵州铜仁地区进行的实地调查（以下简称“贵州铜仁调查”），包括4个县39个村的502个农户。四个农村金融调查的范围各异、侧重有别，既互相补充又相互印证，这有助于本研究形成一个对农村金融需求的相对全面客观的认识。

（一）各类农村主体的金融需求

1. 农户的金融需求

农户的金融需求主要表现为储蓄、贷款、汇款、付费、农业保险以及投资理财等方面。随着新农村建设的推进，农户的生产与消费需求增长迅速，而农户收入的增长相对比较缓慢，农户的资金流动性约束日益增强，贷款需求强烈。因此，在目前农户金融需求中，矛盾最严峻的是贷款需求远远得不到满足。

(1) 农户的储蓄需求

目前农户储蓄需求的满足程度在农户各类金融需求中是最高的。“广东调查”显示：20%的农户认为储蓄存款很方便，

65%的农户认为储蓄存款比较方便，10%的农户认为储蓄存款不太方便，只有5%的农户认为储蓄存款不方便。然而，并不能由此推测出在满足农户的储蓄需求上没有问题。随着农村金融机构大规模从农村地区撤离，农户存款不方便的程度较从前已大为增加，尤其是在贫困或比较贫困的地区。在“广东调查”中，认为储蓄存款不方便的农户，就是集中在比较贫困的粤北山区。

农户储蓄需求的动机主要是预防性和保存资金的动机，而并不是为了获取银行利息。“中心调查”显示，预防性积累资金占比54.8%，防止金钱丢失占比33.6%，为了获取银行利息仅占比10.0%，因此农户的储蓄需求更注重资金的安全性和流动性而非营利性。根据储蓄存款的未来用途，总体上可将其划分为用于将来的大事件消费和短期的临时性支出，“广东调查”显示这两种存款的比例为5.011∶1，也就是说农户储蓄存款主要是用于将来的大事件消费。显然，不同的储蓄存款用途要求有不同的存款期限。用于建房、嫁娶、养老以及子女教育等方面的支出是大体可以预期的，相应的储蓄期限相对较长，这种特征要求金融机构提供相对长期的储蓄服务产品；而用于短期临时性和防范灾祸的支出常是不可预期的，这要求金融机构能提供期限相对灵活的储蓄服务产品。

(2) 农户的借贷需求

可以从以下几个方面来观察：

①农户借贷的规模和来源。实行家庭承包制，带来了因土地规模狭小而形成的小农户经济特征，进而导致农户借贷规模以小额信贷为主。2005年年底，我国农户贷款平均每户不到1万元。“中心调查”共涉及1899笔农户贷款，单笔贷款的平均规模为8244元，在5000元以下的贷款占所有贷款的67.29%，而万元以上的大额贷款仅占14.64%。随着农村经济迅速发展，农户的大额借款需求明显增加，68.92%的农户所期望的借款金额都在5000元以上，有万元以上借款需求的

农户占到31.08%。

就农户借贷的来源而言，根据“中心调查”，民间借贷是农户借贷的主要来源，占到借款总额的45.91%；农村信用社是农户借款的第二大渠道，占到借款总额的41.93%。与过去的调查研究相比，农村信用社在满足农户借贷需求的作用明显提高，这主要源于信用社小额信贷业务增强了对农户的信贷供给。农户的生产性用途借款比较多地由正规金融渠道满足，而生活性借款更主要是由非正规金融满足。生产性借款的正规借款比重为55.7%，而生活性借款的非正规金融比重为72.7%。另“广东调查”资料显示，在当前的民间借贷中，借贷的资金来源主体是有着血缘和姻缘为纽带的“亲情”家庭，同时，“友情”借贷也十分重要，也就是说农户的“两情”（亲情和友情）借贷是农户借贷的主要来源。

②农户借贷的用途和偿还。根据“中心调查”的资料，农户借贷的用途见表4－2。表中显示，农户借贷的主要用途排序大体如此（前五位）：第一是子女就学（27.8%），第二是购买农资（18.5%），第三是看病（15.4%），第四是建房（11.6%），第五是发展工商业（11.3%）。其他有关调查显示，近几年来农户对增强家庭农业生产作业能力的农机具购置需求呈显著上升趋势，特别是2004年中央一号文件出台后，政府为了提高农户的增收能力，实施了对购置大型农机具的农户给予一定补贴政策，农户对农机具的购置借贷需求出现了大幅度上升。

表4－2　　农户借贷的用途

	发展工商业	看病	归还其他借款	购买农资	购买畜禽	学杂费
频数	188	257	71	307	74	462
占比（%）	11.3	15.4	4.3	18.5	4.5	27.8
	婚丧嫁娶	建房	购置农机	外出打工	发展种养业	其他
频数	106	193	21	17	125	5
占比（%）	6.4	11.6	1.3	1.0	7.5	0.3

研究显示，2002—2004年被调查农户的借贷偿还率平均为61.53%，其中2004年的偿还率最高，达到64.28%，其次是2002年，为58.03%，第三是2003年为57.83%。就省际间的比较看，偿还率最高的是江苏省，达71.82%，其次是湖北省，为58.90%，再次是吉林省，为56.85%，排在第四位的是湖南省，为56.40%，最低为山西省，仅48.96%。就借贷偿还与样本的特征关系比较看，很明显，随着样本年龄的增强，样本户家庭借贷的偿还率变化呈一种“∩”趋势，这一结果表明：农村借贷的偿还与农户家庭生命周期假说是吻合的，即在农户家庭创收能力达到最强之际，其外债偿还能力也将达到最高。就借贷用途与偿还率的关系看，在农户家庭的借贷中，用于生产借贷的偿还率较高，用于生活借贷的偿还率相对较低。

③不同类型农户的信贷需求特征。根据农户所从事的经济活动内容与规模可将其分为贫困农户、一般种养业农户以及市场型农户，他们的信贷需求特征见表4-3。根据农户的收入水平可将其划分为高收入农户、中等收入农户与低收入农户，他们的信贷需求特征见表4-4。

④农户期望的借款条件。根据“中心调查”的资料，第一，农户希望借款的期限结构与其生产周期相匹配，还款区间比较灵活。一般而言，农户希望的借款期间是从3—5月份到来年的3—5月份。第二，农户希望借款手续简单、灵活。第三，农户希望借款的抵押和担保能够相对灵活。农户的资产非常有限，住房是最大的资产，但作为生存性保障难以被剥夺，而同时农村资产的变现率非常低，抵押资产的现实意义不大。对于担保贷款，农户存在寻找担保人困难的问题，如果能够找到有经济实力的担保人则还不如直接向他借款。第四，农户希望低利率的借款。农户具有经济脆弱性，过高的利率必然带来很大的经济负担。

表 4－3　　从事不同经济活动的农户的信贷需求特征

信贷需求主体层次	主要信贷需求	特征
贫困农户	生存性和简单再生产金融需求，如生活开支、小规模种养业生产贷款需求等	传统种植业收入低，其他收入来源少，无担保，资金需求量小，贷款风险大
一般种养业农户	简单再生产与部分扩大再生产金融需求，如小规模种养业生产贷款需求、生活开支等	收入主要来源于种养业收入，无有效担保，资金需求量适中，还款来源稳定
市场型农户	专业化、规模化生产以及工商业的贷款需求	收入较高，无有效担保，信贷资金需求量大，风险相对较低

表 4－4　　不同收入水平的农户的信贷需求特征

信贷需求主体层次	主要信贷需求	特征
低收入农户	生活性和生产性资金需求	家庭收入低，信贷资金主要用于生活消费，资金需求量小，贷款风险大
中等收入农户	生产性资金需求兼生活性资金需求	信贷资金需求水平最低，自有资金基本可以满足生产经营及生活需要
高收入农户	农业生产资金需求与非农业生产经营资金需求	信贷资金需求最强，资金需求量大，家庭收入高，还款能力强，信贷风险相对较低

⑤农户贷款难问题比较严重。根据“中心调查”的资料，与过去相比，农户正规贷款的获得率虽有了明显提高，但大部分有金融需求的农户仍然“难”以获得正规贷款。长期以来，由于信用社贷款条件的不稳定，使得农户对正规贷款缺乏良好预期，而同时相当部分农户具有风险规避的偏好，害怕承担严格的还款约束和强制性的利率。农户贷款难的问题还体现在农户小额信贷资金需求基本能够获得满足，但太小的信贷额度不能满足农户生产和生活的资金需求。由于农村信用社贷款风险管理制度不完善、缺乏与农户需求对接的有效贷款保证手段等问题，使得农村信用社普遍存在对农户大额贷款的“惜贷”

或“减贷”现象，农户大额贷款获得非常难。这极大地限制了农户生产规模的扩大和生产结构的调整，制约了农业经济发展和农民收入增长。

(3) 农户的保险需求

就农民生活方面而言，我国农民收入水平低，自然灾害和疾病对其生活的影响很大。农民对养老、人身意外、医疗等方面的保险需求意识越来越强。这就要求农村金融能够为农户提供实现风险分担的保险产品。在农业生产方面，我国农业生产具有“靠天吃饭”、生产周期长、季节性特征明显、受自然条件和生态环境的影响较大等特点，加之我国农村社会保障体系不健全，导致农业生产经营风险大。我国是世界上自然灾害最为严重的国家之一，灾害的种类多、频度高、分布广以及造成的损失大。我国农业生产对自然灾害的抵御能力很弱，当发生自然灾害时，常出现大面积受灾现象，农民个人的抗灾能力很弱，国家投入的防灾抗灾力量又很有限。因此，农业生产迫切需要农业保险提供风险规避。

(4) 农户的其他金融需求

随着农村产业化、城镇化、工业化的步伐加快，农户对其他金融服务的需求也大为增加。首先，农户存在汇兑、结算、保管、转账、金融咨询、代理以及经营管理服务等金融中介服务的需求。由于收入水平的限制，目前我国大部分地区的农户在清算和支付结算中大都采用现金，少部分使用商业赊销。然而，随着农户生产经营规模的扩大和农业产业化的加快，农户的资金结算需求将日益增加，需要通过金融机构进行清算、支付和转账等，同时也对更为方便的银行卡业务、网上银行业务等产生了需求。然而，随着国有商业银行网点从乡镇撤离，在乡镇保留的邮政储蓄和农村信用社不具备跨市、跨县特别是跨省等异地汇兑结算功能，资金结算的障碍影响了农产品的流通和销售。由于农村社会环境和文化水平等因素的制约，不少农户缺乏应有的金融知识，产生了金融咨询需求，十分需要金融机构为其提供有关信贷结算、利率等方面的金融政策法规知识。由于农户在生产经营中普遍缺乏财会知识，为了加强经营管理，搞好经济核算，提高盈利水平，需要金融机构为其提供经营管理服务。其次，是投资理财需求。目前农村的投资渠道狭窄，农民对闲余资金进行投资的途径单一，基本为储蓄或国债。随着部分地区农户收入水平的提高，农户的投资意识加强，农户手头闲余资金需要寻求合理的投资渠道。他们不再是简单地运用储蓄、国债等投资工具，而是需要多渠道的投资方式，比如证券投资业务、保险业务、农产品期货业务以及其他高级理财业务，以期获得最佳的投资理财收益。

2. 农村中小企业的金融需求

伴随着我国市场经济的转型和农村经济的发展，农村企业的结构发生了很大变化，从过去的以乡镇企业为主转变为目前以个体私营经济为主，农村中小企业的金融需求也呈现出多元化、多层次的特点。这些金融需求主要包括储蓄、贷款、结算、汇兑、托收承付、贴现、保险、信用卡等方面，其中最主要的是信贷资金需求。资金紧缺是目前农村中小企业发展过程面临的最主要矛盾，农村中小企业的金融需求主要表现为以下几个特点：

（1）单笔贷款规模不大。农村中小企业的规模差异比较大，因而信贷资金的需求规模也有比较大的差异。然而，总体来看，由于农村企业的规模不大，资金需求规模并不是很大。“中心调查”显示，所有企业在 2001 年至 2004 年中共有 251 笔借款，大部分的借款额度都比较小，以 1 万—5 万元的借款为最多，占到了所有借款的 40.64%，而百万元以上的借款仅有 21 笔。从企业总体负债情况看，31.7% 的企业外部借款余额在 10 万元以下，12.4% 的企业借款余额在 10 万—50 万元，借款余额超过 50 万元的企业占总体的 13%，借款余额超过百万元的企业就非常少。

（2）企业的借贷需求主要是短期的，但长期的资金需求受到极大限制。根据“中心调查”的资料，所有的借款，

50.62%是用于购买原材料或半成品，主要满足企业生产周转的需要；33.47%是用于购买厂房、设备等长期性投资需求。尽管企业的借款需求主要体现为短期性的，但大部分企业都有中长期投资发展的需要。由于企业基础比较薄弱，自身的积累非常有限，使得企业的自我投资能力不足。同时，我国尚缺乏支持农村产业发展的投资基金和其他外部资本。因而很大一部分农村企业的投资对信贷资金的依赖程度很高。因此，企业长期性的信贷需求却受到极大的制约，有强烈投资需要的企业不得不将短期借款作长期使用。234笔借款的平均期限为14.71个月，129笔借款的期限是12个月（占比55.13%），而借款期限大于12个月的借款仅有35笔（占比14.96%）。企业用于长期投资的借款，平均也只有17.63个月。短期贷款的长期使用增加了企业资产的流动性风险。18笔借款用来偿还原来的借款，而64笔借款（占总借款的25.70%）只是到期付息并不还本，且是采用循环使用的方式直接转为下一期的借款。

（3）农村企业对正规借贷的依赖度高，但亲友借款仍是农村企业重要的信贷渠道。根据“中心调查”的资料，企业的250笔借款中，37.20%来自于农村信用社，农业银行的贷款占到了10.40%。农村企业正规贷款占51.6%，农村企业对正规金融的依赖程度远高于农户。特别是从借款总额看，正规借款占农村企业借款总额的88.23%，而非正规借款仅占11.77%。因为企业的经营规模相对比较大，需要稳定、资金实力更充足的金融供给主体的支持。正规金融在对农村企业的资金供给上具有压倒性的优势。虽然非正规金融的功能受到规模等因素的极大限制，但由于正规金融的信贷约束，非正规金融对农村企业的支持也有着非常重要的作用。38.80%的借款笔数来自亲友，16.40%来自民间私人放贷人和其他民间金融组织。

（4）农村企业普遍受到信贷约束。根据“中心调查”的资料，在129个存在资金流动性问题的企业中，只有90个企业在 2001 年至 2004 年期间实际获得过借款，占 69.77%。有相当一部分受到资金约束的企业并没有获得过借款。这说明农村企业的信贷约束和金融抑制问题仍比较严峻。不论是正规借款还是非正规借款，很多企业的借款规模都不能满足其生产经营的需要。正规金融的抵押要求使小规模企业普遍遭受信贷约束，正规金融机构的贷款风险管理水平低下导致了对较大规模贷款的惜贷，规模较大的企业从而面临信贷规模的制约。由于信贷规模约束的存在，很多企业不得不将信贷需求化整为零，使得借款非常分散，这大大增加了企业借款的交易成本。

3. 乡村组织的金融需求

乡村组织的金融需求具有很强的公共性质，农村金融市场中乡村组织对资金的需求往往数额巨大且带有行政性的强制色彩。其资金需求主要表现为：为农村提供生产和生活用的公共产品，如道路、电力、水利等物质性的基础设施以及基础教育、基本卫生、农业生态环境建设等无形产品或服务所需资金；进行农村小城镇建设所需资金；在一些财政困难的地区，乡镇政府还通过向当地的中国农业银行和农村信用社贷款进行办公设施的建设和发放工作人员工资。

乡村组织提供的生产和生活性公共产品，其社会效益大而收益小，资金需求规模大，生产周期长，缺乏抵押担保。在农村税费改革后，乡村组织财力匮乏，已无法满足支出需要，除通过财政转移支付缓解乡村两级财政困难外，还需要农村金融体系为其提供大额的中长期信贷服务。但目前中国农业发展银行的农业综合开发业务基本处于萎缩状态，国家开发银行的小城镇开发业务尚处于起步阶段，在农村金融体系中基本缺乏为其提供金融服务的组织，需要农村政策性金融、合作金融相互补充。

城镇化是我国农村发展的根本方向，城镇化建设的关键是解决发展资金的来源问题。由于城镇化建设的开展，需要进行交通、通讯等基础设施建设和城镇房产开发，需要的资金不仅数量巨大，而且期限较长。为了筹措这些资金，除了财政拨付外，还需要通过金融机构贷款、发行股票、债券等多种方式进行融资。

综上所述，由于农村经济的不断发展和城乡一体化水平的逐步提高，农村金融需求在不断发生变化。我国现有的农村金融机构无法提供满足不同层次的农户、农村中小企业与乡村政府组织的多样化金融需求的金融产品，尤其是发展高效特色农业、非农产业和农村城镇化建设所需要的信贷产品，这已经严重制约了农村经济的发展。

（二）农村金融需求的区域、主体与层次差异

1. 区域差异

由于我国地域广阔，农村自然和生产条件区域性差异明显，农村经济社会文化发展存在区域不均衡，所以农村金融需求存在着较大的区域性差异。就落后地区而言，农村经济相对封闭，以种植业为主，农业生产主要维持简单再生产，农户收入以实物收入占多，从而农村金融需求主体的储蓄和负债能力都很弱，借贷需求的额度小、频率高，主要表现为生活消费需求。贫困农户集中的"贵州铜仁调查"结果充分显示出了这些特点。中等发达地区的农业生产亟待扩大规模和提高质量，经济结构正在向多样化发展，资金需求增大，农村金融需求日益多元化。经济发达地区的农村经济市场化程度高，农民收入中来自于非农业的比例大，收入水平高，对农村金融的需求主要表现为对农村基础设施建设和工商业发展等方面的资金需求，资金需求规模不断扩大。

2. 主体差异

由于工业化和城镇化的推进，我国农村经济正在发生深刻转型，导致了农村金融需求存在主体上的差异。第一，从农村经济主体看，农村经济主体日益多元化，既有传统农户、一定

专业化经营规模的农户，也有农村中小企业、农业产业化龙头企业。这些经济主体的市场化程度不同，资金需求量大小各异、资金的周转速度快慢不等。第二，从农村的产业结构来看，农村产业结构在更大程度和范围上打破了原来的单一结构，农村三次产业和农业内部的农、林、牧、渔业的比例正在发生变化，不同产业对资金的需求有不同特点。第三，从所有制结构来看，随着乡镇企业的改造，私营经济和股份经济在农村大幅度增加，集体、个体、私营、合伙、合作、股份制经济等自由竞争的局面已在农村初步形成，不同所有制类型企业的资金需求特点存在一定差别。

3. 层次差异

不同收入水平和生产类型的农户对金融需求的层次不同。贫困农户需要获得融资来维持简单再生产，避免陷入更加贫困的境地；已脱贫农户需要获得融资，以初步致富并实现初级层次的扩大再生产；具备经营能力的农户则可在商业性金融的竞争条件下获得融资，在更大规模、更高技术和更深加工程度上实现高层次的扩大再生产，甚至带动本地产业结构的多样化和高度化。此外，农村各类企业治理水平参差不齐，发展阶段相异，所处产品生命周期不同，金融需求层次有相当差异。

我国农村金融需求的区域、主体与层次差异的普遍存在，一方面为构建多元化的农村金融体系提供了前提和要求，另一方面也要求各地因地制宜地选择适合本地特点的农村金融发展道路。

三、农村金融需求的变化趋势

对农村金融需求的变化趋势进行分析和把握，有助于在农村金融供给体系设计上留出余地并预先做出安排，使得变化了的金融需求能够得到及时、充分、有效的满足。从实地调研中，我们认为农村金融需求将呈现以下变化趋势。

（一）资金需求规模不断增大、周期逐步延长

随着农村产业结构的调整和农村生产经营方式的转变，农业生产会在更大程度和范围上从原有的简单再生产向扩大再生产，劳动密集型向资金技术密集型转变，农业生产经营方式会逐步走向专业化和规模化经营，农业生产的组织化、市场化程度也会越来越高。这些变化将对资金产生越来越大的需求。此外，农业产业化带来的产业链延长使得资金需求从生产环节延伸到产、供、销各个环节，这将延长对资金的需求周期。如果其中某个环节缺乏相关配套资金支持，农产品就难以实现增值和正常流通，农业生产经营就会受到影响。

（二）资金需求更具有生产性、更趋多样化

首先，随着农民收入水平的提高，农户的金融服务需求将会由更多地满足基本生活需要向更多地满足生产需要转变；其次，农村资金需求将不再局限于一般农户，种养大户、工商业农户、龙头企业等会日益成为资金需求的主体；再次，农村产业结构将更加丰富多样，对资金需要更加多维度；最后，随着农村城镇化建设步伐不断加快和农村经济社会发展，农村住房和基础设施建设、农村教育和培训、医疗保健等方面也都需要有充足的资金支持。

（三）农村公共产品方面的金融需求将以更快的速度增加

为增强农业生产能力，提高农业生产效率，需要农村金融机构加大对农田水利、道路等基础设施建设的支持；为提高农民素质，增强农村经济可持续发展能力，需要农村金融机构加大对农村科教文卫事业的支持。以何种方式来满足农村公共产品方面日益增加的金融需求，需要开始着力研究。

（四）与城镇化、市场化相联系的农村金融需求新领域

新的农村金融需求领域主要包括：（1）转移农村富余劳动力，增加可持续的城市就业机会，需要农村金融机构加大对农村城镇化和农村劳动力转移的支持力度，比如提供“打工贷款”、“农民工技能培训贷款”等等。（2）推进农村商品市场体系建设，促进农产品流通，需要农村金融机构加大对农村批发市场、农资超市和现代物流企业的支持。（3）许多现代金融服务需求会随着农民收入水平的提高和农村经济的发展而产生，如代收代付、证券交易、信托委托、投资理财、农产品期货等等，需要主动应对，及早准备。农村金融的制度确定和政策选择需要考虑农村金融需求的动态变化特征，要在满足当前农村金融需求的同时，看到金融需求变化的趋势，保持农村金融制度供给的适应性、开放性和灵活性。

第二节

农村金融改革和市场开放[①]

从1996年《国务院关于农村金融体制改革的决定》颁布到现在，我国农村金融改革已经走过了十多个年头。从商业金融与政策性金融的分离，到2003年以来的农村信用社改革试点，农村金融和农村信用社改革的步伐从来没有停止过。农村金融改革的目标也越来越清晰，那就是要将包括农村信用社在内的现有农村金融体系改造成既能满足农村地区中小企业和农

① 本节选自农业部软科学课题“农村金融体制改革问题研究”（课题编号：200727－2），课题主持人：徐忠。

户的有效资金需求，又能商业可持续发展的现代农村金融体系，而金融多元化是商业可持续发展和有效满足农村地区金融需求的前提。

农村金融改革是一个系统工程，仅仅依靠农村信用社改革是不可能取得成功的。要完善农村信用社治理结构必须要有市场竞争，要有效监管也必须要有竞争的市场，多元化的农村金融需求同样需要多种形式的农村金融组织形式去满足，因此，开放农村金融市场成为解决农村金融问题的关键。2005 年中国人民银行主导的小额贷款公司试点和 2007 年中国银监会出台的开放农村金融市场的相关法规是农村金融市场开放的新举措。最近，中国银监会又宣布将新型农村金融机构的试点扩大到全国。农村金融市场开放是不可逆转的发展趋势，但如何通过农村金融市场开放，建立适应社会主义新农村建设的新型农村金融体系是值得进一步研究的课题。

一、农村金融改革存在的问题

农村金融供给与金融需求存在巨大差距，已经并仍然是农村社会经济快速发展的桎梏。长期以来，农村金融体制名义上一直在变革中，但都没有改变这样一个事实：农村金融体制改革总体上一直围绕改善既有的农村信用社的外部管理体制这一思路进行，未能从内部制度上建立起有效的激励—约束机制，使得农村信用社不管名义上如何变化，却始终摆脱不了计划经济体制下典型的国有企业的一般特征——所有者缺位、软预算约束和内部人控制，官办色彩日浓，离农民越来越远。可以说，迄今为止，我国还没有启动真正意义上的以市场为导向的农村金融改革。这主要有以下几个方面的原因：

（一）政府没有廓清农村工作的目标与手段

将政府农村工作的目标与实现这一目标的手段混为一谈，在农村金融工作中，没有真正地处理好政府与市场的关系。政府农村工作的目标是解决好“三农”问题，发展农村经济，增加农民收入。实现这一目标的手段是多种多样的。信贷支农是农村金融机构支持“三农”、服务“三农”的一种重要形式，但如果将信贷支农作为实现政府农村工作目标的主要手段强加给农村金融机构，无疑会加大农村金融机构实现利润最大化的约束条件，损害金融机构的独立性和效率。在公共财政资源短缺的情况下，为了扶持农村发展，农村金融机构不适当地承担了部分财政职能，承担了应当由财政承担的那一部分支持“三农”的责任，导致农村金融问题积重难返。随着农村金融机构大面积亏损问题的暴露，农民贷款难问题日趋严重。这种情况下，与计划经济相匹配的单一的农村金融模式的分化和演进难以避免。农村金融体系或主动或被动地通过不断创新和发展，以适应正在转型中的农村、农业和农民对金融的需求。

（二）农村金融改革只局限于正规金融机构的改革，而不是建立一个现代农村金融体系

在20世纪90年代中期对中国农业银行进行商业化改造之后，农村信用社改革实际上就等同于农村金融改革。这种认识上的片面性导致农村金融改革的局限性。如果农村信用社改革是一条线，那么建立一个有效率的农村金融市场环境则是一个面，而一个面是不可能由一条线决定的。换句话说，一个现代农村金融体系必然应该有能力同时容纳正规金融与非正规金融、直接融资形式与间接融资形式，以及不同金融机构和融资形式相互之间的竞争和优胜劣汰。我国渐进式改革的一条重要的成功经验，是改革的主体需要不断吸收自身以外的营养。从这个意义上，我们可以说，改革的成功在改革之外。我国农村集体经济组织改革就是因为接纳了家庭联产承包责任制这样的体制外创新才获得了重大的突破，价格“双轨制”默认了市场在要素市场改革中的作用，国有企业改革中的“抓大放小"、"有所为有所不为"以及后来的改制，都是由于来自乡镇企业和私营企业竞争的结果。但我国的农村金融改革迄今为止仍然由信用社垄断，有些地方甚至把民间金融和其他新的金融组织创新与"非法集资罪"和"非法扰乱金融秩序罪"混为一谈，使之难以浮出水面，实际上扼杀了民间金融。如果信用社改革不成功，一些地区的农村金融就会出现没有"替补队员"的窘境。

（三）没有解决农村金融体系与实体经济信用不匹配的问题

长期以来，我国金融体系的信用基础是集体信用，也叫政府信用，信用的好坏是以一个企业的性质或政府的层级来衡量的。在我国金融改革早期的专业银行体制中，评价借款人的还款能力就是以集体信用作为评价基础的。集体信用的表现形式为企业的行业主管部门或各级政府提供的隐性担保。只要这个主管部门或地方政府所属的企业在总体上来讲是盈利的，集体信用就是有保障的。这是因为，当时的行业主管部门和地方政府掌握着社会上绝大多数的经济资源，如原材料的调拨和定价、企业的开办许可、能源交通资源等，并且又有源源不断的财政收入作后盾，因此，层级越高的行业主管部门或政府掌握的资源越多，其信用也就越好。由于集体信用的好坏不论实物抵押品的多寡，只要是行业主管部门或者地方政府支持的国有或集体企业就可以从银行获得贷款，这是为什么我国金融机构不良贷款长期居高不下的主要原因。从集体信用向个体信用的惊人一跃是计划经济向市场经济转变的必然过程。

20 世纪 90 年代中期以后，随着市场竞争的加剧，地方国有企业和集体企业的盈利能力大幅下降，许多企业集体信用濒临破产。为了确保贷款的安全，金融机构不得不寻找集体信用的替代。1994 年开始推行的银行商业化改革，从形式上看，是用商业银行体制取代原来的专业银行体制，并对政策性贷款与商业性贷款进行区分，但实质上，商业银行改革是我国金融机构信用基础的一次革命性转变，即从集体信用向个体信用过渡。个体信用的基本特点是摒弃借款人的行政级别和企业性质，银行贷款的发放以借款人的偿还能力为基础，这主要由一系列变量组成，即足够的抵押品或担保、借款人的信誉（如还款的历史记录）、企业规模、信息透明度等。个体信用出现以后，只要个体信用符合贷款要求，企业性质不再是银行贷款决策时的一个关键因素，银行的贷款对象也从国有企业和集体企业逐渐转向既有国有、集体企业，也有私营企业，由此推动了国有中小型企业和集体企业特别是乡镇企业的大范围改制。但是，要从根本上解决农村金融体系与农村实体经济不匹配的问题，还有一个较长的过程。

（四）中国东部、中部、西部农村金融需求出现差异，改革方式仍为“一刀切”，未能适应经济金融需求的变化

随着我国金融改革的不断深入，特别是自20世纪90年代中期启动的银行商业化改革和2003年开始的银行股份制改造以来，我国农村金融体系的内涵已经发生了巨大的变化。由于地区间经济结构的差异越来越大，相应的农村金融需求和供给的差异也日益明显。在经济较为发达的沿海地区，农村非农产业的发展使得农业以外的金融需求所占比重越来越大，农村金融与整个金融体系日渐融为一体。在中部地区，农业中的非种植业比重在不断提高，专业化生产是农村金融的主要需求，农村金融供给的专业化趋势也已经逐渐显现出来。在西部地区，由于盈利机会相对稀少，自然资源相对匮乏，市场条件和气候条件等带来的不确定性因素较多，对农村金融的需求大多出于解除贫困和平滑消费的需要。而在农村金融供给方面，商业银行已经逐渐淡出农村地区；中国农业银行虽然仍在许多县乡从事扶贫贷款，但在农村的庞大分支机构正逐渐减少；农村信用社在不少地区已经成为金融供给的唯一力量；同时，由于受资金来源的限制，这些地区资金供求矛盾比较突出，中央银行再贷款已经成为当地信贷资金的主要来源之一。

由于东部、中部、西部经济发展水平不同，农村金融需求也存在明显的差异。但20世纪90年代中期以来的历次农村金融改革都是自上而下的“一刀切”形式，每次改革都是提出一种方案或模式，全国宣传部署，要求统一遵照执行，地方上在执行过程中根据自身情况加以变通的余地并不大。就像面对不同的病人，医生开出的是同样的药方，只是剂量不同而已。这样，历次改革都不能解决地方的实际问题，那些适应某些地方的模式在其他地方由于不存在发展条件而很难落实，为了改变这些“其他”地方的农村金融服务而设计的其他改革方案又很难在另一些地方实行。于是，在不断改革的同时又不断产生新的问题。在这些贫困农村地区，存款、汇款和简单再生产的资金需求是农村金融需求的主要形式。目前的邮政储蓄和农村信用社已较好地满足了这些需求。然而，现有的金融组织形式仍然面临商业可持续发展的严峻考验，已经无力推动当地经济与金融良性循环。

二、农村金融市场开放需要正确处理的几个关系

农村金融市场开放是金融对内开放的一个重要组成部分，其重要性不亚于中国加入WTO之后的银行业对外开放。在农村金融市场开放中除了要避免将政府目标与实现目标的手段混为一谈外，还必须正确处理以下关系，才能建立有效竞争的、健康的农村金融市场。

（一）农村金融开放的核心是完善农村金融组织的治理结构

农村金融交易成本高、缺乏抵押品、风险高，因此，农村金融必须采取不同与城市金融的经营方式，创新是农村金融机

构可持续发展的关键。好的治理结构是提高创新能力的基础。目前，农村金融机构治理结构不完善是其亏损的根本原因。建立治理结构完善的农村金融组织是农村金融市场开放的关键。

（二）必须重视非正规金融的开放，将非正规金融纳入到整个农村金融体系中统筹考虑农村金融市场的开放

最新的许多研究表明，正规金融与非正规金融之间不仅仅是替代关系，事实上，由于正规金融和非正规金融各有其比较优势，它们在一定程度上还能够起到互补作用。正规金融机构的资金实力雄厚，组织制度完善，经营管理人员的素质相对较高，业务进行有严密的控制程序，因此在提供大额和长期的贷款方面更能体现其优势；而非正规金融由于操作简单易行，其灵活、便捷、小规模等特点以及在信息方面的优势，更长于向居民提供零星、小额贷款。由于正规金融市场和非正规金融市场各自具有比较优势，使得两者在信贷市场上能够服务不同类型的对象，形成了比较合理的分工。为满足农村金融的多元需求，引导非正规金融发展是农村金融市场开放的重要方面。

事实上，国际上已有许多成功经验，通过正规金融与非正规金融的合作，瞄准目标客户。印度国有开发银行——印度农业和农村发展银行（NABARD）采取的是将非正规农户互助组（SHG）与正规金融业务结合起来从事小额信贷的模式。该模式开始于1991年，NABARD通过其员工和合作伙伴（亦称互助促进机构，指基层商业银行/信用社/农户合作组织/准政府机构）对由15—20名妇女组成的农户互助组进行社会动员和建组培训工作，农户互助组内部先进行储蓄和贷款活动（俗称轮转基金，类似国内的合会），NABARD验收后直接或通过基层商业银行间接向农户互助组发放贷款。NABARD对提供社会中介和金融中介服务的合作伙伴提供能力建设和员工培训支持，并对基层商业银行提供的小额贷款提供再贷款支持。在2002—2003财政年度，NABARD共向26万个新成立的农户互助组提供约1.6亿美元新增贷款。截至2003年3月，NABARD已累计对国内1160万个贫困家庭提供贷款，覆盖全国近20%的贫困家庭。

（三）必须科学处理农村金融开放中存量与增量的关系

2003年以来，改革后的信用社体制具有合作制的外壳（如合作制要求股权较为分散）、集体企业的运作方式（经营者的责权利不统一）和政府的脑袋（管理当局按照政府目标而不是商业目标管理农村信用社），这样的制度安排在现有的企业理论中是找不到任何根据的。县联社归省联社主管。尽管有增资扩股，有资格股和投资股，但信用社主任和县联社主任仍然由上级主管部门任命，股东大会、监事会等成了摆设。由于股东的权利与责任严重不对称，股金变成了定期存款，股东的主要目的是获得贷款上的便利和利息优惠。信用社的激励机制、监督机制、退市机制等与信用社经营息息相关的微观机制在改革设计中几乎没有提及，信用社还是有信贷支农的挡箭牌，道德风险问题仍然没有从根本上解决。

不重视农村信用社的改革，指望成立新型农村金融机构来解决农村金融问题是望梅止渴。同时，即使建立了治理结构完善的新型农村金融机构，它无法生存。因为信用社存在内部人控制，信用社可能通过恶性竞争，将新型农村金融机构驱逐出农村金融市场，出现“劣币驱逐良币”的现象。

现有农村信用社改革试点没有完全吸取企业改革中的经验，我国国有企业改革的成功经验是“抓大放小”；而我国乡镇企业改革的成功经验是改制，让企业经营者拥有相对多数的股份。而现有的股权结构过于分散，代理人成本较高，股东或股东代表大会没有意愿、也很难对经营者形成有效的制约。这一情形与早期国有企业和乡镇企业改制时过分强调职工持股的情形十分类似，而这些企业都无一例外地进行了第二次、甚至第三次改制。一个必然的改革方向是允许一部分股东逐步拥有相对控股的位置，将责权利统一于股东，由股东选择符合任职资格的经营者。为防止大股东掏空信用社，需要立法对信用社的主要股东或控股企业进行监管。总之，开放农村金融市场，引进民间资本重组农村信用社是农村金融改革也是农村信用社改革的必由之路。

（四）农村金融市场开放要重视发展非存款类放贷机构

中国农村金融市场并不缺少存款机构，农村金融市场既有农村信用社、邮政储蓄机构，甚至还有中国农业银行和其他国有商业银行。目前，农村金融机构中，农村信用社、中国邮政储蓄银行和中国农业银行在县城和县以下设有网点。我国农村金融市场缺乏的是贷款机构。因此，现阶段应加快制定放贷人条例，重点发展非存款类放贷机构，既可满足农村金融需求，也能适应现阶段我国的监管能力。中国人民银行推动发展的非吸收存款放贷公司就是这一形式。

为解决非存款类放贷机构后续资金的问题，国际经验清楚地表明，在小额信贷机构发展早期，权益融资是最主要的形式，随着小额信贷机构的发展，商业借款和其他债务融资工具可以作为权益融资的补充形式。为了帮助小额信贷机构获得银行贷款，可以要求所有商业银行将其贷款组合的一定比例用于小额信贷机构的再融资（这方面的国际例子包括泰国、印度、尼泊尔和美国的社区再投资法）。然而，如果小额信贷机构制度能力很弱，引进这一融资方式不能帮助小额信贷机构的扩张。再融资一定要以效率为基础，可以通过小额信贷评级的方式增加这些机构财务绩效的透明度。

（五）开放农村金融市场要注意打破垄断

迄今为止，我国农村金融是垄断的，即没有来自其他改革方式或其他金融组织形式的竞争。没有竞争的好处是使改革可以从容进行，但这是以纵容道德风险为代价的：第一，没有竞争就难以评价不同金融组织形式的优劣，因而也就不能汰劣存优。中国地区差异很大，事实上，没有公平竞争，我们并不清楚哪一种金融组织形式适合哪一个地区，也许合作金融形式适应中西部地区，而商业金融更适合东部沿海地区，但有一点是肯定的，依靠农村信用社或村镇银行一统天下的模式肯定不是最优的制度安排。第二，改革只能成功不能失败。我们会经常听到这样的豪言壮语，但其背后的真实含义是，不管如何，改革总会成功的，或者说，不成功也是成功，因为别无选择。如果说承诺可以推动改革，那么，我们只能承诺改革的次数而不是改革的结果。在新型农村金融机构试点过程中，监管部门为防止新型农村金融机构倒闭，变成了新型农村金融机构的保姆。这一方式无法培育有竞争力、可持续发展的农村金融机构。

三、开放农村金融市场：还需要做什么

我国农村金融改革的总体目标应该是，实现金融支持经济发展方式的根本转变，建立一个符合市场经济需要的、有自生能力的、能够与农村经济发展同步成长的现代农村金融体系新框架。这个新框架主要包括：第一，多元化的金融组织形式共存，打造从非正规金融到正规金融、从私营金融到国有金融、从小型金融机构到大型金融机构的完整的金融机构；第二，不同金融组织形式之间公平竞争，由市场而非政府或监管部门决定什么地方适合什么样的金融组织形式；第三，有序的金融分层，在制度创新的基础上使不同的金融机构能够较好地依托不同的运作平台发挥各自的优势，满足不同层次的金融需求；第四，发展支持性金融中介组织，服务于金融机构，分散金融机构的风险；第五，建立竞争性的监管体制，由中央和地方（省、市、自治区）两级分级监管。

（一）建立分层的监管体制

在国有企业大量改制以后，金融监管部门已经成为我国少有的覆盖面广（至少到县）、地区差异悬殊、监管对象异质性大的全国性专业性监管机构。全国统一的监管有利于金融管制，贯彻中央的宏观经济和金融政策，却难以照顾到各地多样化的金融供给和需求。特别是在目前我国金融改革还没有完成、金融创新方兴未艾的条件下，过于集权的金融监管不利于自下而上的金融创新。由于存在着信息不对称，集中监管的监管成本过高，监管当局偏好于大型金融机构或建立中间管理层次的方式（如设立省联社）分担监管职能，导致中小金融机构的发展空间受到压缩，不利于竞争性金融市场的全面建立。此外，金融监管的主要目的是防范系统性金融风险，监管垄断却有可能将地区性金融风险或金融机构的独特风险向监管当局集中，这在目前我国金融机构普遍面临预算软约束、退出机制缺失、金融监管与管理界线不清的条件下，统一监管可能带来风险过度集中至中央这一级的后果，事实上会加重系统风险。

为了建立多样化、有序分层的金融体系，有必要创新监管模式，实施中央和省两级分级监管。分级监管有利于监管竞争，创造一个相对宽松的监管环境，鼓励适合当地经济发展需要的金融创新，更可以分散金融风险，最终达到降低金融系统风险的目的。国家级监管机构可以着重对全国性的大型银行进行监管，中小银行可以由各省按照当地的具体条件制定不同的监管措施进行监管，这样既考虑到了地区的差异性，也发挥了省级政府在监管方面的积极性和创造性，同时兼职监管的规模效益，可以为中小金融机构的发展创造良好的环境条件。

（二）划清监管与管理的界限

改设立金融机构审批制为登记制，强化退市机制。允许投资者选择适当的金融组织形式，它可以是民间金融组织的形式，也可以是合作金融的形式，更可以选择成为非存款类小额信贷机构，当然也可以注册成为中小银行。不同的地区、不同的成长阶段，金融组织的形式会有所不同，但它们都可以找到最适合自己生存和发展的模式。不同的金融机构所面临的监管要求也不同，金融风险也会得到合理的规避，可以在金融机构的多元化发展和金融监管之间找到一个合理的平衡点。

我国的金融监管体系是政府体制的一个部分，行政干预（或微观参与）是监管的主要手段，如金融监管部门以行政审批的方式人为抬高金融机构特别是民营金融机构的准入门槛，以监管的名义直接影响金融机构的贷款方向，以降低不良贷款而不是以金融安全（如退市机制）为监管目标，以单一标准而不是差别化的标准对金融机构实施监管。金融监管的能力和监管方式在很大程度上影响了金融机构的多元化。因此，农村金融市场开放的改革试点能否成功也取决于监管手段和监管内容的变革。第一，在监管和微观参与之间划清界限，在监管和管理之间建立起一堵“防火墙”，这样既可以防止信用社经营中的道德风险，也可以防止出现过度监管。第二，应该实施“最低监管要求”。严格的监管立法可能扼杀积极的金融创新，这对转型经济来讲非常不利。监管当局的主要目标应该是既防止金融风险，又不把金融市场管死，让金融创新有一个成长的空间，这就是所谓的“最低监管要求”。

（三）建立市场化的退出机制

由于农村金融机构比较分散，监管起来比较困难，信息的真实性存在疑问，必须健全农村金融机构的治理结构，增强其经营的透明度，有效的监管机制才能发挥作用。有效的监管机制应是正向激励的机制，监管正向激励机制最关键的是“及时校正措施”。具体来说，当金融机构资本充足率或其他绩效指标超出某临界值，监管部门就应马上采取措施限制其业务发展和限制分红等，使信用社感到法律与政策的约束作用。如果再往下滑，监管机构就应要求收购兼并。最后要在资不抵债之前关闭问题机构。结合中国的具体情况来看，还必须建立及时有效的退出机制，建立退出机制的关键是对中小存款人利益的保护和补偿问题，因此需要我们及时建立存款保险机制。总之，在开放农村金融市场的同时，监管机构应根据被监管的农村金融机构的发展趋势采取及时校正措施，强化对农村金融机构的监管，同时应建立存款保险制度，才能保证农村金融市场有效运行。

四、有没有低成本的农村金融开放方式

按照金融分层的原则允许不同形式的金融组织形式平等竞争，通过市场机制选择优胜者。过去的经验证明，政府主导下的合作金融模式是名实难符，同时更赋予合作金融额外的政策性任务，理所当然地被认为，只有合作金融才能承担支农的任务。事实上，无论是合作金融还是商业金融，只要存在政府不当干预，都难以可持续发展。合作金融即使勉为其难以信贷支农，其代价必定是非常昂贵的，关键是谁为这一设计“买单”。在这一轮的金融改革中，改革的设计者面临两个可能的选择：要么坚持合作金融模式，并赋予实质内容；要么放弃对合作金融的坚持，转而寻求较为“便宜”的金融模式。不管采取何种形式，政府都不应该先入为主，而应该由市场和投资者来决定哪种形式更适合当地的需要。要做到这一点，在设计上、在制度上和在操作上能不能允许有的信用社不加入县联社？能不能允许一个县有两个县联社？能不能允许有的县联社不加入省联社？能不能给当地的农民选择一个他们自己想要的金融组织形式？能不能为农村金融多样化留点空间和时间？能不能允许更“便宜”的制度浮出水面？能不能让农村信用社改革试点成为真正的试点？

允许成立跨行政区划的农村信用社。实际上干预农村信用

社的行为主要在基层政府，尤其是县乡政府。应允许打破现在信用社辖区与行政辖区（乡，县）完全相重的局面，使一个基层农信社包含几个乡，需要的话也可以让联社包含几个县。这实际上就是目前中国人民银行打破省界把全国划分为几个分行区战略的延伸。每个基层农信社或联社不要包括太多的乡与县，但也不要少于三个。从博弈论的角度来说，两个乡或者县的政府仍然有很大的可能性合作起来向信用社寻租，但三个或三个以上的乡或县合作起来对付信用社的可能性就要小许多。

允许信用社自主选择加入联社，或保留在联社之外。在目前改革方案下，所有的信用社都无一例外地被强制要求加入联社体制，难以有体制外的竞争，形成了事实上的垄断，而垄断是创新的天敌。允许盈利的信用社自主选择加入联社，或保留在联社之外，产生了一个竞争的环境，同时有利于解决信用社的退出问题，对信用社的经营也产生了市场约束。

第三节

农村信用社改革的成效、问题和建议——以江苏省为例[①]

江苏省改革试点主要是围绕农村信用社发展过程中的突出问题进行的。这项改革内容主要包括：（1）重建原有信用社组织体系，将信用社以县（市）为单位合并成统一法人，并成立了省级联合社；（2）加大政府扶持力度，增强信用社财务持续能力，以更好地适应农村经济的发展；（3）在常熟、

① 本节选自农业部软科学课题“农村信用社改革情况调查”（课题编号：200538），课题主持人：褚保金。

张家港、江阴市等经济发达地区，将原有的信用社改组为农村商业银行；（4）对信用社的产权制度、治理结构进行了有意义的探索。改革的目标是：通过转换机制、完善体制、消化包袱、强化管理、政策扶持等综合措施，用三年至五年的时间，使大部分农村信用社改革成为具有自主经营、自我约束、自担风险、自我发展能力的、能够适应农民和农村经济发展需求的金融组织，基本建立起农村信用社自我约束、省联社行业管理和中国人民银行依法监管的管理体制。总体看来，江苏省信用社改革不失为从实际出发的一种现实选择。改革至今，成效已经初步显现。

一、改革的具体措施和成效

（一）重建信用社的组织体系，调整管理体制，充分发挥信用社整体实力

1. 合并法人从制度上明确了县（市）联社与基层社的关系，合并收益初步显现

调整信用社的组织体系是本次改革试点的切入点。基层信用社和县（市）联社在清核资产的基础上合并为一个法人，从制度上明确了两者的关系。原基层信用社改为县（市）联社的分支机构，原基层信用社的社员成为县（市）联社的社员。全省 1746 个基层信用社和 81 个县（市）联合社以县（市）为单位合并为 82 个法人。据我们对 22 个基层信用社的问卷调查，得出了如下结论：第一，法人改革后，有些管理权限、职责的划分基本沿袭改革前的模式①，变化不显著。合同内容（县联社对基层社的考核指标）也基本没有变化，仅是把利润指标改成为利息收入。大部分基层社的信贷权限改革前后没有显著变化；自 1997 年以来，信贷人员和基层社主任也未发生大幅度变化。第二，随着法人的合并，县（市）联社

① 县（市）联社对基层社在法人改革前已初步形成了分支机构的管理模式。

对基层社的管理得到强化：联社对基层社定期和不定期检查的次数明显增加，接受调查的大部分基层社主任认为检查的质量也有了明显的提高。此外，财务管理权、资金调拨权也得到加强。一般的经济理论和许多实践都表明，小型的特别是农村金融机构不同地区的合并会产生明显的效益。

从江苏的实践看，产生的效益主要体现在三个方面：

（1）合并法人后，信用社抗御金融风险的能力显著增强。①从资金实力看，单个法人的平均资本金由合并前的250万元提高到5300万元；平均资产规模由合并前的6000万元扩大到15亿元。②合并法人后，信用社加强了集约化经营，通过规范财务管理，实行了固定资产统一购置、一般费用核定、专项费用报批和费用按月结算等制度，降低了日常营运成本。③资金流动性增强，防范和化解了风险社的支付危机。在信用社实行二级法人体制时，由于区域经济发展的不平衡性，必然造成信用社之间资金分布的不平衡，以致经常发生单个信用社资金充实无出路或头寸不足支付困难的问题，资金流动性差。实现一级法人体制后，联社集中统一管理资金，适时平衡辖区内资金余缺，增加了资金的流动性。据统计，各县（市）联社平均每季度为基层调剂资金约是统一法人前的3—4倍。

（2）县（市）联社统一调度、运用资金，提高了资金的使用效率。①合并法人之前，基层社的信贷额度受到贷存比限制，单笔信贷规模受到资本金限制。合并法人后，基层社贷存比限制取消，改由联社统一控制；县联社资本金规模扩大数十倍。②资金使用得到县联社的统一调度，苏南一些资金富余的信用社可以将形成一定规模的资金投放国债市场和银行间资金市场，从而从整体上提高了信用社盈利能力。

（3）实行一级法人体制后，辖区所有信用社统一核算。盈亏社利润相抵减少了所得税税基，县（市）联社的所有者权益大幅增加。基层社为独立法人时，在计算纳税单位上需要各社或盈或亏分别计算，盈亏不能相抵，导致亏损社亏损越积越多，而盈余社则将利润的相当部分用于缴纳所得税。如苏北某县联社自2000年以来，若以单个基层社为计税单位，则需缴纳所得税1197.9万元；合并法人以来，联社作为一个计税单位，在盈亏社可以相抵的情况下，只需缴纳所得税322.41万元。

此外，合并法人后，县联社统一提取各项准备金，统一核销贷款呆账，加快了县域范围内经营状况较差的信用社消化历史包袱的步伐。县域范围内信用社之间的以肥补瘦，缩小了信用社之间的差距，有利于提高较差信用社的积极性、改善其经营环境和盈利能力，进而提升信用社整体的信誉。

2. 建立省联社，初步形成中国人民银行外部监管与省联社行业自律管理相结合的行业管理体制

世界合作金融发展经验表明，建立金融管理当局外部监管与合作金融组织行业自律管理相结合的行业管理体制，是保障合作金融实现自身特征的必要条件。江苏省的改革在县（市）联社和基层社合并为一个法人的基础上，于2001年底组建了江苏省农村信用合作社联合社。省联社作为省级自律组织，主要由县（市）农村信用社联社入股组成，省联社和县级联社各自为独立法人。

新建的省联社承担了原由各级中国人民银行兼行的行业管理职能，对外不办理存贷款业务。其职责具体包括：（1）制定县（市）信用社各项管理制度，对县（市）信用社的业务经营、财务管理、劳动用工进行稽核；（2）办理资金清算和结算业务，开展资金融通和调剂；（3）提供信息咨询服务；（4）组织职工教育培训；（5）在全省范围内规划建立信用社电子化网络，实现县（市）级信用社的联行往来和数据共享；（6）协调信用社与政府、中国人民银行、工商、税收等部门的关系，维护信用社合法权益。

由上述所列职责可知，省联社作为一个行业自律组织，其职能主要体现在管理和服务两个方面。所谓的管理，是指通过

制定规章制度规范基层社的经营行为，以确保其坚持合作制方向；所谓的服务，也就是省联社依靠自身的组织优势，从事规划电子网络、信息服务以及人员培训等需要大量人力和物力、基层社限于自身能力不愿也无力单独开展的活动。从江苏信用社改革的目标和现状来看，省联社的这种功能和角色定位是恰当的，有利于理顺中国人民银行与行业自律组织之间的关系，改变了以前由中国人民银行兼行金融监管和行业管理之责、既当裁判员又当运动员的不合理现象，有利于信用合作社的规范和发展。

但是我们应当看到，省联社和县联社属于法人管法人的模式。如何划分两者的职能权限显得尤为重要。实践中可能会出现两种情况：（1）县联社不服管。同为法人的县联社是省联社的股东，在省联社与县联社出现利益矛盾时，单纯依靠行业自律难以“服众”。（2）省联社依靠行政手段必然出现统得过多，限得过严。而在省域内，经济发展的不平衡和县联社之间巨大的差异又使得省联社在“发号施令”时难以适应所有县联社的具体情况，从而可能限制县联社的积极性乃至于进一步的发展。

（二）政策扶持增强了信用社的财务持续能力，加快了消化历史包袱的步伐

在改革试点中，中央政府和江苏省政府均采取措施帮助信用社消化历史包袱，摆脱经营困境。中国人民银行对江苏省信用社核拨了5年期的50亿元无息再贷款；在税收方面，江苏省信用社享受“历年贷款呆账分8年直接进入成本核销”等优惠政策。江苏省政府也制定了进一步促进信用社发展的政策：从2000年开始，以后5年每年从信用社营业税收入中提取8%，以建立省信用社风险补偿基金，支持贫困信用社的发展。实行县联社一级法人后盈亏社利润互抵减少了所得税税基，这实质上是地方政府的隐性财政支持。这些政策的落实，加快了信用社消化历史包袱的步伐。由于同一省内不同地区信用社的经营效率存在较大的差距，因此，不同政策的效果也有差异。

1. 50亿元无息再贷款增强了苏北部分信用社财务可持续发展能力

50亿元无息再贷款重点支持了贷款需求合理、历史包袱沉重的苏北地区信用社，并通过控制再贷款资金投向，确保服务于“三农”，实行专户管理，建立了责任追究制。根据我们对苏北某县联社的调查，该联社于2000年和2001年分别从央行获得无息再贷款0.175亿元和0.6亿元，分别节省利息支出48.83万元、167.4万元；这些贷款全部用于发放农户小额贷款，分别可获得利息收入77.44万元、265.5万元。与此同时，信贷资金不足的矛盾得到一定程度的缓解。该县联社每年的贷款余额都有显著的增加，贷存比均超过100%。

2. 省财政风险补偿基金的设立，其实质是对贫困信用社的补贴

综合实力排名在全省后30位的县联社，可得到该基金的补助。据我们对苏北某市的调查，从2000年到2002年，共获得省财政补贴148万元（三年间获得的额度分别是25万元、52万元、71万元），其中55万元用于核销贷款呆账。然而相对于1999年年末全市12886万元的贷款呆账来说，这一补贴只是杯水车薪。

此外，“历年贷款呆账分8年直接进入成本核销”政策对经营状况好、核销能力强的信用社起到减轻历史包袱，提高持续经营能力的作用。但对于经营状况差、历史包袱沉重的信用社而言，则没有作用。

（三）外部监管、政策扶持使信用社支农力度增加

改革试点是在中国人民银行和江苏省政府领导下直接展开的，属于自上而下的供给型制度变迁。这一变迁过程的优势在于有利于供给方将其目标贯穿于制度变迁过程中。从江苏的实践看，本次改革着力于解决信用社的支农问题，并密切与农民

的联系。中国人民银行通过外部监管，将农业贷款的投放量、增长幅度、资产质量和农户贷款的覆盖面纳入了年度工作目标考核体系中。联社和基层社统一法人后的组织体系可较好地保证全县基层社的支农目标。此外，考虑到农业贷款和农户小额信贷的高成本性，政策扶持亦是必要措施之一。

改革试点后，农户贷款面明显扩大，农业贷款比重明显提高。至2001年9月末，贷款支持的农户由210万户增加到281万户。全省信用社贷款余额达232.8亿元，同比增加60.4亿元，增幅35%，高于其余贷款增幅达15.6个百分点，占整个金融机构农贷余额的比例由72%上升到79%。苏北一些信用社还改进了服务方式，简化了农户贷款手续，大力推广农户小额信用贷款和农户联保贷款。

但是，应当看到，信用社在积极支农的同时却存在着自身经营上的问题。据我们调查发现：（1）虽然小额农贷效果较好，但发放农户贷款一般每户1500—6000元不等，一般每个信贷员每年信贷额度有500万元，信用社信贷人员明显不足，而另一方面信用社却面临要“减员增效”的压力。（2）小额贷款之外的“三农”贷款风险高，农业保险等配套措施缺乏，并且信用社普遍缺乏有经验、懂经营技术的信贷人员。50亿元的无息再贷款若运用不当，将会增加新的包袱，加重信用社的负担。（3）县（市）联社受地方党委领导，“支农”和支持地方经济发展的政策导向可能会被滥用，进而产生新的以行政命令发放的低质量贷款。

（四）因地制宜建立了股份制农村商业银行，推动农村金融组织向多元化发展

农村经济发展的多层次性必然要求不同的金融组织形式与此相对应。从这一意义上讲，江苏省三家农村商业银行的建立，体现了市场导向的原则。这也体现了农村信用社必须根据经济发展水平和自身条件，采取适合当地特点的具体组织形式这一特征。在这些地区，传统弱质产业逐渐消失，工商企业成为主要生产单位，农户已经变成工人或企业主，金融需求结构发生了变化，第二、第三产业占主导地位的农村经济中，经济主体不仅贷款需求量大，而且需要提供综合化、国际化的金融服务。另一方面，信用社合作制的原则也已经基本丧失，若按合作制的原则规范，可能要支付较高的改革成本。因此，按股份制建立农村商业银行是理性的选择。信用社组建为股份制农村商业银行后，有利于形象的整体提升，有利于业务范围的扩大和业务种类的增加，实现综合化的商业化经营等。因此可以说，农村商业银行改革既是改制求生存与发展，也是农村信用社改革的内在要求，还是顺应当地社会经济发展的要求。在这些经济发达地区，在市场需求和同业竞争的驱动下，其经营活动与商业银行已没有明显差别。其承担的支持“三农”的任务，相对于其较大的资产规模，所占比例很小，处于从属地位，伴随着管理能力的提高，完成支农这一政策义务将寓于其经营目标之中。

当然，三家农村商业银行与原来信用社相比具有一定的优越性，并不等于对于现有的信用社来说股份制要优于合作制。这应由当地产业结构、市场需求、信用社经营状况等多因素决定。改制后的农村商业银行将依然存在经营目标的冲突、支农信贷难以解决以及产权结构与法人治理结构还欠规范等问题。从长远来看，我国农村与城市的经济融合（城乡一体化）是不可阻挡的，随着我国工业化和城镇化向纵深发展，这种融合将使立足于传统支农业务的农村信用社失去其基本的生存空间。农村商业银行的建立，对于农村信用社向多元化方向发展是有益的尝试。

（五）对信用社的产权制度、治理结构进行了有益的探索，形式上有所突破

各地均按照象征着现代企业制度的决策机构、执行机构、监督机构相分离的原则和所有权和经营权相分离的原则对信用社的内部管理体制进行了改革。同时按照江苏省银行业监督管理局（以下简称银监局）的要求，对董事会和监事会成员的构成作出安排，一是限制内部管理层在董事会和监事会中任职的人数，二是考虑了不同利益主体的代表人数，如法人代表人数和自然人代表人数。为了保护中小投资者的利益，确保董事会按照最大化股东利益的要求进行决策，各地还设了独立董事或独立理事。

产权制度的变动关系到多方利益的调整。信用社采取何种产权形式，理论界也尚未给出定论。信用社产权制度改革是信用社改革的核心之一，其目标都是使其产权清晰，意在落实信用社风险的最后承担者。除三家农村商业银行改革外，又以“在合作制的基础上借鉴股份制”的指导思想，分别在苏南、苏中、苏北各选择一家资能抵债、经营状况良好的县联社进行了产权改革的试点。其基本做法是：对试点单位的原股金按1∶1的比例转股或退股，在此基础上增资扩股。在股权设计上，设计了普通股（即A股）和优先股（即B股）。从理论上讲，普通股股权可以转让，但不得退股，这样可以保证股本金的相对稳定性。持有普通股的社员可按股份推选代表，也能克服合作制民主管理中一人一票的局限。优先股参与分红但不参与管理，且可以随时退股。

三家试点单位股权相对于改革前相对比较集中。但单个法人或自然人持大股仍存在政策上的限制：单个法人入股不得超过信用社资本总额的10%，单个自然人则不得超过2%。以丹阳市为例，试点前共有入股社员10.86万户，共有股金1292万元。增资扩股后，入股社员1878户，股金总额4092万元，其中普通股912户、1884万元，户均2.07万元。由于股权依然比较分散，普通股社员能否在真正意义上或在多大程度上关心信用社的经营、承担信用社的经营风险，尚存有疑问。

产权改革试点体现了股份合作的特征，在普通股和优先股的设计上体现了合作制和股份制原则，其出发点是要兼顾信用社商业化倾向与为“三农”服务的宗旨，但从试点的实际结果看并未达到预想的目的。鉴于优先股的变动比较大，不利于股本金的稳定和抗御风险，江苏省在进一步扩大和推广产权制度改革中取消了优先股，增资扩股时全部改为了普通股，即产权制度的设计由股份合作制向股份制转化。从理论上讲，这种变化将会增强信用社的商业化倾向。在这种情况下，如何使信用社在商业化的运作中兼顾服务“三农”，是值得进一步研究的课题，也是信用社深化改革的难点之一。

二、改革后尚未解决的问题

（一）省联社的管理职责、权限不清

一方面是目前的省联社将行业管理与商业经营混合，将政府的管理职能与商业机构的职能混合，省联社与农信社存在种种利益关系；另一方面是省联社和银监局的关系没有完全理顺，这种管理体制使得信用社很难成为真正的现代金融企业。另外农村商业银行、农村合作银行虽然脱胎于农信社，但改造后，无论是投资主体、管理体制、运行机制都与农信社有很大的区别，因此省联社用管理管理农信社的模式来管理农村商业银行和农村合作银行，势必带来矛盾和阻碍。

（二）服务“三农”的问题

改革后的农信社一方面要按市场规律进行商业化经营，在市场约束大大加强的前提下，农信社必然会更追求盈利性；另一方面要承担沉重的政策性贷款任务，信用社在信贷支农的挡箭牌下，道德风险问题不可避免。因此，信用社改革应与农村金融的其他改革相配合，将政策性支农与商业性贷款加以区分。从目前和长远来看，农村信用社具有很强的商业化发展趋势，而一个完善的农村金融市场，绝对需要商业化金融的存在，与其让农村信用社在“政策”与“商业”的夹缝中求生，

不如引导农村信用社在市场化发展中支持农村经济的发展。

（三）农信社完善法人治理结构未取得实质性进展

从社员入股动机看，农户和法人入股一方面是期望获得较高股息收入，另一方面是为了贷款方便；职工入股是为了保住岗位。实际上股东们对农村信用社重大事项决策的权力并不清楚或重视。虽然各市（县）联社健全了“三会”制度，但实际上难以发挥作用。如泗洪市农村合作银行原主任担任理事长，原副主任担任行长，重大事项决策权还是掌握在理事长（原主任）的手中，权力结构没有任何改变，只是形式上的不同而已。与农村信用社经营息息相关的微观机制的改革，如激励机制、监督机制、退市机制等还没有明朗化。农村信用社按照现代金融企业制度进行商业化经营，还有一段漫长的路要走。

（四）股权过度分散带来内部人控制问题

以常熟市农村商业银行为例，该行有 21 个法人股东，其中最大股东认购 200 万股，占总股本的 1%；2052 个非职工自然股东，最高认购额为 10 万元，占总股本的 0.1%；769 个职工自然股东，银行管理层最高认购额为 10 万元。目前该行股权过于分散，股东人数过多，特别是小股东较多，单个股东持股比例偏低。泗洪市农村合作银行和兴化市农村合作银行股权结构更为分散。股权结构过于分散，股东就不能够形成作出有效经营决策的力量，甚至一些小股东就不关心银行的经营发展。这样一来，银行的经营决策权还是掌握在内部人手里。

（五）农信社内部经营管理制度仍需进一步完善

以泗洪市合作银行为例，其不良资历产率呈逐步下降趋势，从 2002 年的 12.1% 下降到 2004 年的 8.4%。但是 2002—2004 年不良贷款额分别为 71666528.58 元、81516444.05 元、

77647646.89元，总体来说有上升的趋势，同时总资产增长的绝对额比不良贷款上升的绝对额大，可以说不良资产率下降有很大一部分因为是资产增长稀释了不良贷款的结果，而不是因为该合作银行完善内部贷款管理制度，减少不良贷款的结果（表4－5）。

表4－5　泗洪市合作银行不良资产率　单位：万元

年份	逾期贷款	呆滞贷款	呆账贷款	资产总计	不良资产率
2001年	182	6280	7052	59313	12.1%
2002年	1517	6345	289	71950	11.3%
2003年	847	6613	3055	92872	8.4%

（六）农信社考核方法单一

考核方法分为对县联社主任和对基层信用社的考核，无论是对县联社主任考核还是对基层信用社的考核，考核的方法都比较单一（只是简单地把考核成绩与物质利益挂钩），而且只有短期的考核（季度或一年）。这样的考核方法对激发联社主任或基层信用社员工的工作积极性和创造性效果并不大。

（七）中国邮政储蓄银行的出现对农村信用社形成冲击

2007年3月6日，中国邮政储蓄银行正式成立，与农村信用社争夺部分优质客户，导致农村信用社盈利下降。在农村信用社经营亏损的地区，可能会出现挤垮农村信用社的现象。这对农户的融资状况也许是雪上加霜。

三、对进一步开展农村信用社改革的建议

（一）省联社要确定行业标准，对农村商业银行、农村合作银行及各级联社应该采用不同的管理方式

在地方经济和金融较发达在区如常熟，在相应的配套措施和安全防范措施到位的前提下，允许其开办一些新业务，提高

竞争能力，提高为本地农户、企业服务的本领和功能。同时进一步理顺省联社与银监局、省联社与信用社农村商业银行、农村合作银行的关系：农信社进行商业化经营；银监局要加强对农信社资产质量监管，督促其对法人治理结构和内控制度的进一步改革；省联社代表省政府对农信社进行管理，要为农信社的发展提供技术支持和必要的服务。

（二）进一步完善法人治理结构，完善微观治理机制

要加强董事会的力量，提高董事会应对市场变化进行有效决策能力。法人企业要派对金融有所了解和研究，擅长管理的人员参加会议，以保证在会董事能真正发挥作用，履行职责。董事长应进一步转换观念，加大授权力度，使行长能够真正行使正常职权，进行经营管理。另外，要积极引进高级管理人才，改变目前由省联社负责高级管理人员的提名和审批，要把用人的权力下放到董事会，通过对外公开招聘引入人才。

（三）进一步完善股本结构

农村合作银行、农村信用社、农村商业银行是以县域为单位的区域性金融机构，资本补充的渠道过于单一，资本补充的空间和潜力不大，因此探索一套可行的资本补充机制是保证农信社实现可持续发展的一个重要课题。针对目前股权分散，单个股东持股偏低，部分小股东不关注银行经营的实际情况，可以考虑引进战略投资者，如一些外资银行、国内股份制银行和有实力的企业。另外可以适当提高管理人员的股权比例，达到重股权收益、轻薪金收益的效果。

（四）农信社改革的目标应定位于农信社商业化经营及可持续发展

这样有利于农信社风险防范及满足农户和中小企业的贷款需求。改革的目的不应当将农信社束缚在服务三农的政策目标上。在经济相对落后地区，由于农民原有积累少、农业基础薄弱，“三农”问题的解决客观上需要政府的扶持和帮助。这些地区的农村信用社普遍存贷规模小，包袱也很沉重，如果让他们承担政策性支农任务，必将是心有余而力不足；在经济发达地区（如常熟），虽然其资产总量比较高，经营状况比较好，但是也面临激烈的市场竞争（其主要竞争对手是中国农业银行），服务“三农”的帽子限制了该行向城市客户伸展，发展空间受到束缚。既然农村信用社要在市场条件下自主经营，那么服务“三农”就不是农村信用社的义务，政府不应该强制农村信用社资金的自由使用，如果要进行政策性扶贫，政府必须划拨专项资金，把政策性支农和商业化经营区分开来。实践也证明，农村信用社的商业化经营与支持“三农”并不矛盾，与优化农村产业结构、帮助农民脱贫致富并不矛盾。因为农村产业结构的优化，既能为农村信用社的运营创造良好的环境，又有助于农民脱贫致富，这也是长效的支农方式。

（五）引入竞争机制和退市机制

目前，农信社在农村金融当中处于垄断地位，垄断不利于农信社效率的提高和农村金融的发展，中国邮政储蓄银行的出现、公平适当的竞争（应防止中国邮政储蓄银行因国家政策而拥有的利率优惠挤掉农信社）将会使农信社产生危机感，促使其深化改革，完善内部经营管理，从而提高效率。如果在公平适当的竞争下，农信社因中国邮政储蓄银行的出现而亏损更加严重，那么就优胜劣汰，让农信社退出市场，让中国邮政储蓄银行承担面向“三农”的金融服务。

（六）加强农信社内部的经营管理是提高其盈利能力的根本所在

在经营方面，信用社要健全并严格执行科学的贷款制度。为避免或减少贷款风险的发生，提高贷款的经济效益，就必须建立和健全信用社内部贷款管理制度。在划分贷款责任的前提下，明确奖惩条件与标准，实行“奖优罚劣”，将管理工作的业绩与有关人员的利益挂钩，建立信用社“激励—约束”机制。另外，还要建立贷款质量的监测制度，对贷款进行事前审查、事中控制、事后检查，把贷款风险最小化。在管理方面，建议进行个性化管理。另外农信社要加强硬件方面的建设。必须加大科技投入，加快电子化建设步伐，提高电子化服务手段。

（七）建立有效的激励和约束机制

1. 建立经营班子的市场选聘制度

由于经营班子的管理素质、能力、责任心、品德以及努力程度直接影响信用社的经营状况，甚至决定信用社的成败与兴衰，这就需要在制度上保证对每一个进入经营阶层的人都要进行反复筛选、严格把关，经营班子的选聘权归理事会。

2. 建立有效的激励机制

对经营班子的激励应把经济利益与其经营绩效挂钩，使其分享相应的资产利益，承担相应的资产责任，促使他们通过谋求信用社长远发展和利益最大化来实现自己的利益。在报酬分配上，对经营班子设置形式多样的报酬方法，如薪金、奖金、在职消费；同时，在政治上对取得优秀业绩的经营班子给予相应的荣誉和社会地位，使其享受经营成功的精神乐趣，从而形成积极向上的动力和不进则退的压力。

3. 建立有力的约束机制

对经营班子约束，可以通过内部与外部两个方面进行，内部主要有信用社章程约束、监事会约束、机构约束。外部主要有法律约束、市场约束、道德约束及媒体约束。同时，为防止经营班子滥用职权、以权谋私，还应加大执法力度，提高违约成本，使其不敢以身试法。

第四节

农村资金互助合作的机制与绩效①

在所有非正规金融形式中，以成员为基础的资金互助形式，是一种具有悠久历史并在发展中国家较为常见的非正规金融组织，它存在于全世界五大洲80多个国家和地区。互助组织通过资金在团体内的动员和流转，为居民提供了一个低成本融资渠道，并促进居民的消费和投资。在较多发展中国家，正规金融部门发展滞后，居民缺乏低成本和高效率储蓄和贷款的渠道，以资金互助形式存在的非正规金融组织能够在一定程度上弥补正规金融部门的不足。与正规金融机构相比，互助组织等非正规组织具有一定的信息优势、担保优势、交易成本优势，并能够充分利用本地知识（local knowledge），这也是互助组织之所以具有顽强生命力之原因。

资金互助社是合作金融的形式之一，但又不同于农村信用社，属于合作经济与金融在农村地区自发的制度创新的产物。2007年1月22日，中国银监会发布了《农村资金互助社管理暂行规定》（银监发〔2007〕7号）、《农村资金互助社组建审批工作指引》，并在2007年2月4日印发了《农村资金互助社示范章程》（银监办发〔2007〕51号），将农村资金互助组织界定为新型银行业金融机构，并确定首先在四川、青海、甘肃、内蒙古、吉林、湖北6省（区）的农村地区开展试点。同时在2007年2月中旬批准了吉林省梨树县闫家村百信农村

① 本节选自农业部软科学课题“农户资金互助组织问题研究”（课题编号：Z200814），课题主持人：何广文。

资金互助社和青海省乐都县雨润镇兴乐农村资金互助社按照新的规范筹建。2007 年 3 月 9 日，按照新规则正式注册的吉林省梨树县闫家村百信农村资金互助社正式开业。这是中国政府促进农村自发金融创新的产物——农村资金互助组织——正规化、规范化发展的重要举措，资金互助组织正式进入正规金融体系，昭示了农村资金互助合作组织在中国正规化发展的前景，也预示着在中国现有正规金融制度安排之外产生了真正的、正式的合作金融制度安排，标志着一类崭新的农村银行业金融机构在中国农村地区正式诞生，也标志着中国政府在着力解决农村金融供需矛盾方面迈出了重要步伐。

一、资金互助合作社的运作特征

在中国各地不断被复制和推广的资金互助合作社，其组织的基本形式和原理大同小异，即基于一定社区（村）、一定经济区域的全部或部分村民和小企业，按照一定规则出资，组成仅限于成员间不断借贷的信贷基金，满足成员的小额信贷资金需求（图 4－1）。

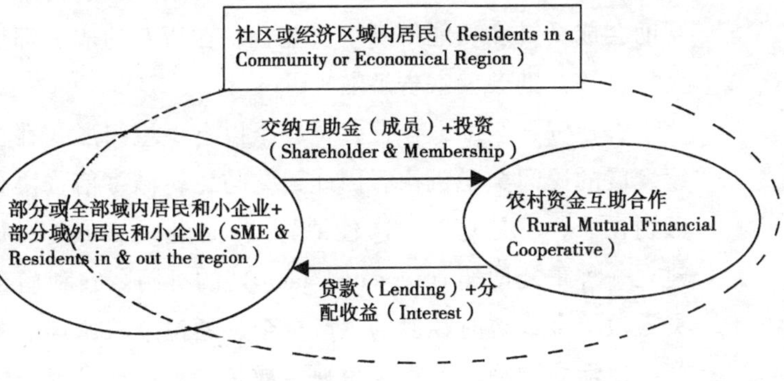

图 4－1　农户资金互助合作的运作原理

按照中国银监会《农村资金互助社管理暂行规定》（银监发〔2007〕7 号）要求，农村资金互助社是指经银行业监督管理机构批准，由乡（镇）、行政村农民和农村小企业自愿入股组成，为社员提供存款、贷款、结算等业务的社区互助性银行业金融机构。农村资金互助社应在农村地区的乡（镇）和行政村以发起方式设立，有10名以上符合本规定社员条件要求的发起人；在乡（镇）设立的，注册资本不低于30万元人民币，在行政村设立的，注册资本不低于10万元人民币，注册资本应为实缴资本。单个农民或单个农村小企业向农村资金互助社入股，其持股比例不得超过农村资金互助社股金总额的10%，超过5%的应经银行业监督管理机构批准。社员入股必须以货币出资，不得以实物、贷款或其他方式入股。而在中国银监会《农村资金互助社管理暂行规定》出台之前，农村自发产生的资金互助组织，出资规则是成员自己讨论制定的。

很明显，资金互助合作社与世界范围内以轮转储蓄信贷协会形式普遍存在的互助会的功能类似，都是通过集体合作来缓解资源约束的渠道（Bouman，1995），但又不同于轮转储蓄信贷协会。轮转储蓄信贷协会通常由若干数量的成员组成，每个成员按规定在互助会存续期间每隔一定的时间捐出一笔资金（或一定数量的实物），从而汇集成一笔数额较大的基金，并在各期将这笔基金轮流交给各个成员使用。一般情况下，每个互助会成员最多只能得到一次基金，在所有的成员都得到该基金后，该互助会就宣告解散。

农户资金互助合作社，是一个以自主组织形式存在的可持续发展的民间金融机构。因此，它与轮转储蓄信贷协会的最大区别在于，不是基于一次性博弈（one time game），而是试图建立一种重复博弈（repeated game）的机制。它利用合作社成员零散资金或暂时让渡的生产资金，通过余缺调剂解决成员生产、生活中的临时性资金短缺，或是满足成员发展个体工商业务的资金需求。

在运作机制上，各地自发创新的资金互助社有一定差异，但也有一些明显的共同特征：

1. 股金设置上实行多样化，有利于合作社多渠道融资一般设有四种股金：资格股、投资股、流动股和国家社会公共股，并且，农民身份社员和非农民身份社员入股要求有差异。按照《梨树县百信农民资金互助合作社章程》规定，资格股，农民股每户社员200元，非农民股500元，并且，3年后可申请退股；投资股，2年后可申请退股；流动股，按约期支付。为壮大资金互助组织，吸引更多居民加入互助，股金在决算后按照银行利息积数方法计算分红，流动股实行惠顾返还。流动股低于1个月的不计股息，3个月股利0.9%，6个月1.5%，9个月1.8%，12个月2.1%。每股金额为1元，单户投资股不得高于总股本的5%。国家社会公共股接受国家和社会对合作社扶持资金，股金产生的收入主要用于合作社维持费用和公共积累或用于合作社社员借款贴息。公共股不参与管理，实行国家和社会监督。这种股金设置办法，虽然不是绝对符合经典的合作制原则的要求，但与国际上普遍存在的现代合作金融制度变迁的趋势是一致的。打破了经典合作社股金不分红的做法，在社员资格股以外设置其他股金。

中国银监会《农村资金互助社管理暂行规定》和《农村资金互助社示范章程》对社员股金的设置规定是："本社每个农民社员入股金额起点为×元，每个农村小企业社员入股金额起点为×元，入股金额为元的整数倍"、"单个农民社员或单个农村小企业社员入股金额不得超过本社股金总额的10%"。实际上是参照了农村信用社改革过程中的股权设置办法界定了农村资金互助社的股金设置的制度安排，与民间自发产生的资金互助组织的股金设置思路是不一致的，不符合合作制原则的基本要求。从这一点上看，真正按照中国银监会《农村资金互助社示范章程》的界定组建的农村资金互助社，包含有异化成非合作金融组织的可能。民间自发产生的资金互助组织的股金设置办法，更有利于保障组织本身的合作性。

2. 有利于风险控制与管理、保障资金流动性借款额度设定农民社员在其股金额度内借款，实行信用借款；超过股金额度借款，需要3—5户社员联保，且每户社员借款最高额可达其股金总额的6倍。比如一个社员的股金为1000元，他最多可以借款6000元。单户借款最高不能超过资金互助合作社总股金的10%，最高十户借款总额不能超过总股金的50%，3个月以内借款不得低于总股本额的30%，以有利于增强资金的流动性，控制流动性风险，防止支付危机的发生。本社开展自营业务（农业生产资料与农产品的购销业务），不得超过互助资金总额的50%。

3. 资金只能在社员内部有偿使用，非社员可以有限制性借贷，且实行差别利率

章程中大多规定，10日之内的临时性资金需求免息，以充分体现互助精神。超过10天，按一个月利率计算。利率确定原则是根据当地的民间借贷及农村信用社的利率情况，半年内借款低于农村信用社利率，九个月借款利率略高于农村信用社，一年期借款与市场利率持平（表4－6）。一方面，鼓励社员需要较长期限借款时向正规金融机构申请，另一面可以防止社员从互助合作社借款去搞民间借贷。非农户成员借款不得超过自有股金的80%。

表4－6　　吉林省梨树县百信农民资金互助合作社和河南省兰考县南马庄资金互助协会贷款月利率安排

	10日内	1个月	2个月	3个月	6个月	9个月	12个月	逾期
百信	免息	6‰	6.6‰	6.9‰	7.2‰	7.5‰	9‰	18‰
南马庄	免息	7.2‰	—	8.1‰	9‰	9.9‰	12‰	18‰

资料来源：根据《吉林省梨树县百信农民资金互助合作社章程》和《河南省兰考县南马庄资金互助协会章程》整理。

4. 建立了一种随农户资金需求扩大而自动充实资本的机制

资金互助合作社章程规定，每户社员借款最高额可达其股金总额的6倍，由此确立了社员股金与贷款最高限额之间的比

例为1:6。如果农户资金需求提高，则需要增加入股资金。由此，建立起了资本金随农户需求增长而自动增长的机制。

二、资金互助合作的业务绩效与制度绩效

第一，资金互助不仅使农户获得了资金服务，满足了零星、小额的资金需求，填补了农村正规金融的不足，更重要的是农户有了负债意识、正确的金融意识，培育了农村信用文化，改善了农村金融生态。据对河南省兰考县贺村、南马庄、胡寨资金互助协会和吉林省梨树县百信资金互助合作社的考察发现（表4－7），其平均贷款规模占当地县域GDP的比重均较低，符合国际上小额贷款机构普遍具有的小额贷款的典型特征，有利于覆盖和满足更多成员的资金需求。从借款用途而言，既有生产性借款，还有生活性借款、投资性借款。具体用途包括购买种子、化肥、农药、发展养殖业（猪、鸡、鹅）、种植食用菌、购置农用车和收割机、经营小百货、家具加工、建房甚至红白喜事等，出现较突出的多样化特征。

第二，资金互助合作社是在血缘、地缘、亲缘关系基础上的自发创新成果，互助组织内成员间彼此了解，信息对称，具有相互信任的原始制度基础。通过建立资金互助组织，就在共同的价值认同感的基础上建立起了一定的信任共同体，形成以信任为载体的社会资本，并通过合作理念的教育和培训，使得信任共同体更加巩固。同时，为了防止信任共同体中个别成员的滥用信任资本的机会主义行为的发生，还自动启动了一定的惩罚机制，一是借款不还需要支付较高的利息成本，二是会受到来自邻里间的社会压力（peer pressure）。因此，在资金互助合作社运转过程中，不良资产率一般较低（表4－7）。由于其组织运转成本较低，因此，即使在互助资金规模有限的情况下，也可能取得较好的经济效益，实现财务上的可持续发展。2005年期间，南马庄资金互助协会，就实现了财务上的可持续性，91个成员共分得红利1295.67元。

表 4-7　河南省兰考县贺村、南马庄、胡寨资金互助协会和吉林省梨树县百信农民资金互助合作社贷款基本要素

	互助金总额：元	平均放款额度：元	放款笔数	不良贷款占比%	平均放款额占人均GDP%	最长期限（月）	单笔高放款：元	单笔低放款：元
贺村资金互助协会 2005年1月12日—2006年6月12日	38000	2158.5	41	0	106.6	6	5000	500
南马庄资金互助协会 2005年1月—2006年7月20日	33350	1471.1	52	0	72.6	9	3000	200
胡寨资金互助协会 2005年3月—2006年7月21日	35400	1764.7	17	0	87.2	6	3000	500
百信资金互助合作社 2004年7月10日—2005年7月20日	22800	2539.3	28	0	29.4	9	5000	1000

第三，有利于引导民间借贷活动。农村资金短缺问题突出，农民向正规金融部门贷款难。为引导民间借贷，中国人民银行安徽明光市支行，对该市潘村镇农民自发组织的“亲友资金互助会”进行辅导，健全规章制度，规范日常互助程序。在农户自愿认缴互助金的基础上，成立了兴旺农民资金互助合作社。对农村普遍存在的“抬会”、私人借贷等民间融资不规范行为是一种示范。农户有了交易成本较低的融资渠道，对民间不规范的金融交易行为是一种排挤。农民资金互助合作社的出现，有利于民间借贷行为由地下转为地上，将为民间融资行为提供可行的组织化通道。

第四，促进了农村金融机构和农村金融供给的多样化和多元化。资金互助合作社是一种内生性的、农民自己的金融组织，是“弱势群体”在农村正规金融无法满足金融需求情况

下的一种需求诱致性的自发制度创新，是一种“自救行为”，因而最贴近需求、最能满足农村金融需求。它的产生，其一表明农村金融体制改革仍无法适应农村经济发展的需要，不能满足农民的资金需求。其二也说明合作制的组织形式在中国农村是有土壤的，是从实证角度改写“中国没有一种合作制机构真正成功过”的历史。其三，农民资金互助合作社的自发产生，本身也表明了农村金融组织应该是多元化的。农民资金互助合作社是对现有农村信贷市场的必要补充，是在商业信贷市场之外的一种“微型融资”的途径。其四，还实现了农业与金融的有机结合，实现了农业产业资本和农村金融资本的有机结合。其五，日益增长的贷款需求和来自成员内部的储蓄积累，也使农村资金互助社成为促进农村资金留在农村的最好载体。

第五，可以成为农村正规金融机构向中低收入群体提供金融服务的载体。安徽省明光县兴旺农民资金互助合作社章程规定的业务范围包括：开展资金互助，服务入社社员及本村农民；与当地农村信用社、农业银行建立合作机制，特定情况下以合作社出面为社员转贷贷款，或为社员贷款进行担保等。同时规定，合作社不以任何形式进行非法集资，只以其社员交纳的互助保证金承担相应的风险责任。尽管农民资金互助合作组织最贴近需求，克服了正规金融机构发展过程中长期存在的信息不对称、交易成本高、不良资产严重等问题，但农民资金互助合作社资金实力有限。这样，就可以建立一种“农村信用社＋资金互助合作社＋农户”的信贷机制（图4－2），农村信用社或者直接将资金通过资金互助合作社贷给农户，或者贷给资金互助合作社，再由资金互助合作社转贷给农户，或者由资金互助合作社将筹集起来的资金入股农村信用社，再以入股资金对农户向农村信用社申请贷款提供担保，发挥杠杆效应，获得多倍的资金供给。后者也被概称为“股权信贷模式”，发端于吉林省梨树县。

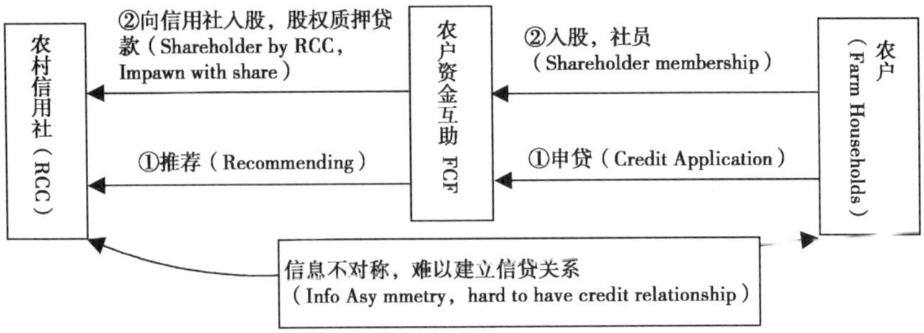

图 4-2　资金互助与正规金融的关联机制

资金互助组织根植于社区和村庄，因此，比农村信用社和其他金融机构更了解农户，具有较强的信息优势。农村信用社通过资金互助组织放贷，实际上是利用了这种信息优势。资金互助组织在向农村信用社推荐客户的过程，也变成一个信用筛选过程（peer selection），那些不讲信用或者信用度较低的农户，自然得不到推荐。逐渐地，资金互助组织还可以由此演化成一个维持信用状况的载体，加入资金互助组织的农户逐渐发展成为一个信用共同体。农村资金互助组织在将民间资本转化成农村金融资本、实现农村金融制度创新的同时，还通过“股权信贷”方式改变了传统的“农村信用社——农户”的信贷模式，形成“农村信用社——资金互助社——成员”的新模式，一方面降低了正规金融机构（农村信用社）贷款运行成本，另一方面以联保的方式降低了金融机构的金融风险，克服了单户农户申贷能力不足、获得贷款难的问题，扩大了农户资金融通渠道。

第六，与以前的农村合作基金会有本质的区别，两者产生和发展的基础也不同。农村合作基金会最初是“管好用活集体资金”的产物，而资金互助合作社完全是为了调剂资金余缺的产物；资金互助合作社完全独立于政府运作，而基金会受政府的干预较强。农民资金互助合作是基于成员之间的资金动员与资金流转，只有那些符合中国银监会《农村资金互助社管理暂行规定》（银监发〔2007〕7号）要求、并经过中国银监会批准设立的农村资金互助社才能够吸收其成员存款，即使不具有财务上的可持续发展能力而不得不清算，也不会危害公众利益。而农村合作基金会却变相吸收存款。因此，资金互助合作社不会走原来农村合作基金的老路。

第七，农村资金互助社的发展壮大，将会在一定程度上对农村信用社构成竞争，竞争会让农村信用社感到生存与发展的压力，有利于促进农村信用社改善服务机制、完善组织结构和强化风险控制等。

第八，农村资金互助组织大多数均是在社区经济合作组织基础上派生出来的，资金互助合作与产业合作共生，形成了综合性合作经济组织的雏形。日本的合作金融与生产合作、销售合作就是结合在一起，日本综合性农协的成功为以小农为基础的农业社会综合性合作组织的成功提供了成功的案例。

三、完善资金互助合作组织运作机制的几点思考

第一，资金互助合作组织发展和运作中的培训需求突出。农村资金互助社的广泛发展，表明农户有合作需求，并且也愿意合作，合作的基础是存在的。但是，合作成功的关键在于健全的合作意识、健全的合作理念和金融意识的存在以及对合作原则的正确理解和把握。笔者在调研中发现，较多资金互助组织的管理者，在合作决策中均表现出一定决策理性的有限性，因而出现决策行为的不规范性，例如金融风险意识较差、贷款发放与回收行为不规范、逾期贷款处理方法不适当、财务管理制度不健全、会计核算制度不规范等。

第二，在股金退出上设置了一定障碍，可能影响农户、非农户和微小企业成为社员的积极性。从部分农村自发产生的资金互助合作社股金界定上可以明显发现，资格股在三年之后方可申请退股，投资股二年之后方可申请退股。中国银监会《农村资金互助社管理暂行规定》中也提出，“凡要求退股的，

农民社员应提前3个月、农村小企业社员应提前6个月向理事会（不设理事会的向经理）提出，经批准后办理退股手续。”在社员退出上设置了一定的障碍，规定了要在一定时期后才能退股。与合作原则的“入社自愿，退社自由”的要求是有差距的。而在真正的合作制下，退出不应该是有条件的。

第三，股东权利设定上的不平等性。农民社员投入200元就获得社员资格，且农民社员每增加400元就可以增加一个投票权，而非农民社员要500元才能获得社员资格，且非农民社员要每增加1000元才可以增加一个投票权（表4－8）。这些规定不利于调动非农民（城市居民）入社，也不利于合作社广泛筹集资金，可能有碍于资金实力的扩张。

中国银监会《农村资金互助社管理暂行规定》也界定，农村资金互助社社员参加社员大会，享有一票基本表决权；出资额较大的社员按照章程规定，可以享有附加表决权。该社的附加表决权总票数，不得超过该社社员基本表决权总票数的20%。实际上，对持较多股份者的激励也存在一定的不足。

表4－8　资金互助合作社的表决权制度安排

	资格股	投资股	流动股	国家社会公共股
一票表决权	农民社员200元	农民社员每增加400元	没有投票权	不参与管理
	非农民社员500元	非农民社员每增加1000元		

第四，非农民社员和社会组织借款数不得超过其自有股金总额的80%，不利于互助社更多地吸收社会股金。

第五，注意不要把资金互助合作组织办成福利机构、公益机构。资金互助社要参与提高互助社成员、所在社区居民的福利水平，改善社区公共产品供给，是互助社义不容辞的职责，但互助社本身不是福利机构。

第六，应更好地发挥资金互助与生产合作相结合的优势。促进农村产业结构调整，特别是促进传统种植业结构的调整在农村各种合作关系的构建中，生产合作与资金互助一般是并存的。但在一定的社区范围内，经济合作社的成员不一定完全是资金互助的成员，经济合作社的成员也不一定完全是专业生产合作的成员（图4－3）。这种社区合作组织的交叉性和社区成员的选择性参与，正好体现了合作的自愿原则。但是，笔者在调研中发现，在所有合作关系中，只有那些加入了经济合作社，同时又是资金互助组织的成员和生产合作的成员的农户，才能够享受到最大的合作收益。即只有当“农户”＝“资金互助成员”＝“生产合作成员”＝“经济合作社成员”时，农户合作收益才能实现最优化。例如，一个缺乏生产资金，但是已经成为社区经济合作社成员，并同时加入了资金互助与专业生产合作的中低收入农户，就可以利用资金互助小额信贷，在生产性专业协会的指导下引进高产优质的新品种，利用新技术，迅速发展生产，不仅给农户带来收入增长的机遇，带来传统种植业结构的调整，也将大大促进农民收入的提高。由此，不仅可以实现对农户进一步参与合作的激励，也可以在合作社的参与下，使农业生产的专业化特色逐渐显现出来，向一村一品、专业化、规模化迈进。

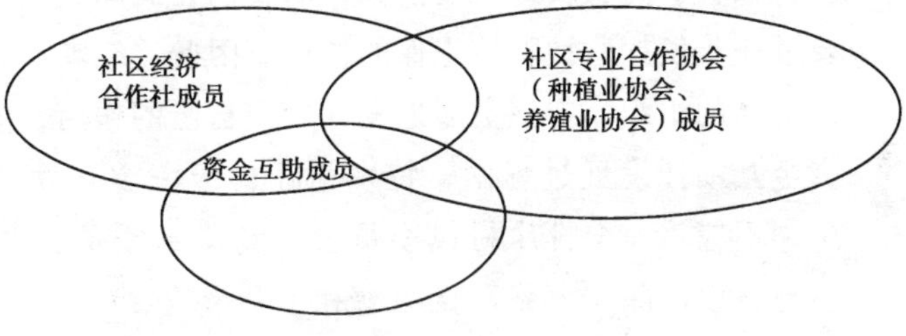

图4－3　社区合作中的成员关系及合作组织交叉性

依靠资金互助小组，贺村合作社社员王宏伟和其他几个社员借款1000元启动资金，办起了豆腐坊，每天每人平均收入20元左右。2006年春节前，贺村合作社出资2万元（向资金互助小组贷款），四名社员出资3万余元开办了小型饲料加工厂，形成了饲料加工、养殖的纵向一体化，大大降低了合作社社员的养殖成本。

第七，资金互助社的发展，离不开政府、政府部门、村支两委的支持。笔者在调研中发现，农村自发产生的资金互助社，较多的是依靠血缘、地缘或者是人缘和人脉关系维系的非正式“网络”而存在的，即使是按照中国银监会新的规范转化成注册的、正式的银行类金融组织，在一个相当长的时期内，这类组织也仍然难以摆脱这个“网络”的束缚，也正是这个“网络”的存在，降低了社区内其他非“网络”农户的参与积极性，只能在一定“网络”规模内自循环，这是这类组织难以进一步发展壮大和部分资金互助组织甚至难以维系的根本原因。在中国，政府权威被所有普通民众所认可，因此，有部分民众甚至认为，有村支两委参与的资金互助组织更加正规化。相比较而言，那些有村支两委积极参与的资金互助组织，“网络”的概念相对淡化，能够得到更多农户的接受和参与，也能够享受到政府的隐性担保。

中国金融发展的现实是很有意思的。一方面，在推进正规金融机构改革特别是国有金融机构改革、推进金融业的市场化时，强调要克服政府隐性担保，而我们在民间金融发展中却需要进一步发挥这种隐性担保的作用。因此，笔者认为，发展农户自己的组织，应该更多地发挥农户自己的作用，但是在农村资金互助社发展过程中，特别是在村级资金互助社发展过程中，不应该完全排斥村民委员会、党支部委员会“两委”的参与，以消除“网络”的束缚和不利影响。

第八，农户资金互助社是中国农村信用社合作性异化后，在正规金融制度之外出现的真正的合作金融组织，是中国合作金融的希望与未来。

但是，中国农村经济发展，资金需求巨大，就现有农户资金互助社的实力而言，不可能满足农村经济发展的需要。其一，需要促进农户资金互助社实力的迅速壮大，可以多种形式扩大资金来源渠道，例如注册成银行类金融机构，吸收社员存款。其二，需要更多地发挥正规金融部门的作用。一是探求资金互助与农村信用社、中国农业银行、中国农业发展银行等正规金融部门之间的资金互助与合作；二是在正规金融领域探究恢复和发展合作金融机制的可能性，但可能存在较高难度；三是完善正规金融机构开展小额贷款的机制，特别是探讨农村信用社和政策性银行通过业务制度创新和组织制度创新方式增加农村资金供给，以满足更多农户和农村微小企业小额贷款需求。其三，探讨新的互助合作方式，如互助性担保、互助性保险等。其四，开展资金互助组织之间的联合与合作。

第九，借鉴农村信用社开展农户小额信用贷款的做法，与农村信用文化和信用环境建设结合起来发展农村资金互助文化。

第五节

发展村镇银行的探索——四川省仪陇模式研究[①]

在国家确定了村镇银行试点地区之后，四川南充市商业银行积极应对，着手发起和组建惠民村镇银行。

一、组建、架构和特征以及运行现状

（一）组建背景

四川省仪陇县地处四川盆地东北部，属四川丘陵大县，是朱德元帅的故乡，也是川陕革命根据地的重要组成部分。由于历史和自然的原因，经济发展落后，2006 年全县地方生产总

① 本节选自农业部软科学课题“四川仪陇村镇银行运行模式调查”（课题编号：Z200704），课题主持人：郭晓鸣。

值37.03亿元，农民人均纯收入2814元。1986年被国务院列为对中国革命作出过特殊贡献的革命老根据地贫困县，2005年被列为全国扶贫开发构建和谐社会试点县。

仪陇县是以种养业为主的大县，是重要的农副产品生产基地，常年粮食产量近100万吨，出栏生猪110万头、獭兔500万只、家禽1100万只，现已形成优质稻米、油料、果品、生猪、獭兔、蚕桑、中药材、竹材等主导产业。近年来，随着仪陇新县城的投入使用，哈哥兔业、大山米业、智绅食品、银明黄酒、中宇面粉、仪陇乳制品等企业在仪陇新县城安家落户，不仅成为工业的支撑，更为农民带来很多新的致富门路。但农户特别是贫困农户由于本身收入较低，产业启动与规模扩大所需要的资金难以解决，资金缺乏成为当地产业发展、脱贫致富的首要障碍。

一方面，仪陇县农村金融服务相当稀缺。从20世纪90年代后期开始，国有商业银行全面改革，纷纷从县域经济中撤出，中国工商银行、中国建设银行等纷纷撤并了设在仪陇县的分支机构。到2006年，全县仅有8个中国农业银行网点、1个农业发展银行分支机构、79个农村信用社。仪陇县正规金融机构存贷比低，即使算上中国农业发展银行，全县的存贷比也仅为48.13%，正规金融机构吸收的存款在当地大部分不能有效使用，反而成了农村资金外流的主要渠道。特别是，正规金融机构深入农村不够，乡镇的金融市场没有形成有效竞争。中国邮政储蓄银行仍然处于只存不贷的状况；中国农业发展银行由于贷款业务局限于负责保障粮、油、棉的收购和储备资金供给，基本上不涉及农村的一般资金需求。中国农业银行虽然在县府所在地和部分乡镇设有网点，但对贷款权限严格限制，只对一些大的龙头企业、涉农企业提供贷款，绝大多数的农户和中小企业难以获得贷款；在农户、农村微小企业信贷市场，发挥重要作用的实际上只有农村信用社一家。但是，农村信用社业面临着服务品种落后、经营状况不理想、资产状况严重恶化等问题。当地中小企业、个体工商户和农户普遍反映贷款非常难，无法满足当地中小企业、城乡居民、农村经济发展对金融的强烈需求。

另一方面，仪陇县民间社团组织——仪陇县乡村发展协会在运用小额信贷为农户服务、帮助农户脱贫致富方面成效显著，其成功经验对村镇银行极具借鉴价值。仪陇县乡村发展协会成立于1995年11月，是一个在国内乃至国际小额信贷界都有一定影响的非营利性民间社团组织。在国际组织的关注与资金支持下，该协会用小额信贷的手段为贫困农户提供资金支持，累计发放小额信贷资金5000多万元，直接帮扶了近10万贫困人口，相继使8万余人摆脱了贫困，1.5万人走向了富裕。该协会在自我发展的基础上，帮助、支持村民建立以基金为纽带的自我管理的村民互助组织——扶贫互助社，各互助社利用所建立的互助基金为村民提供便捷的贷款服务，收到了有需求必贷、有贷都能按期偿还的效果，其金融收入不仅解决了互助社的基本成本，还能有足够收入在股民之间进行红利分配。扶贫互助社还组织村民开展联合加工、联合购销，不仅降低了村民生产投入成本，同时增加了互助社的经营收入近万元。截至2007年，在全县20个乡镇的100多个自然村建立起农民中心及小组3000个，会员1万余人。其在高标准的风险控制、高效率的社区组织服务与发展以及机构的自负盈亏等方面保持着国际先进水平，受到了国内同行业的广泛关注，中国人民大学、清华大学先后几次到协会调研，四川省级、南充市级以及县级人民银行，中国银监会也多次派出相关领导和专门工作组对协会的管理进行研究。

因此，选择仪陇县作为惠民村镇银行组建地，既可以直接借鉴乡村发展协会探索出的一整套灵活的经营机制、良好的运作方式和成功经验，又可以在同一地区引入一个机制相对灵活的村镇银行，通过两者的合作与竞争，更容易发现各自运作中存在的问题，也更利于探索我国农村小额信贷的新途径。

（二）基本架构及其特征

根据有关规定，村镇银行应根据《中华人民共和国公司法》的要求采用公司治理结构，依法成立股东会和董事会。惠民村镇银行注册资本为人民币200万元，南充市商业银行为主要发起人，出资100万元，占总投资的50%；南充联银实业有限公司、四川明宇集团有限公司、四川海山国际贸易有限公司、西藏珠峰集团有限公司、四川康达汽车零部件集团有限公司等5家公司各出资20万元、分别占总投资的10%。

根据四川省南充市商业银行的战略定位及发展思路，惠民村镇银行具有以下特征：

1. 采用现代银行的组织架构加合作金融的经营模式

惠民村镇银行组织架构上按照现代银行来建立，具有包括三个方面：第一，现代银行的法人治理结构，包括决策、经营、监督相互制衡的法人治理结构；第二，规范的管理制度，包括以风险控制为主要内容、以市场为导向、以责权利为激励约束的运行机制；第三，创新的经营理念，开创了以合作金融经营模式为手段的营销策略，人才专业化战略，开发以微小贷款为主体的产品体系，建立灵活简便的贷款流程。经营模式上按照合作金融的方式，利用金融资本引导、集合广大的农村社会资金。如果有可能，还将引入政策性资金一起支持农村金融，与农村的经济合作组织合作，引导农村有能力、有愿望致富的人，按照银行的模式管理运行经营。

2. 充分体现“服务三农、惠民共赢”的服务宗旨

根据中国银监会的相关规定，村镇银行的经营方针是：为当地农民、农业和农村经济提供标准化的银行产品与服务，发放贷款应首先充分满足县域内农户、农业和农村经济发展的需要。根据这个要求，惠民村镇银行把自己定位于“草根银行”，构建了“社区金融惠民站”，主要为仪陇县农村地区居民和社区中小企业、个体工商户服务，发放贷款首先充分满足

县域内农户、农业和农村经济发展的需要。

3. 具有营利性的商业银行

惠民村镇银行是全新的商业金融机构，它不是政策型银行，也不是扶贫机构，因此首要目标是盈利。不管出资者在主观上是否为了发展农村金融市场，解决农民和农村企业贷款难的问题，商业投资的性质决定了其首要目标是创造利润。

（三）惠民村镇银行运行现状

1. 机构人员设置

惠民村镇银行共有10名员工，全部是由南充市商业银行从各支行抽调的业务骨干。村镇银行移植了南充市商业银行的管理模式，推行客户经理制。具体的岗位设置为：行长、副行长、专职会计各1名，行长主持全面工作，副行长任风险执行官，专职会计负责全面财务核算工作，其余7人均为客户经理，设客户经理小组长1名，主要负责贷款业务，其他6名客户经理既从事门柜业务又负责贷款管理，门柜业务实行轮岗制，每天轮岗一次，当天不从事门柜业务的客户经理参与贷前调查、回访客户等贷款管理工作，统计、报表等综合业务由1名客户经理兼任。

整体来看，惠民村镇银行内部机构较为精简、岗位设置灵活、人员综合素质较高，保障了各项业务的顺利开展。精练的管理结构，也提高了决策效率，更能满足客户方便、快捷的服务需求。目前惠民村镇银行还计划实施人员本土化战略，在当地招聘部分客户经理，以更好地解决信息不对称问题，强化贷款风险管理。

2. 业务品种

惠民村镇银行根据当地的实际情况，设置了自己的存贷品种。总体而言，其储蓄业务跟普通商业银行没什么区别，但贷款业务就分得很细，主要包括小额农户贷款、微小企业贷款、专业农户贷款三类。具体的操作颇具自身特色：一是小额农户贷款最高贷款金额不超过2万元。二是小额贷款手续非常简便，无需实物抵押担保，只需根据农户的信用状况来决定是否贷款，且贷款的期限较灵活，利率也可在国家基准利率的基础上略微上浮，比农村信用社低。小额农户的信用评级，是根据申请人上年收入、上两年节余、家庭财产、品德、社会反映等五项指标来综合评定，凡够信用评级要求的，可立刻领取2万元以内的贷款额度。三是微小企业贷款、专业农户贷款两类贷款最高金额不超过10万元，但需要信用和担保（图4－3）。

惠民村镇银行主要贷款品种：

- 贷款无忧——小额农户贷款（不超过2万元）；
- 惠民小康——专业农户贷款（不超过10万元）；
- 惠民致富——微小企业贷款（含个体工商户和手工业者，不超过10万元）

图4－3

3. 信贷管理模式

惠民村镇银行贷款管理采用前后台分离的贷款管理模式，该管理模式与国有商业银行显著不同，主要是将南充市商业银行在贷款审批人员库随机抽取人员组成审贷委员会，进行集体贷款审批的管理模式，简化为集体讨论通过贷款审批方式。同时制定了严格的贷款管理程序：一是贷款受理，接受贷款申请，对借款人进行初步审查，判断是否有调查必要；二是贷前调查，由2名客户经理组成调查小组，实地调查借款人状况、担保情况，初步判断贷款可行性；三是贷款审查和审批，额度较小由风险执行官（副行长）审查后、报行长审批，额度较大的由至少5人组成的审贷小组集体讨论后、行长审批；四是贷后管理，推行不定期客户回访制度，在对其他贷款进行贷前调查时同步进行客户回访或专程回访整片贷款客户，基本保证每季度内回访客户一次，遇到自然灾害、疫情等突发事件，立即进行客户回访，及时掌握贷款风险状况。

总的来看，村镇银行贷款管理较为细致，信贷人员主动上门了解客户贷款需求，积极营销贷款业务，并认真进行贷前调查，落实了客户回访制度，对贷款进行跟踪管理。这种管理方式较为传统，主要依靠信贷人员的经验判断和通过严格执行贷款管理程序来控制风险。其贷款流程如图4－4所示。

惠民村镇银行贷款流程：

客户申请——客户经理受理——双人贷前实地调查——评级授信——审查审批——客户开立结算账户——发放贷款——贷后管理——贷款归还

图4－4

此外，村镇银行还引入技术援助制度，超过30万元的优质项目贷款将委托南充市商业银行进行审查，以充分利用南充市商业银行贷款管理的成熟经验和技术资源。

4. 利率定价方式

惠民村镇银行基本能够综合考虑客户风险状况、贷款方式、贷款期限等因素，简单对客户进行评级，灵活确定贷款利率，不同于农村信用社按照贷款期限执行既定贷款利率。村镇银行初步具备一定利率定价能力，截至2007年9月30日，惠民村镇银行最低贷款月利率5.265‰，最高贷款月利率9.113‰，贷款加权月利率为7.467‰，按期限划分，惠民村镇银行各档次贷款利率低于农村信用社（表4－9）。

表4－9　惠民村镇银行与金城镇农村信用社利率水平表　单位:‰

贷款期限	村镇银行月利率	农村信用社月利率	
		股东贷款	非股东贷款
6个月内	7.106	6.9	7.2
6个月至1年	7.635	7.5	7.8
1年以上	7.335	8.4	8.7
加权月利率	7.467	8.363	

备注：1. 村镇银行利率为加权月利率；

2. 农信社按期限执行固定月利率，合计为加权月利率。

数据来源：中国人民银行南充市支行内部调查报告：《对全国首家村镇银行运行状况的调查与思考》。

（五）支付结算方式

村镇银行充分利用了南充市商业银行的科技信息系统，其设立机构之初，南充市商业银行就在仪陇县金城镇配备了两台ATM机，同时，村镇银行还可以发放南充市商业银行的银行卡。目前，南充市商业银行已与兴业银行达成协议，通过兴业银行网络平台，南充市商业银行发行的银行卡可以在全国任何一台ATM机上取款，也可以在加入兴业银行网络平台的银行机构的营业网点办理存款业务，以便能够为当地外出打工的农民工提供便利的结算服务。

二、惠民村镇银行的主要成效

（一）初步建立了自身的运行框架及管理制度

经过大半年的运行，惠民村镇银行初步建立了自身的制度框架和管理制度。制定了村镇银行贷款管理办法及各信贷产品的具体操作规程，如小额农户、专业农户、农户联保、个体经营户、微小企业等，并协助主办会计制定门柜考核办法。初步探索出了适合自己发展的经营管理模式及风险控制办法，如与合作经济组织合作，加入、入股扶贫互助社、发展代理代办合作网点，全方位、长期参与县政府的新农村建设、招商引资的工业园区，实现银行与政府的多角度、深层次的银政合作关系，发展代理代办金融业务的网络基地，与全县29个已成立的扶贫互助社建立业务辅导、协助、代理和监管的合作关系。发展农村专业合作经济组织，与龙头企业、协会、种（养殖）植大户建立企业推荐、担保、农户借款，搞产业致富。

（二）以优质和高效服务在较短时期内拓展了存贷款业务市场

惠民村镇银行通过优质和高效服务争取客户，他们一是主动上门为客户服务；二是极力提高工作效率，客户递交贷款申请后，符合信贷条件的1—2天内就能够获得贷款，优质客户当天就能获得贷款。整体看来，村镇银行通过低价格、优服务获得了贷款客户的认可。通过积极地努力，惠民村镇银行存贷款业务初见成效。

1. 存款在开业初期快速增长后保持相对稳定

截至2007年9月30日，惠民村镇银行共办理个人存款开户1003户，存款余额为726.7万元，其中，活期储蓄存款余额474.7万元、占存款总额的62.24%，定期储蓄存款余额252万元、占存款总额的33.04%，企业存款余额36万元、占存款总额的4.72%。由于村镇银行开业在春节后，错过了吸收存款的黄金时机，存款在开业初期快速增长后保持相对稳定。存款业务集中在城镇区域，存款客户主要为城镇居民和个体工商户。

2. 有效为个体工商户和微小企业提供了贷款服务

截至2007年9月30日，惠民村镇银行累计办理贷款业务133笔、累计发放贷款658.2万元，已收回贷款281.3万元，贷款余额为376.9万元。由于村镇银行人员较少，因此将贷款业务按照整村、分片推进，贷前调查与贷款审批集中开展的方式进行。

从贷款投向看，农户小额贷款余额为60.4万元，占贷款总额的16.03%；专业农户贷款余额为28万元，占贷款总额的7.42%；微小企业（含个体工商户）贷款288.5万元、占贷款总额76.55%。贷款业务以城镇为中心、向周边乡村辐射，主要为微小企业和个体工商户服务。

从贷款方式看，联保贷款余额128.62万元，占贷款总量的34.13%；抵押贷款余额为186万元，占贷款总量的49.35%；信用贷款余额62.28万元，占贷款总量的16.52%。对农户贷款基本为信用贷款，对微小企业贷款（含个体工商户）则要求抵押或联保。

从贷款期限看，6 个月以内（含 6 个月）贷款余额为 85.98 万元，占贷款总额的 22.82%；6 个月至 1 年（含 1 年）贷款余额为 231.92 万元，占贷款总额的 61.53%；1 年以上贷款余额为 59 万元，占贷款总额的 15.65%，总体上以提供短期贷款为主。

（三）探索了能够更好满足农村金融需求和更好控制金融风险的模式

惠民村镇银行实行的是现代银行的组织架构和合作金融的经营模式，具体运行过程中积极寻求合作，主动和政府各个部门横向联系，了解当地重点发展农业产业的相关政策和规定，同时与当地经济合作组织接洽，总结出了“三结合、三联动、三位一体”的模式。“三结合”是金融资金与社会资金、政府涉农的产业化项目和产业化资金相结合，使国家的扶贫资金、支农资金等都能按照金融的理念运作，达到效用最大化；“三联动”是金融机构与政府部门、支农服务中介机构联动，这样除了能更好地了解和满足农村金融需求，还可以通过养兔协会、蚕业协会等支农服务中介机构熟悉会员的经营情况，并通过他们的帮助控制金融风险。“三位一体”则是村镇银行和贷款公司与各种商业性银行、政策性发展银行共同来支持农村金融需求。例如惠民村镇银行入股并参与建立资金互助社 3 个，在偏远乡镇扶贫资金、金融资金和农户股金各 1/3，共同组建资金互助社，在村镇银行的技术支持和监督下进行自主经营，利润按出资额分配，属于扶贫资金的利润所得作为风险准备基金留存。通过当地人的广泛参与，不仅一定程度上解决了信息不对称的问题，还降低了风险和经营成本，提高了工作效率。

（四）促进了当地农村信用社的竞争意识和服务质量的改善

惠民村镇银行作为新的市场进入者，为抢占市场份额，除了执行较低的利率之外，主动上门营销贷款，积极寻找潜在贷款客户，提供优质便捷服务，是其竞争优势。通过对村镇银行贷款客户的调查了解，贷款客户一致认为村镇银行的服务好。对村镇银行的入驻，仪陇县农村信用社保持了较高的警惕，采取了多种应对措施迎接挑战：一是充分调动职工积极性，增强了干部职工的紧迫感，提高工作效率，如规定核定贷款额度后，从申请贷款到拿到现金在 4 个小时内办理完毕。二是加大宣传力度，巩固与农户的合作关系。村镇银行成立挂牌后，农村信用社印制了 27 万张客户经理贷款服务联系卡发放给户。三是提高授信额度，将城镇个体工商户最高授信额度提高到 10 万元，将专业农户、信用纪录良好农户、积极为农村信用社宣传的乡镇干部的最高授信额度提高到 8 万元，尽量满足优质客户的资金需求。四是加快核发贷款证，使获得贷款证的农户占比从不到 50% 提高到 85%，农户凭借贷款证能够直接获得贷款，锁定了潜在贷款客户。五是动员农户入股信用社，对股东执行优惠贷款利率，形成利益共同体。

总的看来，新型农村金融机构进入农村金融市场，对农村信用社的触动较大，形成了一定竞争氛围，促进了金融机构服务质量的改善，产生了较为明显的“汤水效应”。

目前，惠民村镇银行正在积极推出“银政合作”新模式，计划下一步做好以下 3 方面工作：一是贴息资金与信贷资金结合，希望仪陇县 87.5 万元扶贫贴息资金直接用于村镇银行的贷款贴息。二是产业扶贫资金与信贷资金结合，将客户自有资金、扶贫资金和贷款根据客户基本状况按固定比例分担，共同支持农户创业。三是新农村建设奖励资金与信贷资金结合，一方面将新农村建设奖励资金划拨村镇银行用于抵扣农户贷款，另一方面将农房改造资金、产业发展奖励资金等划拨村镇银行用于抵扣农户贷款。惠民村镇银行正积极与政府有关部门对接，就资金结合的具体方式进行磋商。这种方式的目的是希望得到政策性补贴，以减轻自身财务压力，同时对整合财政资金撬动金融资源有一定积极作用。

三、惠民村镇银行发展中存在的主要问题

（一）没有行号导致很多业务无法正常办理，影响市场竞争力

村镇银行是中国银监会倡导设立的，一直没有经过中国人民银行的批准，虽然很多村镇银行很早就提出了申请，但是由于种种原因仍然没有批下来，在业务上有很多不便。没有行号，就不能纳入中国人民银行的支付结算系统，汇款、转账等各种业务无法正常办理，这样就无法正常参与竞争，不仅影响现在的工作，还会使村镇银行在潜在客户心中的形象降低，失去最佳拓展市场时机。同时，村镇银行也不能进入全国拆借市场，因此只能向当地金融机构拆借资金，进一步提高了村镇银行的运行成本。行号问题也使得各行征信系统无法开通，不利于规避信贷风险。没有行号无法开展对公业务，存款数量仅靠农户就很难增加。

（二）存贷款业务进一步拓展面临困难

作为一个新生事物，农村居民对村镇银行的信誉还不是很了解，加之前些年兴办的“三会一办”（储金会、农村合作基金会、光彩基金会、供销社扩股办公室）清理关闭造成的负面影响，尽管有南充市商业银行在其背后作为支撑，但很多农户对村镇银行的资质仍然持怀疑态度，认为把钱存在村镇银行不安全，还是中国农业银行和农村信用社更为可靠和保险。而且，资本量小、没有行号进一步影响了其开展对公业务，存款仅靠农户在短期内难有大的增长。

在贷款方面也存在以下诸多问题：一是村镇银行市场开拓相当困难。村镇银行获得的贷款客户，基本都是被农村信用社

筛选过的，有的是因为贷款超过农村信用社授信额度，有的是因为在农村信用社有不良信用记录。据村镇银行的客户经理反映，农户贷款的贷前调查户数与获得贷款户数比例大概为4:1，微小企业贷款的贷前调查户数与获得贷款户数比例大概为2:1，市场开拓难度较大。二是村镇银行与农村信用社的贷款管理模式没有本质区别，都是依赖信贷人员的经验判断。村镇银行虽然继承了南充市商业银行集体审贷制度，还有南充市商业银行技术支持，贷款管理也比较细致，但南充市商业银行服务重点一直是城镇居民、个体工商户和中小企业，“三农”贷款风险管理是其未涉足过的新领域，村镇银行贷款风险管理经验在农村金融市场并没有明显优势。三是村镇银行与农村信用社推出的贷款产品同质化。村镇银行推出的农户小额贷款、专业农户贷款、微小企业贷款，采取联保、抵押等分担风险方式，这些农村信用社也在做，由于双方的金融服务产品同质化，村镇银行在金融创新方面没有展现出其技术优势。

（三）市场份额小，盈利困难，可持续发展面临挑战

截至2007年9月30日，仪陇县惠民村镇银行存贷比为49.42%，作为新的市场进入者，贷款规模还未达到盈亏平衡要求，亏损35万元。作为一个商业银行，其目标仍然是盈利。但村镇银行面对的是最微小的中小企业和广大农户，成本高、利润低，只有规模效益，才能有收益。从目前情况看，短期内实现盈利比较困难。据村镇银行内部测算，按照8.5%左右贷款加权年利率，5%左右资金成本，年均50万元左右费用总支出，村镇银行达到日均2500万元至3000万元存款规模、日均1500万元左右贷款规模，才能够达到盈亏平衡。惠民村镇银行自身确定的五年规划目标如表4－10所示。

表 4-10　　仪陇县惠民村镇银行 2007 年至 2011 年年末
实现各项指标的五年规划　　单位：万元

指标名称	2007 年	2008 年	2009 年	2010 年	2011 年
存款余款	1000	4500—5000	7000—7500	9000—9500	11000—12000
贷款余额	600	2500—3000	4000—4500	5700—6500	7500—8000
税前利润	-55	5	26	50	70
不良贷款率（%）	0	<1.5	<1.2	<1	<0.6
利息收入	20	75	110	150	180
中间业务收入	0.03	0.07	0.3	0.6	1

根据目前仪陇县存款总规模 143500 万元，贷款总规模 38200 万元的现实来看，如果做得好的话，把存贷规模做到其预期的计划并非不可能。但是，对其业务加以分析就会发现存在很多难题。

现在村镇银行的贷款业务从贷款对象上来看，主要包括两大部分：农业及涉农贷款和小型工商业贷款。小型工商业贷款方面，惠民村镇银行的母公司南充市商业银行具有一定的优势，并积累了一定的经验，如果国家政策没有大的变动，这部分应该是村镇银行今后发展的重点，但这部分业务将会聚集信用社、农业银行及邮政储蓄等众多实力雄厚的金融机构，竞争十分激烈。而同时，农业及涉农贷款目前贷款利率不到 8% 的情况下是很难盈利的。由于农村金融需求者具有居住分散、收入低下、生产具有明显的季节性、单笔贷款规模小，而生产项目的自然风险和市场风险却很大，并且缺乏必要的担保与抵押等特点，决定了农村信贷的成本要远远高于城市的工商业信贷。周立等对国内多个地方农民资金互助、民间借贷的调查报告表明，即使零成本资金，农业贷款在财务上也很难实现盈利。亚洲开发银行对孟加拉格莱明银行进行的估算认为，格莱明银行的名义贷款利率必须从 20% 提高到 33% 才能完全不依靠补贴和捐赠。而我国目前农村正规金融机构在国家政策约束下仍然只能以 10% 左右的利率进行放贷，在这种情况下，中国农业银行退出农业信贷市场是不难理解的。而村镇银行在当地信用社的压力下，只能以不到8%的利率来提供贷款，这时只能是贷得越多，亏得越多。不难想象，如果没有新的渠道实现盈利，村镇银行将会减少该部分贷款，而进一步提高其盈利水平。同时，虽然目前其不良贷款率为0，但基本原因是运行时间太短，大部分贷款还没有到归还期限，其还贷率还无法真实地体现出来。由于其运作方式和信用社没有多大区别，如果按照信用社新增贷款的还贷率去进行计算，其后果更不容乐观。

（四）支农效果仍不十分明显

截至2007年9月30日，惠民村镇银行试点地——仪陇县金城镇金融机构人民币各项存款余额为14.35亿元，各项贷款余额为3.82亿元。其中，中国农业银行各项存款余额为6.9亿元，各项贷款余额为1.18亿元；农村信用社各项存款余额为3.62亿元，各项贷款余额为2.3亿元；村镇银行存款余额仅726.7万元，占金城镇存款总量的0.51%，贷款余额为376.9万元，占金城镇贷款总量的0.99%，无论是存贷款规模，还是服务客户数量，村镇银行都远低于农业银行和农村信用社，实际支农效果还不明显，并且村镇银行目前主要为个体工商户和微小企业提供贷款服务，可以说服务“三农”的深度和广度都不够。

其中固然有其发展时间较短、国家相关配套政策不完善等因素，但是其放贷机制、利率定价方式和信用社相比仍然没有多大改变却是阻碍其发展的一个根本原因。如果这方面没有相关政策支持及经营思路上面的改变，面对完全相同的贷款对象，而同时由于在信誉、网络、乃至成本等方面劣势，就很难和信用社进行竞争，无法实现农村小额信贷长期可持续发展。虽然中国银监会最近宣布扩大调整放宽农村地区银行业金融机构准入政策试点范围，将试点省份从现在的6个省（区）扩大到全国31个省市区，但是，如果不能实现小额信贷的盈利，村镇银行最终还是会以各种形式退出农业信贷市场，“汤水效应”和支农效果都会大打折扣。

（五）缺乏政府相关配套政策和优惠措施

1. 税收方面

村镇银行仍然是按照对一般商业银行要求去缴纳，营业税及附加高达5.5%，所得税33%，而农村信用社营业税及附加是3.3%，并且免3年所得税，这就明显加大了村镇银行的竞争劣势。

2. 利率方面

由于农户贷款金额小、居住分散，贷款交易成本也很高，国际上小额贷款银行有一个非常重要的成功经验就是执行较高的利率水平，利率覆盖风险、利率涵盖成本，实现可持续发展。目前仪陇县金融机构贷款年利率普遍在9%左右，民间借贷年利率10%—15%，金融机构利率水平偏低。国家对农村金融机构采取了多项优惠政策，包括农业银行享受的扶贫贴息、农村信用社获得的支农再贷款支持，对村镇银行并没有相关的政策优惠。而村镇银行为争取市场份额，执行比农村信用社更低的利率水平，利率水平与高操作成本、高风险不相匹配，很难实现可持续发展。

第五章

农村公共品供给与社会事业发展

第一节 基本概念与理论框架[①]

一、公共品与农村公共品

公共品是消费具有非竞争性和非排他性的产品。非竞争性和非排他性是公共品的两种基本属性，非竞争性指的是“纯粹的公共产品指的是这样一类产品，即每个人消费这种物品，不会导致别人对该物品消费的减少。”即“一个个体消费某项

① 本节内容选自农业部软课题“农村公共品供给机制建设研究”报告（课题编号：200429－1），课题主持人：宋洪远。

产品或者服务时，并不对其他人消费这种产品或者服务构成影响，或者说无限多个个体同时消费某项产品或者服务，并不比单个个体消费时的效用递减”。非排他性指的是公共品一旦供给，排除他人消费便不可能或者无效率，也就是说无法阻止人们对于某项产品或者服务的消费①。公共品受益具有层次性，不同的公共品对于不同地域、产业和群体的人而言，其收益可能是不同的。我们认为，对丁分析中国农村公共品的供给问题，由于“一级政府、一级财政、一级预算”的体制安排，可以把公共品分为全国、省、县市和乡镇等四个层次。不过必须注意的是，行政区划也并不是与受益区域严格一致，总有些公共品会产生外部性，对邻近的区域甚至邻近的外国产生影响。

综合公共品的基本属性和层次性，可以给农村公共品作出如下定义：农村公共品是农村地区农业、农村或者农民生产、生活共同所需的具有一定非排他性和非竞争性的产品或者服务。地处农村或者为农业生产和农村经济发展以及农村居民生活所需，这是农村公共品区别于城市公共品之所在；具有一定程度的非竞争性和非排他性，这是农村公共品不同于农村私人产品的地方。

二、公共品供给机制

现有的研究在讨论农村公共品供给的时候，通常只是关注政府供给和社区集体供给两种机制，有一些研究涉及市场供给和俱乐部供给。其实，在联产承包责任制实施之后，随着制度环境的变迁、农民收入的增长和科学技术水平的提高，农村公共品的供给主体和模式日趋多样化。本节在讨论政府供给、社

① 难以排他不单单是技术问题，还可能是伦理问题，比如义务教育，单纯从技术角度来看，排他是非常容易的，人们倾向于把义务教育当成公共品，是因为它关系到人的基本权力，排他不符合社会的价值判断。

区集体供给、市场供给和俱乐部供给的同时，根据有关文献和实地调查资料，提出并初步界定了自我消费供给、精英供给和援助供给等三种供给机制。

（一）政府供给

公共品的属性导致市场配置的无效率，政府是其理所当然的供给者。公共品的政府供给一直是公共经济学研究的一个重点。世界银行的经济学家桑贾伊·普拉丹提供了一个政府公共支出结构的分析框架，对于公共品的供给分析非常有借鉴意义。他指出，公共支出的结构应能为实现社会福利最大化的产品与服务组合提供资金。对现有的或者规划中的支出配置要通过三个分析步骤或支出选择的标准来进行评价。首先，需要鉴别需求和供给的性质，以确定是否存在某种特点的市场缺陷，公共支出应当首先集中于私人市场不能提供或者提供过少的产品或者服务，而不应该仅仅去替代或者只是有限地改进私人市场活动；其次，还需要对各种存在市场缺陷领域的公共支出的配置进行社会成本—效益计算，以便选择能使社会福利最大化的配置方案；再次，需要对不同的公共支出配置对贫穷阶层所产生的影响进行评估，以便使支出组合有助于实现缓解贫困的目标。

公共品理论还认为，即便有些公共品应由政府提供，也不等于完全由政府投资、经营生产，政府还可以通过公共管制、与企业签订供给合同、授权经营、参股、补助等方式间接提供公共品。

此外，政府也不是一个单数，有一个层级的划分，公共性不同的产品应该由不同层级的政府提供。全国层次公共品的受益范围为整个国家疆域，比如国防，区域性公共品的受益范围为整个区域。公共品层次性的存在，为各级政府之间职责和支出范围的划分提供了重要的依据，受益范围为全国的公共品，由中央政府提供，受益范围主要是地区性的，则由相应的区域政府提供。对各级政府的供给职责作出适当的划分，对于保障公共品供给非常重要。发达的市场经济国家对于各级政府的供给职责都作出了明确的划分，并有一系列政策来保障公共支出职责的落实。

对中国的绝大多数农村地区而言都存在中央、省市、县、乡镇政府等四级政府，农村公共品的供给职责如何在各级政府之间作出规定，并且保证制度得到切实的履行，一直以来都是学者、政府官员和社会关注的焦点。这方面有大量的讨论，思路应该说比较清楚，但是实施起来仍存在很多问题，我们认为，其中最关键有两方面的原因，一是县市以上政府“城市政府”的观念没有得到根本扭转，体现在预算分配上，则表现为重城市、轻农村，实行“城乡分治”；二是政府间的职责划分不具体，下级政府以及村级组织没有足够的资源和方法以抵御上级政府增加以及转嫁支出职责的做法。

（二）市场供给①

传统的公共品理论认为，公共品只能由政府提供，不能通过市场的途径供给。但是人们发现，公共品的属性是动态的，是否属于公共品、公共性的程度基本上是一个技术问题，市场失灵也是因为存在成本—收益测度技术、收费技术等方面的制约。技术是不断创新变革的，技术的变化将导致公共品属性的变化，并可能解决成本收益测量和收费等难题，这就意味着原有产品的配置方式也可以或者必需跟着变化。在一定的条件下，引入市场机制不但可行，还能够取得配置的高效率②。公

① 这里市场的外延比公共经济学的窄，公共经济学一般是从与政府相对应的方式研究市场，有时称其为私人供给或者民间供给，其外延可能包括本节提及的政府之外的供给机制。但我们认为，对外延宽泛的市场供给做出适当区分，对于研究中国农村公共品供给是必要的。

② 电子技术的发展使得可以在不会对流量产生较大冲击的条件下，对过往的车辆实行收费，道路的非排他性程度下降，甚至可以演变为通过收费控制的私人物品。有些研究还从产权和期货合同入手，证明了传统所谓的公共品可以通过走市场化改革的道路。科斯认为，只要能够对产权做出明确的界定，交易费用很小或者为零，作为市场失灵典型的灯塔都可以通过市场化供给，并且获得比政府供给更高的效率。

共品的市场供给是减少财政负担，改善公共支出效率的重要途径，对于农村，尤其是差额财政地区农村公共品的供给具有积极意义。对于那些由于技术的进步私人产品化的公共品，比如大中型农机具，或者曾经当做公共品来投资（比如乡镇企业），但是实质上属于竞争性领域的产品以及那些可以通过收费而排他的产品，比如普通的门诊医疗，通过市场机制来配置资源是有效率的。市场供给者可以为企业，也可以为个人，或者合伙人，由供给者本人负责筹集供给成本，通过出售服务或者产品得到收益。

（三）社区集体供给

一直以来，社区集体不但是村级公共品主要的供给者，还承担了大量村级以上层次的公共品的供给任务，比如基础教育。农村实行税费改革后，国家改革了村提留的使用方法，出台了“一事一议”政策。这表明，社区集体仍然要承担今后村级生产性和公益性事业等公共品的供给任务。社区集体供给的资金来自于集体经济或者社区范围内的集资。

（四）俱乐部供给

俱乐部产品介于纯公共品和私人物品之间，其消费在一定的规模内不具有竞争性，适度规模多于一个人或者一个家庭，但是小于无限的数量，俱乐部产品可以通过收费进行排他。俱乐部供给比较典型的例子是农村的专业协会。俱乐部产品的供给者有多个，成本在会员之间分摊，通过效益回收成本。

（五）自我消费供给

自我消费供给指的是单个农户供应“公共品”，目的是供自己家庭排他性消费。自我消费供给适合于那些已经私人产品化的产品。但在现实当中，有一些俱乐部产品比如极小型的饮水设施也存在自我消费供给的现象。

（六）精英供给①

在有些情况下，来自于受益社区或群体之内的单个人或者少数人，会对公共物品的提供起到决定性的作用，他们愿意承担公共物品中的全部成本，他们这样做是因为他们从公共物品本身的享用中获得的效用大于所承担的总成本，或者是为了社会声望等其他目的。

（七）援助供给

援助供给指的是由来自于受益社区或者群体之外的个人或者组织志愿承担公共品成本的供给方式。典型的例子是希望工程，在很多偏远的地方修建学校。援助供给的主体除了来自于国内，还包括国际人士以及世界卫生组织、福特基金会等国际组织。

表5－1对这几种供给机制进行了比较。这些非政府供给方式当中，除了社区集体供给与政府供给有相类似之外，其他的方式在决策规则、成本分摊、管理与分配等方面都有比较显著的区别，比如成本分摊机制，无论是市场供给、俱乐部供给、精英供给还是援助供给，成本都由供给者承担，不具有强制性。而政府供给则是通过征收税费支付成本，具有强制性。

表5－1　　农村公共品供给机制比较

供给机制比较项	政府供给	市场供给	社区集体供给	俱乐部供给	自我消费供给	精英供给	援助供给
供给主体	各级政府	私人、合伙人、企业等	村委会	联户	单个农户	受益范围内的个人或群体	受益范围外的个人、组织

① 这种观点来自于北京大学中国社会与发展研究中心每周例行的读书会。这里精英定义和一般所谓的在资源、能力或地位等方面具有相对优势的人不同，指的是从公共品供给中获得的受益大于成本的人。

续表

供给机制比较项	政府供给	市场供给	社区集体供给	俱乐部供给	自我消费供给	精英供给	援助供给
供给目的	满足辖区公共需求	营利	满足村庄公共需求	满足个别农户的共同需求	满足自我需求	满足自我需求、社会声誉	获得社会声誉等
成本分担方式	征收税费	供给者承担	集体经济、集资	在成员间分摊	供给者承担	供给者承担	供给者承担
分配原则	非排他	排他	非排他	成员间非排他	排他	非排他	非排他
产品举例	公共卫生	医疗门诊	村级道路	专业协会	压水井	小桥梁	希望小学

资料来源：根据实地调查资料和相关文献整理。

三、农村公共品的类型

公共经济学一般根据非竞争性和非排他性的程度，或者说“公共性”程度把公共品抽象地分成纯公共品、准公共品，其中准公共品又可以分为俱乐部产品（适度规模人群的消费具有非竞争，但可以通过收费排他）和公共资源（非排他，但是消费具有竞争性）。根据竞争性和排他性的强弱程度，我们可以把通常的一些农村公共品分成四种类型（见表5－2）。第一类是竞争性和排他性都弱的产品，包括公共卫生、科技推广、病虫害防治，这类产品接近纯粹的公共品，具有很强的外部性，最适宜于政府供给和社区集体供给；第二类是竞争性强，但是排他性弱的产品，包括公共水域、滩涂、荒地等公共资源，这类资源由于难以排他，容易产生过度竞争问题，导致资源的利用效率低下，引起所谓的“公共地悲剧”，根据新制度经济学的理论，对于这类产品，如果能够对产权作出清晰的界定，市场化改革是有效率的；第三类是消费的竞争性弱，但是可以通过收费等技术实现排他，在农村地区常见的此类产品包括高中教育、门诊、信息服务、闭路电视等，这类产品适合俱乐部供给和市场供给；第四类是排他性和竞争性都弱的产品，这类产品，比如农业机械设备性质上最接近私人产品，可以通过市场供给、自我消费供给或者俱乐部供给满足需求。

表 5－2　　农村公共品的公共性类型

竞争性 排他性	竞争性弱	竞争性强
排他性弱	义务教育、公共卫生、科技推广、病虫害以及动物防疫	公共水域、滩涂
排他性强	高中教育、门诊、信息服务、闭路电视	农业机械设备、自来水

资料来源：根据实地调查资料和相关文献整理。

除了按照基本属性进行分类，按照其层次性进行分类对于研究公共品的供给，尤其是研究公共品政府间供给职责的划分也非常必要。根据产品的受益范围，可以把农村公共品分成以下几种类型：

全国性的农村公共品。这类产品，比如大面积的农业技术推广、大型的农业水利工程，其受益群体往往涉及几个省、整个流域、几个行业，甚至全国范围。全国性的公共品尤其包括一些涉及人类基本权力的产品或者服务，比如义务教育权、公共卫生服务、投票权以及为生存所必需的基本医疗和生活保障。全国性的公共品应该由中央政府保障供给。

满足省、市县、乡镇相应范围的农村公共品。这类公共品涉及的范围主要是在地方本级行政区域范围内，比如本行政区域范围内的农田水利设施。不同范围的公共品的供给涉及不同层级的政府。

满足农村社区范围内共同需要的农村公共品。这类公共品主要涉及本村居民的共同需要，比如本村范围内的公共水利设施、村内的道路，其收益一般不外溢或者很少外溢到其他村的居民。社区范围内共同需要的农村公共品适合社区集体供给。

满足个别农户共同需要的农村公共品。这类公共品受益的范围更小，主要涉及几家农户，比如个别农户共用的灌溉设施。这类产品适合俱乐部供给。

第二节

我国农村公共品供给和社会事业发展的现状与问题[①]

一、我国农村公共品的基本特征

公共品从来不是一个纯经济学概念，也不是一个完全静态的概念。典型农村公共品是指那些在当前中国农村社会经济发展阶段中具有明显公共性而且又符合农户需求优先序的主要公共品和公共服务。在中国目前农村发展区域差异大、城乡差异大的背景下，本报告在“公共财政覆盖农村”视角下来考察中国的农村公共品问题，将特别重视农村公共品的以下特征：

（一）阶段性

农村公共品的概念是动态的而非静态的。在某一个经济发展阶段作为公共品对待的某些产品和服务，在经济发展水平提

① 本节内容选自农业部软科学课题“农村公共产品供给与社会事业发展战略研究”（课题编号：200616），课题主持人：苏明。

高之后，就有可能作为私人产品和服务来对待；由于经济发展水平的区域差异和城乡差异，某些在城镇地区或者东部农村地区可以市场化供给的产品和服务，在农村地区或者中西部农村地区可能仍必须由政府公共财政来供给；对某些农户来说可以市场化供给的产品和服务，对另外一些农户而言可能仍需得到政府的支持。为此，在对农村公共品供给进行研究时，必须从经济发展水平差异的视角来研究农村公共品内涵、供给方式、供给主体的区域差异。

（二）公平性

对农村公共品的考察，不能简单地照搬其经济学定义。某些产品和服务，即便从理论上来说不具有非排他性和非竞争性，但是，如果这些产品和服务构成了农户的基本需求、而农户依靠自身能力又难以从市场获取或难以承受其服务成本，那么，这类产品和服务就必须作为基本农村公共品来对待，必须成为公共财政覆盖农村的考虑对象。因此，应将从农户收入水平和需求的视角来研究政府公共品供给的范畴和职责，结合公共品需求的农户间差异分析和优先序分析，确定政府应提供的基本农村公共服务。

（三）层次性

层次性特征同样是农村公共品供给的一个突出特征。研究农村公共品的层次性，实际上就是农村研究公共品的受益范围，并据此分析不同层次的农村公共品与各级政府职责和行为目标之间的内在联系，为科学、合理地界定和划分各级政府的事权和支出范围以及建立规范的政府间财政转移支付制度提供理论依据。为此，应通过对政府间财政关系的研究和对典型农村公共品政府筹资体制的研究，结合公共品的区域外部性特征，来区分不同层级政府在供给中的职责。

二、我国农村公共品供给和社会事业发展的现状、问题及原因

（一）现状和问题

1. 农村基础设施

农村基础设施落后是长期以来制约我国农村经济发展的关键因素之一。若不加强农村基础设施建设，改变其基础脆弱的状况，则粮食增产、农民增收、农村发展的长效机制就不可能建立，农村经济社会发展明显滞后的局面就不可能有根本改观。从全国总体情况看，农业基本建设投资总量不足，长期以来制约着农业综合生产能力的提高。中西部地区县乡财力不足，县乡政府根本无力向农业基础设施投资。为了改变农村基础设施落后的状况，2001 年开始中央提出对农村的小型基础设施建设设立“六小工程”建设项目①，具有较好的社会效益与经济效益。但“六小工程”项目建设和管理中也还存在一些问题：一是在中西部地区，项目配套资金难以落实，县乡财政乏力，筹资任务挤压到老百姓身上，从而造成审批项目与实施项目的不吻合。这在人畜饮水工程、节水灌溉工程以及乡村道路建设中均存在。二是缺乏科学的项目管理制度，一些项目工程质量存在隐患，资金使用监督不够，工程中存在挤占挪用项目资金、随意改变项目建设内容现象。项目“重投轻管”现象严重。三是如何协调农村公益事业“一事一议”并设置上线（河南省为 15 元）的政策与这些项目配套资金政策。

2. 农村基础教育

据第五次全国人口普查统计，农村人口中初中及以上文化程度的占 39.1%，远低于城市人口占 65.4% 的水平。其中具有高中文化程度的人口，农村只有 4.87%，城市则为

① “六小工程”即农村节水灌溉工程、人畜饮水工程、乡村道路工程、农村沼气工程、农村水电工程、草场围栏工程。

22.17%。文盲以及小学文化程度人口，在农村高达60.9%，而城市只有34.6%。2004年全国6岁及6岁以上的农村人口平均受教育水平相当于初中二年级的水平。全国4.9亿名农村劳动力中，具有高中以上文化程度的只占13%，城镇高中、大学、研究生学历人口的比例分别是农村的3.4倍、43.8倍、68.1倍。这表明，农村处于“教育贫困”状态，相当多的农村儿童、青年和成年人因不能获得改善其生活水平所必需的教育机会，而与发展、现代化无缘。

我国整体教育投入水平仍然较低，而农村基础教育投入不足的矛盾比较突出。从教育投入占GDP的比例看，我国教育投入占GDP的比重与世界大多数国家相比仍然处于较低水平。根据世界银行《1992年世界发展报告》资料，国外教育投入占GDP的比重（1990年数）：中等收入国家为4.4%，高收入国家为5.7%，世界平均水平为3.6%，而我国自改革开放以来，这一比重并不高，长期徘徊在2%至2.5%之间。由于教育整体投入水平不高，加之高等教育和基础教育的投入比例关系失衡，使农村基础教育经费短缺的矛盾愈加突出。

城乡基础教育投入差别很大。城市基础教育的资金投入基本上是有保障的，列入城市财政预算。而农村基础教育的资金来源虽然在农村税费改革后实行“以县为主”的教育财政管理体制，基本解决了教师工资发放问题，但是农村基础教育的公用经费和房屋修缮问题仍然很大，我国农村基础教育的发展面临着更加严峻的形势。政府间财力格局与义务教育事权责任不对称，加剧了农村基础教育经费紧张的矛盾。在当前我国的财力分配格局中，中央和省级政府掌握了主要财力，但义务教育经费的支出责任相对较小；县乡政府财力薄弱，却承担了绝大部分义务教育经费。我国区域间财力状况极不平衡，农村基础教育发展及投入差异也很大。以2003年人均财政收入为例，人均财力最强的5个省（市）是：上海，5179.50元；北京，4068.52元；天津，2022.44元，广东，1653.86元；浙江，1509.89元。而人均财力最弱的5个省（区）是：西藏，301.66元；贵州，321.88元；甘肃，336.71元；安徽，344.38元；河南，349.70元。

“以县为主”改革后出现了新问题：一是拖欠老师工资问题基本解决，但教育历史负债归还来源尚不明确；二是农村中小学校舍修缮及日常运行费用地方财力无力解决。

3. 农村医疗卫生

城镇居民基本上可以享受公费医疗或在医疗保险制度覆盖范围之内。而到“十五”末期，农村合作医疗保健制度大部分已经解体，有合作医疗的仅占15%左右。广大农民基本上处于一种“小病不看，大病看不起，看大病即意味着倾家荡产”的状况。

农民获得医疗保健卫生服务的保障水平要远远低于城镇居民。目前，农村有3000多万人口不能保证有及时的医疗服务；有4亿多农村人口尚未饮用自来水；农村地区粪便无害化处理率仅为28.5%；贫困农村地区妇女患病率明显高于全国平均水平，严重缺乏经过培训的接生员；在农村有近8%的婴幼儿没有享受免疫接种；预防保健工作薄弱，中西部相当多的省份疾病发病率仍然较高，人口预期寿命相对较低。

卫生总支出的城乡不平衡与财政卫生资金分配的城乡不平衡，直接导致农民获得医疗保健卫生服务的保障水平远远低于城镇居民。城市居民的医疗保障方式远远高于农村居民，79%的农民医疗保障是靠自费，实质上是没有纳入任何医疗保障体系。2002年我国监察地区孕产妇和儿童死亡率4项主要指标农村是城市的2.4倍到2.7倍。几项指标均表明，农村卫生服务城乡差距较大，如何使公共卫生服务更好地覆盖农村，已经成为我国公共财政覆盖农村以及农村卫生服务改革的重要内容。

此外，财政资金在农村三级卫生服务机构间配置的不平衡。即财政卫生资金主要投向县级医疗卫生机构，乡镇卫生院得到很少比例的“定额补助”，而村卫生室则几乎没有得到卫生补助。从卫生服务的可及性和可得性两个方面考虑，农民对农村三级卫生服务网络的需求集中于村、乡两级，即农民就诊的首先选择是村卫生室，其次是乡卫生院，只有大病才到县医院。可见，财政资金对医疗机构的支出优先序与农民对医疗机构就诊的优先序恰好相反。数据表明，我国2003年调查地区农村居民患者两周就诊单位的选择是，村卫生室占53.5%，乡镇卫生院占25.8%，县医院占10.7%。农民选择就诊单位的原因是，距离近占49.4%，质量好占17.5%，信赖医生占14.0%，价格低占7.2%。这些数据表明，从农村卫生服务的可及性来看，村卫生室是最具可及性的就诊单位，其次是乡镇卫生院。从农村卫生服务的可得性来看，农民认为价格低只占7.2%，说明农村卫生服务的可得性较差。

可见，在农村三级卫生服务网络中，对于农民最为重要的是村卫生室，其次是乡镇卫生院。如果从卫生服务的供给方考虑，那么加强农村卫生服务就应主要加强乡村两级卫生服务。

4. 农村社会保障

城市居民大多可以享受现代社会保障制度（尽管仍不十分完善），包括养老保险、医疗保险、失业保险、还有国有企业下岗职工基本生活保障制度及城市居民最低生活保障制度。而占中国人口70%以上的农民基本上被排斥在现代社会保障体系之外。目前，绝大多数农村地区仍然没有建立最低生活保障制度；农民的养老基本上靠自我保障和家庭保障；除了部分地区实行了农村合作医疗制度外，其他地区极少有农村医疗保障制度。已经实施的社会保障形式的保障水平较低。2005年，给农村低保对象的月人均补助仅为29.2元，特困户月人均补助仅为16元。2005年，全国各类自然灾害造成直接经济损失2042.1亿元，但特大自然灾害救济补助资金仅为40.48亿元，仅占因灾直接经济损失的1.98%。

据有关方面对我国东部、中部、西部六个县的调研，地方财政用于社保的支出以人员经费为主；上级补助资金的投向，以城市社保、抚恤和军退安置为主，用于农村低保、贫困人口救助、五保户供养等方面的资金无论是绝对量还是相对量都较低。抚恤和军退安置在社保专项资金中占有很大的比重，东部地区的沙县，达到38.3%；在西部地区的礼泉县，该比重更是达到了59.35%。即使按照可能用于农村社保的最大支出计算，上级社保补助资金中能用于农村社保的比重也不高，东中西部三个县依次为21.1%、14.7%、13.2%，东部地区略高于中西部地区。

5. 农业科技、扶贫及农业开发

(1) 农业科技服务体系不完善

经过多年来的事业单位改革以及乡镇机构改革，迄今为止，其关系仍然没有理顺，农业科技服务问题很多。突出问题是乡镇机构超编严重，大部分财政资金用来养人，无法提供服务。在河南省滑县农业局，预算总支出187.4万元，其中人员工资169.2万元，占90%。此外，一边是乡镇机构人员超编严重，一边是农村科技服务很不到位，甚至成为“空架子”。在河北石家庄市，据2003年年底摸底，全市238个乡（镇、办），有39个乡镇没有农技人员，属于无人站；47个乡镇只有一名技术人员，属于一人站，这两部分占到36%。因此，在许多县市的许多乡镇，农技推广工作无法进行，使农业技术“架在乡级、空在村级”。

(2) 扶贫及农业开发存在的问题

2002年河南省滑县被确定为国家级扶贫开发工作重点县，其中列入9个扶贫开发工作重点乡，188个扶贫重点村。滑县在所有的农村公共服务单位中，扶贫与农业综合开发因有国家财政项目支持，是提供服务最有效的单位。滑县扶贫与农业综合开发存在的问题主要是：一是扶贫任务较重。全县14.7万名未解决温饱或解决温饱但不稳定的贫困人口，主要分布在自然条件恶劣的地区，扶贫难度较大。二是扶贫自身投入不足。因县、乡财政贫困，村级集体经济组织更加薄弱，农村公共品投资无力。三是相对扶贫与农业综合开发机构，大农业系统

（指农、林、牧、水等各局）服务效率低下，运行艰难。所有可利用资金被一个大的且迅速增加的官僚机构所吞噬，该机构不能为有效的服务提供资金。根据滑县农业局的预算资料，2003年总支出187.4万元，其中169.2万元用于发放工资，占90%，相似的情况在滑县畜牧局也同样存在。这些部门为农民提供服务不得不依赖于项目资金。

6. 农村基层组织运转

县乡财政赤字和债务状况较为严重。财政部农业司2003年在河南平四县的调研材料表明，该县（包括乡、村两级）债务累计达2.2亿元，其中乡村债务高达1.4亿元。课题组在河南滑县调研了解到，全县教育负债到迄今已达6000多万元，其中义务教育阶段负债4163万元，高中校舍修缮负债2000多万元。县教育局反映，“普九”的债务由哪级政府来还，现在还不明白。半坡店乡了解到，该乡在2001年至2002年共负债151.8万元；乡部门负债（教育和卫生）约226万元，其中教育部门负债208万元，卫生部门负债18万元。

工资勉强发放，历史拖欠无法解决。在滑县的调研表明，在实行“以县为主”的财政体制后，有中央财政转移支付，基本工资可以勉强发放，但安阳市1996年规定的“职务补贴”平均每人260元/月，以及1997年“能源补贴”40元/月，“住房补贴”120元/月，共计420元/月地方补贴，在滑县全体公务员中都没有财力发放。对于教师工资拖欠主要是1998年以前，拖欠工资1339万元，拖欠地方补贴1000多万元，到现在还没发。

税费改革后，村级财力缺口巨大。据河南省农村税费改革办公室介绍，税费改革前，河南省村级财力为23亿元，税费改革后，村级财力约12.5亿元（其中农业税附加8.1亿元留在村级，省补助4.4亿元）用于保证村干部报酬，剩下约11亿元，由“一事一议”筹资。“一事一议”是由农民自己筹资兴办的小型公益事业，如小道路、小水利、植树等，每个农民每年最高不得超过15元。前提是必须经大多数村民同意，但在河南省很难实现。如果没有得到大多数农民同意，就不能执行，在河南穷困的村处于停止状态。“一事一议”不包括学校危房改造。因此，在村级财力缺口巨大的情况下，村级农村公共事业（教育、水利、道路）就不可能发展。村级历史欠债也没有偿还来源。

（二）深层原因

1. 国家用于农业的财政支出大幅度增加，但仍然没有达到应有的投入水平

国家财政支农支出与财力增加状况不相匹配，财政支农资金的增长速度低于财政收入的增长速度。1996—2005年，虽然中央财政支农资金数量增加了2.84倍，但同时期，财政总收入增加3.27倍，其中中央收入增加3.52倍，地方收入增加3.03倍。而且，财政支农资金占中央财政收入的比重处于波动状态，一些年份甚至是降低的。各地情况虽有差异，但总体上都存在投入不足的问题。

2. 分税制改革后财权上移、事权下移，基层政府财力弱化

1994年的分税制改革，无疑对提高“两个比重”是成功的。由于分税制的主要目的是使收入向中央转移，相应的地方政府的财力没有得到充分的保障。虽然在中央与地方之间实行了分税制，但事实上是不彻底的。因为这种分税制实际上仅限于中央和各省之间，省以下实行的仍然是“分灶吃饭”的财政管理体制。而且由于分税制改革一直没有明确界定清楚省级政府以下的财政体制，而后来，省级财政效仿中央的做法，普遍采取了收入上移，支出下移措施，结果越是低一级的政府，收入越是无法保证。地方政府在财力不能保证的同时，所承担的事权范围却不能相应的缩减。

对于地方政府，特别是县、乡政府，在整个国家财政分配

中不能获得比较充足的收入，而其承担的事权范围不能缩减，导致支出刚性，二者的结合使得地方政府财政陷入一定困境。基层政府及农村公共服务单位不得不依赖于收费维持其运转和提供最基本的农村公共品和公共服务。由于财政运行机制的不规范长期得不到有效解决，导致地方基层政府的财政收支状况日益恶化，收费的规模也就越来越大。最终导致农村“三乱”成风，“头税轻（农业税），二税重（乡村统筹），三税（各种罚没、集资、收费、摊派）是个无底洞”，农民怨声载道，农村社会不稳定现象凸显。

3. 政府间转移支付制度不健全

科学的转移支付制度是地方财政运行必不可少的。在财政集权的体制下，政府间转移支付制度是保证地方财政顺利运行和平衡地区财政收入能力和社会保障水平的唯一途径。分税制的财权上移、事权下移，更加加剧各级政府间的纵向不公平，而地区间经济发展水平的差异巨大，也导致了地区间财力的横向不公平十分严重。因此，旨在减轻政府间财务分配的纵向不公平和横向不公平的转移支付制度就变得十分重要。目前，中央对省级政府的转移支付基本能满足省级政府的支出要求，但省级政府对市县级财政的转移支付不足，严重影响了县级政府的财政运行。

我国现在的转移支付制度基本可分为两类：一类是中央对地方的财力性补助，即除了税收返还之外，还包括一般性转移支付、工资转移支付、农村税费改革转移支付、民族地区转移支付等；第二类是中央对地方的专项拨款。专项拨款大致可分为三类：第一类是专门用于地方经济和事业发展和拨款；第二类是对地区特殊自然灾害的特殊补助；第三类是维护地方既得利益的保留性拨款。真正可以用于平衡地区间横向不公平的资金只有专项拨款中的第一类拨款。但这类拨款不但数量小，而且没有规范的拨款标准，透明度低、随意性大，基本没有发挥平衡地区财政收入能力差异的作用。

在调研中发现的一个十分重要的现象是，转移支付的使用效率低下，存在层层渗漏的现象。因此，有限的转移支付资金得不到合理的利用，也是农村公共品供给不足的一个重要原因。

4. 财政投入的总体效率有待提高

近年来，随着中国政府对农村经济社会发展问题的日益重视，财政支农资金规模越来越大。目前，发展和改革委员会、科技、财政和农口各部门之间以及各部门内部机构之间分配管理的财政支农资金在分配上还没有形成一个有效的协调机制，导致资金使用分散现象比较严重，直接影响了投入效率。

以陕西省礼泉县为例，2000—2004 年，在调研的六类公共品中共有专项资金 180 笔，其中农业和水利为 107 笔，资金分散程度可见一斑。专项资金使用分散主要表现在三个方面：一是资金科目分布范围广，包括农业、林业、水利、基础设施建设、教育、卫生、社会保障等各个领域。二是项目资金数额小。三是管理部门多。涉及专项资金的主管部门有 11 个之多。投入过于分散导致项目规模过小作用有限。礼泉县 2000—2004 年支农资金一共 11136.8 万元，平均每个项目的资金为 79.6 万元，资金额度在 10 万元以下的项目有 25 个。其中最小的项目仅为 0.4 万元。不同的资金类别由不同部门掌握，对资金的使用方向具有明确的规定，往往导致地方不能集中资金解决迫切需要解决、与农民生产生活直接相关的问题。由于项目资金来自于多个方面，一个项目可以应付不同部门的监督和检查，客观上形成了重资金分配、轻资金管理的局面。

从农户对政府提供的公共品的总体评价中也可以看出供给效率不高的问题。在 10 项较为典型的农村公共品供给中，样本农户中除了对电力和义务教育感到满意的超过半数外，对其他公共品感到满意的农户比例均不到一半，尤其是文化活动，90% 以上的农户感到不满意。

第三节 财政支持农村公共品供给和社会事业发展的战略思路①

一、切实加大国家财政对“三农”投入的倾斜力度

现在我国在总体上已经进入以工促农、以城带乡的发展阶段，因此，必须适应经济社会发展阶段的要求，实行工业反哺农业、城市支持农村的方针。随着农业税的全面取消，当前及今后中长期要继续实行“多予、少取、放活”的政策，尤其要在“多予”上下工夫。为此，需要调整和改变国民收入分配格局，切实加大国家对“三农”投入的倾斜力度，这是新农村建设财政政策的核心所在。

（一）加强政府对农村基础设施的投资

一是调整今后长期建设国债的使用方向，增加农村公共建设投资力度，重点解决农村水、电、路公共设施问题。这不仅有助于改变农村落后面貌，而且是扩大内需和拉动经济增长，促进农业与工业化、城市化协调发展的一个重要方面。二是逐年增加一部分中央财政预算内投资，重点用于农村基础设施投资。从中长期看，今后即使停发了长期建设国债，国家财政的预算内投资也需要将农村基础设施建设作为一个投资重点，一方面改善农村生活居住和生产条件，另一方面创造大量的就业

---

① 本节内容选自农业部软科学课题“农村公共产品供给与社会事业发展战略研究”（课题编号：200616），课题主持人：苏明。

机会，直接增加农民劳务收入。三是结合“六小工程”（即节水灌溉工程、人畜用水工程、乡村道路工程、农村沼气工程、农村水电工程、草场围栏工程等）项目建设的经验，改变中小型农业和农村基础设施主要依靠农民群众投资投劳的办法，逐步把县以下的中小型基础设施建设纳入各级政府基本建设投资的范围。

（二）建立公共财政与WTO框架相适应的农业支持政策体系

考虑到我国农业生产条件落后的状况以及加入WTO对农业的冲击，今后农业财政支持政策的一个基本取向是：采取有效措施，逐步提高财政支农支出比重，力争在“十一五”期间将这一比重由现在的8%提高到10%以上。为此，要确保国家新增财力向农业倾斜。建议国家财政每年新增财力分配要切出10%—15%的份额用于农业，这是强化农业投入的一条重要措施。

明确农业财政支持的方向和重点至关重要。具体考虑：一是加大农业基础设施建设投入，包括水利设施、农业生态环境、国土整治等。二是支持农业结构调整。主要涉及提高农业综合生产能力，发展有竞争优势的农产品，发展畜牧业和林果业，促进农产品加工转化增值，积极发展小城镇和乡镇企业等。三是支持完善农村公共服务体系，搞好产前、产中、产后服务。四是完善农业补贴政策。在逐渐加大“三项补贴”力度的基础上，建立和完善农业生产资料补贴制度，缓解农资价格上涨的压力，降低农民的生产成本，增加农民收入。

要注重发挥农业财政支持政策的导向功能。其一，要调整和优化农业财政支出结构，强化农业基础性投入，为社会投资主体增加农业投入创造良好的外部环境。其二，国家要在税收、补贴、贴息等方面对农业投资给予优惠和奖励，以吸引社会资金投向农业。其三，要改变财政投入方式，减少政府直接办项目，加大对农民和社会办项目的补助。还要通过税收优惠等政策措施鼓励农业利润用于农业再投资。

（三）切实加大国家财政对农村社会事业发展的投入

一是建立和完善农村义务教育经费长效保障机制。具体要通过深化农村义务教育经费保障机制改革，按照“明确各级责任、中央地方共担、加大财政投入、提高保障水平、分步组织实施”的原则，逐步免除农民子女义务教育阶段交纳的杂费、课本费，对农村贫困家庭学生补助寄宿生生活费，将农村义务教育经费全面纳入财政保障范围，基本实现农村免费义务教育的目标；提高农村中小学公用经费保障水平，建立农村中小学校舍维修改造的长效机制，进一步巩固完善现行教育工资保障机制；中央重点支持中西部地区，兼顾东部困难地区，建立中央和地方分项目、按比例负担的经费长效保障机制，促进教育公平。二是切实加强国家对农村卫生服务的投入。要加大中央财政卫生支出在经济不发达地区的支出总量并提高支出比例，缩小财政卫生资源配置的地区差距；加大农村卫生服务的财政支持，特别是财政对农村公共卫生资源配置的地区差距；加大农村卫生服务的财政支持，特别是财政对农村公共卫生服务的财政支持，缩小卫生服务的城乡差距；要把财政资金用于农村三级卫生服务网络建设的投向做出调整，以乡村两级为主；要明确政府在乡镇卫生机构建设中的财政支出范围，加强政府对乡镇卫生院公共卫生服务的预算支出。三是探索建立农村社会保障制度。要加快推进新型农村合作医疗制度建设。2006年新型农村合作医疗制度改革试点范围扩大到全国40%的县，中央财政对中西部地区参加新型农村合作医疗农民的补助标准提高到每人每年20元，地方财政也将相应增加投入，农民缴费暂不增加。争取2008年在全国基本推行，2010年基本覆盖全国农村；要建立规范有效的农村社会救助和医疗救助制度。贯彻落实修订后的《农村五保户供养工作条例》，健全完善农村特困群体定期定量救助制度，探索建立符合农村实际的最低生活保障制度。逐步解决进城农民工和被征地农民的社会保障问题，依法将进城农民工纳入工伤保险范围，探索适合进城农民工特点的大病医疗保障和养老保障办法。四是把农村劳动力培训经费纳入财政预算，建立支持农村劳动力培训的长效机制。

二、建立规范的支农资金管理机制

提高支农资金的使用效益，规范支农资金的安全运行，与增加投入同等重要。因此，在支持新农村建设的过程中，要不断加大财政支农机制的创新力度，完善财政支农资金管理，加强资金监管，确保财政支农资金安全运行和有效使用。

（一）积极推进支农资金的整合

由于管理体制和机构职能配置等原因，支农资金使用管理分散的问题越来越突出，已经严重影响支农资金使用效率的提高，在一定程度抵消了投入增加的政策效应。因此，加强支农资金的整合非常必要和迫切。一是坚持以县为主推进支农资金整合工作。选择若干县级单位作为试点单位，开展资金整合试点。同时，鼓励和允许各地积极探索多级次、多形式的支农资金整合的有效途径。二是以发展规划引导支农资金整合，并积极打造支农资金整合平台。通过项目的实施带动支农资金的集中使用。如以农田水利设施建设为切入点，打造水利资金的整合平台；以新农村建设为契机，打造农村发展类资金和扶贫资金的整合平台；以发展优势产业和特色产品为抓手，打造生产类和产业类资金的整合平台；以改善生态环境为重点，打造生态保护和治理资金的整合平台。三是建立支农资金整合协调工作机制。县级要成立由主要政府领导担任负责人的支农资金整合协调领导小组，建立相应的工作责任制，统筹安排支农资金的分配使用。

（二）积极创新财政支持、民办公助的机制

新农村建设既要依靠政府投入，又要放活市场，更要依靠农民自主建设。最重要的是，充分调动广大农民群众的积极性和创造性，引导他们发扬自力更生、艰苦奋斗的精神，以自己的辛勤劳动改变农村面貌，建设美好家园。新农村建设是否具有可持续性，也取决于农民的自主参与。因此，必须区分哪些事情可以通过市场的力量、通过产业的力量来办，哪些是农民自己可以办的事情，政府要为农村市场机制顺利运行发挥作用。也就是说，一方面要充分发动群众，充分调动农民自主投身于新农村建设的热情和能动性，变“要他干”为“他要干”，真正发挥农民的主体作用；另一方面，要改变国家支持的方式，通过以奖代补、以物抵资、先建后补等形式，形成在国家投入的带动下，农民自己投工、投资改善农村生产生活条件的机制。

（三）规范和加强财政支农资金管理

要建立以结果为导向的财政支农资金使用机制。尽快研究制定财政支农资金使用绩效评价的指标体系，根据评估结果实施激励约束并重的考核机制。对能够做到专款专用、按期竣工、效益显著的项目，经综合考核评审后，要对项目管理部门、项目实施单位及直接责任人给予一定形式的奖励。此外，要建立严格规范的财政支农资金的监督检查机制。要把支农资金使用管理的检查作为财政监督的重点，并自觉接受审计等社会各方面的监督，严厉查处资金使用管理中的违法违规行为，防止损失浪费，提高支农资金使用的规范性、安全性和有效性，确保把党和政府的温暖更多地、更直接地送给农民。

三、逐步建立城乡、区域间均等化的财政管理体制

财政管理体制是正确处理政府间财政关系的基本制度规范，未来改革的基本政策趋向是按照城乡、区域间财力及公共品

均等化的方向进行，这将对公共财政覆盖农村产生积极影响。

（一）应对政府在农业农村发展中的职责进行合理定位，明确政府的支出责任

在中国的经济转型时期，中央和地方政府的定位还有一个与社会主义市场经济体系相适应的过程，政府提供公共品的职能同时也与经济发展水平相关，应当根据财政资源量力而行，坚持城乡公平原则，根据规模经济原理，确定不同政府级次承担的支出责任。目前农村社会保障和义务教育、卫生等支出责任主要由县乡政府承担，与一般国际经验不符，也与政府间的财政能力不相匹配，因此要进一步加大中央和省一级的财政投入，相应减轻地方政府的支出负担，提高农村基本公共品财力的均等化程度。对于地方配套，要根据不同区域和项目情况，降低配套比例，或不再要求配套。要减少上级对县乡政府的达标升级考核，提高县乡财政自主理财能力。对于县乡应该承担的事权，通过加强财政监督，满足农民的基本公共福利所需的资金要求。

（二）进一步完善政府间转移支付制度

从中国目前的实际情况来看，各地供给农村公共品的能力存在相当大的差异。这与我国转移支付的制度性缺陷是有关系的。因此，下一步改革应当根据公共服务均等化的基本原则，完善政府间转移支付制度体系，为农村公共品和公共服务的均等化制造条件。

1. 优化转移支付结构，发挥转移支付调节地区间财力差距的作用

主要是严把专项拨款立项关，建立严格的专项拨款项目准入机制；中央财政新增财力除了安排本级支出正常增长外，重点帮助中西部地区解决财力不足问题；规范一般性转移支付分配办法，要根据不同地区的经济发展水平和收入差距，以及影响

财政收支的客观因素，核定各地区标准化收入和标准化支出，以因素法取代基数法，据此合理确定对各地区的转移支付规模。

2. 清理整合专项转移支付

今后要严格按照国家政策意图和事权划分原则，清理和压缩现有的专项拨款项目，只有国家鼓励并且属于国家和地方共同负担的事项，中央才设立专项转移支付；属于地方支出责任范围内的事务，中央不安排专项。取消现有专项转移支付中名不符实和过时的项目，归并重复交叉的项目；对已形成地方固定财力的纳入一般性转移支付，严格控制专项转移支付规模；要严格专项转移支付审批程序，规范专项转移支付分配办法。

3. 实行以奖代补政策，建立激励约束机制与监督考评体系

中央财政在加大转移支付力度、规范一般性转移支付办法的同时，继续安排一部分资金作为奖励和补助，与省级对下转移支付实绩挂钩，引导省级政府尽量多地将中央财政转移支付资金及自身财力分配落实到基层财政，完善省级对下的转移支付制度。进行专项转移支付的国库集中支付和政府采购试点，加强专项转移支付的监管。研究建立地方政府支出安排的绩效评价体系，确保转移支付资金用于基本公共服务领域。

四、建立以需求为导向的农村公共品供给决策机制

现行的财政支农投入具有明显的供给主导型特征。供给总量、供给结构和供给程序多数是由乡及乡以上组织以政策规定的形式下达的，供给决策的权力由众多的部门来执行。在提供公共服务的过程中，由于缺乏科学的监督机制，对各部门提供了什么服务，农民是否满意，缺乏一种有效的反馈机制，降低了投入效率。建立以需求为导向的农村公共品投入机制，供给决策程序由“自上而下”向“自下而上”转变，确保“好钢用在刀刃上”，是公共财政覆盖农村过程中必须解决的问题。要切实做到以需求为基础，必须以科学的方式事先明确资金投向、投资的优先顺序及投资方式。这样，不论由那个部门来执

行项目，都不会有太大的偏差。

（一）加强对公共服务需求的调查，建立需求实现机制

各地在使用财政支农资金的过程中，应当组织各部门和地方对农民的需求进行深入调查和研究，充分反映农民的需求重点、需求优先序列，带动农民参与的积极性、社会力量的支持意愿等，建立有效的需求实现机制。

（二）建立公共品优先序，把解决好农民最关心、最迫切希望解决的问题作为切入点和突破口

调研表明，义务教育、交通、水利和医疗卫生应依次作为最基本的农村公共品优先对待，大力加强公共财政投入，并确定每一领域中不同的优先投入重点。因此，政府在提供公共服务时，既要注意到公共服务的惠及面，也要注意不同公共服务对农户的服务性质的特殊性及其影响程度。同时也要注意，由于经济社会发展水平、生产结构、生活特点、地理位置、文化差异等因素的影响，不同地区之间的需求结构差异较大，应当根据因时因地制宜的原则，确定不同地区的需求重点，并以此作为财政支出结构的依据。

（三）完善“一事一议”制度，建立农民对公共品供给决策的参与机制

农民通过“一事一议”的方式可以解决很多公共品投入问题，这是因为“一事一议”，一方面，只要“一事一议”程序规范、集资额度不超过农民的承受能力，农民都愿意出钱出力参与公共设施建设；另一方面，“一事一议”也是管理透明、民主参与的一种有效方式。让农民参与公共品供给决策，对公共品的需求与供给的对接具有不可替代的作用。在各地政府可以在公共需求调查的基础上，列出公共品供给清单并予以公示。同时，可以实施听证制度，组织农民对政府的供给计划进行评价，充分吸收农民的意见，并作为服务决策的依据。然后，政府可以依据财力确定投资方向、投资重点、投资、投资额度和投资方式。目前，江西赣州等地在这一方面已经取得了一些经验，可以总结推广。

五、着力深化县乡财政管理体制改革

县乡财政体制是整个国家财政体制的重要组成部分。分税制改革以来，随着县域经济的发展，我国县乡财政的收支规模不断扩大，县乡财政的总体实力不断增强，但由于种种原因我国县乡财政的困难与日俱增。农村税费改革后，虽然中央及省级政府对基层的各类转移支付不断增加，但县乡财政困难问题并没有从根本上得到扭转。为此必须以提高县乡财政保障能力为着力点，改革和完善县乡财政管理体制，建立和完善覆盖农村的公共财政制度。

（一）扩大“省直管县”、“乡财县管”财政体制改革试点范围

一是有条件的地方要进一步改革省对县财政体制，适时适地推行省直管县财政管理体制。现阶段，缓解县乡财政困难，在经济比较发达、省域面积适中的地区，可以进一步扩大推行“省直管县”财政体制的试点范围。省级财政在体制补助、一般性转移支付、专项转移支付、财政结算、资金调度等方面尽可能直接核算到县，减少财政管理层次，提高行政效率和资金使用效益。但是，在推广试点过程中，还要避免“一刀切”，要充分考虑地区的特殊性。注意“省直管县”体制中县（市）同原上级地级市之间在利益关系、工作程序等方面的协调，减小体制变动对基层财政的冲击。另一方面，由于“省直管县”伴随着“扩权强县”的激励机制改革，所以要防止县乡财政短期逐利行为，避免改革试点步入“一放就乱”的误区。二是要分类确定县对乡财政管理体制，继续扩大“乡财乡用县

代管”财政管理方式改革，确保乡镇政权正常运转。改进“乡财县管”管理方式，针对手续较多、行政成本增大的问题，可在全省或全县范围内开发使用统一的信息软件，实现信息互享，网上审核，提高办事效率，减少行政成本。

（二）进一步完善财政奖补政策，建立健全预算绩效评价考核体系

2005年中央预算安排150亿元，对县乡财政实行“三奖一补”办法，即对财政困难县乡政府增加县乡税收收入和省市级政府增加对财政困难县乡财力性转移支付给予奖励，对县乡政府精简机构和人员给予奖励，对产粮大县给予奖励，对以前缓解县乡财政困难工作做得好的地方给予补助。上述措施对于缓解县乡财政困难，确保基层政权运转和促进农村社会事业发展，发挥了积极作用。今后要总结完善中央的“三奖一补”办法，采取更加积极有效的措施，切实提高县乡财政的自我保障能力。

（三）完善县乡财政收入体系

进一步完善省以下分税制改革，合理划分省、市、县、乡四级财政收入，完善县乡财政收入体系。根据各地方社会、经济和财政发展情况，将房产税、城镇土地使用税、土地增值税、印花税、契税、耕地占用税等地方税种收入主要留给县乡两级，或提高县乡财政分享的比例。土地出让金等已经纳入预算内的收费项目要降低省、市集中的比例，调动县乡政府发展经济和增加收入的积极性。支持和鼓励县乡政府繁荣县域经济，做大经济财政蛋糕，按照科学发展观的要求实现县域经济自我发展、自我创新、自我积累的良性循环。

（四）加强县乡财政管理

随着农村税费改革的逐步深化、“以县为主”的农村义务教育管理体制的逐步完善以及其他相关的改革相继出台，县乡财政的财权与事权发生了明显的变化。在此背景下需要按照“一级政府、一级财政、一级预算”、“财权与事权相统一”的原则加强县乡财政管理的力度。要明确各级政府对农村基层事务的支出责任。属于省、市政府承担的支出，同级财政应该安排足额的经费，不留资金缺口，尽量降低或避免要求县乡财政的配套额度。减少上级财政对县乡政府的达标升级考核，提高县乡财政自主理财的能力。对于县乡应该承担的事权，通过加强财政监督，满足农民的基本公共福利所需的资金要求。通过“乡财县管”改革逐步强化乡镇财政的预算约束，按照“一保工资、二保运转、三搞建设”的原则合理确定支出顺序。积极推进县乡预算管理制度改革，提高基层财政预算的完整性、透明性，构筑基层公共财政框架，实现基层财政的高效管理。

六、大力推进乡镇机构改革

乡镇机构是国家的基层政权组织，改革和优化乡镇机构是当前和下一步农村综合改革的重要内容，也是新农村建设的重要制度保障。乡镇机构改革要侧重解决以下几个问题：

（一）切实转变乡镇机构职能

政府行为是否适当，从根本上取决于政府职能的准确定位。而政府行政管理体制改革的成败在很大程度上取决于政府职能转变是否合规到位。因此，以转变政府职能为切入点，加快推进乡镇机构改革，是建立高效的基层行政事业管理体制的核心。对于乡镇政府而言，属于中国五级政府治理结构的最基层，在政府经济调节、市场监督、社会管理和公共服务四大基本职能中，乡镇政府转变职能的重点是适应农村市场经济体制和深化农村税费改革的形势要求，强化政府的社会管理和公共服务职能，特别是面向“三农”提供社会管理与公共服务。具体讲，乡镇政府的主要职能是：贯彻落实党的路线、方针和政策，引导农民进行科学、现代化的农业生产，发展农村经济，组织引导农村劳动力转移和就业，增加农民收入；加强农村社会管理，调解农村各类矛盾，维护农村社会稳定；负责为农村、农业、农民提供公共服务，加强社会化服务体系建设，发展农村社会公共事业和集体公益事业。

（二）改革与优化乡镇机构设置

严守乡镇机构编制只减不增和确保社会稳定这两条“底线”。重点研究解决好乡镇职能定位、乡镇事业站所改革和人员分流安置问题。要围绕促进经济发展、加强社会管理、搞好公共服务、维护农村稳定的要求，创新党政机构设置，推行党政干部交叉任职，积极探索职能转变的具体方式和措施。要按照县乡联动、明确职能、综合设置、以编控人的原则，重构社会化服务体系和运行方式。要坚持以人为本，从维护稳定的大局出发，采取必要的激励措施和优惠政策，积极拓宽人员分流渠道，最终通过时间和机制逐步消化乡镇富余人员。通过机构改革，逐步建立起行为规范、运转协调、公正透明、廉洁高效的农村基层行政管理体制和运行机制，努力建设服务型、法治型的农村基层政府。

（三）深化乡镇涉农服务的事业站所改革

基本思路不是完全推向市场，更不是简单的撤销，而是在明确性质、合理定位的基础上，区分情况，分类改革，建立合规有效的农村公共服务的激励和约束机制。一要整合现有事业站所，合理区分公益性事业和经营性事业，实行分类管理。公益性的，要强化服务功能，经费主要由财政保障；经营性的，要强化自我发展能力，逐步走向市场。乡镇不再举办自收自支的事业单位。要积极探索公益性职能的有效实现形式。可以保留一定的公益性服务机构或岗位，实行综合设置；也可以将事业站所改制为经营实体或中介服务组织，由乡镇政府通过项目招标、签订合同、政府采购等方式向其购买服务，将财政拨款逐步由“养人”为主向“养事”为主转变。还可以按区域设置事业站所。凡有利于为农民提供公益性服务的形式，都可以进行积极探索。二要改革对乡镇事业站所的考评机制，将服务质量和效益作为主要考核指标，逐步由以上级考核和内部考核为主转变为以农民和服务对象考评为主，财政对事业站所的投入要和事业站所的工作业绩挂钩。三要鼓励发展多元化的农业技术推广服务组织，扶持社会力量兴办为“三农”服务的公益性机构和经济实体。进一步鼓励农业科研教育单位、涉农企业等发挥人才、技术、资金优势，深入农村为农民提供服务。

七、积极化解乡村债务

乡村债务是长期以来形成的问题，也是影响农村经济发展、社会稳定的突出问题。在农村税费改革中，由于精简机构，调整职能，堵住了向农民乱收费的“口子”，乡村债务的问题集中暴露了出来。化解乡村债务需要着重从以下两方面加以考虑：

（一）坚决制止发生新的乡村债务

1. 纠正乡镇经济管理中不规范行为

乡镇政府要切实负起责任，坚决纠正经济管理活动中各种不规范行为，从源头上防止新的乡村债务发生。一是不得以任何名义向金融机构申请贷款弥补收支缺口；二是不得为企业贷款提供担保或抵押；三是不得采取由施工企业垫支等手段上项目；四是不得举债兴建工程；五是不得滞留、挪用对村级组织的补助资金；六是不得举债发放职工工资、津贴、补贴及解决办公经费不足；七是不得铺张浪费或随意增加非经常性支出；八是不得“买税卖税”、虚增或隐瞒财政收入。

2. 加强和完善村务管理

村级组织要适应农村税费改革的新形势，管理好村内公共事务，办好村内公益事业。一是精简人员，压缩开支。要结合地方实际精简村干部职数，严格按照村级定额补贴标准控制支出，压缩一切不合理开支。二是村委会不得以任何名义从金融机构贷款或为企业提供担保，严禁借（贷）款垫付各种税费和用于村级支出。三是加强村级财务管理和村务公开、民主理财制度，完善村民议事制度，重点抓好民主管理和财务公开、债权债务管理、资产台账等制度建设。四是尽快完善“一事一议”制度，促进村内生产、公益事业的发展。兴办公益事业要坚持量入为出的原则，严格按规定的程序办事，不得超出“一事一议”控制标准，不得借债兴办公益事业。

3. 上级部门要转变工作方式，加大支持力度，减轻基层负担

一是要改革和完善乡镇财政管理体制，加大转移支付力度，切实保障乡镇机构运转和人员工资发放。二是对县级以上地方各级人民政府及其有关部门安排的涉及乡村基础设施建设和农业生产开发项目，必须足额安排资金，不得留有缺口，原则上不得要求乡镇政府和村级组织安排项目配套资金；不得开展要求乡村和农民出钱出物的达标升级和检查评比验收活动；不得对乡镇下达不切实际的财政收入指令性计划；不得对乡镇下达招商引资的指标；不得以调整农业结构等为名强令村级组织完成种养计划和技术推广任务；不得向村级组织摊派报刊、书籍征订任务。

（二）分类处理现有乡村债务

1. 要按照债务的不同来源，制定相应的化解措施

其一，个人借款。债权人和债务人要从实际出发，协商解决借款归还问题。对高息集资借款超过法定利息的部分，必须予以调整；对符合规定的也可以协商采取免息、停息等办法处理。在村级债务中，可用村集体对个人的债权冲抵个人的债务。其二，金融机构借款。要采取市场化的方式，严格遵守《中华人民共和国商业银行法》、《中华人民共和国担保法》和

《中华人民共和国票据法》等有关法律的规定。要明确债权债务的截止日期，按国家利息政策规定确定利息债务。要订立归还计划，明确归还来源。对于乡镇政府和村级组织的贷款、担保和抵押等形成债务的处理，要依法合规，维护社会诚信，防止任何变相的逃债行为。对于以乡村干部个人名义承贷用于乡村建设的银行、信用社贷款，要确认乡镇政府或村民委员会承担的比例。对贷款中涉及农民负担的债务，要统筹考虑，既要让确实贷了款的农户承担应尽的还款责任，又要防止把不该分摊的债务分摊给农民。其三，农村合作基金会借款。对农村合作基金会的债权清收，要逐笔明确到责任人。对有能力还款而拒不还款的，要用法律手段回收；对暂无还款能力的，经批准可签订还款计划，分期还款或延期 3—5 年偿还。其四，财政周转金借款。要按照财政部《关于财政周转金呆账处理规定》（财预字〔1998〕86 号），可研究延长还款期限，制订还款计划，分期逐步偿还，对确实不能收回的财政周转金要及时开展核销工作，列入呆账处理。

2. 按照债务的不同用途，采取相应的化解办法

其一，兴办企业形成的债务。要按照《中华人民共和国商业银行法》、《中华人民共和国担保法》及其他有关法律、法规的规定，按照“谁举债、谁偿还”的原则落实偿还责任。乡镇政府和村级组织直接或间接开办的企业，必须按照有关规定尽快脱钩。所办企业倒闭形成的债务，不能转嫁给农民。要积极推进农村产权制度改革，盘活企业存量资产，所得收入按法律规定偿还债务。面临倒闭的企业，要依法申请破产，按《中华人民共和国企业破产法》的有关规定，进行清产核资、破产清算，清偿债务。严禁企业借破产倒闭之机逃避金融机构债务。其二，“普六”、“普九”形成的债务。在认真清理的基础上，可考虑统一划转教育部门，由教育部门统一管理，并制定相应的还款计划。应允许地方及学校每年安排一定的资金用于解决乡村两级办学形成的债务。其三，乡村举办公益事业形

成的债务。要区分责任主体，乡镇举债办公益事业形成的债务，乡镇政府要制定分期偿还计划，分批归还。对村级举办公益事业形成的债务，要认真摸清底数，区别情况，划分性质，研究不同的化解措施。其四，农村税费尾欠形成的债务。将清理尾欠的权限明确给省级人民政府，由省级政府根据当地实际情况，制定相应的化解措施。原则上对农村税费改革前发生的农村税费尾欠，要登记造册，不再清收，据此核销相应债务。对改革后新发生的农业税尾欠，不符合减免条件的要制订还款计划，依法逐步清收。

3. 通过体制创新和机制创新化解债务

其一，建立清理化解乡村债务的激励机制。中央和省级财政要根据地方清理化解乡村债务试点情况，采取“以奖代补”的形式，对清理化解乡村债务成效明显的县给予适当奖励，激励和支持地方清理化解乡村债务工作，重点支持地方化解教育债务。其二，建立偿债基金，为化解乡村债务提供资金来源。在坚持“谁举债、谁偿还”原则、明确基层偿债责任的前提下，有条件的地方可在每年一般性转移支付资金和自有资金中，划出一定比例建立偿债基金，逐年清偿乡镇债务。

第四节

统筹发展战略下的农村公共品供给机制建设[①]

现有的农村公共品供给机制导致国民之间公共品的享有水

① 本节内容选自农业部软课题“农村公共产品供给机制建设研究”报告（课题编号：200429-1），课题主持人：宋洪远。

平显失公平，且由于市场失灵导致供给效率低下，亟待改革与完善。

一、统筹发展的内涵、关键环节与总体思路

城乡统筹、协调发展对于目前我国的社会经济发展和各项制度建设来说，是一种战略，一项原则，一个框架，一种格局或一个机制。统筹农村公共品的供给尤其是统筹城乡之间公共品的供给，要通过体制改革、政策调整和制度创新，改变和摒弃过去重城市、轻农村，挖农业、补工业，实行“城乡二元”的观念和做法，在确定国民收入分配格局的时候，把解决好农业、农村和农民共同需要的公共品的供给问题放在优先位置，加大对农业的支持和保护，这是统筹发展在目前现阶段全面建设小康社会过程中的实际内涵。

统筹发展的关键环节有二：一是各级政府必须转变观念，必须从国民经济协调发展，从国家形象与信誉等层次来认识当前农村公共品供给领域存在的问题及其产生的后果。长期以来“城乡分治”的政策和措施固化了很多人的思维，使他们习惯于“城乡二元”的分配结构。统筹发展战略提出的时间已经不短了，但是从实际来看，是中央高层领导讲的多，农口系统讲的多，其他层次的领导以及其他系统讲的少，如果这些人、这些部门“城市政府”的观念不改变，公共品的城乡统筹就很难实现。二是统筹发展必须落实到具体的政策上，要有制度保证。必须修改预算法、地方政府组织法、村民委员会组织法等相关法律法规中不利于政府职责划分、不利于城乡统筹供给公共品的条款，使城乡统筹有法可依。比如对乡镇职能的法律界定，1982 年 12 月 4 日，中华人民共和国第五届全国人民代表大会第五次会议通过的《关于修改〈中华人民共和国地方各级人民代表大会和地方各级人民政府组织法〉的若干规定的决议》的第三十六条明确规定了乡镇政府如下：“执行本级人民代表大会的决议和上级国家行政机关的决议和命令，发布

决议和命令；管理本行政区域内的经济、文化建设和民政、公安等工作等职权。”《关于实行政社分开建立乡政府的通知》（中发〔1983〕35 号）规定，乡人民政府建立后，要按照《中华人民共和国地方各级人民代表大会和地方各级人民政府组织法》的规定行使职权，领导本乡的经济、文化和各项社会建设，做好公安、民政、司法、文教卫生、计划生育等工作。1986 年 12 月修订的《中华人民共和国地方各级人民代表大会和地方各级人民政府组织法》规定了乡、民族乡、镇人民政府的 7 项职权，其中包括执行本级人民代表大会的决议和上级国家行政机关的决定和命令，发布决定和命令，执行本行政区域内的经济和社会发展计划、预算，管理本行政区域内的经济、教育、科学、文化、卫生、体育事业和财政、民政、公安、司法行政、计划生育等行政工作。如此多的职能，显然不是乡镇财政，尤其是中西部财政短缺地区的乡镇政府所能够承担的，统筹城乡公共品供给必须对这些法律法规作出修改。

各地居民对地方公共品的偏好是不同的，对同一公共品的需求量也不一样。统一供给将影响资源的配置效率，导致社会福利的损失。我国各地区因历史文化和社会经济发展水平的差异，地区之间社会经济发展不平衡，居民对公共品需求的差别很大。因此，在城乡差别和地区差别彻底消除之前，我们不可能建立完全统一的公共品供给制度，这既是发达国家公共品供给制度建设的经验教训，也是中国现实国情的选择。城乡统筹，不是城乡统一、划一，统筹发展农村公共品供给制度的总体思路是：从中国农村的实际出发，坚持城乡整合的政策导向，坚持分阶段、逐步完善，以及立足地区差异、从东向西梯度推进的原则，优先解决涉及人类基本权利的义务教育权、公共卫生服务、为生存所必需的基本医疗和生活保障等方面的产品或者服务。引入竞争机制，加大国家财政对农村公共品的投入力度，改革政府对公共品的支持方式，提高农村居民的组织化程度，完善村级公共事业“一事一议”政策，增加农村公共品的供给渠道，提高供给效率。

二、确定是否存在市场缺陷，合理划分市场供给的领域

在公共品供给与生产领域引入市场机制非常必要，但是在现实中划分市场供给和政府供给的边界经常处于财政压力之下，由长官意志决定，这就容易引起市场供给过度市场化和市场化不足问题，最终导致市场失灵，影响资源配置效率和公共品的供给。

鉴别产品需求和供给的性质，确定是否存在某种特点的市场缺陷，是划分市场和政府边界的前提。市场缺陷的性质包括非竞争性、非排他性、外部性，非竞争市场等。比如动物防疫是一种比较纯粹的公共品，具有很强的外部性，对于这类存在市场缺陷的产品就不能交由市场供给，而种植、加工等企业则属于竞争性领域，不存在市场缺陷，应该通过市场机制来供给。

划分市场与政府的边界，还必须考察市场需求密度。市场需求密度决定市场的利润水平，必须保证一定的利润水平，资本才有进入的动机。如果市场需求有限，难以保证一般的利润水平，政府就必须采取适当的干预措施。比如，闭路电视装备，在一个大的村庄，由于存在足够的消费者，能够保证市场的利润规模，市场机制能发挥配置的职能；而在一个小的村庄，由于消费者数量有限，利润水平难以保证，政府就必须通过诸如提供补贴或者通过协调其他村庄、扩大消费群体的方式加以支持。

划分市场与政府的边界，还必须考察市场主体的供给能力。市场存在缺陷，市场主体也有进去的动机，该产品也不一定能够得到供给，因为还有一个进入的门槛。比如，农村家庭联产承包责任制实施之初，由于资本积累的制约，农业机械超出了很多农户的购买能力，在这个时候，政府的介入是必要

的，因为市场主体进不去，市场机制发挥不了作用，但是随着农民经济收入的增长，进入的门槛没有了，政府就应该退出，让市场发挥作用。

三、增加国家财政的支农力度，改善政府对公共品的支持方式

（一）增加国家财政对农业的支持力度，优化公共支出的结构

国家财政必须逐步提高对农业的投入，兑现《中华人民共和国农业法》所提到的关于“逐步提高农业投入的总体水平，国家财政每年对农业总投入的增长幅度应高于国家财政经常性收入的增长幅度”的承诺。政府公共支出首先应当从那些在一般的市场价格条件下能够获利的产品，或者只对私人市场的产出产生有限改进的项目，比如购置高端的医疗诊断器械中撤出。如果某个领域存在市场缺陷，接着就需要评估私人生产偏离社会需求的差距，计算各种不同支出方案的成本和效益，并考虑支出对贫困群体的影响，从中选择那些能够缓解贫困目标、使得社会福利最大化的支出方案。

（二）改善政府对公共品的支持方式

对于在一般市场价格条件下能够获利的产品，政府应该完全退出。即便那些需要政府帮助供给的产品，也不等于完全由政府投资、经营生产，必须选择适当的供给方式。选择什么样的干预方式，取决于市场缺陷的类型和市场需求的密度、市场主体供给能力等要素。政府可以通过公共管制、与企业签订供给合同、授权经营、参股、补助等方式间接提供公共品。对于那些排他性的公共品，比如公共项目的材料采购，可以通过公开招标的形式，与合适的厂家签订合同，政府采购实质上就是这个内容的一部分；对于具有规模经济效益的自然垄断行业，比如农村电网的经营，地方政府可以通过授权经营的方式选择

私人企业，通过签订合同的方式，委托中标的私人企业去经营，但地方政府必须对这一领域实行政府规制；对于那些初始投资量较大的基础设施项目，如道路、桥梁、大型水利设施，可以采取由政府参股，吸引民间资金入股参与建设。对于那些提供教育和卫生等具有外部效应的私人机构，政府可以通过补贴、贷款贴息和减免税等方式给予支持。

政府供给并不排除竞争，相反，适当地引入竞争机制，不但有助于降低财政的压力，还有助于改善既有公共部门的服务，提高总体的供给效率。目前农村公共服务机构准政府化现象严重。学校、卫生院、环卫所等公共服务机构在财务预算、人事制度等诸多方面具有政府机关的性质，垄断经营缺乏市场价格，难以测度供给的成本和效益，结果是供给者缺乏改善绩效的动机，导致供给效率低下。政府应该降低这类公共事业的进入门槛，尝试并通过补贴等方式鼓励这类产品的非政府供给，并以非政府供给的成本收益为参照，加强公共服务机构的考核，增加供给者提高供给效率的压力。

（三）合理划分政府间的供给职责

“一级政府、一级事权、一级财权”，这是发达市场经济国家的通行做法。但在我国，事权界定经常含混不清，中央政府和地方政府以及村级组织之间的很多职责非常相似，事权的落实经常不是基于和财权一致的原则，而是基于政府间的博弈，导致出现很多问题。划分政府间的职责，并给这种划分以制度和财力的保障，这对于增加农村公共品的供给至关重要。

1. 中央财政负责供给全国性的公共品，优先保障涉及人类基本权利的公共品供给

全国性的农村公共品包括治理大江大河大湖的骨干工程，防洪、治涝、引水、灌溉等大型水利工程，农业生产和农产品流通重点基础设施，商品粮棉生产基地，用材林生产基地和防

护工程，农业教育、农业科研、技术推广和气象基础设施等，这些投入必须由中央财政给予保证。

在全国性的农村公共品之中有一类非常特殊的产品，即涉及人类基本权利的产品或者服务，比如义务教育权、公共卫生服务以及为生存所必需的基本医疗和生活保障。这些产品中，对教育投资形成人力资本的积累是推动经济持续增长的关键性因素，对国家的生存竞争和长远发展起着决定性的作用，公共卫生服务直接关系到每个人生命的质量和谋生的潜能，基本医疗和生活保障涉及人类生存的尊严，投票权是人类的一项基本权力。中央财政应当优先保障设涉及人类基本权利公共品的供给。

在一个多层次的政府体系中，上级政府向下级政府提供财政拨款是一种经常的方式。拨款的提供可以基于效率或者公平的考虑。可以通过给予拨款的形式鼓励下级政府进行某一特殊形式的支出，也可以用于直接提高下级政府的购买力。美国的州政府经常使用基本资助的办法支持地方学校，基本资助基本上都是有条件的（这就是说，它们必须用于教育）非匹配补助，其目标是设法保证每一个学生的最低支出水平，而不管地方财富情况如何。中国可以借鉴这种做法，中央财政通过有条件（规定资金使用用途，为了避免截留挪用，采取类似浙江“教育券”的方式进行资助的做法是一条可能的途径）的非配套转移支付来保障全国居民，无论其生活在城镇，还是在农村，在上海市还是在贵州省，都能享受到最基本的公共服务。

中央财政转移支付的目标是这类产品最低的支出水平，保证全体国民享有最基本的保障，而不是城乡统一，或者地区统一。在最低的支出水平之上，允许地方政府根据地方财政的实力给予支持。由于消费者的偏好存在差异，提供水平大体相当的公共品和服务可能导致福利损失。保证获取基本的公共品或者服务，比如九年制义务教育和基本生活保障，并不是说城乡以及各地区之间提供的义务教育的供给水平要相当或者说基本生活补贴水平相当，而是说人人要享有九年义务教育和基本生活保障等基本的权利，其中可能包含着质量的差异，比如一个地区义务教育的师生比可能不足1∶13，而另一个地方却是26∶1，我们很难强求两个地方的师生比相当，中央政府首要的是保证无论是1∶13还是1∶26，所有地区的孩子都能够接受九年制义务教育。

2. 地方政府供给相应层次的公共品

不同范围的公共品供给涉及不同层级的政府。省、市县、乡镇承担相应范围的农村公共品的供给任务。公共品供给涉及各级政府的职能定位问题，目前问题比较多的是乡镇政府一级。农村税费改革的推行使得基层政府尤其是乡镇政府的财源受到比较大的冲击，国家要求县乡政府“主要通过转变政府职能、精简机构、压缩财政供养人员、调整支出结构等途径”解决因收入减少影响的开支问题，并把镇机构改革和人员分流列为税费改革的重要配套措施之一。我们对115个乡镇主要负责人访谈的结果发现，目前乡镇财政承担了太重的公共品供给负担。减少乡镇政府的事权，转变职能是机构改革的关键，必须把乡镇从乡镇经济建设、支持义务教育、卫生等公共品巨大的压力中解脱出来，否则根本无法谈起。乡镇政府职能转变的基本方向是由经济建设和行政管理转向公共服务管理，其突破口是禁止各种不切实际的达标、评比活动，强化乡镇职权，规范县乡关系和乡村关系。

四、提高农村居民的组织化程度，完善村级“一事一议”政策

集体资产的减少、经营职能的弱化以及向农户收费权力的限制，导致村级组织整体财力逐渐削弱。维持原有的社区集体供给的现状，既不公平，也不可能。税费改革之后，为了适应村级组织办理公共事业的需要，国家保留了村级组织“一事一议”的权力。该政策自2000年开始试点以来，经过完善政

策、扩大试点、配套推进、稳步实施，已取得了比较明显的效果。但是问题也不少，主要包括：议事的范围含糊不清、议定内容缺乏法律保障等制度缺陷，村级组织难以抵制上级政府的行政强制，管理和监督难等，导致出现“有事不议”、“有事乱议”、“有事难议”和借“一事一议”搞强行摊派的现象。我们认为，完善社区集体供给机制的基本前提是合理界定村级事务范围，严格限定村内公共事业的范围。县、乡财政投入举办的项目，不能要求村民筹资来办，不能采取政府不管的事村里全管的做法。对农村中投资较大、靠村民“一事一议”难以负担的基础设施建设，应通过政府供给或者市场供给等其他机制来解决，村内原则上办理一些小型公益事业等。在这个基本条件得到保证的前提下，完善“一事一议”政策的关键是提高农村居民的组织化程度。个人在参与公共选择时，并非直接选择资源配置，个人首先选择的是活动的基本组织方式，其次才选择决策规则。提高农村居民组织化程度的重要途径是积极采取措施，为各种专业协会以及合作社等农民组织的发展创造条件。专业协会以及合作社等农民组织是整合农民的最佳选择，在促进农民的经济发展和保护增进农民利益方面具有其他的组织形式所难以替代的作用。

合作组织本来就是偏好相似的农户的联合，同质性越高，成员“搭便车”的可能性便越小，组织效率就能够提高。因而，提高农村居民的组织化程度也是完善俱乐部和自我消费供给机制、增加公共品消费规模、提高资源利用效率的重要途径。

五、制定鼓励措施，增加精英在公共品供给中的收益

精英供给无论是出于获得大于成本的收益，还是出于公心的目的，客观上都增加了受益范围内人群的福利，政府应该制定一些诸如冠名权、树碑立传、提高供给者的社会地位等措施，对此加以旌表，以激励精英供给。

第五节

农村公共基础设施的运营机制[1]

加强农村基础设施建设以提升生产能力、生活条件和社会保障水平，是顺应经济社会发展阶段性变化和建设社会主义新农村的要求，是坚持“多予少取放活”方针的重要手段，同时，也是发挥各级财政投入的引导作用、提升农民的新农村建设主体意识、吸纳社会资源广泛参与的重要途径。

一、现阶段我国农村公共基础设施滞后的主要表现

（一）公共基础设施经营的城乡差异显著

首先是在数量、质量上的差别，主要是资金投入量、产品总量方面存在巨大差距。其次是在价格上的差别。供水、供电、通讯等现代生活标志性的公共品，一般都属于准公共品，消费者需要一定的货币支出才能享受。由于农村居民居住分散，这些公共品的网络基础等设施建设和管理成本要高于城镇，因而往往出现这样一些现象：首先，同样一种需要付费的公共品，农村居民消费门槛高于城镇；其次，同一公共品价格农村高于城市。

（二）农村公共基础设施经营的政府管理缺位

由于机构膨胀、县乡财政困难、分税制改革不彻底等原

① 本节内容选自农业部软科学课题“农村公共基础设施运营机制研究”报告（课题编号：200626），课题主持人：仲伟周。

因，许多本应该由政府提供的公共服务或物品的责任却由农民承担，提高广大农民的生产成本。在我国相当长一段时间内，乡镇道路、农业技术服务以及农村医疗卫生事业的资金主要来自农业和农民，财政支出对这些农村基础设施建设没有显著贡献。近两年，由于农民收入增长缓慢，没有多余的资金投资于农村基础设施；同时农村基础设施产权不明晰，部分项目没有按照“谁投资、谁受益”的原则来运作，因而影响农民投资基础设施建设的积极性。再者，农村税费改革以后，“两工”在3年内逐步取消的政策，使农村基础设施特别是小型基础设施建设失去了原来的主要投入渠道。

（三）农村公共基础设施市场化投融资机制尚未形成

供给不足可以说是农村公共基础设施投资的最基本特征，其表现是投资流量规模小和存量建设状况落后。从理论上说，农村公共基础设施属于农村公共品范畴，是与社区内农民生产生活、娱乐等环境密切相关的硬件设施，属于区域内居民和流动人口受益的公共品，各级政府理应承担起供给责任，但实际情况则不然。国家的农业基建投资总额较其他行业仍然很低，并且这里的基建投资主要是生产性的大型项目，农村非生产性公共基础设施建设更未受到重视。

尽管国家一直在制定各种鼓励政策，引导社会资金投向农业，但目前仍然没有从根本上解决投资者的顾虑。在农产品流通体制、农业信贷体制、农业经营体制之中，这些政策的模糊性和非市场化操作方式，使投资者难以形成稳定的收入预期，并且我国尚未建立起完善、有效的农业支持保护体系，农业面临市场风险和自然风险，信息机制不健全，投资者宁愿投入流动快、退出便利、比较利益高的资本市场和货币市场，也不愿选择农村市场，市场化的农业投资机制至今没有形成。

（四）农村公共基础设施建设效率低下

目前我国农村公共基础设施投资的固定资产交付使用率严重偏低。建设效率低既是上述供给结构不合理的必然结果，也是资金运用管理的问题。首先，这些通过统筹提留、集资摊派来的农村公共资金管理混乱，滥用、挪用现象严重。其次，农村公共基础设施投资决策体系不科学，“长官意志”往往不能够代表农民的需求，造成了结构性问题。更应该指出的是，农村公共基础设施建设投资在预算外完成，缺乏有效的监督体制。既然没有事中的财务监督和事后的评估工作，当然就方便了个别政府官员的腐败，从而出现“豆腐渣”工程等。

（五）农村公共基础设施大量存在“重建轻管”现象

基础设施维护与基础设施的经营效率密切相关。当农村公共基础设施建成后，其效率的正常、有效发挥在很大程度上取决于农村公共基础设施的良好维护。目前我国农村基础设施运营中存在的一个突出问题，就是“重建轻管”，过去我国农村基础设施十分缺乏的同时，对已经建设的基础设施又往往没有能够很好地加以利用和保护。已建公共设施由于管护责任不落实，缺乏后续投入和维护管理，老化失修严重，难以长期发挥效益。在一些地区，乡镇政府不顾本地经济发展水平，在追求“政绩”的心理驱使下，热衷于投资新建公共项目，而不愿投资维修存量公共项目。这些公共设施的利用率极为低下，浪费了大量钱财，结果不仅造成农村公共品供需结构失调，还导致供给成本较高、增长无序的现象，无形中加重了农民负担。事实上，即使在一些经济发达的地区，事关农村居民基本生活的公共设施如污水处理、垃圾处理的供给与实际需求也有很大差距，反过来带有美化形象的非生产性基础设施又超前供给。

二、完善我国农村公共基础设施运营机制的政策建议

（一）创新我国农村公共基础设施的微观运营机制

1. 加强农田水利设施建设，建立运营长效投入机制

在农田水利设施的运营过程中，国家财政要承担主要责任。必须要改变计划经济体制下无偿调用劳力的做法，要建立一种新的机制，即建立城乡统筹的公共财政体制，在运营中完善对农村基础设施建设的长效投入机制。与此同时，在改革完善现有管理体制方面，由于目前农村原有的水利基础设施功能在逐步退化，农业生产条件在局部地区有逐步恶化的趋势。因此急需建立一套有效的水利设施运营保障体制：对于大型水利设施，省政府应直接管理，负责全部的运营维修；对于中小型的水利设施运营维修，地方政府应负主要责任。此外，还应该按照“受益者缴费”原则，收取相应的维修资金。

2. 加大乡村道路建设，完善运营农民劳动积累机制

目前农村交通基础设施薄弱，还有不少乡、行政村不通公路，实现乡村道路通达和通畅的目标任重道远。因此应该立足自身财政实力和地理条件，尽可能多地争取中央专项支持建设资金，尽快制定出科学合理的乡村道路交通的近远期发展规划。近期规划要立足于中央政府的“通达”和“通畅”工程和各省的“十一五”规划，抓住中央投资补助项目计划建设的有利契机，争取在“十一五”期间的前两年完成县与乡（镇）之间的公路框架。后三年在继续加强和巩固前期成果的基础上，再把公路网的建设延伸至地理条件较好的行政村，同时也要积极动员农村居民，整修自然村与行政村之间的道路。远期目标应主要着眼于乡镇与行政村以及行政村与自然村之间的道路建设与维护上。

乡村道路的改善是农民接近市场、到达市场、提高自身发展能力的条件，是解决“三农”问题的一项重要战略任务。农民是农村基础设施的直接受益者，承担部分建设与维护费用

是必要的，也是合情合理的。为此，应建立引导农民在国家政策扶持下发扬自力更生、艰苦奋斗，依靠自己辛勤劳动建设自己幸福家园的激励机制，塑造新的农民自主自愿投工投劳建设基础设施的新机制。针对一些区域性强、受益群体明确的基础设施，可试行改变投资和管理主体的做法，把过去县乡政府和部门作为建设主体，转变为农民作为建设主体。

3. 发展农村公用沼气事业，探索运营全社会力量参与机制

近年来，在国家大力支持下，我国农村沼气事业取得了较快发展，但目前依然面临一些困难和问题，突出表现在以下四个方面：一是投入总量不足。二是经济困难农户建池较难。部分农户即使建好沼气池，但由于“三改”不到位，沼气建设效益也不能够充分发挥。三是科技研发和标准制定有待加强。同时，目前还缺少沼气科学利用、沼肥合理使用等方面的技术标准，现有的一些技术标准和规范也需要进行修改完善。四是建设运行服务滞后。沼气建设及运行需要专业技术人员的指导及服务。一些地区缺少必要的服务设施和装备，沼气社会化服务体系建设有待加强。同时，与沼气配套的沼气综合利用技术、养殖和种植等技术指导服务缺乏，影响了沼气的运行效果和综合效益的充分发挥。鉴于我国农村沼气建设中欠账多、缺口大，单靠某一部门或某一主体在短期内难以迅速改变的现状，尤其在基层财政捉襟见肘、农民不富裕的情况下，更需要全社会的力量来支持农村公用沼气建设，来塑造社会各界投资农村基础设施建设集资机制。

（二）完善我国农村公共基础设施运营机制的宏观政策建议

1. 完善产权管理机制，保障投资者利益

根据公共产权的特性，建立农村公共基础设施的治理结构和监控机制，防范代理风险和委托风险，完善农村公共基础设

施的委托代理关系。通过国有资产管理体制的改革，划分农村公共基础设施产权，实行所有权、管理权、经营权分离，解决所有者缺位问题。资产所有权：根据投资来源划分农村公共基础设施产权，坚持“谁投资、谁受益”的原则，组建农村基础设施建设投资主体。运用市场经济手段和市场运作模式，把建成的农村基础设施及投入作为政府出资、并以股份形式划拨投资公司管理。

因此，完善农村公共基础设施产权管理机制需要明确农村公共基础设施的性质、产权和责任。将国有资产划分为公益性、准公益性和经营性三大类，在完成国有资产分类后，应明确各类资产的运营责任，从资产所有者的角度提出各类资产运营考核体系，提供资产运营的评判标准。最后按照农村公共基础设施产权体制改革的要求，建立维护体系。

2. 创新投资管理机制，创新投融资渠道

当前，农村基础设施建设投资需求和资金供给的矛盾十分突出。为了适应农村建设的需要，必须顺应经济社会发展阶段性变化和建设社会主义新农村的要求，与综合国力不断增强和财力持续增长相适应，不断增加中央预算内固定资产投资的规模，逐步形成基础设施建设长期稳定的资金来源。同时，在投资总量一定的情况下，积极调整投资结构，切实把基础设施建设投资的重点放在农业和农村。

农村公共基础设施建设需要进行融资方式创新，逐步形成以政府宏观政策为引导的政府投资、民间投资和外商投资共同参与的多元投资体系。政府投资应发挥主导性作用，但在政府财力有限的情况下应逐步形成政府投资引导的多渠道、多元化投资体系。对于参与农村基础设施投资的一切投资主体，都要一视同仁，实行国民待遇。大力推行投资和建设管理“两分离”的体制。同时，农村基础设施融资要大力开展招商引资活动，引进和利用外资投入基础设施建设。

创新融资方式主要包括：（1）改革农发行的服务范围，

充分发挥政策性银行对农村基础设施的支持作用。（2）进行金融创新，以农村小型基础设施项目收益权或收费权为质押争取贷款。（3）实行 PPP 融资方式。PPP（Private build – Public leasing – Private operate）是私人建设——政府租赁——私人经营的方式，是在 BOT（建设——运营——移交）方式基础上衍生的新型公共物品投融资方式。它的核心思想是：政府将规划建设的基础设施项目投资权通过特许协议交给私人部门开发，由私人部门进行融资和建设，政府租赁投产的特许项目，然后再通过特许权协议安排，政府将所租赁的项目委托私人部门运营。对有经营收入但不足以回收成本的交通等基础设施项目，在政府资金引导下，采取 PPP 等多种模式吸引社会投资合作建设。对道路等非经营性基础设施项目，以政府投资为主，逐步实行代建制，提高政府资金使用效率。有条件的可按照 BOT 方式吸引社会建设资金，缓解政府当期资金压力。

3. 探索营运管理机制，创新项目管理方式

第一，经营性或竞争性基础设施要逐步改造成公司制，实行现代企业制度，按一般生产企业运作，企业应独立自主，自负盈亏，为农业生产提供的各种服务都要收费。第二，非经营性或非竞争性基础设施实行以价值管理为主，以实物管理为辅的体制。这类设施以社会效益为主旨，可以是无偿服务，或低偿服务，投资和经费来源主要由财政、税收负担。但内部也要讲究经济效益，讲究责、权、利相统一。第三，所有农村基础设施要尽可能实行资本化和价值化管理，实现保值、增值。第四，农村各类小型基础设施可改建成各种合作经济、股份经济、股份合作经济等形式。明晰产权，按企业化原则经营。

同时，推行市场化管理对建成的农村基础设施的产权进行买断，所变卖的资金由村委会集中起来就地专门用于新的农村公益基础设施建设，使其滚动发展。对容易管护和维修的农业基础设施实施有偿承包，由承包人定期对管护的农业基础设施进行维修，村委会按照目标责任管理合同书的规定，定期支付

其劳动报酬。对于适合社会投资、社会建设、社会经营的农村公共基础设施项目，政府应完全退出，允许社会经营之间进行竞争，对于必须由政府经营的业务，应进行制度改革和创新，提高经营效率。

此外，农村公共基础设施建设还需要创新项目管理方式，内容包括：其一，强化新时期规划的职能定位和作用。突出规划的指导性、战略性、宏观性、政策性和操作性，切实做到按规划审批项目，优先保障重大项目建设的规划条件和建设用地。其二，完善重大项目前期工作论证制度，采取不同形式、不同层次的专家论证机制，充分发挥社会中介组织的咨询作用，广泛征求社会意见，集中民智，确保项目审批依据科学、严谨。其三，加大综合协调力度，建立部门联席机制，实现部门联动协调有序，按照“安全、质量、工期、功能、成本”五统一的原则，科学高效组织重点工程建设。其四，推进项目代建制，实现市场化、专业化管理。通过招标方式选择专业化的项目建设与管理代建单位，采取以相关法规为依据制定的经济合同方式规范建设管理行为，严格控制项目投资、质量和工期。其五，完善监管体系。加强政府监督管理职能，按“公开、公正、公平”的原则，对基础设施领域的国有资本、民间资本和外国资本的建设运营一视同仁地实施监管。实行重大项目建设运营信息的披露制度，全过程接受社会监督，形成政府、社会多层次的监管体系。建立项目评价机制。其六，建立农村基础设施计划统计和效果评价指标体系，注重效率分析，加强阶段性评估。围绕项目决策提出的目标、功能、任务，组织进行事中评估和事后评价，逐步建立项目评价机制。

4. 改革价格管理机制，引入市场化运作

农村公共基础设施运营机制需要改革农村公共基础设施价格管理机制，适度推进农村基础设施有偿使用制度。由于基础设施服务的特殊性，基础设施服务价格的制定不仅要考虑财务和效率目标，而且还要兼顾公平和环保。长期以来，各种服务价格完全由政府审批形成。而政府审批的价格则以企业上报的实际成本为基础，加上一定的利润形成，即采取所谓的“成本加成定价法”。我国对于农村基础设施价格管理，实行的是无偿投入、无偿划拨、无偿使用制度，这种带有明显计划经济体制痕迹的价格管理体制，显然不能适应市场经济发展要求，也不利于农村基础设施建设的良性投入、良性发展。要在国家现行政策范围内，在不加重农民负担及农民可承受的前提下，对农村基础设施特别是竞争领域内基础设施，逐步推行有偿使用制度，或交由经济实体运营管理，所得收入反哺基础设施建设，形成一种长期、稳定、有效的基础设施建设投入积累机制。

在综合考虑市场资源合理配置和保证社会公共利益的前提下，建立与物价水平、居民收入水平以及企业运营成本相适应的价格联动机制，进一步完善农村公共基础设施项目价格制定和调整的专家论证、价格听证、定期审价制度。利用价格调控杠杆，逐步理顺交通、水、电、气、热等基础设施产品价格。完善能源价格形成机制和管理方式，推动价格体系市场化。

第六节

新型农村合作医疗试点情况调查（一）①

建立新型农村合作医疗制度，是党中央着眼于实现全面建设小康社会目标，统筹城乡发展和促进经济社会协调发展，是

① 本节内容选自农业软科学课题“农村合作医疗试点情况调查”研究（课题编号：200541－1），课题主持人：潘盛洲。

为切实解决“三农”问题，大力加强农村卫生建设，提高农民健康水平而作出的重大决策和采取的重大举措。

一、新型农村合作医疗试点的基本情况

新型农村合作医疗试点自2003年下半年开展以来，经过试点地区和有关部门的扎实工作，取得了积极成效。据卫生部统计，截至2006年3月底，全国开展新型农村合作医疗试点的县（市、区）达到1369个，占全国县（市、区）总数的47.83%；覆盖农业总人口47354.02万人，占全国农业总人口的53.44%；参加合作医疗（以下简称参合）的人口37435.85万人，占全国农业总人口的42.25%，参合率为79.06%。

从我们所调查的五个试点县（市）情况看，新型农村合作医疗都取得了良好成效，受到了广大农民的热烈欢迎。试点县农民就医状况有所改善，医药费用负担有所减轻；农村医疗机构服务条件有所改善，医护人员队伍建设有所加强；收到了“农民得实惠、党政得民心、卫生得发展”的成效。

从所调查的试点县（市）情况看，新型农村合作医疗制度实施以来，农民就医能力提高，健康意识增强，农村卫生资源得到合理利用。如湖北省公安县在推行新型农村合作医疗制度过程中，通过对补偿政策的不断调整和完善，全县参加新型农村合作医疗的农民因病住院人均补偿金额和医疗费用补偿率逐年增长。2003年人均补偿为490元，医疗费用补偿率为24.5%；2004年人均补偿为635元，医疗费用补偿率为28.8%；2005年人均补偿为712元，医疗费用补偿率为30%。农民参加新型合作医疗的积极性上升。2003年全县参合人数为29万人，2004年增加到42万人，2006年进一步增加到51万人，2003—2006年参合人数增加22万人，平均每年增加7万多人，参合人数年增长率达20.7%；参合率由2003年的40.5%上升到2006年的71.7%，上升了31.2个百分点，平均

每年上升10.4个百分点。农村医疗机构业务量明显增长，卫生资源得到合理利用。

在公安县，实施新型合作医疗前，全县住院病人中的18%流向县外医院，54%在县级医疗机构，28%在乡镇医疗机构。实施新型合作医疗后，住院病人中县外医疗机构占11.6%，县级医疗机构占43.1%，乡镇医疗机构占45.3%。实施合作医疗制度以来，县级医疗机构门诊人次增加了29.6%，住院人次增加了28.5%。乡镇医疗机构门诊人次增加了54.9%，住院人次增加了115%。

二、各地开展新型农村合作医疗的主要做法

各试点县（市）在推行新型农村合作医疗制度过程中，按照新型农村合作医疗制度的总体规定和基本要求，结合本地实际，探索开展新型农村合作医疗的具体做法。各地的做法尽管不尽相同，但核心内容是基本一致的，归纳起来主要有以下方面：

（一）政府主导、部门协调管理

政府主导是新型农村合作医疗制度的主要特征。从试点情况看，政府主导主要有三层含义：一是合作医疗资金投入以政府为主。在开始的筹资标准中，政府资金投入占合作医疗基金的67%；在新的筹资标准下，政府资金投入占合作医疗基金的80%，即新型农村合作医疗是以政府财政投入为主的合作医疗制度。二是合作医疗工作的发动是以政府为主。政府通过各种形式向广大农民宣传新型农村合作医疗的好处，动员农民参加。有的地方为了提高新型农村合作医疗的参合率，甚至采用行政措施，要求农民参加新型农村合作医疗，即农民参加新型农村合作医疗是通过政府的发动实现的。当然，政府的发动主要是在开展新型农村合作医疗的初期，因为这时大多数农民对新型农村合作医疗制度不甚了解，有些农民甚至有不同程度

的顾虑，由政府发动是完全必要的。随着加入合作医疗的农民的受益及其示范作用的扩大，农民参加新型合作医疗的积极性会不断提高，自觉参加合作医疗的农民会越来越多。三是合作医疗工作的管理是以政府为主的。从对合作医疗制度的设计、筹资标准的确定、基金的收缴和管理，到对农民的补偿、对定点医疗机构的管理等，都是在政府的主导下进行的。

政府主导、部门协调的管理体系主要是由以下方面构成的。一是组织领导管理体系。试点县都高度重视新型农村合作医疗工作，把实施新型农村合作医疗工作列入县、乡两级政府的重要工作内容中。县乡政府分别成立了由主要领导任主任的合作医疗管理委员会，在行政村则成立了合作医疗管理小组。县一级成立了县农村合作医疗管理委员会办公室，专门经办合作医疗的具体事务。各乡镇都相应设立了合作医疗经办机构，并配备了相应的工作人员。一些试点县还在村卫生室设立了核算员，由乡村医生兼任。试点工作坚持县、乡领导负责制，强化政府主要责任人的领导责任和政府的引导责任。一些地方还将农民的合作医疗政策知晓率、参合率纳入政府工作和主要责任人的考核内容。这种完善的组织体系，为新型农村合作医疗的顺利开展提供了重要保证。二是规章制度体系。试点县基本都做到了规章制度先行，制定了一系列旨在规范新型农村合作医疗工作的规章制度，如《新型农村合作医疗制度试点工作实施方案》、《新型农村合作医疗定点医疗服务机构管理办法》、《新型农村合作医疗报销制度》等。这些制度和规定，使合作医疗试点工作有章可循，确保了试点工作健康有序地进行。三是信息网络体系。大部分试点县都建立了“新型农村合作医疗”网站，通过公众网络运行，将合作医疗政策、工作动态、补偿情况等信息，及时向社会广泛公开，做到了信息公开和透明。将参加新型农村合作医疗农民的档案以及与新型农村合作医疗有关的数据记录等录入管理系统，进行计算机管理。

（二）加强资金筹措

新型农村合作医疗是建立在农民自愿交费基础上的互助合作医疗制度。资金筹措是新型农村合作医疗得以运行的前提。资金筹措的重点有两个：一是参合农民应该缴纳的资金。农民所承担的份额并不大，但政府的资金投入是以农民的资金缴纳为前提的，即如果农民不缴纳所承担的部分，政府的补助资金就不会到位。二是合作医疗公共管理经费。新型农村合作医疗涉及许多公共管理活动，如宣传动员、收缴费用、报销管理、日常监管等，这些活动都需要一定的管理经费作支持，而公共管理费用不能向参合农民收缴。

对于参合农民合作医疗资金的筹措，各试点县都采取了自愿原则，即在广泛宣传动员的基础上，由农民自愿缴纳。交费的农民就成为合作医疗的参加者，享受合作医疗的待遇；不交费的农民不是合作医疗的参加者，不享受合作医疗待遇。

对于合作医疗公共管理经费的筹措，各试点县都采取了县财政负担、省级财政给予一定支持的办法。具体做法是：县财政将县新农合管理经办人员和工作经费按行政事业人员经费标准列入财政预算，每年列支一定数额。乡镇经办机构人员经费全额纳入卫生事业经费预算，县财政每年列支一数额。此外，所需印制的新型农村合作医疗证、宣传资料等费用实行项目预算，实报实销，政府采购，另行列入县财政预算。

（三）规范基金管理

管好合作医疗基金，确保这部分资金安全运行和最大限度地发挥作用，是新型农村合作医疗的一个重大问题。合作医疗基金管理的重点：一是保证资金专款专用，真正用于农民的医疗服务，不被挪用或浪费；二是保证资金运行安全，一方面不能使资金出现支出缺口，另一方面也不能使资金出现过多沉淀。

为了保证合作医疗基金专款专用，各试点县普遍的做法是，在银行或社保开设专门账户，合作医疗资金属于农民自己缴纳的部分，一经收缴即存入银行专门账户；政府的补助资金，也按照参合农民的人数和每个人的补助标准，由财政作出预算后，同步拨付到银行专门账户。资金的管理和使用，各试点县都做到了“管办分离”，即“财政管钱不管账，新合办管账不管钱，钱账分开，封闭运行”。在国有商业银行开设的基金财政专户，由财政部门进行统一管理。同时，对农民个人家庭账户基金实行了定额包干、当年未使用完可以结转下年继续使用的办法；对大病统筹基金则实行了“县级统筹、专款专用、按月结算、两级审核”的管理办法，有效防止了基金挪用和超支的风险。为了保证资金运行安全，各试点县除了制定规范的补偿报销制度外，还加强对合作医疗资金运行的监管，确保合作医疗资金不流失。

（四）建立补偿报销制度

医疗费补偿报销是让农民享受合作医疗待遇的关键环节，建立合理的补偿报销制度，是使参合农民公平享受合作医疗服务的重要保证。

各试点县的补偿报销制度都以“差别补偿”为特征。一是根据不同的医疗费数额划分不同的补偿率标准。一般实际发生的医疗费额度越大，获得的补偿率相应越高，即补偿率随医疗费的增加而增加。二是根据不同的医疗机构划分不同的补偿率标准。一般参合农民就诊的医疗机构的级别越低，获得的补偿率相应越高。有的试点县还对中医医疗机构给予倾斜，即到相同级别的医疗机构就诊，中医医疗机构的补偿率高于西医医疗机构。三是对所发生的医疗费用数额较大、自身又无力承担的参合农民，在正常补偿报销之外，再给予一定数量的额外补偿。

为方便农民就医报销，各试点县本着“方便就医、简化手续”的便民原则，在“参合”农民医药费用报销方式上，大都采取了农民就诊时该享受的补偿在缴费时由医疗机构即刻扣除的方法，切实做到了就诊结束或办理出院时，其应报销的医药费用，一律由医疗机构先行垫付，当场给农民结清医药费用，避免了“先缴费、后报销”给农民带来的不便，极大地方便了农民就医和报销。

（五）实行医疗机构定点制度

为了方便农民就医和保证农民就医质量，同时也为了加强合作医疗资金管理，各试点县大都实行了合作医疗机构定点制度，即由政府主管部门按有关标准确定合作医疗机构，参合农民到定点医疗机构就医可获得补偿报销，而到非定点医疗机构就医则不能享受医疗费补偿报销。定点医疗机构也承担一部分合作医疗辅助管理职能，如对就医农民进行资格审核，对发生的医疗费用进行先行垫付报销，对享受了补偿报销待遇的农民按规定进行公示等。

一些试点县对定点医疗机构采取竞争申报选定措施。即要成为合作医疗定点医疗机构，必须具备规定的条件并有服务承诺和优惠措施，对符合条件的进行择优选定。这种方法建立起了各医疗机构之间比服务、比质量、比医疗服务价格的良性竞争机制，对新型农村合作医疗的健康持续发展是有利的。

为了规范定点医疗机构的服务行为，各试点县都制定了《新型农村合作医疗定点医疗机构管理办法》、《基本用药目录》、《基本诊疗目录》等系列管理制度和办法，采取有效措施严格控制医药费用，降低农民就医费用，切实保障“参合”农民真正受益。一些县合作医疗管理部门还与各定点医疗机构按照平等协商、诚实守信的原则，签订《定点医疗机构服务合同》，以确保参加合作医疗的农民享受基本医疗服务。

（六）建立合作医疗监管制度

合作医疗监管包括基金使用监管、医疗机构监管、补偿报销监管等。试点县都成立了县、乡两级由人民代表大会、纪检、财政、审计等部门负责人和人民代表大会代表、政协委员、农民代表组成的合作医疗监督机构，定期对新型农村合作医疗进行视察和检查，常年监督农村合作医疗基金使用和管理情况。财政、审计、物价等部门依法对合作医疗基金的收支进行年度审计，对合作医疗管理机构和医疗服务机构进行财务审计监督。

三、新型农村合作医疗运行中存在的问题

（一）缺乏长期稳定的筹资机制，现行筹资方式成本过高

新型农村合作医疗筹资的难点是农民个人缴纳资金的筹集。由于农民人数多，居住分散，对合作医疗的认知程度不同，筹集农民个人缴纳的资金存在较大困难。主要表现：一是受收入水平限制，部分农民特别是贫困农民没有交费能力，交不起费用。二是受风险意识和互助共济意识淡薄的影响，一些农民不愿意交费。三是外出务工人员日益增多，这部分人常年或一年中多数时间在外，参合费用收取困难。四是存在着“逆向选择”，即有病的人参加，没有病的人不参加；年老的人参加，年轻的人不参加，使合作医疗的参加者主要集中在健康风险较高的人群。五是参合率的稳定性较差。有的农民今年参加了，但明年不一定参加。典型调查显示，这部分农民在5%左右。有的在获得补偿后即选择退出。

此外，现行筹资方式是在广泛宣传和动员的基础上，由工作人员登门入户，一家一户地登记、收费并签订参合协议和发放合作医疗证。实际上，这种方式需要花费大量的人力、物力和时间，成本很高。

（二）上级政府财政补助资金到位滞后，县级合作医疗资金垫付压力较大

新型农村合作医疗的筹资大头来自政府财政补助，而政府补助又是由多级政府分摊的。按照目前的一般做法，县级以上政府的补助是在县级政府落实了农民的参合缴费以及本级政府的补助、并经上级政府检查核实后才拨付的，即上级政府的财政补助是“事后拨付”。由于检查核实需要时间，因此在一些地方，上级政府的补助金总是存在到位滞后的现象。即农民已经参与合作医疗并发生了就医支出和补偿报销，但上级政府的财政补助金仍未到位。

上级财政补助金到位滞后，使实际发生的补偿报销费用只好由县级财政垫付，这无形增加了县级财政的支付压力。对于一些财政困难的试点县，这种压力是很大的。为了减轻压力，在实行由医疗机构直接从参合农民的诊疗费中扣减补偿报销款制度的试点县，县财政又将这种压力转嫁给了医疗机构，即由医疗机构先行垫付参合农民的补偿报销款，有的医疗机构对参合农民补偿报销款的垫付期长达2个月以上。由于不能及时得到资金补充，一些医疗机构又将垫付压力进一步转嫁给参合农民，如不及时将补偿报销款从诊疗费中扣除，或变相少扣除，使参合农民的权益受到影响，十分不利于新型农村合作医疗的健康运行。

（三）组织管理经费缺乏保障，农村基层卫生部门的管理能力不足以支撑新型农村合作医疗的发展

新型农村合作医疗由于分布的面广和涉及的人数多，组织管理是一项重要工作，需要相应的经费做保障。但现行制度规定，新型农村合作医疗的基金只能用于参合农民的医疗补偿，不能从中提取工作经费。县以上政府财政也没有明确专门的经费补助。由于合作医疗是以县为单位进行组织实施的，县是合作医疗的基本组织和实施单位，这样，组织管理经费实际上就落到了县级政府头上。目前我国县级财政苦乐不均的情况相当严重，财力不足的县自然感到无力落实新农合的工作经费。因此，不少试点县把新型农村合作医疗作为一项财政负担，工作经费不能给予很好保障。这样，新型农村合作医疗的组织管理经费就失去了明确、具体、稳定的来源。这是目前影响新型农村合作医疗健康发展的一个大问题。

由于组织管理经费不足，新型农村合作医疗普遍面临管理机构人员不足、尤其是缺少懂政策、擅管理的人。各试点县虽经编制部门批复设立了县级经办机构，但乡镇经办机构编制普遍没有落实，多为乡镇卫生院、乡镇财政所临时抽调人员，兼职或临时从事经办工作，工作经费挤占卫生事业费的情况比较突出。还有的县将工作经费下推到乡镇，乡镇又下推到具体从事新农合工作的乡镇卫生院，使工作经费由乡镇卫生院承担，难免会出现乡镇卫生院通过提高诊疗费将工作经费进一步转嫁给参合农民的现象。所以，如何保证新型农村合作医疗的工作经费，是推行新型农村合作医疗制度面临的一个重要问题。

（四）补偿报销方案不甚科学合理，需要进一步调整完善

补偿报销方案存在的基本问题包括：一是补偿报销标准不甚合理。有的试点县在补偿报销标准的设计上，主观性强，随意性大，未能科学合理地确定报销范围，测算起付线、封顶线和报销比例，补偿方案科学性不够，出现资金沉淀过多现象。二是补偿报销程序不很方便。一些试点县实行医疗费补偿报销集中办理的办法，让参合者在医疗服务机构缴纳全额医疗费用，然后再向新农合管理机构寻求报销。这种补偿报销办法对参合农民十分不便，影响了农民参加合作医疗的积极性。三是产生了受益的社会不公平问题。新型农村合作医疗的补偿报销是与就医付费联系在一起的，要获得补偿报销，必须首先就诊并支付诊疗费。农村中收入水平较低的参合者因无力支付医疗费用而放弃就诊，这部分人也就无从报销，得不到补偿；而收入水平较高的参合者，由于有钱看病，因而能够获得较多的补偿。这样，有限的新农合报销者就主要集中在农村中的富裕人群，使有限的合作医疗补助金主要被收入较高的人群享用，不同收入群体在享用合作医疗补助金上出现了不公平。典型调查表明，参加新型农村合作医疗的农民中，住院率、受益率最高的确实是收入水平高的农民。

（五）农村卫生服务能力不足，难以满足参合农民的需要

医疗卫生体系不健全，卫生服务能力低，是目前农村普遍存在的问题，也是制约新型农村合作医疗发展的一个基本因素。据调查，目前大多数乡镇卫生院医护人员知识老化，医疗设备陈旧、匮乏，医疗用房严重不足，医疗水平十分有限，难以为群众提供质优、价廉、便捷的基本医疗保健服务，不能胜任新型农村合作医疗的要求。在新型农村合作医疗实施过程中，一些定点医疗机构服务行为不规范、用药不合理、乱检查等现象仍比较突出，个别定点医疗机构存在开大处方、不合理用药、不合理检查现象，医疗费用不合理增长速度过快，增加了农民的经济负担，也对合作医疗基金的安全运行构成了威胁。

四、完善新型农村合作医疗制度的对策建议

促进新型农村合作医疗制度的完善，必须注意解决好提高农民对新型合作医疗制度的认知度、建立持续稳定的筹资机制、科学优化补偿报销方案、保障公共管理的经费支持和加强农村卫生服务体系建设等问题，实现新型农村合作医疗的持续健康发展。

（一）始终坚持实事求是、循序渐进的原则

建立新型农村合作医疗制度是一项复杂的工作，要充分认识这项工作的艰巨性和长期性，坚决防止出现盲目推进、急于求成倾向。农民的参与度是新型农村合作医疗的核心，而农民

的认知度又是推行新型农村合作医疗的重要前提和基础。认知度提高了，参与度才能提高。因此，推行新型农村合作医疗，必须把提高广大农民群众的认知度放在重要位置。要通过宣传、示范、引导、扶持等方式和扩大受益面、提高受益度等措施，不断增强农民的健康意识、自我保健意识和互助共济意识，增强农民对新型农村合作医疗的信任，提高农民对新型农村合作医疗的认知度，使广大农民能从心眼里接受这一制度，自觉、自愿地参加合作医疗。要根据农村实际，因地制宜，实事求是，循序渐进，稳步发展。决不能盲目追求参合率指标，发生强迫命令、违背农民意愿的事情；决不能用责任包干、硬性摊派等方式，强迫乡镇卫生院、乡村医生甚至机关事业单位职工代替农民垫付参合资金，用替农民交钱的方法来提高参合率。县级政府和卫生部门要多研究实践中出现的新情况、新问题，探索出一套适合当地农村实际情况的工作方法，使新型农村合作医疗能够沿着正确的轨道健康发展。

（二）建立持续稳定的筹资机制

资金筹措是新型农村合作医疗的生命线。只有以充裕的资金作保障，合作医疗才能有效率地运行。要以稳定资金来源、减少筹资成本、提高筹资效率为重点，建立持续稳定的筹资机制。

1. 完善参合农民资金筹措机制

要在农民自愿参加的前提下，积极探索形式多样、简便有效、成本较低的筹资办法，提高参合农民资金到位的稳定性。可探索试行以下几种筹资方式：（1）以村为单位，采取一事一议方式，集体确定参合后，集中统一收费和签订协议；（2）若粮食生产直补资金与参加合作医疗的主体相同，可直接将参合资金从直补资金中划转到合作医疗账户；（3）在金融机构有存款户头的参合农民，可通过金融机构直接将参合资金由存款账户划转到合作医疗账户；（4）采取“滚动式预交费”方式，即以户为单位，在结报医药费的同时，从补偿报销款中预先收取下一年度的参合费用；（5）将现行的以一年为周期的筹资期限适当延长，比如延长到三年或五年，即一次收费即收取三年或五年的参合费，提前收取的参合资金可给农民计付利息；（6）对贫困农民，可通过救济、专项补助或社会捐赠等方式，帮助其缴纳参合资金。

2. 完善政府补助资金筹措机制

县级政府要将所承担的合作医疗补助资金全额纳入财政预算，与收取参合农民的资金同步进入合作医疗基金专户，不能拖欠，财政实力较强的县应不断增加对合作医疗的补助金数量；县级以上政府应将各自承担的补助金及时全额下拨，没有特殊情况不能滞后。国家主管部门要及时对合作医疗试点县上报的参合情况进行检查核实，不能因为没有时间检查核实而延缓补助金下拨。中央财政补助金可根据上年参合情况，在年度之初先行向地方拨付一定比例（例如50%）的补助金，检查核实工作完成后再根据实际拨付剩余资金。要探索创新对合作医疗情况进行检查核实的有效办法。可借用其他部门如统计部门的力量，完成检查核实工作，提高对合作医疗情况检查核实的效率。

3. 完善工作经费筹措机制

应通过多种途径筹措合作医疗的组织管理工作经费。首先，县级政府要切实担负起合作医疗的组织管理责任，在机构设置和人员配备上，应按照县级经办机构10人左右、乡镇经办机构不少于2人的标准配备工作人员，以切实能保证开展合作医疗工作的需要，同时要尽可能把工作经费纳入财政预算；其次，县以上政府应通过适当的转移支付，为合作医疗的公共管理提供经费支持；最后，开辟新的资金来源，可以考虑将合作医疗基金的利息收入作为管理工作经费的补充资金。

（三）调整完善补偿报销机制

1. 推广门诊统筹补偿模式

这种模式在湖北省公安县已取得了很好效果，得到农民的认可。主要做法是，以乡镇为单位进行门诊统筹，参合农民每次看门诊补偿20%—25%，每次最高限额补偿6—8元。这种门诊统筹补偿模式，体现了“农民互助、政府补助、大病统筹、小病兼顾”的特点，值得推广。

2. 探索合作医疗基金与农村医疗救助基金互补机制

将民政系统的农村医疗救助基金与合作医疗资金统筹安排，对困难农民给予医疗费补助，增强其支付住院诊疗费的能力，使其能够享受到合作医疗的补偿报销待遇，提高合作医疗补偿报销的公平性。同时要加大政府支持力度，充分发挥社会力量的作用，扩大医疗救助范围，切实解决好农村五保户、特困户等贫困家庭的医疗困难问题。

3. 设立大病二次救助基金

就是从合作医疗总资金中提取一定比例的资金，设立大病二次救助基金，扩大服务对象范围，主要是一些由于重大疾病导致在住院补偿后依然负担过重的农民，按规定获得住院补助后，对个人负担的部分给予再次补助。

4. 简化报销程序

要在试点县广泛推行“即诊即报”的补偿报销方式，在农民就诊付费的同时，按规定应该享受的补偿金就从医疗费中扣除。同时，要对医疗机构的补偿报销审核行为进行严格监督，建立因医疗机构把关不严或有意提高医疗费而造成的补偿金流失完全由医疗机构承担的机制，以增强医疗机构的补偿报销责任，保证合作医疗基金的安全运行。

（四）积极探索新的管理模式

要着眼于机制创新，积极探索合作医疗的有效管理模式，促进合作医疗有序发展。要实行严格的管办分离制度。新型农村合作医疗经办机构、医疗机构、资金运行机构要严格分开，真正做到钱账分开，封闭运行。要坚决避免合作医疗管理机构和医疗机构为同一机构的做法，尤其在乡镇一级，乡镇卫生院不能同时又是合作医疗的管理机构。要积极实践，探索委托保险公司进行基金管理的做法，创新新型农村合作医疗管理的新模式。

（五）加强农村医疗卫生体系建设

农村医疗卫生体系建设是新型农村合作医疗的重要环节。只有建立在完善的医疗卫生服务体系的基础上，新型农村合作医疗才能够稳固和发展。要把服务网络和能力建设作为农村医疗卫生体系建设的重点。加大资金投入，下大力气抓好乡镇卫生院和村卫生室建设，改善农村医疗卫生条件，加强医护人员培训，提高医疗服务能力。积极探索创新农村卫生服务体系管理模式，将村卫生室统一纳入乡镇乡卫生院体系，在药品采购、人事聘任、诊疗业务、费用核算、收入分配等方面实施统一管理，提高农村医疗卫生服务的整体质量。探索建立城市医护人员支援农村的长效机制，鼓励、引导、支持城市义务人员定期到农村服务。加强对医疗机构服务收费和服务行为的监管，维护农民利益和新型农村合作医疗制度的公平性。

第七节

新型农村合作医疗试点情况调查（二）[①]

新型农村合作医疗试点的运行情况如何，能否达到新型农村合作医疗的政策目标？现行的农村合作医疗制度设计在运行

① 本节选自农业部软科学课题“农村合作医疗试点情况调查”（课题编号：200541－2），课题主持人：程漱兰。

中暴露出哪些不适，需要作哪些调整？农村合作医疗制度运行需要哪些配套政策，为此需要克服哪些障碍？按照这样的趋势，能否实现“2006年，使全国试点县（市、区）数量达到全国县（市、区）总数的40%左右；2007年扩大到60%左右；2008年在全国基本推行；2010年实现新型农村合作医疗制度基本覆盖农村居民的目标”[①]？为此，调研组在前期调研的基础上，分别于2005年7—9月对浙江、河南、云南等22个省进行了专题调研，覆盖83个县（市、区）、571个农户，其中包含27个新型农村合作医疗试点县的57个村、151个农户；于2006年1月对北京市密云县和大兴区进行了补充调研。

一、新型农村合作医疗制度实施的关键因素

经济实力并不是地方政府推行新型农村合作医疗制度的关键因素。调查显示，并不是县域经济指标较好的县（市、区）才推行新型农村合作医疗制度。例如：实施新型农村合作医疗的安徽金寨县人均GDP还不到3000元，而人均GDP达25000余元的河北鹿泉市却没有开展；开展新型农村合作医疗的山西省平定县乡村人员人均第一产业增加值不足400元，而人均第一产业增加值超过5000元的吉林前郭县却没有开展；人均地方财政收入不足100元的甘肃民勤县开展了新型农村合作医疗，而人均地方财政收入达1000余元的新疆库尔勒市却没有开展。通过“是否开展新型农村合作医疗”与县域主要经济指标的相关分析也可以看出，新型农村合作医疗开展与否和县域经济指标没有明显相关关系（表5-3），经济因素并不是导致县（市、区）开展新型农村合作医疗的关键因素。

① 《关于加快推进新型农村合作医疗试点工作的通知》（卫农卫发〔2006〕13号），2006年1月10日。

表 5-3　是否实施新型农村合作医疗与地方主要经济指标相关分析

		是否实施合作医疗	第一产业增加值/乡村人口	人均国内生产总值	人均财政收入
是否实施合作医疗	Pearson 相关系数	1	0.050	-0.107	-0.165
	显著性（双侧检验）	.	0.673	0.365	0.161
	样本	74	74	74	74
第一产业增加值/总人口	Pearson 相关系数	0.050	1	0.621 **	0.618 **
	显著性（双侧检验）	0.673	.	0.000	0.000
	样本	74	74	74	74
人均国内生产总值	Pearson 相关系数	-0.107	0.621 **	1	0.881 **
	显著性（双侧检验）	0.365	0.000	.	0.000
	样本	74	74	74	74
人均财政收入	Pearson 相关系数	-0.165	0.618 **	0.881 **	1
	显著性（双侧检验）	0.161	0.000	0.000	.
	样本	74	74	74	74

注：**．为相关系数在 1% 的显著性水平上显著（双侧检验）。

既然经济因素不是导致新型农村合作医疗制度推行的关键因素，那么，以县统筹为主要特征的新型农村合作医疗制度对县政府能力提出了更高要求，政府意愿和能力将是新型农村合作医疗推行的关键因素。新型农村合作医疗以县（市、区）为单位统筹资金，不仅要求地方政府尤其是县（市、区）政府承担更大的公共服务责任，还要承担中央明文规定的不得从基金开支的合作医疗管理费用。因此，工作能力和政府意愿才是新型农村合作医疗制度推行的关键。在这一点上来看，新一届中央领导集体决定提前两年在 2008 年全国基本推行新型农村合作医疗制度是可行的。

二、筹资水平与统筹层次

从试点县（市、区）筹资情况来看，目前的筹资水平很低，只能维持低水平保障。调查显示（表5-4），东部[①]8个试点地区，个人自付筹资部分最低10元，最高30元，平均12.5元；省、市、县、镇四级政府补助最低10元，最高24元，平均14.5元。除河北蔚县有中央补助10元之外，其他7个试点没有中央财政补助。中部14个试点地区，个人自付筹资部分平均11.4元，最低10元，最高15元；地方四级政府补助平均10.7元，最低10元，最高20元；国家财政补助10元。5个西部试点地区，资金筹集个人自付部分平均10元，中央财政和地方财政补助各10元。总体来看，东部试点地区筹资个人自付部分和地方政府补助部分略高于中西部，但差别不是很大；平均筹资水平为30—40元，而2004年我国农村人均医疗卫生总费用为301.6元[②]，两者差距很大，筹资水平很低。

表5-4　　调查样本新型农村合作医疗资金筹集情况

	样本数	最小值	最大值	均值
个人交纳				
东部	8	10	30	12.5
中部	14	10	15	11.4
西部	5	10	10	10
平均	27			11
省、市、县、镇补助				
东部	8	10	24	14.6
中部	14	10	20	10.7
西部	5	10	10	10
平均	27			12

① 东部、中部、西部根据国家统计局标准划分，东部地区包括北京、天津、河北、辽宁、上海、江苏、浙江、福建、山东、广东、海南；中部地区包括山西、吉林、黑龙江、安徽、江西、河南、湖北、湖南；西部地区包括内蒙古、广西、重庆、四川、贵州、云南、西藏、陕西、甘肃、青海、宁夏、新疆。下同。

② 中华人民共和国卫生部：《2006年中国卫生统计提要》“卫生总费用”表，第113，http：//www.moh.gov.cn/statistics/digest06/y113.htm。

正因为此，2006年年初在卫生部等7部委联合下发的《关于加快推进新型农村合作医疗试点工作的通知》中明确规定，中央和地方政府加大财政支持力度和支持范围。从2006年起，中央政府对中西部地区（除市区外）的参合农民由每人每年补助10元提高到20元，地方财政也要相应增加10元，地方财政增加的补助应主要由省级财政承担。同时将中西部地区农业人口占总人口比例高于70%的市辖区和辽宁、江苏、浙江、福建、山东和广东六省的试点县（市、区）也纳入中央财政补助范围。

从各筹资主体来看，统筹责任应向上倾斜，中央政府应承担更大的筹资责任。首先，农民增加筹资的空间不大，从对样本农户的筹资意愿调查来看，农民最多能承受25元，认为自付17元比较合适（表5－5），因此，资金筹集的农民自付部分增长空间也就是10元左右。其次，在地方财政能力有限的情况下，地方政府，尤其是还承担管理费用的县（市、区）政府增加投资的可能性也不大，但是，省、市两级政府应根据财政状况，利用其财政收入再分配功能，对贫困县增加补助。最后，中央政府在目前的财政状况下，增加投资的空间和可行性较大，应承担更大的筹资责任。

表5－5　调查样本农户筹资意愿

	样本	最小值	最大值	均值
您每人每年最多能承受多少？				
东部	69	5	80	25
中部	92	5	80	23
西部	57	3	90	25
平均	218			24
您认为每人每年交纳多少比较合适？				
东部	83	2	50	14
中部	93	3	80	15
西部	60	5	70	24
平均	236			17

三、补偿范围与补偿比例

（一）补偿范围

新型农村合作医疗“以大病统筹为主”。调查显示，大部分试点地区补偿范围都以保大病为主。“保大”主要通过两种补偿方式实现：一是单纯住院报销，如浙江诸暨市；二是住院加大门诊费用报销额度，如安徽凤阳县。

但试点地区的补偿范围并不仅仅局限于“保大”。而且，仅仅“保大”也不符合农民意愿，影响农民下年度缴费积极性。调查显示，80%的农户要求既要保住院，又要保门诊，仅有8%的农户认为应该只保住院（表5－6）。因此，大部分试点都采取了既保大又保小的补偿模式。保小主要有以下几种形式：（1）定量门诊补偿。通过建立家庭账户、或规定一定比例基金的方式，限定一定额度，用作报销门诊费用，大部分试点都在保大的基础上，通过此方式来扩大受益面，例如河南省长葛市、云南省会泽县等。（2）定向门诊减免。通过减免普通门诊挂号费或特定门诊挂号费等方式来增加受益面，例如浙江余姚市、北京大兴区等。（3）通过家庭账户返还。对统筹基金未使用的农户，将个人缴纳的入保金按一定比例记入家庭账户，作为今后住院医疗费用自付部分或门诊费用使用，例如安徽凤阳县。（4）生育补偿、免费体检等。

表5－6　合作医疗补偿范围（农户角度）

	余姚		长葛		会泽		合计	
	频数	占比	频数	占比	频数	占比	频数	占比
保门诊	8	3%	4	3%	4	3%	16	3%
保住院	23	8%	17	11%	8	5%	48	8%
都保，住院门诊并重	165	58%	77	48%	97	61%	339	56%
都保，但以门诊为主	11	4%	5	3%	4	3%	20	3%
都保，但以住院为主	53	19%	35	22%	41	26%	129	21%
特大疾病补偿	17	6%	11	7%	0	0%	28	5%
其他	9	3%	11	7%	6	4%	26	4%
有效样本	286		160		160		606	

两种“保大”与四种“保小”补偿方式交叉组合，形成了各种各样的合作医疗补偿模式。“保大”符合政策要求：“以大病统筹为主”，“重点解决农民因患传染病、地方病等大病而出现的因病致贫、返贫问题”。“保小”既扩大了受益面，保护和提高农民来年参合积极性，又兼顾公共卫生和基础临床服务。以安徽省凤阳县为例，如果补偿范围仅仅局限于住院报销，虽然能够达到解决因病致贫、返贫的政策目标，但受益面仅为2.1%，将严重影响下年度农民缴费的积极性。但家庭账户返还（以户为单位，如果统筹基金未使用，将个人缴纳的入保金按50%记入家庭账户，作为今后住院费用自付部分或门诊费用使用）以及生育补偿，既扩大了受益面，又有助于解决公共卫生和基础临床服务问题，极大提高了农民参合积极性，以该县2005年参合情况为例，年末第三轮新型农村合作医疗参合率达93.03%，比上一轮提高了22.26个百分点。

总结试点地区补偿范围，我们认为，对合作医疗补偿范围的界定不能仅仅局限于是“保大”还是“保小”的选择上，而是应该根据当地实际，在考虑政策目标和效率的前提下，兼顾受益面，合理确定补偿范围。

（二）补偿比例

新型农村合作医疗补偿比例的确定对基金使用及制度可持续性至关重要，调查显示，目前合作医疗补偿比例普遍较低。云南省会泽县、河南省长葛市、浙江省余姚市三地区合作医疗保障水平较低，调查样本农户一年内“最近一次住院”所花医药费用报销比例分别为38.33%、19.83%和26.6%（表5－7）。享受到的医疗补偿远远低于城镇基本医疗保险，以云南省会泽县为例，城镇职工缴纳工资总额的2%，至少可以报销80%，封顶50000元，而农村合作医疗每年缴纳收入总额的1.25%，享受补偿不足城镇职工的1/2，封顶仅为城镇职工的7%。

表 5-7　余姚市、长葛市和会泽县一年内“最近一次住院”医药费用报销比例

	样本数	均值
余姚		
最近一次住院医药费（元）	51	2456
合作医疗补偿（元）	49	653
平均报销比例（%）		26.60
长葛		
最近一次住院医药费（元）	20	2038
合作医疗补偿（元）	20	404
平均报销比例（%）		19.83
会泽		
最近一次住院医药费（元）	39	1011
合作医疗补偿（元）	38	388
平均报销比例（%）		38.33

新型农村合作医疗补偿比例不仅低于城镇职工基本医疗保险，而且，与农民预期差距也较大。浙江省余姚市、河南省长葛市、云南省会泽县农民对 1 万元医药费补偿比例的期望值分别为 54.94%、39.61%、52.59%，比实际住院补偿比例高 28.35%、17.78% 和 13.96%，差距较大（表 5-8）。

表 5-8　农民期望 1 万元医疗费补偿比例

	有效样本	最小值	最大值	均值	期望报销比例
余姚	261	700	9000	5495	54.95%
长葛	141	1000	7500	3961	39.61%
会泽	155	2000	9000	5229	52.29%

新型农村合作医疗补偿比例低，会直接影响经济困难、无钱治疗农户的就医倾向。由于农户预期自付费用依然很高，那么农户在身体不舒服、得病的情况下，还是会选择不看医生。调查显示，大约 38% 的农户身体不舒服、有病的情况下，因经济困难，无钱治疗而不看医生，尤其是西部云南省的会泽

县，因经济困难，不去看医生的比重高达55%（表5-9）。

表5-9　农民得病不看医生的原因

	余姚		长葛		会泽		合计	
	频数	占比	频数	占比	频数	占比	频数	占比
自感病轻，等待自愈	73	51%	6	18%	23	27%	102	39%
经济困难，无钱治疗	51	36%	2	6%	47	55%	100	38%
没有时间	0	0%	0	0%	0	0%	0	0%
交通不便	0	0%	0	0%	0	0%	0	0%
医生技术不佳	2	1%	0	0%	2	2%	4	2%
医生态度不好	0	0%	0	0%	0	0%	0	0%
无有效措施	0	0%	0	0%	0	0%	0	0%
其他	16	11%	26	76%	14	16%	56	21%
合计	142		34		86		262	

为了进一步说明合作医疗补偿比例对农户就医倾向的影响，本文通过“是否因为经济困难不看医生”与“期望补偿比例”做相关分析。结果显示，两者相关系数为-0.121，在1%的显著性水平上高度相关（表5-10）。也就是说，越是因为经济困难不看病的农户，期望补偿比例越高，反之，补偿比例越低，越难改变贫困农户得病不看病的现状。

表5-10　户主因经济困难不看病与期望报销比例相关分析

		是否因经济困难不看医生	期望报销比例
是否因经济困难不看医生	Pearson 相关系数	1	-0.121**
	显著性（双侧检验）	.	0.003
	样本	607	601
期望补偿比例	Pearson 相关系数	-0.121**	1
	显著性（双侧检验）	0.003	.
	样本	601	601

注：**. 为相关系数在1%的显著性水平上显著（双侧检验）。

新型农村合作医疗补偿比例太低，不仅影响农民就医倾向，而且导致资金大量闲置，有限资金的使用效率大大下降，从而出现越是贫困地区资金使用率越低的怪现象，例如西部云南会泽 2003/04 年度资金使用率不足 44%，而同期东部浙江余姚市资金使用率高达 73%。

四、配套服务体系

（一）村卫生室发展条件

村卫生室是农民主要的就医地点。从农民平时身体不舒服、选择就医的地点来看，约有 74% 的农户选择在本村卫生室就诊，河南省长葛市在村卫生室就诊的比例更是高达 93%，而余姚市和会泽县在本村卫生室就医的比重也分别为 64% 和 71%，而且 20% 在乡镇卫生院就医的农户中，大部分也是在乡镇卫生院设在村里的服务站就诊（部分是因为村里没有卫生室）。从 30 天病伤农民的实际就医地点来看，平均约 56% 的农户选择在本村卫生室就医（表 5－11）。这充分说明了村卫生室在农民就医方面的重要作用。

表 5－11　　农民就医地点

	余姚		长葛		会泽		合计	
	频数	占比	频数	占比	频数	占比	频数	占比
身体不舒服，首先在哪看？								
本村个体医	78	8%	1	0%	23	4%	102	5%
本村卫生室	614	64%	579	93%	385	71%	1578	74%
村外个体医	5	1%	8	1%	5	1%	18	1%
乡镇卫生院	188	20%	17	3%	106	20%	311	15%
门诊部	4	0%	0	0%	4	1%	8	0%
私立医院	0	0%	1	0%	0	0%	1	0%
县医院	37	4%	7	1%	2	0%	46	2%
县中医院	1	0%	0	0%	0	0%	1	0%
企业或部队医院	0	0%	0	0%	0	0%	0	0%

续表

	余姚		长葛		会泽		合计	
	频数	占比	频数	占比	频数	占比	频数	占比
县以上医院	10	1%	2	0%	0	0%	12	1%
其他	19	2%	8	1%	17	3%	44	2%
合计	956		623		542		2121	
30天病伤就医地点								
本村个体医	2	2%	0	0%	2	3%	4	1%
本村卫生室	68	56%	49	49%	49	64%	166	56%
村外个体医	4	3%	2	2%	3	4%	9	3%
本镇卫生院	23	19%	25	25%	16	21%	64	22%
门诊部	0	0%	0	0%	0	0%	0	0%
私立医院	0	0%	1	1%	0	0%	1	0%
县医院	11	9%	11	11%	2	3%	24	8%
县中医院	1	1%	2	2%	0	0%	3	1%
企业或部队医院	0	0%	1	1%	0	0%	1	0%
县以上医院	8	7%	1	1%	3	4%	12	4%
其他	4	3%	7	7%	2	3%	13	4%
合计	121		99		77		297	

虽然村卫生室对农民就医至关重要，但大部分村卫生室无资金补助，发展条件并不容乐观。调查显示，大部分村卫生室没有政府或集体补贴。在实施新型农村合作医疗的57个村中，有45个村有卫生室，其中，仅有5个村获得政府补贴，占11%；6个村获得集体补贴，占13%，而大约80%的村卫生室既没有政府补贴也没有集体补贴。

（二）对医疗点的选择权

参合农民对医疗点的自主选择权，既可以为参合农民及时、便捷地享受高质量医疗服务提供便利，也可以为医疗机构公开、公平、公正和有序竞争奠定基础。但调查显示，71%的农户不能自主选择医疗点，仅有29%的农户可以自主选择医疗单位。因此，应扩大农民对医疗点的自主选择权，促使定点医疗服务机构之间的良性互动，更好地为参合农民提供质优价廉的服务。

（三）合作医疗服务质量

新型农村合作医疗服务质量直接影响农民对合作医疗制度的信任程度，影响制度的可持续性。但调查显示，农户普遍对合作医疗服务质量表示担忧，61%的农户认为“合作医疗服务质量不是更好”；71%的农户担心新型农村合作医疗服务质量，仅有29%的农户不担心新型农村合作医疗的服务质量（表5－12）。

表5－12　农户对新型农村合作医疗服务质量评价

合作医疗服务质量是否更好	频数	占比
是	39	34%
否	70	61%
不清楚	5	4%
有效样本总数	114	
是否担心合作医疗服务质量		
是	83	71%
否	34	29%
有效样本总数	117	

（四）合作医疗价格与药品流通

调查显示，合作医疗价格高于市场价格。66%的农户认为合作医疗提供价格高于市场价格，仅有30%的农户表示合作医疗价格不比市场价格高；70%的农户对合作医疗价格表示担心，仅有24%的农户不担心合作医疗价格高于市场价格（表5－13）。

表 5－13　　农户对新型农村合作医疗价格评价

合作医疗提供价格是否高于市场价格	频数	占比
是	78	66%
否	35	30%
不清楚	5	4%
有效样本总数	118	
是否担心		
是	80	70%
否	35	30%
有效样本总数	115	

在对北京市的补充调查中也了解到，北京市大兴区榆垡镇东张华村的合作医疗药费很高，而临界的河北固安县药价就很低，“社区服务站几十元的药，在河北十来块钱可能就够了”。同样的生理盐水，社区服务站 9 元，河北固安县 2.6 元，其他药价相差也很大。由于药品价格相差太大，合作医疗报销之后还比河北固安县药价贵不少，且由于该村到固安县买药就 7—8 公里，骑自行车就可以去，村民一般都去固安县买药。同时，密云县卫生局也反映，北京市集中招标采购药品与药房药差价太大，约高于药房价格的 25%，而且，即使一种药品价格高于市场价格，也会被农户反映出来，影响农户对合作医疗的信任度，如何缩小差价是当务之急。这样看来，新型农村合作医疗价格高的原因似乎源自药品的集中招标采购制度。

针对此，云南省曲靖市会泽县从新型农村合作医疗开展之始就开始了“缩小价差”的实践。会泽县在曲靖市集中招标采购的基础上，争取了独自招标采购的权力，全县所有 23 个乡镇卫生院及村卫生所代表参加招标，以曲靖市招标价格为最高限，凡属高于曲靖市中标价格的，不能参加投标。中标后，医疗机构日常采购中还可以与药品生产流通企业讲价，进一步压价，并通过建立“大药房”制度控制医疗机构的私自涨价，最终实现了县、乡、村同价，药品销售价格比国家指导价一般低25%。这充分体现了政府意愿和能力对新型农村合作医疗制度推行的关键性作用。

医药费太高的另外一个原因来自医疗机构以药养医的现实。正如密云县卫生局反映：医疗机构医务工作人员工资、待遇与效益挂钩，“财政给钱不到位，就开大病方，要不工资保证不了”。合理规范医疗机构行为，建立健全激励约束和监督机制，对降低合作医疗医药价格也非常重要。

（五）合作医疗报销程序

新型农村合作医疗报销程序的方便性和公平性直接影响农民对制度的认可程度。调查显示，52%的农户认为合作医疗报销程序方便，不过，认为合作医疗报销程序比较烦琐、不方便比例也较高，为47%；同时，57%的农户对合作医疗报销方便性表示担心。对新型农村合作医疗报销程序公平性的认可程度较高，64%的农民认为新型农村合作医疗报销干部群众一视同仁，24%的人认为合作医疗报销对干部和群众不能够一视同仁（表5－14）。

表5－14　农户对新型农村合作医疗报销评价

合作医疗报销是否方便	频数	占比
是	60	52%
否	54	47%
不清楚（一般）	2	2%
有效样本	116	
是否担心合作医疗报销不方便		
是	67	57%
否	50	43%
有效样本	117	
合作医疗报销是否干部群众一视同仁		
是	71	64%

续表

否	27	24%
不清楚（一般）	13	12%
有效样本	111	
是否担心报销干部群众不一视同仁		
是	49	43%
否	64	56%
不清楚（一般）	1	1%
有效样本	114	

（六）结论：配套服务体系影响农民对新型农村合作医疗的满意程度

农户对新型农村合作医疗的满意度较高。调查显示，约有80%的农户对合作医疗满意或一般满意。具体来看，42%的农户对合作医疗表示满意，38%的农户感觉合作医疗一般，仅有20%的农户对合作医疗表示不满意。尽管农民对新型农村合作医疗的满意度较高，但通过完善新型农村合作医疗的配套服务体系，仍可以进一步提高农民满意度，增加农民对政策的信任程度。通过对“对合作医疗是否满意”与配套服务体系相关指标作相关分析，可以看出，“本村有无卫生室”、“服务质量是否更好”、“价格是否高于市场价格”与“对合作医疗是否满意”在1%的显著性水平上显著相关；“是否自主选择医疗点”、“报销是否方便”与“对合作医疗是否满意”在5%的显著性水平上显著；“报销是否干部群众一视同仁”与“对合作医疗是否满意”没有明显相关关系（表5-15）。因此，通过改善本村卫生室发展条件、改善合作医疗服务质量、降低合作医疗价格、给予农民更大自主选择医疗点的权力、提高合作医疗报销的方便性可以提高农户对合作医疗的满意度，有利于政策的可持续性。

表 5－15　　合作医疗满意度相关分析

		对合作医疗是否满意	本村有无村卫生室	是否自主选择医疗点	服务质量是否更好	价格是否高于市场价格	报销是否方便	报销是否干部群众一视同仁
对合作医疗是否满意	Pearson 相关系数	1	0.357**	0.278*	0.301**	-0.249**	0.198*	0.061
	显著性（双侧检验）	.	0	0.011	0.001	0.008	0.038	0.539
	样本	124	118	83	109	112	110	105
本村有无村卫生室	Pearson 相关系数	0.357**	1	-0.142	-0.009	-0.101	-0.102	-0.222*
	显著性（双侧检验）	0	.	0.202	0.922	0.286	0.283	0.021
	样本	118	131	83	110	113	112	107
是否自主选择医疗点	Pearson 相关系数	0.278*	-0.142	1	-0.154	0.321**	0.310**	-0.278*
	显著性（双侧检验）	0.011	0.202	.	0.17	0.003	0.004	0.014
	样本	83	83	87	81	83	83	78
服务质量是否更好	Pearson 相关系数	0.301**	-0.009	-0.154	1	-0.296**	0.172	0.547**
	显著性（双侧检验）	0.001	0.922	0.17	.	0.001	0.067	0
	样本	109	110	81	114	113	114	108
价格是否高于市场价格	Pearson 相关系数	-0.249**	-0.101	0.321**	-0.296**	1	-0.167	-0.238*
	显著性（双侧检验）	0.008	0.286	0.003	0.001	.	0.075	0.012
	样本	112	113	83	113	118	115	111
报销是否方便	Pearson 相关系数	0.198*	-0.102	0.310**	0.172	-0.167	1	0.233*
	显著性（双侧检验）	0.038	0.283	0.004	0.067	0.075	.	0.015
	样本	110	112	83	114	115	116	110
报销是否干部群众一视同仁	Pearson 相关系数	0.061	-0.222*	-0.278*	0.547**	-0.238*	0.233*	1
	显著性（双侧检验）	0.539	0.021	0.014	0	0.012	0.015	.
	样本	105	107	78	108	111	110	111

注：**. 为相关系数在 1% 的显著性水平上显著（双侧检验）；* 为相关系数在 5% 的显著性水平上显著（双侧检验）。

五、其他问题

（一）基金管理问题

关于新型农村合作医疗管理费用，中央明文规定："经办机构的人员和工作经费列入同级财政预算，不得从农村合作医疗基金中提取"。由于县（市、区）完全承担管理成本，导致省、市（地区）倾向于把新型农村合作医疗试点定在财政状况较好的县，减少了贫困县的机会。对于贫困县，也加重了其财政负担。在实际操作中，应坚持权利与义务对等原则，将部分管理费用转给定点医疗机构承担。因为在新型农村合作医疗制度中受益的不仅仅是广大农民，定点医疗机构也会从中受益。在前文提到的大兴区榆垡镇东张华村的调查中，虽然医药费很高，但从该村到固安县看病（非门诊）的比例由原来的20%降到了10%，相当使本地定点医疗机构就医率提高了10个百分点。定点医疗机构在农民没有太大选择的情况下受益会更多。同时，考虑到中西部地方政府的财政承受能力，中央政府也应该承担部分地区部分乃至全部管理成本，以提高地方政府工作积极性。

（二）信息披露问题

通过对新型农村合作医疗基金的筹集、管理和去向的披露，接受社会尤其是农民的监督。这样，既可以让农民知道自己的钱用在了什么地方，增加农民对政策的信任程度，又可以通过社会监督，保证资金不被挪用，提高合作医疗政策的可持续性。鉴于农民对新型农村合作医疗的价格和服务质量担忧程度较大，医疗服务的成本和质量信息的公开透明以及让媒体参与合作医疗服务信息的传播，可以减缓农民对此方面问题的担忧程度。

（三）合作医疗立法问题

从我国合作医疗制度历史运行情况来看，需要通过法律保障政策的稳定性才能使制度具有可持续性发展的可能。政策的稳定性对合作医疗的可持续发展至关重要，政策不稳定会导致农民对合作医疗信任感越来越低。因此，需要通过法律对新型农村合作医疗制度实施“强制执行力”，确定各级政府筹资责任、基金的管理与监督、管理费用的承担方式等，用立法规范农民、医疗机构、合作医疗管理机构等相关利益主体的责任和权力、协调各方利益关系，给农民以稳定预期，保证政策的可持续性。

六、主要结论及建议

（一）政府意愿和能力是新型农村合作医疗实施的关键因素

经济实力与新型农村合作医疗制度的实施没有必然联系，政府意愿和能力尤其是县（市、区）政府意愿和能力是推行新型农村合作医疗制度的关键因素。因此，如何提高政府意愿和能力是推行该项制度的关键问题。

（二）筹资水平低，中央政府应进一步加大投资力度

调查显示，全国平均筹资水平很低，在 30 元至 40 元之间。虽然 2006 年国家和地方政府各相应增加 10 元的财政补助，但 50—60 元的筹资水平仍只能满足低水平保障。通过对各筹资主体增加投资的可行性分析，建议在省、市两级政府利用财政收入再分配功能对贫困县增加补助之外，应进一步加大中央政府的投资力度，通过提高筹资水平提高农民受益程度，促进政策的可持续发展。

（三）合理确定补偿范围，适当提高补偿比例，提高资金使用效率

合作医疗试点大都以“大病统筹为主”为原则确定合作医疗补偿范围，在“保大”的同时，兼顾“保小”，既能

提高受益面，保护农民参合积极性，又能兼顾公共卫生和基础临床服务。但调查显示，目前补偿比例太低，不利于改变贫困农民得病不就医的现状。针对当前补偿比例普遍较低、资金使用率不高的情况，各地应在考虑政策目标的前提下，适当提高相应补偿范围的补偿比例，提高资金使用效率。

（四）配套服务体系有待进一步完善

农民对新型农村合作医疗总体评价较高，但对合作医疗配套服务体系的调查显示当前配套服务体系仍有待进一步完善。改善村卫生室发展条件、给予农民自主选择医疗点的权力、提高新型农村合作医疗服务质量、降低药品和服务价格、简化合作医疗报销程序有助于增加农民对合作医疗的满意度、保护农民参合积极性、促进政策的可持续发展。这也说明，能力密集型的合作医疗制度需要多管齐下的激励和约束。

（五）规范基金管理，完善信息系统，并通过立法保证制度的可持续性

通过合理分担基金管理费用，规范基金管理，保证基金管理的可持续运行，提高地方政府工作积极性；通过建立信息披露制度，完善信息系统，使新型农村合作医疗受偿数据及相关信息能够上传下达，既要方便政府行政监督，又要让农民、公众进行社会监督，提高农民对政策的认知和信任程度；通过立法保障政策的稳定性，以此来保证制度的可持续发展。

第八节

农村居民最低生活保障制度①

一、农村最低生活保障制度及相关概念

（一）最低生活保障制度的概念与内涵

社会保障是现代国家最重要的社会经济制度之一。完整意义上的社会保障是工业社会的产物，是社会化大生产和市场经济所催生的。最低生活保障制度，是国家以保障公民基本生存权利为目的建立的社会救助制度，它根据维持最起码的生活需求标准，设立一条最低生活保障线，当公民收入水平低于最低生活保障线时，有权得到国家和社会按照法定程序和标准提供的现金和实物救助。最低生活保障制度是现代国家社会保障体系中必不可少的基本组成部分，是社会保障体系中的最后一道“安全网”。

（二）最低生活保障制度与其他社会保障制度的区别与联系

现代社会保障体系由社会救助、社会保险和社会福利三大支柱组成。社会救助是指国家和社会对因各种原因无法维持最低生活水平的公民给予无偿救助的一项社会保障制度。我国目前已建立了包括城市居民最低生活保障（部分地区建立了农村居民最低生活保障）、灾害救助、流浪乞讨人员救助、社会

① 本节内容选自农业软科学课题“农村居民最低生活保障制度问题研究”研究（课题编号：Z0637），课题组：农业部经管司。

互助、五保户供养等的社会救助体系。社会保险是指国家通过立法，多渠道筹集资金，对劳动者在因年老、失业、患病、工伤、生育而减少劳动收入时给予经济补偿，使他们能够享有基本生活保障的一项社会保障制度，主要包括养老保险、失业保险、医疗保险、工伤保险和生育保险等项目。我国目前社会保险主要集中在城市，形成了较为健全的体系，农村则从 2003 年进行新型合作医疗试点，2008 年将在全国农村得到基本普及，新型合作医疗是适应现阶段农村实际的一种社会互助形式，随着经济社会发展，将逐步过渡到社会保险。社会福利的概念有广义和狭义之分。广义的社会福利是指政府为全体社会成员创建有助于提高生活质量的物质和文化环境，提供各种社会性津贴、公共基础设施和社会服务，以不断增进国民整体福利水平。狭义的社会福利是指政府和社会向老人、儿童、残疾人等社会中特别需要关怀的人群，提供必要的社会援助，以提高他们的生活水准和自立能力。我国目前社会福利主要包括老年人、儿童和残疾人社会福利以及对军人及其家属的优抚安置。

在经济发展过程中，三者在社会保障体系中的地位和比重不是一成不变的。在工业化水平低、生产力比较落后的阶段，社会救助成为社会保障制度的核心，主要目标是保障全体社会成员基本的生存需要；在工业化程度比较高、经济较为发展的阶段，社会保险将成为社会保障制度的核心，保障全体社会成员基本的生活需要是社会保障制度的主要目标；在工业化程度和生产力水平很高、国家繁荣富强的情况下，社会福利将成为社会保障制度的核心，主要目标是提高全体社会成员的福利水平。因此，从三者关系看，社会救济是最基础的、最低层次的社会保障。社会保障体系中可以暂时没有社会福利，甚至也可以暂时没有社会保险，但不能没有社会救助。而最低生活保障制度就是社会救助这个基础的基石，是保障公民享有最低的生活水平的最后一道屏障。

二、当前我国农民贫困状况及各地农村低保的主要做法

（一）目前我国贫困农民的状况

根据国家统计局的资料，到2003年，按人均纯收入637元的绝对贫困标准计算，我国农村绝对贫困人口为2900万人，占农村人口的3.1%；按人均纯收入882元的低收入标准计算，低收入人口5617万元，占农村人口的6%。贫困人口主要分布在中西部地区，其中东部占15.5%，中部占35.5%，西部占49%。从上海的一项调查看，在贫困农户群体中，五保户占1.7%，因残而贫的占2.6%，因病致贫的占46.%，因灾致贫的占2.2%，因缺乏劳动力而贫的占42.1%，其他情况致贫的占4.8%。

2003年我国贫困农户人均纯收入为531元，只有全国农户人均纯收入水平的20.3%，仅相当于1998年的全国平均水平，落后全国平均水平15年。贫困农户收入来源单一，其中2/3来源于家庭经营的第一产业，工资性收入只占1/4，都比全国农户平均水平低20个百分点。贫困农户收入货币化程度低，人均现金收入仅为276元，占其人均纯收入的52%，比全国平均水平低25个百分点。

贫困农户生活处于入不敷出状态，食品消费量严重偏低。2003年贫困人均生活消费支出572元，只有全国平均水平的29.4%。其生活消费支出超过收入41元，一半以上的贫困家庭仅生活消费支出就超过收入。贫困农户各种食品消费量远远低于全国农户平均水平，副食消费量差距更大，其中人均消费粮食172千克，比全国平均水平低52千克；蔬菜54千克，相当于全国平均水平的一半；肉禽及其制品9千克，相当于全国平均水平的46%；蛋类消费相当于全国水平的1/3。贫困农户恩格尔系数高达67.3%，比全国农户高出21个百分点。贫困农户自给性消费比重大，占总消费的43.3%。

从总体上看，我国贫困农户仍然生活在温饱线以下，特别

是贫困农户中的低收入户，生活尤其困难。为了救助农村低收入群众，保障其最基本的生活，从1995年起，我国一些经济发达地区，如上海、浙江等省市，开始探索在农村地区建立农民最低生活保障制度。随着经济的不断发展，越来越多的地方开展了农村低保工作。据民政部统计，到2005年底，已有13个省份、1308个县（市）建立了农村最低生活保障制度，406.1万户家庭、825万农民得到了农村最低生活保障，分别比上年增长72.1%和69%。其中东部经济较发达省份的北京、上海、天津、浙江、江苏、福建、广东、辽宁等省（市）在全省（市）范围内开展了农村低保工作，中西部也有吉林、内蒙古等省份在全省范围建立了农村低保制度，一些其他省份也在部分县（市）进行了农村低保试点。

（二）各地农村低保的主要做法

1. 关于农村低保对象的界定

在确定农村最低生活保障对象时，各地基本上都借鉴了城市低保的做法，以户籍和家庭人均年收入为标准进行界定。如重庆市界定的农村低保对象是：具有辖区内农业户口且居住地与户口登记地相同，共同生活的家庭成员年收入低于当地农村最低生活保障标准的农户。湖南省规定，共同生活的家庭成员年人均可支配收入低于户籍所在地农村最低生活标准的农村居民均应纳入保障范围。

2. 关于农村低保标准的确定

各地制定农村最低生活保障标准时，一般都是在综合考虑当地物价水平、基本生活支出、农民人均纯收入和财政状况等因素的基础上来确定的，但在具体操作上又各有不同。上海市在1994年建立农村低保制度时，根据农村地区经济发展水平的不同分为3个类型，分别是近郊为年人均850元、远郊为750元、海岛为700元；浙江省则将制定保障标准的权限交由设区市或县级政府负责确定，报上一级政府备案后公布执行；

福建省2004年建立农村低保制度时，以散养的五保户供养标准为全省统一的农村低保标准，即年人均1000元，并将五保户纳入低保范围。但部分经济发达地方，如厦门、泉州、石狮等，自行确定了更高的低保标准。

3. 关于农村低保资金的筹集

已经建立农村低保制度的地区，农村低保所需资金均列入了各级财政预算，由财政予以保障。如上海市农村低保所需资金由县（区）、镇（乡）两级各负担50%，市财政对经济薄弱的区县给予30%的补贴。福建省实施农村低保所需资金，由各级政府列入财政预算，实行财政分级负担。2004年福建省全年实施农村低保需要3.4亿元，其中省级预算安排农村低保专项补助资金21376万元，占全省年需要量的63%，对财政困难县市的补助达70%以上。

4. 关于管理制度和工作程序

一是建立农村低保申请、审批和发放程序。如福建省在实施农村居民最低生活保障制度的过程中，采取了一套自下而上的办法：首先村民本人申请，经村民委员会评议，符合条件的予以张榜公示；公示无异议，经乡（镇）政府审核，并报县（市、区）民政部门审批，审批结果告知乡镇及村委会，张榜公示，确无异议的，发给申请人《农村低保金领取证》，属于五保对象的发给《五保户供养证》，由乡镇政府按月或按季发放低保金。二是建立低保对象动态管理机制。由于农民家庭收入处于不断的变化之中，为了体现低保的宗旨，达到实施低保的目的，许多地方建立了低保对象能进能出的动态管理机制。如北京市实行了家庭情况动态核实制，做到社区每月、乡镇按季度对辖区内的农村低保对象走访一次，同时建立家庭经济收入申报、审查、动态跟踪制度，使低保待遇及救助标准随着家庭收入的变化相应地增、减、停，以实现不错不漏，应保尽保的目标。三是建立低保标准动态调整机制。各地根据经济发展、物价变化等因素，纷纷建立了低保标准的动态调整机制。

上海市1994年建立农村低保制度以来，对低保标准进行了6次调整，1999年将近郊、远郊和海岛的农村低保标准分别调整为2200元、2000元和1800元。2002年又将近郊、远郊、海岛三条标准线归并为郊区、海岛两条，标准分别为2240元/年和1980元/年。同时还确定了农村低保标准与城镇低保标准的比例关系，即郊区低保标准与城镇低保标准的比例为1:1.5，海岛与城镇的比例为1:1.7，实现了城乡低保标准联动，形成了“城乡一体，标准有别”的低保政策体系。

5. 关于配套政策措施

各地在建立农村低保制度的同时，还研究制定了一系列相关配套措施，进一步保障低保对象的生产生活。重庆市各试点区县研究出台了一系列有关农村居民最低生活保障的配套措施，帮助改善困难农民的生活条件，减轻他们的生活压力：一是低保对象在遭遇自然灾害时优先获取政府的救助救济；二是低保对象由政府资助免费参加农村合作医疗，在本乡镇的医院、卫生所就诊诊金费用减半；三是低保家庭子女在本区域内的学校接受义务教育时可享受一定的费用减免；四是低保对象可以接受人事、劳动部门的免费就业培训，在有符合要求的就业机会时，优先介绍就业；五是建立社会帮扶制度。政府和各新闻机构大力倡导社会各界捐款捐物，为解决贫苦农户生计问题建立社会长效帮扶制度。上海市在加大农村低保力度的同时，不断完善和落实各项帮扶措施。一是实施医疗救助，组织动员低保家庭人员参加农村合作医疗保险，并帮助缴纳一定的投保费用；积极开展对农村大病重病对象实施医疗救助。二是实施教育救助，免除义务教育阶段贫困学生的学杂费，对非义务教育阶段的贫困学生给予一定的助学补助，帮助贫困学生完成学业。三是实施危旧房屋改造，各级民政部门多渠道筹集资金，积极为低保家庭修缮或翻建危旧房。2003年全市共投入资金675万元，为450户农村低保家庭翻建危旧房屋，使其住房条件明显改善。四是实施就业援助，积极帮助低保家庭有劳动能力的人员到企业就业，通过自己的劳动摆脱贫困。

三、农村最低生活保障制度实施的主要经验

农村低保工作涉及的人口多，情况比较复杂，工作量大。它既是一项德政工程，又是民心工程，关系到党和政府在群众心目中的形象，受到社会各界的普遍关注。经过地方各级政府和相关部门10多年来的积极探索和努力实践，在开展农村低保工作中探索出了一些成功经验，总结起来，主要有以下几个方面：

（一）政府主导、部门密切配合，是开展农村低保工作的组织基础

农村低保工作是一项长期的系统工程，涉及的区域广、范围大、部门多。各地结合自身实际，逐步探索出了一整套行之有效的工作机制。一是在起步阶段，主要依靠政府主导和发动。各地将农村低保工作逐步纳入各级党委政府的重要议事日程，在建立制度、筹措资金、制定优惠政策等方面，通过召开行政首长办公会或政府常务会等形式逐项落实，或将低保工作纳入目标管理，作为考核各级政府岗位责任制的一项重要内容。二是在工作的具体实施阶段，建立了民政部门具体负责、各相关部门积极参与的工作机制。各地成立了民政部门牵头、财政重点扶持、各相关部门全力配合、分级管理的工作模式。如福建省各级农办、扶贫办、老区办、统计局、残联等部门在开展农村低保工作中，积极配合，协同民政、财政等部门，共同抓好低保对象的摸底和审核，并组织开展检查和督查，使低保工作得以平稳进行。

（二）先行试点、分步推进，是开展农村低保工作的有效方式

农村低保是一项较新的工作，政策性强，又没有现成的经

验可借鉴。因此，许多地方在开展农村低保工作时，一般都选择几个县（市）先行试点，进行探索，分析和研究存在的问题，总结经验教训，完善政策措施，逐步推进。如浙江省在开展农村低保工作时，就采取了分步走的战略。第一步，1995年选择经济发展不同类型的绍兴县、东阳市、常山县等三个民政社会保障试验区进行农村最低生活保障试点。第二步，1996年扩大至11个地级市的郊区和小康县（市），农村保障对象增至35076人，年投入保障金1548万元。第三步1998年城乡一体的最低生活保障制度在各县、市、区实现全覆盖，农村低保人数达到15.7万人，年投入保障金5117万元。2004年，农村低保人员达51.35万人，年支出保障金3.2亿元。

（三）加强法规和制度建设，是做好农村低保工作的基本保障

目前，我国还没有关于农村低保的全国性法规和政策措施。为了改变农村低保工作无法可依的被动局面，许多地方制定出台了地方法规和政策意见。在浙江省，1996年省政府制定下发了《关于在全省逐步建立最低生活保障制度的通知》，农村低保工作正式起步。2001年又出台了《浙江省最低生活保障办法》。吉林省政府为推动农村低保事业的发展，截至2005年共出台了政府规章和政策性文件2份，省级各相关部门共制定下发促进农村低保工作的具体实施意见等规范性文件10余份，市、县政府依据省里政策共制定下发具体实施细则等规范性文件近70份，初步构建起全省低保工作的制度框架。

四、农村最低生活保障制度存在的主要问题

（一）思想认识不到位

目前，各地进行的农村低保，基本上仍是就农村谈农村、就低保谈低保，没有从统筹城乡发展的政治高度来设计农村低

保制度，推进农村低保工作。当前已经开展农村低保工作的地方，除上海、浙江等经济较发达省份推行的是城乡一体的低保制度外，其他大多数地方的农村低保与城市低保没有相关性；农村低保与社会保险、社会福利等农村社会保障制度没有有机结合，相关配套措施也不全面，使农村低保制度不能充分发挥作用。

（二）财政支持力度不够

已经开展农村低保工作的地方，农村低保所需资金虽然基本列入了政府预算，但均是地方财政开支，主要由县级财政负担，中央财政没有给予支持，这与城市低保存在巨大差异。2003 年全国城市低保共支出 151 亿元，其中中央财政支出达到了 92 亿元，占 60.9%。我国大多数县（市）的财政比较困难，难以长期承担农村低保资金。由于中央财政没有给予强有力的支持，农村低保工作进展缓慢。

（三）工作开展不平衡

目前在全省范围内建立农村低保制度的省份大多是东部经济发达省份，经济欠发达的中西部地区贫困农民更多，也更需要农村低保，但很少有全省开展的，多数都是选择几个县市进行试点，农村低保工作开展很不平衡，在实际上造成了新的不公平。

（四）农村低保标准低，覆盖面窄

已经实施农村低保制度的地方，除北京、上海、浙江等少数经济发达地区外，其他地区的低保标准普遍较低，只能起到有限的保障作用。吉林省 2005 年的低保标准为 625 元/年，仅为一般农民收入的 20% 左右；重庆市进行低保试点的 11 个区县，标准最高的为 1000 元/年，低的为 800 元/年。除了保障标准较低外，许多地方还没能做到应保尽保。江西省新余市

2005 年家庭人均收入低于低保标准的有 20788 人，纳入低保的仅 6860 人，占应保人数的 33%。湖南省临澧县新安镇 2005 年符合低保条件的有 528 人，实际保障 282 人，占应保人数的 53.4%。

（五）农村居民收入核算困难

在多数地方，农户家庭收入是界定低保对象的唯一依据。但由于对农村家庭人均收入的评估没有明确的界定范围和评估物价格参照标准，农民家庭生产经营状况、农民外出务工收入难以掌握，一些隐性收入和非经常性收入难以核实，造成低保对象的认定不够准确。

五、完善农村最低生活保障制度的建议

构建农村居民最低生活保障制度，是统筹城乡发展的重要方面，是完善社会主义市场经济体制的需要，是实现农村社会和谐的重要保障，是建设社会主义新农村的必然要求，对我国经济社会发展具有十分重大的意义。

（一）从可行性看，随着我国经济快速发展，已经初步具备了在农村普遍建立最低生活保障制度的条件

1. 具备了相应的财力

根据我们调研、查阅得到的数据和资料，提出如下三个方案：

方案一：以 2000 年贫困标准人均纯收入低于 625 元计算，2004 年我国有农村贫困人口 2365 万人。如果以 625 元作为全国平均保障线标准，按每人年平均补助为 180 元计，全国共需资金 42.6 亿元，如果按每人年平均补助 300 元计，共需资金 71 亿元。

方案二：以 2004 年贫困标准人均纯收入低于 668 元计算，2004 年我国有农村贫困人口 2610 万人。如果以 668 元作为全

国平均保障线标准，按每人年平均补助 180 元计，全国共需资金 46.9 亿元，如果按每人年平均补助 300 元计，共需资金 78.3 亿元。

方案三：以 2004 年低收入标准人均纯收入低于 924 元计算，2004 年全国有农村低收入人口 4977 万人，如果以 924 元作为全国平均保障标准，按每人年均补助 180 元，全国共需资金 89.6 亿元，如果按每人年平均补助 300 元计，全国共需资金 149.3 亿元。

相对于国家财政收入逐年增加，农村贫困和低收入人口数量不断下降的趋势，我们认为不以最低贫困线为标准，而以低收入线为标准制定低保线是完全能够承受的。

2. 具备了实践基础

截至 2005 年年底，全国有 13 个省（区、市）制定了推进本地区农村居民最低生活保障制度的政策或政府规章，1308 个县（市、区）建立并实施了农村低保制度，约占全国县（市）总数的 40%，具备了加快推进农村最低生活保障制度的条件。

（二）完善农村最低生活保障的制度安排

1. 基本原则

根据农村最低生活保障制度建设的实践，借鉴国际和我国城市最低生活保障的经验教训，现阶段我国农村最低生活保障的制度设计，应根据我国行政体制和经济社会发展状况，实行统一指导、县域统筹、户为对象、分类施保、协调配套等原则。

统一指导，指中央、省级政府负责制定农村最低生活保障的政策和法律法规，统一最低保障线，各地可依据当地经济水平上浮，但不能低于中央的最低线，市县级政府要安排专门的财政资金保障最低生活制度的实施。

县域统筹，指县级政府负责根据本地区农村居民生产生活水平制定具体的最低保障标准，并负责组织实施。

户为对象，指根据农村目前的社会管理能力和家庭保障功能，将家庭作为确认收入水平的单位，以人均可支配收入低于最低生活保障标准的家庭作为低保对象。

分类施保，指根据贫困状况和致贫原因，采取不同的保障内容和保障方式。无收入来源的，采取全额保障，有收入来源的，采取差额保障；对无义务教育阶段人口的家庭，保基本生活消费，有义务教育阶段人口的家庭，应考虑必要的义务教育费用；对不努力劳动或不积极就业而致贫的低保家庭，可以要求劳动力参加一定时间的义务劳动；对无劳动能力、无生活来源及无法定抚养人的老年人、残疾人和未成年人继续采取五保供养方式；对因国家征收土地而失地的农民，应纳入城市最低生活保障范围；对长年进城务工的农民工，应纳入失业保险和城镇医疗保险体系。

协调配套，指最低生活保障制度要与其他保障制度相衔接，与有关政策相配套。一是要与各专项救助制度和其他社会保障措施相衔接，建立农村居民最低生活保障制度，农村特困户救助制度可以纳入低保制度范围，在保障内容和标准上注意与灾害救助、医疗救助、教育救助等专项救助相衔接并加以整合，形成既有分工、又相互配套的社会救助体系。享受低保的农村居民家庭，参合资金可以纳入低保内容，也可以在医疗救助制度框架内解决。建立社会养老保险制度的地区，养老金要适当高于最低保障标准。二是要有正确的导向。对农民收入的核算，应考虑与国家优抚、计划生育和家庭保障等政策相协调，国家给予农村居民的荣誉津贴、抚恤补助、优待金、计划生育家庭奖励扶助金、在校学生生活津贴和困难补助可不纳入收入核定范围，并把法定赡养、扶养或抚养关系人应给付的资金纳入收入范围。三是发挥土地对农民基本生活的保障作用，切实保障农民的土地承包权，加快征地制度改革，健全对被征地农民的合理补偿机制。

2. 基本制度安排

为使最低生活保障制度切实发挥作用并健康运行，应建立健全四项基本制度：

(1) 资金保障制度

应明确中央、省、地（市）、县（市）政府在推进农村居民最低生活保障制度上的责任，建立稳定规范的最低生活保障资金渠道，保障最低生活保障资金的落实。可以通过财政专项转移支付制度解决，同时继续推进财政税收体制改革，按照基本公共服务均等化原则，完善中央和省级政府的经常性财政转移支付制度，调节财政收入分配结构和地区结构，推进中西部地区建立农村最低生活保障制度。也可以借鉴国际经验，适时开征社会保障税。

(2) 确定科学规范的最低保障线

应确定全国农村低保的最低标准，有条件的地方可以提高，但一律不得降低。各省、市应在此基础上，研究制定统一规范、便于操作的确定最低生活保障线的依据和方法，为各县制定各自的最低保障线提供依据，便于指导和审核。确定农村居民最低生活的收入标准时：第一，要研究制定指导确定当地最低生活消费物品的原则及价格核算办法，为各县确定本地区最低生活标准的提供依据；第二，研究制定农民家庭收入的核算范围和方法，特别是实物收入的调查与核算方法，为农民家庭申请低保和审核收入状况提供依据，并针对外出务工农民收入核定难的问题，研究制定调查与核实的有关办法；第三，农民家庭收入的核算应保证农民的简单再生产需要，将维持简单再生产费用扣除，既要考虑前期实际生产费用，也要考虑要素价格变动对生产费用变动的影响。

(3) 低保对象的确认与支付制度

总结各地的实践经验，在程序上实行家庭申请、村民评议、乡镇审核、县级核准的办法，并进一步细化完善各项制度。根据目前基层缺少专业的家庭收入调查审核人员的实际，为减少人员成本，可依托乡镇经管队伍进行。关于低保金的发放，有条件的地方，应建立低保家庭银行账户，通过银行定期支付。

（4）运行监管制度

第一，要建立低保标准、申报程序、申报家庭和核准家庭的公开公示制度，便于群众监督和舆论监督；第二，要建立对低保部门及工作人员有效的责任约束制度，有效防止优亲厚友、假公济私和挤占挪用低保资金的行为；第三，应建立完善客观公正的申诉和复议制度；第四，健全监督机制，既要建立和完善低保部门的内部监督制度，也要明确有关部门对低保部门工作的监督责任，建立有效的行政监督和司法监督；第五，建立有效遏制农户骗保行为的制约制度，建立对不同类型家庭的定期核查、随机抽查和举报制度，明确对骗保行为的处罚方法。

（三）完善农村最低生活保障制度的政策建议

第一，尽快制定指导各地推进农村最低生活保障制度的指导性文件，为有条件的地区尽快建立农村最低生活保障制度提供政策指导。

第二，制定有利于促进建立农村居民最低生活保障制度的激励政策。将人均 GDP、人均可支配财政收入，作为建立最低生活保障制度的依据，纳入对县级政府的考核指标体系，强化各级政府推进农村最低生活保障制度责任，促进东部地区和中西部有条件的地区率先农村居民最低生活保障制度，使发展成果惠及农村贫困群体。

第三，开展试点、探索经验。借鉴农村税费改革和农村合作医疗的办法，选择中西部地区若干省份，进行以省为单位的试点，积累经验、完善制度、探索资金保障办法。

第四，解决农垦系统职工家庭最低生活保障问题。采取措施尽快解决部分农场职工因户籍问题没有纳入城市居民最低生活保障体系的问题，所需资金全部纳入财政预算。

第五，尽快建立渔民最低生活保障制度。考虑到渔业和渔民的特点，对因伏季休渔和长江禁渔等重大的资源养护政策导致渔民季节性“失业”的情况应予以特殊关注，可建立休渔禁渔期间渔民的最低生活保障与补助制度；对没有土地和水面的捕捞渔民，在最低生活保障标准确定上建议参照城镇居民的低保标准。

第六，将失地农民纳入城市社会保障范围。对失地农民应及时转换身份，使其成为市民，纳入城市社会保障范围，以解决他们的长远生计问题，这也是城市化、工业化应该付出的必要成本。要逐步形成农村土地城镇化与失地农民市民化相一致的制度，彻底破解土地越来越少、农民越来越多的难题。

第九节

建立农村新型养老保险制度的探索①

农村养老保障一直是农村社会保障制度的薄弱环节。目前，农村社会转型迅速，传统的农村家庭养老方式在人口老龄化和快速城市化的冲击下，保障功能日益减弱，农民老年贫困问题日益突出，在建设社会主义新农村和和谐社会的背景下迫切需要通过社会养老保障破解农民养老的困局。

一、农村社会养老保险制度的运行现状及城乡比较

我国农村社会养老保险工作是1986年开始探索，并在

① 本节内容选自农业部软科学课题“农村社会保障制度问题研究”报告（课题编号：200724），课题主持人：华迎放。

1991年进行试点的基础上逐步开展的。先后经历初期探索阶段、“老农保”发展阶段，目前，进入探索新型农村养老保险制度（以下简称“新农保”）的阶段。截至2006年年底，全国共有31个省、自治区、直辖市的1905个县（市、区、旗）不同程度地开展了新老农保工作，参保人数为5374万人，全年共有355万农民领取了养老金，积累保险基金354亿元，全年共支付养老金30亿元。

（一）城乡养老保险参保人数（覆盖面）

截至2006年年底，城镇养老保险参保人数达到18766万人，比上年年底增加1278万人，增长7.3%，参保职工占城镇劳动者的比例达到50%。农村社会保障覆盖相形见绌。2006年年底，农村社会养老保险参保人数为5373.7万人，比上年末减少69万人，仅占当年农村就业人口4.8亿人的11.2%（见表5-16）。

表5-16　　城乡养老保险参保人数（2006年）　　单位：万人

险种	参保人数		比上年增加	占比（参保职工/城镇劳动者）（%）
	总人数	其中：职工		
城镇职工养老保险	18766	14131	1278	49.92
农村养老保险	5373.66		-69	11.17

数据来源：劳动和社会保障部内部统计数据，2006年；劳动和社会保障部规划财务司：《劳动和社会保障统计摘要2006》；国家统计局：《中国统计年鉴2007》，中国统计出版社2007年版。

（二）城乡养老保险覆盖面的变化

自1997年以来，城镇养老保险覆盖面逐年攀升（见表5-17），2006年覆盖城镇就业人口的比例达到近50%。如果加上享受养老保障的机关事业单位人员（3786万人），则覆盖率达到62.92%，由此大致可以判断出城镇正规就业人员基本已被养老保障制度所覆盖。

表 5－17　　城镇职工养老保险参保情况　　单位：万人，%

年份	参加养老保险人数			城镇就业人口	城镇就业人口参保比例
	小计	在职	离退休		
1997	11204	8671	2533	20781	41.73
1999	12485	9502	2984	22412	42.40
2001	14183	10802	3381	23940	45.12
2003	15507	11647	3860	25639	45.43
2005	17488	13120	4368	27331	48.00
2006	18766	14131	4635	28310	49.92

资料来源：国家统计局：《中国统计年鉴 2007》，中国统计出版社 2007 年版。

与城镇养老保险覆盖人数一路攀升形成鲜明对比的是，近年来，农村社会养老保险覆盖人数、开展的县级单位个数以及覆盖率均明显下滑（只有 2005 年由于部分地区推行了新农保试点，参保人数比上年略有上升），见表 5－18。

表 5－18　　农村养老保险覆盖情况（1997—2005 年）　　单位：个、万人、%

年份	开展农保县级个数	年末参保人数		覆盖率%	领养老金人数
		合计	本年参保人数		
1997	—	8280.27	—	16.9	55.79
2000	2052	6172.34	—	12.6	97.81
2004	1887	5382.36	397.74	11.0	205.48
2005	1900	5442.00	64.00	11.2	301.00

数据来源：劳动和社会保障部农村社会养老保险司。

（三）保障水平

我国城乡社会保障水平历来就有较大的差别。近年来，随着社会经济的发展，城镇养老保障水平不断提高，而农村养老保险在覆盖范围不断下降的同时，保障水平几乎也没有实质性的提高。2005 年，城镇全部退休人员（不含离休）养老金

861元/月，比上年增长10%；统筹范围内退休人员养老金737元，同比增长7.9%。而同期已开展农村社会养老保险的地区，人均养老金待遇仅不到59元/月，2005年养老金绝对额比2004年反而有所下降。从城乡差距看，2004年，城镇统筹范围内退休人员养老金是农村养老保险金的11.6倍，2005年养老金差距扩大到12.5倍。城乡差距有不断扩大之势（见表5－19）。

表5－19　城乡养老保障待遇水平　单位：元/月

年份	全部退休人员养老待遇	统筹范围内退休人员退休金	农村养老保险金
2004	782	683	58.94
2005	861	737	58.82

数据来源：劳动和社会保障部规划财务司：《劳动和社会保障统计摘要2006》；劳动和社会保障部农村社会养老保险司："农村社会养老保险统计分析"，2006年。

（四）基金收支

从表5－20可以看出，1998年城镇养老保险（不包括机关事业单位养老保障相关数据）收入、支出和累计结存额分别为农村社会养老保险的68倍、324倍、3.5倍，而2005年保费收入差距扩大到109.8倍，基金结存扩大到13倍，支出倍数虽略有下降，但仍高达129.7倍。如以城乡劳动者（就业人员）人均水平计算，2005年，农村劳动力年人均养老保险收入、支出和基金结余分别为9.6元、6.4元、63.9元，而同期城镇劳动者对应指标的年人均水平分别为1863.5元、1478.2元、1478.5元，则城镇劳动者人均养老保险基金收入、支出和结存水平分别是农村劳动者的194倍、231倍、23倍。基金积累的差距虽然只有23倍，但城镇养老保险制度属部分积累制，而农村现行养老保险制度设计为完全积累制，所以考虑到制度设计因素，在同等条件下实际差距应当更大。

表 5-20　　城乡社会养老保险基金规模　　单位：亿元

年份	城镇社会养老保险			农村社会养老保险		
	收入	支出	累计结存	收入	支出	累计结存
1998	1459.0	1512.0	588.1	21.40	4.67	166
1999	1965.0	1925.0	734.0	6.04	5.62	184
2000	2278.0	2115.2	947.0	13.90	6.46	198
2001	2489.0	2321.3	1054.1	17.08	7.84	216
2002	3171.5	2842.9	1608.0	25.22	9.96	233
2003	3680.0	3122.0	2207.0	35.98	15.04	259
2004	4258.4	3502.1	2975.0	40.99	20.14	285
2005	5093.0	4040.0	4041.0	46.41	31.14	310

数据来源：《中国劳动统计年年鉴 2006》，中国统计出版社 2006 年版；劳动和社会保障部农村社会养老保险司："农村社会养老保险统计"，2006 年。

（五）财政社会保障投入

财政资金投入社会保障是政府履行社会保障职责的基本要求，不少国家社会保障财政投入占财政总支出的比例达到 1/3 至 1/2。我国财政资金对城乡社会保障的投入 2005 年为财政总支出的 11.9%，远低于上述国家所达到的比例数。由于城乡社会保障制度的二元结构，财政资金投入城乡社会保障的金额存在较大的反差，养老保障投入的反差更大。2005 年，财政资金用于城镇养老保障的直接投入为 1898.88 亿元，比 2004 年增加 224.5 亿元，增幅达到 13.4%。而同期财政对农村养老保障的投入几乎可以忽略不计，其中中央财政对农村养老保障完全没有投入（见表 5-21）。

表 5-21　　城乡主要社会保障项目的财政投入　　单位：亿元

年份	城镇社会保障支出						农村社会保障支出		
	行政事业单位医疗	城市低保	行政事业单位离退休	社会保险基金补助	充实全国社保基金	小计	新农合	补贴农村救济费	小计
1998	176.75	8.86	274.36	21.55	—	481.52	—	58.9	
1999	191.27	17.95	393.93	169.66	—	772.81	—	42.1	
2000	215.36	26.48	478.57	313.86	300.00	1334.27	—	40.0	

续表

年份	城镇社会保障支出						农村社会保障支出		
	行政事业单位医疗	城市低保	行政事业单位离退休	社会保险基金补助	充实全国社保基金	小计	新农合	补贴农村救济费	小计
2001	241.28	45.74	624.72	367.94	309.78	1589.46	—	47.68	
2002	257.75	101.63	788.84	570.03	457.19	2175.44	—	44.38	
2003	286.43	160.63	894.97	619.00	76.59	2037.62	3.93	79.80	
2004	324.20	178.83	1028.12	646.25	152.81	2330.21	2.96	85.87	
2005	370.02	198.21	1164.83	734.05	182.65	2649.76	5.42	125.38	130.8
总计						13371.09	12.31	524.51	536.82

数据来源：财政部社会保障司："1998—2005年财政用于社会保障支出情况表"，2006年；国家统计局：《中国统计年鉴2006》，中国统计出版社2006年版。

二、农村社会养老保险制度存在的主要问题

（一）现行制度定位不清，方向不明

现行农村社会养老保险制度缺乏足够的"社会性"。其一，制度设计在筹资机制上过于强调个人自助性，政府责任缺位，集体补助难以落实，社会性和福利性相对缺乏；其二，农民参保与否主要取决于个人意愿，缺乏而且也不大可能具备强制性；其三，制度模式主要采取个人账户制，缺乏在保障计划参保人之间的共济性，社会保险有演变成个人养老储蓄之嫌。

由于制度定位不清，现行农村社会养老保险的发展方向也不明朗。其未来走向是农民基本保险，还是补充保险，目前并不清楚。如最终走向是基本保险，由于在筹资上基本为个人缴费、政府补贴，个人缴费是保险基金的主要来源，结果必然是最需要养老保障的贫困农民恰恰因为没有缴费能力而被制度排除在外，目标与实际走向似乎南辕北辙。如最终发展成为补充保险，那么农民的基本养老保障又是什么？这些问题都需要理论界和政府部门给予回答。

（二）对农民缺乏足够的吸引力

1. 保障待遇过低

2006年，农民月平均养老金全国平均只有58元，远低于城镇，对城镇化过程中的农民基本没有吸引力。2007年，北京市顺义区领取养老金的有9778名农民，共支付养老金95.67万元，人均月领取养老金67.8元，很多人月领取额在10元以下，领取1000元以上的寥寥无几。如此低的待遇，难以调动农民参保积极性。随着城市化进程加快，城乡结合部大多数农民对农保持观望态度，盼望转为城市居民后直接参加城镇社会养老保险，这也是农民参保率低的因素。

2. 政府补贴额度有限

北京市是农保补贴力度相对较大的地区，朝阳区的补贴标准甚至高达农民缴费的30%。据有关调查，市、区县两级财政每年给每个参保农民的补贴为50—70元。如密云县，参加养老保险的1206人，政府补贴金额为127980元，人均财政补贴额为106.12元，这部分人自己还需交纳的保险费总额为3896727元，政府补贴只占到总额的3.284%。由于政府补贴和集体补助较少，农民加入养老保险制度，老年后所领取的养老金与自己所缴纳的养老保险费相差无几，农民会觉得参保还不如自己把钱存在银行，更不如买基金，没有了参加养老保险的积极性。

3. 集体补助难以落实

农村养老保险制度设计之初，农村乡镇集体经济还有一定基础，不少地方能够承担一定的缴费补助。但时至今日，以原乡镇企业为主体的农村集体经济几乎不复存在，因而，集体补贴在绝大多数地区难以得到落实。中西部地区更是如此。目前中西部农村多数村组集体积累实际已是“空壳”，集体补助成为空话，而各级财政又没有任何补助，因此，农村社会养老保险实质上演变成了农民的个人储蓄，农民基本没有参保的积极性。

（三）保值增值和收支平衡困难

农保基金无保值增值渠道，收支缺口大，县级自求平衡困难。农村社会养老保险基金按规定以县级为单位统一管理，自求平衡。由于政策规定基金只能用于购买国债或存入国有商业银行，在制度建立之初，因银行存款利率较高，基金依靠购买国债和存入银行或非银行金融机构获取的利息基本能够保值增值，实现基金的收支平衡和制度的正常运行。但随着宏观经济形势的变化，国家多次下调存款利率，实际利率明显低于给付利率，出现利率倒挂现象，结果是保险费征收得越多，基金收支缺口就越大。随着银行利率不断下调，再加上通货膨胀等因素的影响，原先的精算条件完全丧失，农保基金的缺口越来越大，县级财政根本无力解决。最终，有些地方只好通过降低个人账户计发系数来降低基金支付风险。这样一来，又违背了当初对已参保农民的承诺，影响了制度和政府的信用，导致农民缺乏参保的积极性。

运行机制也不健全。养老金的筹集、运营及发放等均缺乏规范管理和监督，资金安全存在隐患，个别省份存在的挪用巨额农保基金的情况为基金安全和监管敲响了警钟。

（四）缺乏社会共济，存在逆向收入再分配问题

由于自愿参保和实行个人账户积累积累制，加上个人缴费是筹资主渠道，现行农村社会养老保险制度一方面缺乏社会共济，另一方面还存在“保富不保贫”的逆向收入再分配问题。自愿参保一方面在客观上鼓励了那些具备参保条件的农户参加社会养老保险（虽然政府给予一定保费补贴来吸引农民参保，但相对于数额不菲的应缴保费而言，很多困难农民因无力缴费，只好选择不参保）。另一方面，政府补贴投向了较富裕的有缴费能力的富裕人群，最需要养老保障的贫困农民恰恰无力参保，实际上出现了政府公共财政补贴富人的情

况，存在逆向收入再分配问题，这与推行农保的初衷是相悖的。

（五）工作进展缓慢，覆盖面低

江苏省是农村养老保险开展较早的地区，基金规模、参保人数都居全国之首。截至2005年，江苏全省参保人数也只达到农村人口的22.97%，占全省农村劳动力人口的31.9%。农业人口大省四川参保率更低。目前，全省的覆盖面仅为5%。自农保工作清理整顿以来，工作重点相应转移到规范农保基础工作上，几乎没有多少新增参保人员。北京市朝阳区是政府补贴农保力度较大的地区。截至2006年年底，朝阳区参加新老农保的总人数为3.15万人，只占应参保人口总数的34%。已享受农保养老金的人数为2822人，占参保人数的8.9%，占劳动年龄以上老年人口的比例只有5%左右。即使把参加城市养老保障的人数也计算在内，农村劳动力中有社会保障的也只有3.56万人，占应参保人数的39%。总体上，被城乡社会养老保险制度覆盖的农民数量还十分有限。

三、构建我国农村新型养老保障制度的框架与发展战略

（一）从统筹城乡的高度进行农村养老保障制度设计

1. 农村基本养老保障模式选择

（1）必要性——家庭保障还是社会保障？由于城乡二元社会经济格局，长期以来，中国农民主要靠家庭养老和土地保障。但近年来，随着农村家庭结构的变化和农业比较效益的减小，使得农民的土地保障和家庭保障难以承载日益老龄化的农村社会的养老重担。

农村家庭保障的弱化，客观上呼唤社会养老保障的到来，即逐步通过社会养老保障替代弱化后的部分家庭保障功能。但我国还是一个发展中的人口大国，城市化水平相对滞后，农民数量庞大，国家财力也还不是十分充裕，且地区发展不平衡，

经济越不发达的地区农民老年贫困越突出，越需要养老保障，而这些地方又恰恰是地方财力薄弱的地区。因此，现阶段社会养老保障还难以完全替代家庭保障，家庭保障和社会养老保障相结合、根据社会经济状况逐步建立农村社会养老保障制度符合我国基本国情。

（2）基本养老保障模式选择——缴费型还是非缴费型？从国际经验看，农村基本养老保障既可以选择缴费型的保险模式，也可以选择非缴费型的福利模式，两者各有优劣。缴费型制度虽然能够较好地解决权利与义务对等的问题，有利于减轻政府财政的刚性负担，但通常要求参保者有较稳定的收入，比较适合城镇有稳定工薪收入的正规就业人员，难以解决非正规就业群体（如农民）的保障问题，同时，采取缴费制还会导致最需要养老保障的贫困和弱势群体难以得到保障，使公共财政补贴于有能力参保的相对强势群体，加剧社会分配不公。鉴于农民的自雇就业性质（非正规就业）和农民缴费能力弱、缴费能力相差悬殊的情况，我们倾向于面向农民的基本养老保障采取非缴费制。

非缴费制虽然能很好地解决公平性问题，确保人人享有养老保障，且适应农民的就业性质和收入状况，但由于非缴费制无需个人缴费即能享受，易诱发福利依赖，公共财政负担也相对较重。因此，何时建立非缴费的农民养老保障制度以及保障水平高低必须与社会经济发展和财政承受能力相适应。即一方面，保障标准不能过高，另一方面，不能强求各地齐头并进，经济发展快的地区和有能力的地区先行，其他地区逐步推进。否则，由于福利的刚性特征，欠发达的中西部地区公共财政将难以承受。

（3）农村社会养老保险的再定位能否作为农村基本养老保障制度？现行的新老农村社会养老保险虽然在制度设计之初定性为社会保险，但实质上除政府组织经办在一定程度上体现了社会性外，自愿参保、筹资主要来源于农民个人缴费、实行纯个人账户制（无制度内社会共济）等制度元素均与社会保险所要求的社会性相悖。而且，个人缴费、自愿参保客观上必然使制度存在保富不保贫的问题，也就使得此项制度难以真正承担起农村基本社会养老保障的使命。因此，我们认为，现行农村社会养老保险在功能定位上不具备基本养老保障的属性，应介于社会保险与补充保险之间，更接近于农民补充性养老保险（即更接近于城镇单位实施的企业年金或职业年金制度）。

2. 从统筹城乡养老保障的高度把握好农村养老保障框架设计

当前，我国已进入统筹城乡发展的新阶段，长期存在的城乡二元格局必将逐步突破。在社会保障领域，一方面需要彻底改革长期存在的城镇居民高保障、农民无保障的情况；另一方面，近年来城乡居民的收入差距持续扩大也急需通过社会保障发挥收入再分配职能，弥合收入差距，调和城乡矛盾。

城乡衔接的养老保障制度设计，一方面离不开现行的改革实践和制度基础，另一方面必须迎合养老保障制度发展的国际趋势——即坚持多支柱的制度设计。即除基本养老金外，城乡居民还必须有相应的其他养老金作为补充。据此，我国城乡居民养老保障制度体系构架如表 5－22 所示。即在城镇，实行基本养老保障、强制性养老保险、补充养老保险（企业年金）、个人储蓄性养老保障四支柱的养老保障体系。在农村，实行农民养老补贴（非缴费性，普惠制）、农村养老保险（自愿参加，政府补贴）、个人储蓄性养老保障、家庭保障相结合的养老保障体系。具体设计为：

零支柱：基本养老保障逐步实现城乡统一。目前，在城镇体现为统账结合的社会统筹部分，即基础养老金；在农村，为农民建立农民养老补贴；城镇无就业人群参照农民养老补贴建立城镇居民养老补贴；已享受城镇养老保险的不享受城乡养老补贴。

表 5－22　　我国城乡居民老年保障制度体系设计

保障属性	支柱	养老金属性	城镇	农村	未来发展
基本养老保障	零支柱	基础养老金	基本养老保险社会统筹（强制参保）、无保障居民养老补贴	非缴费性农民养老补贴制度	整合为国民养老金，筹资来源于向单位征收的社会保障税或一般税收
强制性养老保险	第一支柱	个人账户养老金	强制参保，个人缴费	新型农村社会养老保险制度（农民自愿参加，政府补贴并组织经办）	—
补充养老保险	第二支柱	企业年金	单位与个人自愿参加，企业经办		—
个人储蓄性养老保障	第三支柱	商业养老保险，个人储蓄，互助保险等			

第一支柱：城镇养老保障制度包含第一支柱，即强制性的个人账户积累制养老保险。农村居民不建立强制养老保险。

第二支柱：自愿性补充养老保险。在城镇，表现为企业年金或职业年金。在农村，则为农村社会养老保险。与城镇不同的是，政府要为农村养老保险承担财政责任，承担城镇雇主相应的责任，并承担保险经办责任。因此，农村养老保险带有一定的社会性，即带有一定的第一支柱的成分。

第三支柱：个人养老储蓄或商业保险（见表 5－22）。

3. 农村养老保障制度设计

农村养老保障体系主要包括农民养老补贴和农村社会养老保险。

（1）农民养老补贴

①资金来源。政府一般税收。

②覆盖范围。65 岁以上的所有老年农民，参加城镇职工养老保险并享受待遇的除外。

③待遇水平。月养老补贴水平为上年度农民人均纯收入的20%—30%，经济发达地区可选择区间高限，经济欠发达地区可选择低限，但不应低于当地农村低保水平；养老补贴金额人人相等。

④享受条件。不设置经济状况调查，所有符合年龄条件的本地农民均可享受。

⑤管理机构。各级劳动保障部门、农业部门。

（2）农村社会养老保险

①制度属性。农村社会养老保险制度由政府组织引导，农民自愿参加，实行个人或单位缴费、政府补贴的筹资机制，为缴费确定型为主导的养老保险制度。

②制度模式。农村社会养老保险建立个人账户为主的制度模式，为每个农民建立农民个人缴费账户和政府补贴账户。每个公民，包括农民，一经出生，无论以后流动或迁移到哪里，均享有一个终身不变的社会保障号码（同身份证号），用于记录个人社会保障缴费和关系。单位或集体缴费的一部分和全部以及农民个人缴费计入个人账户，对个人账户实行政府补贴，政府补贴进入个人政府补贴账户。个人账户实行缴费确定型的支付办法，即按个人账户和政府补贴账户储备积累的总额确定保障基金发放标准，体现效率原则，以充分调动农民参保的积极性。

③筹资机制。由三部分组成，即农民自己交一部分，（有条件的）集体（或乡镇企业等单位）补助一部分，政府补贴一部分。其一，以个人缴纳为主，原则上个人缴费比例应该占到缴费总额的50%以上。其二，以集体补助为辅，有条件的地区原则上集体应给予补助，补助比例控制在缴费总额的10%—30%，但也不能低于5%。各地可根据自身的经济实力确定集体补助的上限。其三，政府给予支持补贴，包括政策引导、鼓励农民投保和给予激励上，对个人账户缴费实行补贴，政府补贴占缴费总额的10%—30%，最终都应达到30%左右。

④缴费水平和方式。缴费标准：设立低、中、高多个档次，由参保人根据不同的经济条件、收入水平、健康状况进行自主选择，并可在申请批准后调整缴纳档次。最低缴费标准按最低享受（支付）标准倒推，再加上政府和集体的补助后，应能保证基本的养老需要，可按人均纯收入的一定比例作出原则性的规定。

缴费方式：积极引导农民按月度或按年度定期缴费。同时，要根据农民收入的不稳定性和周期性，允许采取灵活多样的缴费方式和期限；在遇到自然灾害和疾病等困难无法按时缴纳时，经批准可暂停缴费；继续缴费的，缴费年限可合并计算。

⑤基金管理和运营。基金以县（市、区）为单位独立运作，由社保经办机构集中统一管理，专款专用；有条件的地区，逐步提高统筹层次。为参保农民建立个人账户，将个人自己缴费和部分集体补助以及历年利息积累全部计入个人账户，不得从基金中提取管理费用。积极探索养老保险基金的保值增值途径，按国家有关基金运营的法律法规规定对基金进行市场化运作，力争保值增值。基金运营由省级社保经办机构负责。

⑥待遇享受。原则上年满 60 周岁时开始享受；享受标准：根据个人账户积累额，按当地农村居民 60 岁时的平均余命作为个人账户计发系数，按月发放；个人账户余额不敷使用的，由财政兜底。

⑦实施步骤。“十一五”时期，东部各省、市、自治区要全面推进农村养老保险，中西部地区要选择部分县（市、区）开展农村社会养老保险工作试点。要总结经验，以点带面，积极稳妥地推进农村社会养老保险事业的发展，争取在 2020 年基本建立起与我国全面建设小康社会相适应的农村社会养老保险制度。

（二）农村养老保障制度发展的相关战略问题

1. 农村社会养老保险制度的再发展

（1）农村社会养老保险仍应继续发展。农村社会养老保障实行普遍性的养老补贴制度后，现行农村社会养老保险（新老农保）并不是变得无足轻重，恰恰相反，还要继续大力发展。这是农民养老补贴的保障性质和农民的保障需求、缴费供给能力决定的。

首先，农民养老补贴的非缴费特征，决定其只能配合家庭保障解决老年农民最基本的生存问题，保障标准不可能太高，客观上需要农村社会养老保险来补充。

其次，随着社会经济的发展和工业化、城市化的进行，农民数量会持续降低，农民的整体生活水平会不断提高，富裕之后的农民老年保障需求会逐步提高，必然要求有农村社会养老保险制度进一步保障其晚年生活。此外，个人账户制的农民养老保险还可护送城镇化的农民进入统账结合的城镇养老保险制度，便于城乡衔接。

再次，由于农民人均收入的不断提高，相当多的农民具备了参保缴费能力，为农村养老保险制度的发展创造了条件。

最后，从国际经验看，实行国民年金的国家，往往都建立了强制性的或自愿性的农民养老保险制度，以提高农民的保障水平，保证老年农民的基本生活。

（2）老农保如何处理或过渡。20 世纪 90 年代实施的老农保制度存在明显缺陷，在多数地区都难以持续运行下去了。目前，实施新农保已成为有关方面的共识。但实施新农保后，老农保该如何处理？

面临的选择有三：一是新老农保同时运行，老人老办法，新人新办法；二是老农保清盘，新农保推出；三是在推行新农保的同时，老农保向新农保过渡。

第一种选择暂时回避了老农保存在的问题，但老农保到底存在多大的资金缺口，现有的基金能否持续运行下去，能持续多久等问题劳动保障部门终归绕不过去，需要摸清底数，寻找对策。第二种选择最为干脆利落，可以保证新农保不带任何负资产轻装上阵，但农民能否接受清盘、清盘会带来多大震荡、清盘对政府信用的损失有多大等问题也需要评估和研究。第三种选择带来的矛盾可能要少于前两种，但关键是要找到农民能接受、政府可承受的过渡办法，为此，需要进一步研究各地的经验和做法，设计合理的过渡办法。为了确保制度平稳运行，笔者倾向于第三种选择。

2. 农村养老保障的目标

按照全面建设小康社会和我国社会保障体系建设的目标，并结合我国东部、中部、西部农村经济发展差距悬殊的情况，农村养老保障的具体目标是：

（1）近期目标。用3年时间，在东部地区基本建立农村养老补贴制度，在全国积极开展农村社会养老保险制度。到2010年，北京、上海、天津等东部直辖市农民养老补贴制度基本全覆盖，东部其他地区经济发达的市县和中西部部分经济发达地区探索试行农民养老补贴制度；针对农村村干部、计生户、务工人员等重点群体的社会养老保险工作全面起步，农村社会养老保险覆盖面东部地区不低于40%，中西部地区达到10%左右。

（2）中期目标。用7—8年左右的时间，在东部地区全面建立农民养老补贴制度，中西部地区积极试行这项制度，50%左右的农民享受养老补贴；农村社会养老保险制度逐步向普通农民覆盖，到2015年，东部地区覆盖面不低于80%，中西部地区达到50%左右。

（3）长期目标。用10—15年乃至更长的时间，逐步建立适应我国经济发展状况和农民保障需要的、城乡统筹的基本社会保障制度，在全国基本建立农民养老补贴、农村社会养老保险为主体的养老保障制度。在此基础上，整合城乡基本养老保障，建立国民养老金制度。

3. 农村养老保障筹资机制

社会保障属于公共服务职能，世界各国政府无一不对社会保障承担着一定的财政责任。我国目前社会保障水平还不高，城镇社会保障制度还在不断改革完善，农村社会保障制度基本还未起步，需要不断推进城乡社会保障制度建设，提高社会保障总体支出水平，特别是要加大对农村社会保障，包括农村养老保障的投入。

众所周知，农村养老保障与城镇社会保障同属于公共服务范畴。其中，农民养老补贴属于纯公共品，应全部由政府买单；农村社会养老保险属于准公共品，财政也应承担相应的责任，包括对参保者给予一定补助（建议为缴费的1/3），支付经办管理成本等。

鉴于我国地区经济发展极不平衡，东部地区经济发展水平高，财政支撑能力强，有能力独立承担农民养老补贴费用。中西部地区经济发展相对滞后，财力较弱，地方财力难以独立承担养老补贴费用，需要中央财政转移支付。对中西部地区，建议中央财政负担30%—50%，其中中部地区为30%，西部地区为50%。

近年来，随着经济发展，我国财政收入持续大幅增长，财政年增收入5000亿元以上。因此，应抓住现阶段我国财政收入高速增长的有利时机，从战略的高度重视和加大财政对社会保障的投入，尤其是加大对农村社会保障的投入，以缩小贫富差距、城乡差距、东中西部差距，增进全民福利，实现社会和谐稳定。

四、推进农村养老保障制度建设的政策建议

（一）统筹解决城镇化、“三农”问题和农村养老保障制度建设

农村养老保障制度建设与城镇化、“三农”问题相辅相成。农村养老保障制度建设有赖于城镇化和“三农”问题的解决，反过来，这项制度建立了，又会进一步促进“三农”问题的解决，也有利于城镇化。因此，有必要借鉴一些国家将

农村养老保障政策与城镇化政策、农业政策联动起来的有益经验。

第一，从我国目前的情况看，要加速城镇化进程，清除农民进城的一切体制和政策障碍。应致力于解决户籍制度对农民城市化的障碍，同时从长远看，还要切实调控和治理房地产市场，建立住房保障制度，让农村迁移人口在城市住有其所，进得来、留得住。

第二，要改革农地制度，推进农业产业化和现代化。为此，不妨在成都等一些地区试点的基础上，进一步探索推广土地承包经营权换农村养老保险的做法，或进行农民土地股份化的探索，还可以允许各地大胆进行其他方面的制度创新，以寻找适合本地特点的土地集中经营模式。

第三，要实现城镇化、农地制度、社保制度的互动。允许农民以原籍农村土地承包经营权和宅基地使用权置换城镇养老保障，使在城镇稳定就业的务工经商农民实现城镇化，同时，将农民放弃承包经营权的土地集中起来发展现代农业，在解决“三农”问题上走出新路子。

（二）明确思路，尽早决策，建立健全农村养老保障体系

第一，要从建设和谐社会和实现小康目标的高度，充分认识建立农村社会保障制度，特别是养老保障制度的重要性和紧迫性，并把这项工作纳入各级党委、政府的重要议事日程，抓紧安排和部署，尽早就农村养老保障制度建设进行决策。

第二，要在总结各地农村社会保障制度建设实践的基础上，进行系统研究，勾画我国农村养老保障体系蓝图。

第三，结合新农村建设和统筹城乡发展，拟订我国农村社会保障制度建设中长期规划，明确目标、思路、制度构架和推进步骤。

第四，按轻重缓急和各地社会经济条件，逐步推进农民养老补贴制度、农村社会养老保险等有关制度。

第五，抓紧建立农民工养老保险制度，促进农民工养老保险制度与城镇养老保险、农村养老保障体系的衔接，保障农民工合法权益。

（三）积极创造条件，逐步建立农民养老补贴制度

建立农民养老补贴制度是探索适合我国国情和农民就业状况的养老保障制度的重要创新，是保证农民平等享有宪法规定的社会保障权的必要措施。建立农民养老补贴制度要量力而行，逐步推进。经济条件好的东部地区要抓紧建立，使社会养老保障惠及每一个农民。国家要抓紧研究中西部地区建立农民养老补贴制度的可行性，中央财政要对积极建立农民养老补贴制度的中西部地区给予转移支付，通过建立财政分级共担机制，使这项制度逐步推进。农民养老补贴制度的保障水平要适应本地区社会经济发展，在综合考虑财政能力、农民收入和消费水平的基础上合理确定，力求做到低水平起步，逐步提高，以保证这项制度的财务可持续性。农民养老补贴制度在建立之初，允许各地根据本地情况制度设计；到 2020 年，要在全国基本建立统一的农民养老补贴制度，使每一个老年农民都能享受一定水平的老年补贴待遇。

（四）大力推进农村社会养老保险

农民养老补贴制度不可能完全解决农民老年后的基本生活问题，农村社会养老保险制度建设同样刻不容缓。首先，要针对农村人口老龄化和农村老年人口贫困风险日益加大的情况，在原老农保制度建设的基础上加紧改革和完善农村社会养老保险制度。要在总结前段农村社会养老保险制度建设经验的基础上，进一步完善制度模式，实行政府补贴的农民个人账户模式。要扩大筹资规模，明确政府对农村社会养老保险的财政补贴责任，实行农民个人自愿缴费为主、各级政府给予补贴并进行增值承诺（如不低于 5%—8% 的实际利率水平）的筹资机

制。要努力实现农村社会养老保险基金保值增值的途径，增强基金的保障能力。要进一步加强基金管理，确保基金安全。“十一”五期间，要在东部地区和有条件的中西部地区积极进行农村社会养老保险制度改革试点，将村干部、乡镇企业职工或有务工收入的农民作为优先目标人群纳入养老保险，取得经验后再逐步推进；中心城市郊区或经济发达地区要积极探索城乡一体化的社会养老保险制度，实现城镇职工与农民养老保险制度的接轨和衔接。到 2020 年，要初步建立较为完善的农村社会养老保险体系，使这项制度覆盖尽可能多的农村居民。

（五）加大财政支持农村养老保障建设的投入力度，特别要加大中央财政对中西部地区的扶持

要调整和完善公共财政体制，明确中央和地方在社会保障领域的分工和财政责任。要建立社会保障预算，逐步加大各级财政对社会保障的支持力度。“十一五”期间，确保社会保障支出占财政支出的比例逐步提高。要拿出专门款项用于支持农村社会养老保险制度建设，实现公共财政面向城乡全体公民而不是仅仅面向城镇居民的职能回归。中央财政要大力支持西部地区农村社会保障制度建设，通过财政转移支付承担西部农村农民养老补贴制度的补助责任；建立农村社会养老保险专项基金或支农基金，用于补助中西部地区农村养老保险制度建设。目前，对正在试行农村社会养老保险的西部地区，中央财政要给予利率补贴。通过财政补助，促进西部地区农村社会保障体系的建立与逐步完善，最终实现全面建设小康社会的奋斗目标。

第六章

乡村治理与农村和谐社会建设

第一节

乡村治理及其机制问题①

一、乡村治理和乡村治理机制

乡村治理是一个多角度多层次的概念，乡村治理是通过一套包括正式或非正式的、内部的或外部的制度或机制来协调各乡村治理主体在各自权力、职责范围基础上的行为模式以及相互之间的关系。各乡村治理主体主要包括党的农村基层组织、

① 本节内容选自农业部软科学课题“完善乡村治理机制问题研究”（课题编号：200633），课题主持人：赵春学。

村民自治组织、村级权力机构以及村级自治组织等。相互之间关系是指由制度规定的各乡村治理主体之间的关系，包括村级党组织与村民委员会之间、村民会议或村民代表会议与村民委员会之间以及村民委员会与村级非正式组织之间的相互关系。行为模式体现为各治理主体在乡村治理过程中担当的角色和发挥的作用。

乡村治埋机制是由多个变量组成的总体系统。我们可以将乡村治理机制分为内部治理机制和外部治理机制两大类。内部治理机制包括：民主选举机制、民主决策机制、民主管理机制、民主监督机制；外部治理机制包括：激励机制、利益调节机制、约束机制、法律保障机制。机制的选择直接决定整个系统的功能。科学的机制是顺利实现乡村治理目标的前提。乡村治理的内部机制是治理的基础和核心，外部机制则是保障和条件。只有两种机制协调配合才能有效发挥机制的集成作用，推动乡村治理结构的不断完善。

要取得乡村治理的既定绩效，关键在于整合乡村治理的内部和外部机制，使他们协同发挥作用。由于这些机制是相互影响、相互依存的，因此一种机制发挥作用的程度必然会影响其他机制作用的发挥，这就要求我们充分认识“木桶原理”，避免“短板限制”。在完善乡村治理机制过程中，民主选举机制、民主决策机制、民主管理机制、民主监督机制、激励机制、约束机制、利益调节机制、法律保障机制就好比木桶的木板，乡村治理的绩效好比木桶的容量，而木桶的容量——乡村治理的绩效，取决于木桶中最短的木板——民主选举机制、民主决策机制、民主管理机制、民主监督机制、激励机制、利益调节机制、法律保障机制等作用。即只有各机制作用一致，乡村治理的绩效才能取得最大，从而避免“短板限制”。

二、乡村治理机制现状

改革开放以来，中国乡村治理成效显著，乡村治理的实践有力地推动了基层民主政治发展。尽管如此，乡村治理依然存在不少问题，其实际绩效与制度要求之间存在较大差距。为了深入认识乡村治理机制的现状与问题，了解农民对乡村治理和改革的评价与诉求，为下一步乡村治理机制的完善研究提供基础数据，课题组设计了乡村治理机制的问卷调查，调查结果如下：

（一）乡村干部和有钱人、能人是目前农村最重要的治理力量

和计划经济时期相比，市场化改革以后，有钱人和能人在农村的地位明显提高，这是乡村治理机制中的一个重要特征。村干部是不可替代的治理力量，在农民利益受到损失的时候，村干部是最主要的投诉对象。

（二）农村基层的民主选举、民主决策和民主管理受到群众拥护

有64.22%的农民参加了村干部的选举；68.37%的农民认为乡镇干部没有“劝票”；71.56%的投票体现了投票者意愿；“两委”决定是村民主决策的主流形式；78.34%的农民认为村干部的工作方法基本上是民主的。但与此同时，农民对村民自治的评价不高。

（三）民主选举、民主决策、民主管理及民主监督等机制还有待健全

在村的重大问题决策时，农民的参与程度还有待提高；干部与农民缺乏交流，农民对村干部过失的监督机制不健全，更没有对村干部错误的纠正机制。

（四）从农民组织的调查上看，农民协会作为农村的新事物，发展趋势尚不明朗

目前，我国的农民组织还处于初始发育时期，除村党支部

和村委会外，扶贫协会、村经济联合会、家族组织、农民专业合作社、专业协会、互助会、土地股份合作社、社区合作社等农民组织还比较少。农民组织有提供信息等多方面功能，多数会员对农民组织满意。

（五）农村基础建设步伐较快

“十五”期间，我国农村进行了大规模的公共建设。公共建设是乡村治理的物质基础，组织公共建设也是乡村治理的重要内容。调查表明，近5年我国农村普遍进行了大规模的公共建设，包括基础设施建设、公共服务设施和农业基本建设三大领域。其中，主要是基础设施和公共服务设施建设。

（六）对改革方案的评价和期望

农民并不十分关心“乡镇政府县派”改革，近半数农民赞成撤销乡镇政府；“乡镇分治”没有实质意义；多数赞成乡镇政府改革，减少政府部门和干部；73.97%的农民赞成乡镇领导实行竞争性选举；农民不赞成乡党委书记兼任乡镇长；农民认为乡镇改革要因地制宜，不要一刀切，乡镇改革要根据当地的社会经济情况进行。

三、税费改革后乡村治理机制面临的新机遇和挑战

税费改革之前，农村税费关系的混乱已经危及政权基础，影响社会稳定和经济发展。改善党群、干群关系，必须进行制度创新，调整赋税体制。2003年国务院决定，在进一步总结经验、完善政策的基础上，全面推进农村税费改革试点工作。取消农业“三税”实质上拆除了收费的平台，为乡村治理机制的完善提供了新的机遇。

（一）农村税费改革为改善乡村治理机制提供了新的机遇

1. 农村税费改革为村民积极参与乡村治理创造了一定的

条件

税改前，农民由于负担过重，种田不赚钱，许多农民抛弃承包耕地而离家外出，因此，村中的公共事务很少有人过问。税改后，农民只负担“两税”及其附加，且税票由乡镇财政直接下达到农户，堵住了乡村干部搭车收费和层层加码的口子，因此，农民负担明显减轻，农民种田积极性显著提高。种田积极性提高的村民为改善农业生产条件，必然关心村中的公共利益，为改善乡村治理出谋划策。

2. 农村税费改革，缓解了干群矛盾，改善了党群关系，为乡村治理机制的改善提供了一个稳定的社会环境

税改前，收取税费要花费乡村干部大量的时间和精力，并容易导致干群矛盾，从而影响乡村治理。改革后，农民负担明显减轻，且只有两税及附加，项目和标准都一目了然，征收相对而言要容易得多，乡村干部就有了更多的时间和精力来谋求乡村的发展，有利于乡村治理的完善。

3. 与农村税费改革相配套的改革举措，为改善乡村治理机制创造了良好的外部环境

如管理区的撤销，减少了乡村的管理层次；乡镇和村组规模的扩大，增加了农民选举乡村干部的范围；乡村干部的精简，可减少干部间的相互推诿；涉及农民负担的各种达标升级活动的取消，有利于乡村两级集中自己的财力物力为农民提供所需要的公共物品。

4. 农村税费改革使乡村干部从集资办学和筹款发教师工资的工作中摆脱出来，为乡村治理机制的完善提供了一定的条件

农村税费改革后，中小学布局的合理调整、中小学的投入由以乡镇为主改为以县级为主，在一定程度上保障了农村义务教育经费的正常需要。同时，也能使乡村干部从集资办学和筹款发放教师工资的工作中摆脱出来，使他们有更多的精力用于发展农村公共服务上，用于建立健全乡村治理机制上。

（二）农村税费改革后完善乡村治理机制面临的挑战

1. 农村公共产品供给缺位

取消农业税拆除了收费的平台，农村公共产品的供给成了问题，因为断绝了提供公共产品的资金来源。考虑到这一问题，中央加了财政转移支付力度，2001—2005 年转移支付分别是 80 亿元、245 亿元、305 亿元、510 亿元、732 亿元。此外，2004 年至 2007 年中央财政投入 100 亿元，启动西部地区“两基”（基本普及九年义务教育、基本扫除青壮年文盲）攻坚计划；中央财政投入 60 亿元，继续实施第二期农村中小学危房改造。但是整个的财政缺口仍然很大，乡村两级的财力受到不同程度的影响。另外，“一事一议”制度所能够提供的农村公共产品量是非常有限的，较大基础设施和农村公益事业不可能在“一事一议”下完成。取消农业税后农村公共产品的供给的问题已经尖锐地摆在人们面前，严重影响乡村治理机制的完善。

2. 乡村债务问题突出

取消农业税和农业特产税之前，乡村负债累累已是一个普遍现象。根据农业部调查，到 1998 年年底，全国乡级净负债是 1776 亿元，乡均负债 408 万元；村级净负债是 4183 亿元，村均负债 21 万元，全国农民人均负债是 374 元。对于乡镇债务的化解，原来相当一部分准备采取乡镇统筹、教育集资、“两工”折资等办法筹集资金逐步进行；村级债务主要准备通过在“三提”中挤出部分和集资部分加以逐步化解。但农村税费改革“三取消”的政策，虽然杜绝了“三乱”，同时也断了乡村化解债务的渠道，特别是村一级更是断了还债来源。乡村债务问题如果不妥善解决，将对整个农村经济社会的长远发展产生极为不利的影响。

3. 村委会可用资金明显减少，村级财政运转困难

农村税费改革后，取消了固定收取公积金和共同生产费的

做法，村内集体生产公益事业按“一事一议”的方式筹资，农民生产费用“谁受益、谁负担”，彻底堵住了变相向农民摊派费用的口子。村“三提”中的公益金和管理费来源于两附加和转移支付，其中两附加不到税改前村“三提”的一半，转移支付更少。而且由于乡镇在返还附加和村级转移支付时往往先扣除各村应上缴的农业两税（正税）的亏空，村级应得的附加和转移支付很难足额到位。因此，村干部的工资常常不能兑现，从而对乡村治理产生了负面影响。

4. 人员的分流成本无法支付，影响乡村治理机制的配套改革

农村税费改革要切实做到三个“确保”，关键是搞好县乡村三级干部的分流，减轻财政负担。任何改革都必须支付成本，人员分流也需要大量的安置费。国务院1998年机构改革，削减16000名公务员，财政为安置削减（分流）人员动用了50多亿元资金，平均每人补贴31.25万元。目前全国县乡村三级管理组织正式或非正式聘用的人员近6000万人，即使精简30%，也要分流1800万人，每人按2万元安置费计算，也要3600亿元。在全国农村无力支付的巨额债务和改革后县乡村可用财力普遍短缺的情况下，县乡村是无法支付这笔资金的。

5. 基层干部存在难选、难留的问题

税费改革之后，村干部每年只能拿到部分工资，严重挫伤了村干部的积极性。干部认为无前途，所以在一些贫困村很多人不愿意当村干部和村支书。

四、新农村建设对完善乡村治理机制的新要求

（一）不断增强农村基层党组织的战斗力、凝聚力和创造力

要充分发挥农村基层党组织的领导核心作用，为建设社会主义新农村提供坚强的政治和组织保障。要以建设社会主义新农村为主题，在全国农村深入开展保持共产党员先进性教育活

动，引导广大农村党员学习贯彻党章，坚定理想信念，坚持党的宗旨。要结合农村实际，有针对性地开展正面教育，解决党组织和党员队伍中存在的突出问题，解决影响改革发展稳定的主要问题，解决群众最关心的重点问题，务求取得实效。加强农村基层组织的阵地建设，继续搞好农村党员干部现代远程教育，加大政策理论、法律法规和实用技术培训力度，引导农村基层干部发扬求真务实、踏实苦干的工作作风，广泛联系群众，增强带领群众增收致富的能力。关心和爱护农村基层干部，继续开展农村党的建设“三级联创”活动，加强基层党风廉政建设，巩固党在农村的执政基础。充分发挥农村共青团和妇联组织的作用。

（二）健全村民自治机制，充分发挥民主治理功能，切实维护农民民主权力

健全村党组织领导的充满活力的村民自治机制，进一步完善村务公开和民主议事制度，让农民群众真正享有知情权、参与权、管理权、监督权。民主选举要选出一个群众拥护和信赖的村委会领导班子。健全民主决策机制，关键是要增强村民会议的权威。健全民主管理机制，关键是要有一部上合国法、下合民意，既规范干部又约束群众的自治章程。健全民主监督机制，实行村务公开和民主评议制度，是民主监督的主要形式。

（三）培育农村新型社会化服务组织，切实保护农民的利益

在继续增强农村集体组织经济实力和服务功能、发挥国家基层经济技术服务部门作用的同时，要鼓励、引导和支持农村发展各种新型的社会化服务组织。农民的经济利益是乡村民主的内在基础和动力。乡村民主政治建设的一个基本目标，不仅要在法律和政策层面上解决国家、集体和农民三者的利益关系，而且要最大限度地把农民组织起来，通过制度化的参与维护自身利益。仅有村民自治组织是不够的，还必须建立新型农民合作经济组织。要大力发展各种类型的农民专业合作组织，为农民提供科技、信息、资金和产品销售等服务。鼓励发展农村法律、财务等中介组织，为农民发展生产经营和维护合法权益提供有效服务。

第二节

乡镇机构改革的实践与评价[①]

一、乡镇机构设置及职能演变的历史回顾

纵观中国古代历史，无论哪个朝代、哪个时期，都有一个明显的共同点——“王权止于县政”。从周朝到清朝，县分设官治与自治两大部分，而乡制一直是属于自治体系的一部分。从乡的建制规模上来说，也经历了由西周至秦汉的“大乡制”到秦汉以后不断向“小乡制”发展的过程。历史上许多朝代的乡镇组织原则、层级划分、职能定位、机构设置等等远不像县政权那样整齐划一，表现为地域性、自治性等等特征。民国政府最终确定的乡镇机构在性质上依然是民间选举产生的自治组织，它与县级政府并不存在行政隶属关系。

（一）新中国成立后乡镇政府组织的变化

新中国成立后到农村税费改革前，乡的建制变动比较频

---

① 本章第二、第三、第四节内容选自：（1）农业部软科学课题“新形势下乡镇机构改革问题研究”（课题编号：200726），课题主持人：吴仲斌。（2）农业部软科学课题“农村税费改革后的乡镇职能研究”（课题编号：Z200517），课题主持人：刘纯彬。

繁，名称几经变化。1954 年颁布的《中华人民共和国宪法》规定，县以下只设乡、民族乡、镇一级人民委员会；同时《中华人民共和国地方组织法》规定，县人民委员会在必要时经省政府批准，可以设立若干区公所作为县的派出机关。到 1958 年，乡镇管理体制初步定型。1958 年后人民公社运动迅速推进，区、乡被全部取消，改为人民公社。

1982 年，随着农村家庭承包制度的推行，中央决定“撤社建乡”。1983 年 10 月，中共中央、国务院发出《关于实行政社分开建立乡政府的通知》后，农村人民公社被乡政府所取代。到 1985 年年底，全国农村废除人民公社、建立乡政府的工作基本结束，全国共建立了 91590 个乡（镇）人民政府。1986 年各地陆续开始乡镇撤并工作，当年减少乡镇 19618 个，到 1996 年全国乡镇数量为 43112 个，与 1985 年比减少一半多。1992 年开始进行乡镇机构改革，主要是核编减员，但好景不长，很快回归到 1992 年以前的情况，再次出现机构臃肿、人浮于事的现象。1997 年党的十五大提出机构改革总体部署，1998 年国务院进行机构改革，1999 年开始省级机构改革，2000 年各地开始部署市县乡机构改革。为了指导市县乡机构改革，中共中央办公厅和国务院办公厅于 2000 年 12 月发布《关于市县乡人员编制精简的意见》，要求全国市县乡机关行政编制精简 20%，乡镇机构改革要与农村税费改革密切配合，重点压缩财政供养人员。

但是，农村税费改革前乡镇机构还面临一些问题。其主要表现是：（1）乡镇政府职能转变滞后，职能越位、错位、缺位问题严重。人民公社改为乡镇政府后，乡镇政府职能界定不规范、转变不到位，政企不分、政社不分严重；市场经济体制机制不健全，经济管理手段带有很强的计划色彩；社会管理和公共服务的条件较差、能力较弱、水平较低。（2）乡镇机构不断增加，财政供养人员日益膨胀。一些地方乡镇政府及有关部门陷入“收费养人、养人收费”的怪圈，“搭车”收费、

"加码"收费、"随意"收费现象屡禁不止。(3)乡镇机构"条块"分割严重、矛盾突显。随着条条(部门)管理加强、权限不断上收，部门执法权力不断扩大，而乡镇政府在很多方面都不是执法主体，执法权力残缺不全，既造成乡镇政府权责脱节，财权事权不统一，也带来乡镇政府与部门之间的权力和利益冲突。(4)乡镇数量过多、管辖范围过小，"块块"矛盾突显。随着农村工业化、城镇化进程的加快，农村交通、通讯条件的改善，过多的乡镇数量、过小的管辖范围，使乡镇之间科学规划难度加大、资源配置矛盾突出，管理成本过高、资源浪费过多等问题日趋严重。(5)乡镇债务日趋严重。

(二) 农村税费改革以来乡镇机构改革试点的总体部署与总体进展

开始于2000年的全国农村税费改革试点，范围不断扩大，直至2003年在全国范围内推开，并于2006年全面取消了农业税，进一步突显了乡镇机构面临的问题，对乡镇机构改革提出了新的要求。

为了配合农村税费改革试点工作，也为了落实1998年中央启动的政府机构改革，2000年底，中共中央办公厅、国务院办公厅下发了《关于市县乡人员编制精简的意见》，启动了包括乡镇政府在内的省以下政府机构改革。2001—2004年，国务院每年发布的关于农村税费改革试点工作的文件，都要求把乡镇机构改革作为推进农村税费改革、确保改革取得成功最重要的配套措施。2005年，国务院在《关于2005年深化农村税费改革试点工作的通知》中正式提出，"开展农村综合改革试点"，并把乡镇机构改革作为农村综合改革的重要内容之一。全国取消农业税以后，2006年9月1日，温家宝总理在全国农村综合改革工作会议上强调指出，要"以转变政府职能为重点，推进乡镇机构改革"；2006年，国务院《关于做好农村综合改革工作有关问题的通知》要求，"力争在'十一五'期间或用更长一些时间基本完成乡镇机构……改革任务"；2006—2007 年，中央发布的两个"一号文件"，也要求各地适时推进"乡镇机构改革"。

自 2000 年国务院决定进行农村税费改革试点工作以来，"改革和精简机构、压缩人员、节减开支，转变乡镇政府职能"，始终是国务院重点强调的改革配套政策的要求。在此背景下，各省根据中央、国务院的要求，为配合农村税费改革试点工作，相继部署了乡镇机构改革试点工作，并出台了一系列政策文件。首开农村税费改革试点工作先河的安徽省及后来的江苏、湖北、湖南、黑龙江等省，相继开展以机构改革为重点的乡镇体制改革试点。在此基础上，2004 年国务院开始在一些地区统一部署了乡镇机构改革试点工作，并于 2005 年 3 月提出"统一思想、明确方向、坚定不移、有序推进、积极稳妥、试点先行"的要求，进一步推动了各地乡镇综合配套改革工作。到 2005 年 6 月，全国已有 17 个省（市、区）、157 个县（市、区）的 1953 个乡（镇、办事处）相继开展机构改革试点工作。2005 年 7 月，安徽省出台《关于开展农村综合改革试点建立农村基层工作新机制的意见》，湖北省出台《关于推进乡镇事业单位改革加快农村公益性事业发展的意见》，陕西省下发《关于开展乡镇机构改革试点工作的意见》等等。

按照 2006 年国务院《关于做好农村综合改革工作有关问题的通知》的部署，新一轮乡镇机构改革的总要求是：坚持因地制宜、精简效能、权责一致的原则，转变政府职能，精简机构人员，提高行政效率，建立行为规范、运转协调、公正透明、廉洁高效的基层行政管理体制和运行机制。其主要内容包括：（1）转变乡镇政府职能。重点转向社会管理和公共服务，转向为农村经济发展创造环境、为农民提供更多的公共服务、为农村构建和谐社会创造条件；有效克服乡镇政府职能"越位"、"错位"和"缺位"的问题。（2）精简乡镇机构。按照强化公共服务、严格依法办事和提高行政效率的要求，精简、规范乡镇行政机关和工作机构设置，严格编制管理，压缩乡镇领导职数；创新乡镇行政机构、事业站所管理体制和运行机制。(3) 精简乡镇财政供养人员。对乡镇行政和事业单位人员实行总量控制，5年内乡镇机构编制只减不增；采取优惠政策，鼓励人员分流，探索人员分流和安置办法，妥善安置分流人员。(4) 调整乡镇行政区划。根据各地实际情况，对乡镇行政区划进行调整，适当撤并规模较小的乡镇。(5) 改进农村工作考核评价办法。建立与乡镇政府新职能相适应的工作考核评价体系，探索建立切合实际的激励约束长效机制。

二、乡镇撤并的实践与经验

改革开放以来，随着政治经济体制改革的深入、政府职能的转变、交通通讯条件的改善，乡镇规模过小、小城镇建设布局分散、缺乏规模效益、建设财力不足和低水平重复建设等问题日益显现。为此，从1991年开始，湖南、湖北、云南、贵州、四川、重庆6省市陆续开展了乡镇撤并工作，比较集中的撤并主要在三个时期，分别是经济体制改革时期（20世纪90年代初期）、机构改革时期（1998年前后）和农村税费改革时期（2000年以后）。目前6省市相对集中的乡镇撤并工作已基本完成，撤并幅度从15%—63%，平均撤并幅度达33%（参见表6－1）。

表6－1　　六省市乡镇撤并情况一览表

省份	开始时间	撤并前乡镇数量（个）	撤并后乡镇数量（个）	撤并幅度（%）
湖北	1999年	1386	942	32
湖南	1995年	3413	2170	36
重庆	1998年	1423	900	37
四川	2001年	5168	4411	15
贵州	1991年	3757	1402	63
云南	1998年	1569	1312	16

（一）撤并的基本做法

以湖北省为例，该省高度重视这项工作，统一思想行动，主要采取了以下做法：

1. 明确指导思想，把握正确原则

湖北省按照湖北省委、省政府要求，各地切实遵循经济主导、促进发展的原则，合理布局城镇、加强城镇建设的原则，精简、效能、统一的原则，调优调强、减压减负的原则，实事求是、因地制宜的原则，积极开展乡村体制改革。各地重点做到“六个结合”：一是与区域经济协调发展相结合；二是与乡镇企业和支柱产业发展相结合；三是与小城镇建设相结合；四是与机构改革相结合；五是与减轻财政压力和农民负担相结合；六是与具体情况相结合。

2. 深入调查论证，科学制定乡镇撤并方案

为确保乡镇撤并方案的科学合理、切实可行，各地及时组建乡镇撤并工作调查组，紧密结合当地乡镇设置数量及其辖区面积、人口规模、自然条件、经济发展、交通状况、民族分布、风俗习惯、历史沿革等实际，深入基层、深入干部群众，深入到进行乡镇撤并的县市调查研究，通过召开座谈会广泛征求意见，论证各县市制定的具体调整方案，提出指导性意见，认真指导各地乡镇撤并工作的开展。

3. 精心筹划，严密组织实施

各地乡镇撤并方案经省政府批准后，及时组织实施，规范操作，确保了撤并工作平稳顺利进行。湖北各地认真贯彻执行湖北省委、省政府明确的支持鼓励乡镇撤并的配套政策措施，还认真结合实际制定了许多具体措施。一是宣传动员，解决认识问题。二是转变乡镇政府职能，综合设置乡镇内设机构，精简乡镇行政编制，整合事业单位。根据乡镇工作性质和实际，将乡镇政府职能转变到“落实政策、促进发展、维护稳定、加强管理、提供服务”上来。三是妥善安置分流富余人员。

以降低行政成本、提高行政效率为重点，精简分流富余人员，确保人员减得了、精简后稳得住。各地都有特色，主要是：对借用人员和乡镇自聘临时人员实行“谁用人谁清退，哪里来哪里去”；对在编在职人员，通过公平竞争、择优定员保留一批，接近退休年龄的提前退休一批，自谋职业分流一批。对分流人员的补偿金，采取以部门自筹为主、财政预算一点、资产变现提一点的办法，一次清算，分期兑现。同时，对人员分流政策给够，经费打足，安置妥当，社保跟上。省财政在“十一五”期内不因乡镇撤并、编制精简和人员分流而减少相关财力性补助和专项补助。四是做好被撤乡镇政府驻地集镇的管理和服务工作。有些县市在被撤乡镇政府驻地设立了社区居民委员会，有的保留服务机构，成立政务服务中心。有的县市正在探索建立和完善城镇社会化服务体系，尽可能利用好已有的各种规划成果和基础设施，促进当地经济社会持续发展。五是尽力化解乡镇债务，妥善处置被撤乡镇的固定资产。

（二）乡镇撤并的基本成效

乡镇撤并的基本成效是：一是精简了机构，改善了干部结构，提高了办事效率。二是降低了行政成本，减少了财政支出，减轻了农民负担。三是调优调强了县（市）域中心镇和重点镇，推动了农村城镇化建设。各县市在乡镇调整中，适度扩大城区、县城、区域中心镇规模，集中财力改善城镇基础设施，提高城镇功能，促进生产要素向城镇聚集，城镇的辐射和拉动力逐渐增强。如汉寿县为了拓宽县城和重点镇的发展空间，做大做强县域中心镇和重点镇，将2个乡并入了县城，将1个乡并入了该县的工业重镇蒋家嘴，这不仅优化了城镇体系结构，提高了城镇功能，而且通过扩大中心镇和重点镇的规模和实力，加快了经济发展，对周边乡镇产生了强大的辐射和带动作用，同时也为汉寿工业化、城镇化快速发展提供了良好的体制保证。各县市在做大做强一批中心镇和重点镇的同时，还注重调优调强了一批“口子镇”，着力发展边贸经济。四是优化了资源配置，逐步形成了县（市）域特色经济。在乡镇调整过程中，各地十分重视优化资源配置，各县市按照“撤小并大、撤弱并强、整合资源、加快发展”的原则，有的撤弱并强，通过乡镇撤并，推动区域经济结构的调整，从而促进产业结构的优化和升级。五是激发了创新意识，增强了发展动力。乡镇撤并后，一些部门积极调整相关人员、机构及设施，修编或完善行业规划，呈现出积极改革、争先创优促发展的良好势头。乡镇规模扩大，促进了干部思想方法和工作方法的转变，使得乡镇干部能够想大事、干大事、成大事，以新的姿态开创未来。

（三）乡镇撤并暴露或引发的问题

1. 对新形势下乡镇机构改革认识不足、定位不准

比如少数地方领导以为乡镇撤并就是简单地搞机构的撤撤并并、编制的增增减减和人员的进进出出，没有在转变政府职能、转换工作机制、改进工作方式上下大力气。

2. 乡镇设置规模难以把握

乡镇撤并要求“适度”，但如何才是“适度”，以人口为标准？以面积为标准？以经济总量为标准？人口过少的乡该不该撤？面积过大的乡该不该划小？尽管由于全国差异太大，只是提出一个指导性意见是比较科学的做法，但由于“标准”模糊，导致乡镇设置规模很难把握，随意性大。

3. 乡镇数量仍然偏多、规模偏小，建制镇的布局不尽合理

开展农村税费改革试点工作以来，乡镇行政区划虽经几年的调整精简，由于基数太大，建制数量仍较多，乡镇平均管辖人口少、管辖面积小仍然是一个普遍现象，调查中，基层干部和群众普遍反映乡镇撤并还有很大的余地。

4. 乡镇内部机构编制设置和职能转变亟待加强

撤并乡镇虽然壮大了乡镇规模，优化了乡镇布局，减少了乡镇数量，但乡镇内部机构制度改革和职能调整亟待加强。

5. 财政体制不利于被撤并乡镇

现在新农村建设中，国家、省、市实施的许多财政扶持项目如通乡公路、乡镇卫生院、乡镇文化站、基层畜牧防疫站所、乡镇派出所、司法所等建设项目，以及精简乡镇富余人员补助标准差额、转移支付资金、上级政策支持等，都是按乡镇撤并后的乡村布局拨款，从而导致谁撤并乡村越多，谁在分配资金上就越吃亏，很不合理，影响既得利益，挫伤各地开展撤并工作的积极性。

6. 人员难分流

许多乡镇市场发育程度不高，市场经济发展水平较低，个私经济不发达，农村中介组织数量少，经济实力不强，因而人员分流渠道少、难度大，特别是站所等事业编制人员分流难度大。

7. 被撤销乡镇政府驻地固定资产难处置

受固定资产本身条件的限制、市场购买力的制约和相关政策不配套等方面因素的影响，乡镇撤并后，一些被撤销的乡镇政府驻地的固定资产，特别是乡镇政府办公房产等难以变现，得不到有效处置，处于闲置状态。

8. 债务压力大

乡镇撤并后，原来分散在两个或多个乡镇的债务实行统一划转，集中起来后，新设立乡镇的负债规模明显增大，给乡镇政府带来很大压力。

此外，乡镇撤并后，还有一些其他问题，如新确定政府驻地的基础设施难以满足需要，个别地方出现管理服务弱化、群众生产生活不方便的情况等。

第三节

乡镇政府职能的定位和转换

一、乡镇机构职能定位的实践探索

（一）关于乡镇改革的立足点

目前，各地进行乡镇改革试点的立足点大致可以分为三种：一是立足于“乡镇机构改革”，如黑龙江、陕西等省，改革的重点内容是转换乡镇政府职能、精简乡镇行政和事业机构、分流财政供养人员、调整县乡财政体制等，改革内容与改革措施相对单一。二是立足于“乡镇综合配套改革”，如湖北省的改革，虽然也是以“乡镇机构改革”为重心，也包括了黑龙江、陕西等省的改革内容，但该省的改革还涉及“乡镇民主政治建设”、“规范乡镇干部职务消费行为”、“乡镇事业单位的市场化转制”、“乡镇事业单位人员（包括分流人员）的社会保障制度建设”等；改革的思路较宽，内容较广泛，措施较复杂，综合性较强。三是立足于“农村综合改革，建立农村基层工作新机制”，如安徽省虽然包括转换乡镇政府职能、精简乡镇行政和事业机构、分流财政供养人员、调整县乡财政体制等方面的内容，但其突出的特点在于改革目标是为了实现“四个建立”，即建立农村基层管理新体制、农村公共品供给新机制、“三农”社会化服务新体系、农村工作考核新办法，改革的思路更宽，综合性更强。

（二）乡镇政府职能定位——抽象的界定

虽然各地对转换乡镇政府职能的政策要求不尽相同，但重点都是促进政府由管理型向服务型转变，加强政府的社会管理和服务职能，使乡镇政府由“权力有限、责任无限”转变为“有限责任，权责统一”。从各地的总体要求看，虽然对乡镇政府职能定位的表述不尽一致，但大体都包括落实党的政策，促进经济发展，加强社会管理，增强公共服务，维护农村稳定等内容。比如黑龙江省的要求是：突出发挥市场在资源配置中的基础地位；由上级任务驱动型转为农民需要驱动型；由偏重经济发展，转为经济、社会发展并重，把主要精力集中到提供公共服务上来，实现由管理型政府向服务型政府转变。安徽省的要求是：按照有所为有所不为的原则，适当调整经济管理职能，提高社会管理和公共服务水平，巩固农村基层政权，建设服务型、法制型政府。

（三）乡镇政府职能定位——职能的具体化

比如黑龙江省兰西县将乡镇政府主要职能明确为：实现“一个目标”，即增加农民收入；抓好“两个建设”，即市场体系和基础设施建设；强化“三项经营”，即经营好乡镇，经营好财源项目，经营好资源资产；搞好“四个服务”，即农民的政策法规需求服务、经济结构调整服务、公益事业服务和科技信息服务。江西省要求将乡镇政府“发展经济”的职能具体化为：制定并组织实施乡村整体规划和经济发展规划，促进农村经济良性运行和健康发展；积极引导农民发展生产，帮助农民建设科技示范村、示范基地和示范户，培育产业化龙头企业，促进农村经济结构调整，增加农民收入；培育各种形式的农民合作组织，及时提供市场信息、先进技术、优良品种、病虫害防治、农副产品销售等服务。安徽省把乡镇政府的经济工作具体化为，加强政策引导、制订发展规划、服务市场主体和营造发展环境，促进经济发展和农民收入较快增长。安徽省的具体做法是：通过探索建立农村基层管理新体制，理顺县乡关系和乡村关系；探索统一县乡干部福利待遇的途径和办法，由县统一发放乡镇干部工资；探索建立农村公共产品供给新机制，逐步实现公共资源向农村倾斜；探索农村公共工程建设管理和运营新机制，提高建设管理和运营效率；探索建立“三农”社会化服务新体系，实施以农民需求为导向，政府通过委托代理、合同承包、向市场购买服务等方式，让社会经营组织为“三农”提供公益服务；改进农村工作考核评价办法，建立切合实际的激励约束长效机制。浙江省积极探索政府服务新机制，实施干部“调查研究、解决问题、示范服务、树立形象”等“一线工作法”；将有关政策、技术、信息、项目等落实到第一线，将第一线反映的群众所思、所求、所盼，及时反馈到相应的党委、政府或便民服务中心，探索建立党政科学决策、一线落实反馈的循环运作机制。

二、经济社会转轨时期乡镇政府的职能定位

大量的调查研究和理论分析都充分表明，对规模庞大的乡镇机构进行必要的规范、精减、限制、约束已成为大家的共识，至于乡镇政府的出路到底在哪，还没有定论。没有搞清乡镇机构的职能，就无法说清楚改革的方向，也无法准确地评判改革的效果。搞清乡镇机构的职能，也就搞清了乡镇机构改革必须坚持的长期方向，即使见效慢，在短期内不能取得“精减机构、裁减冗员、压缩支出”的效果，但至少不会使改革走弯路，不会犯方向性的错误。合理准确地界定乡镇机构职能是正确选择乡镇机构改革方案、深化乡镇机构改革的前提。

（一）经济社会转型对政府职能定位的一般性影响

农村经济社会转型集中表现为农村工业化、城镇化、市场化和民主化等方面，其中，工业化和城镇化的结果是资源向优势乡镇集中，促使乡镇发生分化，一部分乡镇向城市化的方向发展，逐渐实现城乡对接，实现城乡统筹，城乡差距缩小；一

部分乡镇仍然为传统农业型乡镇。乡镇分化使乡镇的职能定位发生分化，城市型乡镇应按城区需要来定位，农业型乡镇应按农村的需要来定位。市场化和民主化的结果是逐渐出现了政府与市场、国家与社会的相对分离，市场部门和第三部门逐渐发展壮大，经济上要求政府不要直接介入经济发展，政治上要求乡村自治。

（二）现代市场经济中的政府行为模式

如果把市场经济运行比游戏，游戏就有游戏规则和游戏策略。在市场经济中，不管是农村还是城市，不管市场部门和第三部门如何发达，单就政府而言，政府始终是游戏规则的制定者和执行者，同时也是游戏的参与方之一，既是裁判又是运动员。综观现代市场经济国家在处理政府与市场、企业和社会的关系的实践，可以将政府的作用或行为模式概括为公共物品的提供者、宏观经济的调控者、外在效应的消除者、收入及财产的再分配者和市场秩序的维护者。这五种角色是市场经济条件下政府基本职能的一般概括，也是市场经济条件下政府的一般行为模式。政府必须根据经济发展的现实情况，扮演好自己的角色，确立好干预的范围及力度，有效地弥补市场缺陷，克服市场失灵，避免政府失败。

（三）关于乡镇机构职能定位的两大争议

争议之一：乡镇政府真有干不完的事吗？过去，“要粮、要钱、要命（计生）”被看做乡镇机构的“中心工作”。通过多年的改革，这些职能现已经大大减弱。关于目前乡镇机构职能，一般认为主要包括以下几个方面：抓经济发展（如组织农业生产与招商引资等）、管理社会事务（如计划生育等）、提供公共服务（如农技服务等）、维持乡村社会治安，发展乡村基础设施，调解民间纠纷，推动农村政治活动等等。

撇开一些不应该由乡镇机构承担的事务不谈（如经济发

展责任），乡镇的确存在社会纠纷、社会治安、公共服务等方面的问题，而且从整个国家的角度看，也确定实是“大量”的，时时发生、天天发生。但是，从单个具体的乡镇看，绝不是“大量”的，而是少数的、个别的、偶发的。然而，我们的误区恰恰就是把“少数的、个别的、偶发的”当作“多数的、一般的、经常的”，似乎每个乡镇天天有事情发生，时时有事情发生，这就犯了典型的“以偏概全”、“把个别当作一般”的逻辑错误。况且，这些“少数的、个别的、偶发的”事情，多数是可以通过村组化解的，在信息发达、交通便利的今天，少数村组难以解决的事情可以由县市解决，乡镇机构其实并没有干不完的事。

争议之二：乡镇机构改革是为了减人减支，还是减事和转换机制？“精减机构、裁减冗员，转变职能、节约支出”是乡镇机构改革的初衷，但这些目标之间也有先后次序之分，有手段与目的之分。乡镇机构改革到底是为了精减机构、裁减冗员、节约支出，还是转换政府职能、转换机制？是通过精减机构和裁减冗员来转变职能、节约支出，还是通过转变职能和机制来精减机构、裁减冗员以节约支出？这些问题似乎并没有说清楚。

大量的调查研究表明，乡镇机构改革使机构精减了，但多数地方，人员和支出并没有减少或减少幅度不大。这固然与改革的实际操作方式有关，如多数地方实际上遵循“撤掉或合并机构、人员合并或遣散、工资照发、买断工龄、补交保险”的思路，试图一次性解决，从而短时间内集中产生大量支出。更重要的原因在于，乡镇机构改革在操作中过分强调了减人减支，忽视了减事和转换机制，忽视了寓减人减支于减事和转换机制之中。

（四）界定乡镇机构职能需要科学处理的六大关系

在新的历史条件下，要合理界定乡镇机构职能，必须正确处理如下六大关系：一是从经济发展与体制改革关系的角度，正确处理工业化、城镇化与乡镇分化的关系，主要是指要因地制宜，区别对待经济发展较快，工业化城镇化进展较快地区的乡镇政府和经济发展相对落后，工业化、城镇化进展较慢地区的乡镇政府；二是从政府与市场关系的角度，正确处理市场经营组织与乡镇机构的关系，改革必须正确处理政府和市场的关系，全能的乡镇政府将部分职能（特别是经济发展职能）转移给市场组织是市场经济的内在规律；三是从国家与市民社会关系的角度，正确处理村组自治组织与乡镇机构的关系，从国家与市民社会的关系出发，要认识到乡镇机构改革的方向是“乡退村进”，是村组选择性地替代乡镇行政事业组织职能（如调解民间纠纷和推动农村政治活动），要认识到“强化”村组的村民自治是必然，“弱化”改革乡镇政府也是必然；四是从公共行政与公共事业关系的角度，正确处理行政机构改革与事业机构改革的关系行政机构改革的方向是减事减人减支，事业机构改革的方向是在转换机制的基础上减人减支；五是从行政系统内部分工关系的角度，正确处理县市行政组织与乡镇机构的关系，应根据行政管理和经济发展的需要，认识到改革的方向是“实化”县市的权力和责任，“虚化”地级市和乡镇的权力和责任，将乡镇机构承担的部分职能（如制定经济社会发展规划等宏观战略）上交到县市；六是从政府提供资金与市场化生产关系的角度，正确处理公共事业财政“养人”与“养事”的关系，应顺应“新公共管理”改革的潮流，采用招投标制、合同承包制、出租制、民营化等市场化方式，将原来由政府承担的公共服务转移出去，实现原来乡镇政府的公共管理职能社会化，通过引入竞争机制以提高政府财政资金的效率。

（五）乡镇政府的职能定位

党的十六大提出“经济调节、市场监管、社会管理、公共服务”这十六字政府职能要求，乡镇政府职能应该重点体现加强社会管理和强化公共服务，继续推行乡镇综合体制改革，通过转变乡镇政府职能，精简机构人员，提高行政效率，建立行为规范、运转协调、公正透明、廉洁高效的乡镇管理体制和运行机制。乡镇政府应把关注和改善民生问题放在更加突出位置，把工作重心下移，传达上情，掌握下情，沟通感情，办好事情，将主要精力放在为广大农村和农民群众提供服务上，从过去的“要钱、要粮、要命”，完成上级交办任务，转向为推进农业、农村发展和农民富裕以及农村经济社会全面协调发展服务，着力解决农民群众最关心、最直接、最根本的利益问题，提高主动为农村和农民群众服务的意识和能力，全力打造服务型政府，尽快实现从行政管理型向公共服务型转变，努力构建服务主体多元化、服务行为社会化、服务形式多样化、政府扶持和市场相结合、无偿服务和有偿服务相结合的新型农村公益性服务体系，采取委托代理、合同承包、向市场购买服务等方式，变“花钱养人”为“花钱养事”，确保有钱干事，有人干事，不断提高社会管理和公共服务水平，为农民群众提供更多更好的公共服务。在传统农村，乡镇政府既要制定和执行有关规则（主要是有关国家法律、法规、政策等），但主要是执行规则，同时也要通过一些策略选择（参与经济社会发展活动）来提供一些公共产品和劳务。这样乡镇政府大致职能定位如表 6－2 所示。

表 6－2　　乡镇政府职能定位

<table>
<tr><td rowspan="6">市场经济</td><td rowspan="4">策略</td><td>提供社会事业</td><td>教育、社会保障、卫生、文化等</td></tr>
<tr><td>提供基础设施</td><td>水、路、气、电等</td></tr>
<tr><td>提供公共管理</td><td>社会治安、婚姻登记等</td></tr>
<tr><td>提供公共服务</td><td>农业科技推广、消防等</td></tr>
<tr><td rowspan="2">规则</td><td>制定法律政策</td><td>基本没有</td></tr>
<tr><td>执行法律政策</td><td>落实有关政策等</td></tr>
</table>

三、乡镇机构职能转换滞后的原因

随着农村经济市场化程度的加深，以及乡村经济组织体系的不断完善，推进以乡镇行政机构要“减事”、乡镇事业性机构“转换运行机制”和乡镇经营性机构“市场化”为主要内容的职能转换是可能的。但现实中的情况并非如此。近年来乡镇机构改革虽然一直是农村改革的主要内容之一，但在精减人员机构和压缩财政支出方面并没有取得实质性进展，乡镇机构“尾大不掉”，乡镇机构存在的合理性似是而非，乡镇机构职能转换步履维艰。这除了因为“钱从哪里来、人到哪里去”的难题外，还因为县市政府对乡镇政府工作考核体系不合理，乡村经济组织体系发育不均衡。

（一）行政管理体制不合理

尽管各试点乡镇都有上级政府比较明确的政府职能定位要求，但转换政府职能实际上进展并不明显。一是由于体制的影响，加上对 GDP 的片面高度注意，过分注重经济发展，动辄“不换思想就换人”，“发展不快也要换人”，这些想法集中体现在县市政府对乡镇政府“工作考核体系”里，并且实行“一票否决”。例如，2007 年，罗田县委、县政府整个考核指标体系包括经济发展和社会发展两部分。农业总产值、工业经济、财政收入等 10 个指标考核经济发展状况，而农村中小学适龄儿童入学率、农村合作医疗参加率、新农村建设等 10 个指标考核社会发展状况。两类指标均按百分制进行分项计分，再按经济发展指标占 70%，社会发展指标占 30%，综合计算出各乡镇实际得分。昆山 2007 年前考核体系分为“经济增长”和“社会发展”两大主要指标，主要经济指标包括，“人均地区生产总值”、“三产增加值占 GDP 比重”、“地方一般预算收入”、“全社会固定资产投入”、“出口总额”等。二是在目前存在严重的乡镇政府责任与权力不对称、财力与事权不匹配问题的情况下，要真正调整经济管理职能、将职能重点转向加强社会管理和提供公共服务，乡镇财政支出必然增加，财政收入可能减少。如果自身没有相应的财政能力，上级政府又没有适当的财政支持，其结果只能是“巧妇难为无米之炊”。三是在工业化、城镇化、现代化发展的驱使下，在政绩考核和仕途升迁的诱导下，乡镇党政领导自身就有追求经济发展和增加财政收入的内在激励，乡镇政府真正转换职能的动力不足。四是在乡镇机构改革试点过程中，由于涉及一系列极为复杂的组织关系和利益关系的制约，各部门“自上而下”用发文件、批项目、拨资金、搞评比等形式，进行“条条”干预的现象大量发生，乡镇工作被动性较强，致使乡镇政府真正转换职能面临较大阻力，一些地方在机构设置上存在名改实不改、大牌套小牌现象。

（二）乡村经济组织体系发育不均衡

现行乡村经济组织体系的三大部门发育的不平衡主要表现在：政府部门特别强大、市场部门发展不足、第三部门非常薄弱，在乡村经济社会事务既定的情况下，各部门之间的职责分工是一种此消彼长的关系，政府部门凭借其强大的行政权力优势和庞大的部门机构，越位地履行本应由市场部门和第三部门应该承担的职责，并反过来用自己承担的职责来论证自己存在的必要性和合理性，导致乡镇机构职能转换滞后。

1. 政府（行政）部门过于强大

（1）行政组织过于强大

撤社建乡、重建乡镇财政以来，乡镇一级政府掌握了独立的财权，普遍设立了“六大班子、七站八所”，机构特别臃肿。我国到2001年共有乡镇40161个，每个乡镇平均拥有财政供养人员200多人。据国家统计局等11个部委对全国1020个有代表性乡镇的抽样调查，平均每个乡镇党镇内设机构16个，其人员平均158人，超过正常编制的2—3倍；平均每个乡镇下属单位为19人，其人员达到290人，严重超编。税费改革以来，对乡镇机构采取了一些分类改革措施，主要就是撤并乡镇、对乡镇行政机构进行合并，对乡镇事业性机构实行差额预算、对乡镇经营性机构推向市场，但到2004年仍有36952个乡镇，乡村行政组织依然过于强大仍是不争的事实。

（2）行政组织与事业组织不分，行政组织凌驾于事业组织之上

准公共品一般需要政府提供部分经济资源，其余由直接受益主体承担，其提供主体在现实中通常表现为事业组织。事业组织有其独特的运行模式，一方面要尽量避免X—无效率，以尽可能少的钱办更多的事，因而从办“事”特征看，更接近企业组织；另一方面要尽量改善配置效率，财政必须为其提供一定的资金，因而从“经费”筹措机制看，事业组织更接近行政组织。正是这种“不伦不类”的特性导致行政组织与事业组织不分，事业组织行政化。许多地方行政组织凌驾于事业组织之上，控制着事业组织的“人权、财权、事权”，事业组织成为行政组织的派出机构或办事机构，例如，许多地方农村中小学和农业科技推广应用体系都是按行政方式在运行管理。

2. 第三部门非常弱小

（1）自治组织不规范，自治组织行政化

农村改革后，村委会成为法定的农民自治组织，是村庄公共事务治理的代理机构。村委会组成人员由村民选举产生，其职责依法由村民授予，村委会对村民负责，它组织村民按照自治原则达成社区治理目标，如完成村庄道路等村庄公共事务。但是，长期以来村民自治组织运作状况确实不能令人满意。村委会的“第一要务”原本是履行自身所肩负的治理村庄公共事务的使命，但村委会实际上过多地代理了乡镇政府委托的“政务”，如协助开展征税、征粮、征地、征劳（两工）和计划生育等工作，“荒废”了“第一要务”。乡镇政府委托村委

会代理执行的“政务”实质是向农民“索取”，这使得村委会与村民形成利益对立关系，村民与其代理人（村委会）之间的矛盾大多由此产生，并公开化。村委会在村民中的信任度降低，村民对村庄事务漠不关心。税费改革后，上级财政的转移支付增加，同时也仍然表现为村委会代行政府职能，仍没有摆脱“行政化”倾向，“自治”没有得到很好地体现。由此，乡镇政府与村民围绕村委会的控制权问题进行长期而微妙的较量，当村民发现村委会不是“自治”时，就“用脚投票”，这反过来又形成“村委会能力有限、需要乡镇政府介入”的假象。

（2）事业组织薄弱，事业组织依附于行政组织，事业组织行政化

农村义务教育、社会保障、医疗卫生和农业科技推广是比较典型的准公共品，但现实情况却不理想：农村中小学债务问题严重，学校公用经费严重不足，教育队伍素质亟待加强；农村保障仍以家庭保障为主，社会保障明显不足，特别是贫困地区贫困家庭的养老根本没有保障；乡村人均病床数远远低于城市，医疗保障在大多数地方是空白，农民无钱看病、看不起病的现象非常普遍；卫生也非常落后，改水、改厕形势严峻，许多地方传染病流行特别严重；农业科技推广经费缺乏，新的科学技术无法转化为生产力，农业科技推广体系建设亟待加强；文化事业发展落后，一些地方封建迷信活动沉渣泛起。总之，比较供给与需要，事业组织提供的服务远远不能满足需要，于是又形成一种“政府职能缺位”的错觉，以加快发展乡村社会事业为由，行政组织和事业组织不分，事业组织严重依附于行政组织，并事实上成为行政组织的派出机构，没有成为一个相对独立的部门，事业部门的职能表现为行政部门的职能，把加强乡镇事业机构的理由作为加强乡镇行政机构的理由，这显然犯了“偷换概念”的逻辑错误。

3. 市场部门发展不足

（1）集体组织实力下降

农村集体经济组织的形成源于人民公社时期形成的集体资产，集体组织的存在依赖于集体资产的存在。集体经济或集体资产具体表现为集体所有土地等资源性资产和企业的厂房机器经营性资产等。但是，随着农村经济市场化程度的加深和产权改革的深入，许多地方实际上是没有独立的集体经济，集体经济组织是个“空壳子”，或者有其名而无其实，集体资产管理职能由乡镇政府和村委会履行。而且，与国有资产的“政府—国有资产—国有企业”关系相似，集体资产面对的是“乡镇政府（村委会）—集体资产—集体企业或农户”。相应地，集体资产面临的问题与国有资产相似，集体组织也面临运营效率低下问题，经济实力下降导致集体组织功能衰退，提供乡村公共产品的能力不足。

（2）企业组织实力不足

企业组织的实力可用企业数量和生产能力等多种指标来衡量，其中，生产能力无疑是一个综合性指标。就农产品加工业而言，与发达国家相比，我国总体水平差距仍然较大：发达国家农产品加工业的产值一般为农业产值的2—3倍，而我国只有1倍左右；发达国家加工转化率达到80%以上，而我国只有30%；发达国家加工品占食物消费总量的80%，而我国不到30%；发达国家从事农产品加工业的劳动力数量远远多于从事农业生产的劳动数量，而我国正好相反等等。国内外发展的差距表明，我国农产品加工业整体实力还比较薄弱质量，其他类型企业的实力也有待进一步提升。企业组织的实力不足导致其难以承担发展经济的职能，这反过来又形成应由乡镇机构来承担经济发展职能的错觉。

（3）家庭组织功能缺陷凸显

家庭既是消费单元，又是生产单元。从效率看，家庭经营集所有者、经营者和劳动者三位于一体，经营控制权与剩余索取权高度集中，“委托—代理”关系内置，无须设计专门的激励约束机制。这种治理结构和激励机制，极大程度地克服了组织内部的“X—无效率”，确保家庭成为农业经济高效率组织，这也是它成为世界各国农业普遍采用的基本组织形式的重要原因。但是，以家庭为单位组织农业生产经营活动的基本特点是“小规模、分散化”。“小规模”使得农户不愿也无力承担一些公共经济社会事务，“分散化”使农户组织起来非常困难，难以克服“小农户、大市场”的矛盾，难以联合起来提供社区公共产品，这使得农户家庭组织功能缺陷凸现。

（4）合作组织发育滞后

合作社是农村经济发展到一定阶段，农户或企业为发挥规模经济、增强市场权力、降低交易成本而自主设立、自愿出资、自我服务、民主控制的新型产业组织。在世界各主要资本主义国家，农业合作社都得到重要发展，尤其是在日本，农民协会组织得到比较充分的发展。世界各国的经验表明，合作社是现代农业和农村经济发展的重要组织形式。发展农业合作组织可以说建设现代企业制度的一个重要方面。在市场经济中，农业合作社的生成与运行逻辑可用“委托—代理”理论来解释。大量分散的农户和农业企业（委托人）单独生产或单独进入市场的交易成本是巨大的，为节约交易成本而自愿进行联合，共同联合雇用代理人，由此形成农业合作组织。代理人可不直接从交易中盈利，而是从委托人处领取佣金，由此形成非营利性合作组织；代理人也可完成委托人的任务，并直接从交易中盈利，而不是从委托人处领取佣金，由此形成营利性合作组织。发展农业合作经济组织能有效地克服“小农户、大市场”的矛盾，增强分散的农户在市场交易中的谈判能力，降低交易成本。但目前新型合作经济组织刚刚起步，许多地方甚至从思想上还难以接受合作经济组织，也尚未有一部规范的合作经济组织法律，合作经济组织没有起到其应有的作用。

第四节

推进乡镇机构改革的政策建议

一、分类定位现行乡镇机构在中国政权组织体系中的地位

工业化和城镇化的结果是资源向优势乡镇集中，促使乡镇发生分化。在传统农业地区、少数民族地区和边远山区宜实行县派，不设立乡镇政府，可将乡镇行政机构改为县市政府的派出机构，县派工作人员代表县级政府主要负责调处农村矛盾、维护社会稳定、宣传党的政策、传递科技文化。工业化、城镇化程度高，经济较发达的地区和大城市周边地区，应进一步把乡镇政府打造成一级完整的政府机构，按城区政府运作，或改为城市的街道办事处。

二、关于乡镇政府职能定位和乡镇政府职能转换

（一）改革行政管理体制

行政管理体制缺陷导致现行乡镇政府缺乏转换职能的内在激励，应改革行政管理体制。一是改革农村工作考核评价方法。在现行的“自上而下”的任命式政治体制下，乡镇政府的主要职能其实主要是由上级政府决定的，主要手段则是工作考核机制。转变乡镇政府职能的途径之一就是转变乡镇政府工作机制，使政府工作由过分注重经济发展，转为经济发展和社会发展并重，变管理型政府为服务型政府。二是改革财政体制。三是改革条条决策体制。

（二）发展和壮大非政府部门

政府应积极创造条件，构建均衡的乡村经济组织体系以削弱或替代乡镇行政机构的职能。一是在政治方面，发展第三部门。加强事业组织，促进事业组织与行政组织的分离，改变事业组织行政化局面。推进自治组织。改变当前村委会自治组织“行政化”局面，推动乡村自治组织建设。二是在经济方面，壮大市场部门。壮大企业组织，使其承担起发展乡村经济的职责；从管理体制、产权、治理结构等方面着手，改革集体经济和集体组织，在壮大集体经济的基础上发挥集体经济组织的功能；在保证劳动力自由流动的前提下，稳定家庭组织；发展合作组织。

三、关于乡镇撤并

（一）继续有计划、有步骤地推进乡镇撤并工作

乡镇数量仍然偏多，这可以从大量乡镇工作人员仍然无事可做和农民的反映中得到经验证实。此外，从纵向历史比较看，以前许多人强调乡镇机构的重要性，但近几年乡镇撤并的结果表明，大幅度地减少乡镇政府数量并没有影响到基层的正常运转；从横向的各省情况比较看，经济、社会、地理环境相似，人口数量和管辖面积相近的省份，乡镇数量相差很大，但基层都能正常运转。这些情况都充分证明一个基本判断：至少在目前，乡镇撤并“难”的原因不是乡镇机构“事”太多，而是乡镇机构“人”太多。因此，就“事”而言，乡镇撤并还有很大空间，应继续有计划、有步骤地推进乡镇撤并工作。

（二）加强被撤乡镇驻地管理，切实解决群众生产生活中的实际困难

开展了乡镇撤并的多数地方，各级党委、政府、职能部门在政策、技术、项目、资金、人员等方面，都要有意识地、重

点地向被撤乡镇、边远乡镇倾斜。千方百计落实各项惠农政策，尽力兑现给干部群众的承诺。加强被撤乡镇、边远乡镇的政府驻地场镇居委会、农村村委会建设，巩固基层政权组织建设根基。加强便民服务窗口（办事处）建设和日常工作长效督查机制，搞好社区服务，方便群众生产生活。撤并村民委员会要充分尊重基层群众的意愿，按《村民委员会组织法》办事，不下指标，不搞一刀切。

（三）改革和完善有关财政财务制度问题

一是按原有乡镇机构人员编制核定上级财政转移支付。乡镇合并后，虽然乡镇行政机构减少了，但在乡镇合并过程中，由于对富余人员分流大多是采取提前离岗和调动进城等途径消化，有的县市对站所人员分流采取简单“1+1”的办法，富余人员全部滞留在合并后的新乡镇，给新乡镇造成了很大的负担，因此整个财政供养人数和工资支出目前还没有得到减少(3—5年之后财政供养人员和工资支出才会因自然减员明显降低)。如果因机构人员编制减少而减少上级转移支付，县级财力（尤其是乡镇）将无力消化因合并而产生的富余人员。应在对开展乡镇撤并地方的机构人员编制重新核定的基础上，渐进式地逐年逐步减少转移支付。二是按原有乡镇村组安排相关项目计划和扶持资金。有关部门应出台相应政策，避免因乡镇村合并，乡镇村数量减少，国家、省、市实施的扶持项目减少，导致其在享受有关政策上吃亏，挫伤各地开展撤并工作的积极性。有关部门应保持被撤乡镇村原来享受的扶持项目不变，继续以原有的乡镇村为单位，并给予重点倾斜。三是尽力化解乡镇债务，妥善处置被撤乡镇的固定资产。

（四）发展农村社会事业和加强农村基础设施

一是加大教育尤其是边远山区教育的投入。乡镇撤并后，一些地方中小学学校教室、宿舍、食堂等设施紧张问题突出，边远山区上学路途远，尽管有些地方不是由乡镇撤并引起，而是一直存在，但这个问题非常普遍，影响乡镇撤并工作进程。加大教育尤其是边远山区教育的投入，加强学校基础设施建设，使学生每天长途步行的现状从根本上得到解决。二是优化农村卫生资源配置，建立农村卫生服务网络体系。乡镇撤并后，一些地方的农村医疗卫生院相应调整，有的甚至撤销了原乡镇卫生院，个别地方出现了农民群众看病难的问题。要合理调整农村医疗卫生机构，从改善农村医疗卫生状况和解决农民就医难出发，加大农村卫生投入，整合农村卫生资源，满足农民医疗卫生需要。根据区域卫生规划和乡镇行政区划调整情况，合理确定乡镇卫生院的数量和布局。三是加强农村道路建设，全面实施“乡乡通油路”、“村村通公路”工程，加快农村电信网络建设，全面开展“乡乡能上网”、“村村通电话”工程和推进农村信息化建设。通过现代化的交通、通讯手段来解决乡镇撤并后可能带来的问题。

（五）适度恢复撤乡设镇工作

全国暂停撤乡设镇工作已近 5 年，这几年通过乡镇合并，许多乡的规模迅速扩大，经济实力不断增强，集镇规模不断扩展，基础设施不断完善，城镇化水平越来越高，要求撤乡设镇的呼声非常迫切。如果不及时将这些规模大、经济实力强、基础设施完善、交通便利、区位优势明显的乡进行撤乡建镇，将会阻碍小城镇的建设和发展，影响城镇体系规划的实施。建议适度恢复撤乡设镇工作，急需设镇的乡予以撤乡设镇。

四、关于乡镇内设机构和人事制度改革

在实施取消农业税的改革后，配套进行乡镇机构改革时，就必须切实精简乡镇公务人员。一是要进一步强化对精简乡镇人员的长期性和艰巨性的认识，增强成本观念、提高风险意识，既不能追求一蹴而就，更不能指望无成本精简。二是要区

分行政性机构、事业性机构、经营性机构，采取不同的改革方式，特别是事业性机构，要处理好财政“养人”和“养事”的关系。三是要建立“新人新办法、老人老办法”的乡镇干部管理新机制，彻底改革乡镇干部人事制度，注重引入市场竞争，培养干部“能上能下”的思想意识。四是中央要加大对精简乡镇干部工作的财政支持，妥善解决分流人员的社会保障与再就业问题；对一时难以分流、分流后也难以实现再就业的在编干部，可采取保留待遇、自然减员的办法。五是要尽快研究制定科学的乡镇干部素质、能力和业绩评价标准，制定科学的人员分流技术性指标体系。六是在转变职能的基础上，精简机构和编制，在比较长的时期内通过自然减员，严格遵守乡镇机构人员“只减不增”的原则，从严控制编制，为进一步推进乡镇撤并乃至取消乡镇创造条件。

五、应加强对乡镇机构职能的定性和定量研究

乡镇机构改革依存于乡镇政府职能定位。从理论和政策的层面看，由于乡镇机构在中国政权组织体系中的地位没有定论，导致乡镇机构改革的目标模式缺乏。从实践操作的层面看，尽管改革的总体框架基本相同，但由于乡镇机构改革目标模式的缺乏，各地改革的具体操作方案差异较大，而且有“避实就虚”之嫌，这都是因为与界定乡镇政府职能相关的一些重大关系没有厘清。因此，必须加强对乡镇机构职能的定性研究，界定乡镇机构是否有事可做、有哪些事可做。但是，定性的、抽象的、笼统的研究乡镇政府是否有事可做，尽管是必须的，但却是不充分的，因为有事可做并不意味着“必须设立乡镇机构”和“怎样设立乡镇机构”。必须在定性地研究界定乡镇机构职能的基础上，定量、具体的研究乡镇政府职能，研究乡镇政府工作人员有多少人、每人每年或每月有多少天有多少事可做等，并以此为据对乡镇机构设置的各种可能模式进行成本收益核算，确定是否“必须设立乡镇机构”和“怎样

设立乡镇机构”，才能科学合理地定位乡镇政府在中国政权组织体系中的地位和确定乡镇机构改革的目标模式，进而制定科学合理的乡镇机构改革方案。

第五节

构建农村和谐社会的战略研究①

构建农村和谐社会是建设社会主义新农村的重要内容，是全面实现社会主义和谐社会的基础和保障。

一、构建农村和谐社会的重大意义

（一）准确把握农村和谐社会的科学内涵

准确把握和谐社会及农村和谐社会的科学内涵是促进农村和谐社会建设的前提。和谐社会有五个层次：一是个人自身的和谐，二是人与人之间的和谐，三是社会各系统、各阶层之间的和谐，四是人与自然之间的和谐，五是国家之间的和谐。社会主义和谐与资本主义和谐有一些共同的特征，社会主义和谐社会也是一个多元的、诚信的、宽容的、有活力的和有秩序的社会。同时也有本质的不同，社会主义和谐社会的本质特征就是共同富裕和社会公正，其他原则包括效率原则最终都要服从这个原则。构建社会主义和谐社会既是一个发展目标，又是一种治国方略。要提高党的执政能力，建立保证和谐运行的机制，比如顺畅的社会流动机制，合理的利益协调机制，安全的社会保障机制，有效的矛盾疏导机制。

① 本节内容选自农业部软科学课题“构建农村和谐社会战略研究”（课题编号：Z200635），课题承担单位：农业部办公厅。

理解农村和谐社会的科学内涵需要把握好几个方面。一是构建农村和谐社会中所指的“社会”，应是一个具体的发展领域，是与农村经济、政治、文化相并列的“社会”。但是在分析构建农村和谐社会的形势、问题及确定任务时，又不能完全脱离农村经济、政治和文化领域。二是构建农村和谐社会包括多层次的和谐。对于目前我国农村来说，农村和谐社会就是城市和乡村、农村经济和社会、农村各阶层、农村社区与农村基层政府、农村人文与生态等关系良性互动和协调发展的社会。三是构建农村和谐社会既是一种建设农村社会的目标、任务和构想，也要形成相应的执政能力、社会治理方略和社会运行机制。

（二）马克思主义社会和谐理论的新发展

实现社会和谐，建设美好社会，始终是人类孜孜以求的一个社会理想，更是包括中国共产党在内的马克思主义政党不懈追求的一个社会理想。按照马克思、恩格斯的设想，未来社会将实现各尽所能、各取所需，实现每个人自由而全面的发展，在人与人之间、人与自然之间都形成和谐的关系。

在革命、建设、改革的长期实践中，我们党不断探索和发展了具有中国特色的社会主义社会建设理论，不断推动社会和谐理论的发展。

党的十六大以来，以胡锦涛同志为总书记的党中央，提出了以人为本、全面协调可持续的科学发展观，强调在今后的发展中要做到“五个统筹”，即统筹城乡发展、统筹区域发展、统筹经济社会发展、统筹人与自然和谐发展、统筹国内发展和对外开放。党的十六届四中全会又把和谐发展扩大到社会和谐，提出了构建社会主义和谐社会的任务，从而使构建和谐社会成为一个涉及社会生活各个方面的系统工程，同时也把提高构建社会主义和谐社会的能力，作为提高党的执政能力建设的重要内容。党的十六届六中全会审议通过的《中共中央关于构建社会主义和谐社会若干重大问题的决定》，站在历史的新高度，从全局出发，深刻阐述了推进社会主义和谐社会建设的重要性和紧迫性，科学分析了新形势下构建社会主义和谐社会的重大理论问题和实践问题，明确提出了社会主义和谐社会建设的指导思想、目标任务、工作原则和重大部署，是加强社会主义和谐社会建设的重要纲领和行动指南。

（三）深刻认识构建农村和谐社会的重大意义

构建农村和谐社会是社会主义和谐社会建设的重要基础和组成部分，是一项长期艰巨的战略任务，具有重大的现实意义。

1. 构建农村和谐社会是落实科学发展观的必然要求

党的十六届三中全会明确了认真落实科学发展观的战略思想，提出了“五个统筹”的任务和要求。以人为本、全面协调可持续发展的科学发展观是指导发展的世界观和方法论的集中体现，揭示了我国经济社会发展的客观规律，是马克思主义发展理论的重大创新。建设农村和谐社会，促进城乡经济社会协调发展，是科学发展观的应有之义。坚持以人为本，必须立足于全体城乡居民，扩大公众参与，让占人口大多数的农民群众参与发展进程、共享发展成果。实现全面协调可持续发展，必须加快农村和谐社会建设，着眼于所有城镇乡村，重视把农村的事情办好，切实把农业和农村经济社会发展转入全面协调可持续的科学发展轨道。

2. 构建农村和谐社会是实现社会整体和谐的关键

我国人均 GDP 已超过了 1000 美元，社会转型正处在关键的临界点。我们要抓住和用好重要战略机遇期，就必须正确应对这些矛盾和问题，花更大气力妥善协调各方面的利益关系，正确处理各种社会矛盾，大力促进社会和谐。正如胡锦涛总书记在省部级主要领导干部提高建设社会主义和谐社会能力专题研讨班上强调指出的那样：“在我们这样一个农民占多数人口的国家里，农民是否安居乐业，对于社会和谐具有举足轻重的作用。广大农民日子过好了、素质提高了，广大农村形成安定祥和的局面了，和谐社会建设的基础就会更加牢固。”

3. 构建农村和谐社会是建设社会主义新农村、全面推进小康社会建设的重要内容

党的十六届五中全会明确提出建设社会主义新农村的重大历史任务。新农村建设“五句话、二十个字”的目标和要求是一个有机整体。推进现代农业建设，加快农村经济的发展既是新农村建设的重要内容，也是构建农村和谐社会的物质基础。“乡风文明、村容整洁、管理民主”既是新农村建设的目标和要求，也是农村和谐社会建设的本质要求。建设社会主义新农村既要促进粮食增产、农业增效，农民增收，还要大力发展社会事业，推进民主法制进程，不断提高生活质量和人口素质，大力改善资源环境。加强和谐农村建设，农民安居乐业、和睦相处，农村安定有序、充满活力，是顺利实现全面建设小康任务的重要内容。

4. 构建农村和谐社会是正确应对农村各种社会矛盾，促进“三农”全面发展的现实需要

随着农村各项改革的不断深化，农村利益主体增多，利益格局调整力度加大，农户、乡村组织、农民合作组织等微观主体之间的矛盾将进一步交织凸显，农村生态、经济与社会发展、组织管理等方面的新问题新矛盾不断出现，改革攻坚的任务将越来越重。解决农村社会发展中存在的各类矛盾，不仅要巩固农业基础地位、促进农民收入增加、改善农村发展面貌，还要加强农村民主法制建设、提高农民科学文化水平、提高农民思想道德素质。构建农村和谐社会，是切实尊重农民的物质利益和民主权力，充分发挥农民的积极性和创造性，促进农业生产发展，提高农民生活水平，形成良好的乡风文明和民主管理氛围的现实需要。

二、构建农村和谐社会面临的新形势、有利条件与主要问题

我国农村构建和谐社会已具备了良好的条件和基础，但构建农村和谐社会是我国现代化进程中重大而艰巨的历史任务，任重而道远。当前影响农村社会和谐的问题还不少，一些矛盾还很突出。

（一）构建农村和谐社会面临的新形势

构建农村和谐社会，需要充分认识当前我国经济社会发展出现的新变化和面临的新形势。主要有以下几个方面：

1. 城乡结构的变化

城乡关系的最大变化是城市化水平快速提高和城乡差距的持续扩大。近些年来，尽管我们做了很大努力，但长期形成的工农失调、城乡失衡的状况还没有根本改观，城乡二元经济社会结构还没有改变，有些方面还在加剧。突出表现在城乡居民收入和公共品供给差距过大。如果城乡差距进一步扩大，农村长期不能摆脱落后面貌，我国不仅不可能成为真正意义上的现代化国家，而且城乡矛盾、工农矛盾将加剧，严重影响到农村乃至整个和谐社会建设。如何采取措施不断缩小这些差距，准确把握我国的基本国情和经济社会发展的规律，确保农村各项事业建设与工业化、城镇化协调推进，把农业和农村发展纳入整个现代化进程，让亿万农民共享现代化成果，是我国面临并需要切实加以解决的重大课题。

2. 农村阶层结构的变化

主要表现在两个方面：一是社会成员在地域之间和在职业阶层之间的社会流动明显加快。据统计，1995—1997 年，平均每年农村劳动力外出就业为 360 万人，1998 年以后大幅增长，2005 年外出务工的农村劳动力达到 1.082 亿人。目前，农民工已占我国第二产业从业人员的 58%、第三产业从业人

员的52%。二是农村社会阶层构成有了新的变化。根据社会学家的分析，现在我国农村形成了大约6个社会层次：务农农民、农村能人、农民工、乡镇企业家及个体工商业者、农村基层管理人员、基层政府管理人员。农村社会阶层结构的这些变化，一方面促进了传统农村社会结构向现代社会结构的转变，增添了社会活力。另一方面也产生了一些新的社会矛盾，如贫富差距扩大、劳资矛盾突出和一些地方的干群关系紧张。从总体上看，这些矛盾都还属于人民内部矛盾。处理好这些矛盾，可以更好地促进经济社会全面、协调和可持续发展。但如果处理不好，矛盾也可能激化，并对社会稳定产生威胁。如何逐步建立农村资源分配占有的合理机制，确保每个农民基本的生存和发展权利，实现社会公平正义，并在此基础上创造各阶层农民共同发展的发展环境，建立起有效的协调农村各阶层利益机制，是今后农村和谐社会建设中需要解决的重大问题。

3. 农村人口和就业结构的变化

我国30多年来实行的低生育政策取得了巨大成就，人口再生产已经从“高出生率、低死亡率、高增长率”转变为“低出生率、低死亡率、低增长率”。但也面临一些新的问题，比较突出的有：一是人口预期寿命延长使人口老龄化的问题凸显。目前我国60岁以上的老年人已达1.44亿人，占总人口的11%以上，而且老人的数量以每年3.2%的速度不断增加，预计到2020年将增至2.4亿人。而大约85%的老人在农村，农村养老问题更加突出。二是人口结构的快速转变，使农村富余劳动力的问题非常突出。我国目前正处于劳动年龄人口最为丰富的时期，劳动力供给充足，总体上供大于求。目前农村大约有1亿多富余劳动力，而且随着20世纪80年代生育高峰出生的人口进入劳动年龄，劳动力供给总量还会进一步增加。解决总量巨大的农村劳动力就业问题，是和谐社会建设面临的严峻挑战。

4. 农村社会组织结构的变化

改革开放以前农村实行的是“三级所有，队为基础”的集体所有制，农村社会组织结构单一。实行家庭承包制后，农村社会组织结构发生了巨大的变化，农户成为生产经营的主体。目前，我国农村组织结构由党在乡镇和村的基层组织、乡镇政府和村民自治组织、农民的新型经济社会服务组织等组成。随着农村经济社会的发展，特别是农村综合改革的不断深入，一方面，一些地方基层管理组织的功能逐步削弱，基层组织对农民的影响可能逐步减小；另一方面，市场化进程加快，使得各种行业协会、专业合作组织以及经纪人队伍快速发展。据调查，全国已有各类专业合作经济组织140多万个。这种连接政府、市场与个人的民间社团组织将发挥越来越大的作用，农民参与社会管理和自我服务的水平在不断提高。如何引导和支持民间社团组织发展，整合农村社会组织，完善乡村治理机制，是农村和谐社会建设面临的新问题和新任务。

5. 文化和价值方面的变化

随着农民物质生活水平的提高和流动人口的增加，农村文化生活进入一个空前繁荣和活跃的时期。农村居民的市场意识、自我权利保护意识和民主意识显著增强。但在思想观念和价值取向出现多样化的趋势和总体上趋于积极变化的同时，一些农民的社会责任意识、社会荣誉感和职业伦理有所弱化，在价值评判标准上由重义轻利走向重利轻义；在实现经济利益手段上，由诚实公正走向坑蒙欺诈；在个人与社会关系上，由大公无私走向自私自利。这种价值观的变化导致出现一些道德失范、诚信缺失等不利于和谐稳定的现象。如何从实际出发，进一步加强农村文化建设，以先进文化占领农村文化阵地，培育农民健康向上的新的价值观和人生观，是构建农村和谐社会需要解决的又一重大课题。

（二）构建农村和谐社会的有利条件

1. 政治保障

党中央、国务院高度重视“三农”工作，为建设农村和谐社会提供了前提条件。在农村地区实施的村民自治制度，着力健全村务公开和民主议事制度，农民群众的知情权、参与权、管理权、监督权不断扩大，对协调农村各种社会矛盾起到了积极的促进作用。党在基层的完善组织体系，为农村和谐社会建设提供了强有力的组织支持。

2. 物质保障

经过28年的改革开放，我国经济社会的各个方面都发生了深刻变化，改革开放激发巨大的社会生产力，为建设一个充满生机活力的社会主义和谐社会奠定了重要的体制基础和物质条件。

3. 文化保障

我国是个文明古国，有着五千年灿烂悠久的文化。自古以来，“和为贵”、“谐为宝”、“求大同”、“礼当先”的优良传统，铸就了人们追求、向往和谐社会的厚重文化底蕴。和谐、和睦、和善、和美、和乐是众人所求的一致期盼，也是全国人民的共同愿望。当前举国开展的“八荣八耻”教育、倡导社会主义核心价值体系活动，对每个公民树立正确的世界观、人生观、价值观有着积极的意义，必将为建设农村和谐社会创造良好的文化氛围。

（三）构建农村和谐社会要重点解决的问题

在看到这些有利条件的同时，也要注意到，我国目前正处于体制改革和社会转型的关键时期，农村社会组织形式、就业结构、利益结构变革加快，建设和谐的社会主义新农村也面临着一些矛盾和问题，突出表现在：

1. 农民增收困难

近几年，我国实行“多予、少取、放活”的方针，出台了一系列强有力的支农惠农政策措施，农民收入出现了多年少有的增长势头。但是，农民收入增长波动大，地区差异大，缺乏稳定性，增收的长效机制并没有建立起来。尤其值得重视的是，城乡收入差距持续扩大的趋势没有根本扭转。进入新阶段以来，农民收入增长的机制和环境都产生了不少变化，制约农民增收的限制性因素越来越多。从发展趋势看，依靠收入支持政策促进农民增收的空间越来越小，国际国内市场对农民增收的约束日益加强，传统农业对农业增效的约束越来越大，农村富余劳动力稳定转移就业的难度加大。城乡收入差距大是构建农村和谐社会的最大障碍。

2. 土地承包纠纷与征占矛盾突出

这是农村矛盾最多、最集中的问题。根据农业部信访部门统计，2005 年群众来信来访反映最多的是土地方面的问题。全年共接待办理这方面的信访 4029 件（人）次，占同期信访总量的 43.7%。主要有以下几种情况：第一，剥夺婚嫁妇女和外出务工人员的土地承包权。第二，随意调整承包地，借机多留机动地，对外高价发包。第三，强行终止承包合同，随意调整承包期限，或以清理欠款为由收回农民承包地。第四，一些地方至今没有落实第二轮土地承包政策，不签承包合同，不给农民发放承包经营权证。第五，强迫农民进行土地流转。第六，少数人利用职权，大量占有承包地。第七，不顾农民强烈反对，强行征收农民土地。第八，层层截留、克扣征地补偿费，不按国家政策和有关法规对被征地农民进行合理补偿。国土等部门 2004 年所作的清查显示，各地拖欠农民征地补偿安置费近 100 亿元。第九，土地被全部或者基本被征用之后，安置保障措施没有跟上，导致出现数量庞大的失地农民问题。由于失去了最稳定、最基本的生产和生活资源，又被排斥在城市居民的保障体系之外，目前大约有 2000 万失地农民成为“务农无地、就业无岗、低保无份”的“三无农民”。他们生活在城市的边缘，在就业、子女就学、社会保障等方面又享受不到城市居民待遇，导致失地农民的问题越来越突出，由此引起的社会矛盾日益尖锐，成为城市化进程的巨大制约因素，已严重影响到农村的经济发展和城乡的社会稳定。

3. 乡村债务问题严重

20世纪90年代以来，乡村债务一直是影响农村基层运转、经济发展和社会稳定的焦点问题。随着农村税费制度改革的深入，这个问题变得越来越尖锐。据粗略估计，2003年我国乡村两级债务已达到3600多亿元。有的研究估计，目前我国乡村债务总额高达6000亿—10000亿元，占我国GDP的5%—10%，占我国财政收入总额的30%—50%，乡村债务总额负担实际上已超过长期建设国债负担。目前基层债务问题已经相当严重。乡村偿债危机直接影响乡村组织的正常运转和基层政权的稳定，削弱了党在农村的执政能力。许多乡镇政府连日常办公必需的水电费、电话费都支付不起，经常因拖欠电费而被供电部门切断电源。陕西省礼泉县，有的乡村干部为上缴税费借款高达30多万元，2004年12月，礼泉县50多个村干部因债务问题到省里有关部门上访。乡村债务直接影响农村社会的稳定，有些债权人为了讨回乡村所欠的债务，甚至雇请社会上的黑恶势力来向乡村干部逼债，殴打、羁押、扣留乡村负责人的事件时有发生，引发各种社会矛盾。

4. 农民负担存在反弹的压力

农村税费改革之后，尤其是2006年中央决定在全国范围内取消农业税之后，农民负担大幅度减轻，由负担重的而引起的群体性事件大幅减少。但是，农民负担重的问题还没有得到解决，加重农民负担的动力和机制仍然存在。据调查，农村税费改革先驱安徽省从2005年下半年开始，农民负担问题的信访有较大幅度增加，到省信访局上访的农民涉及33个县市，到省减负办上访的有26个县市。目前农民负担增加的压力主要来源于以下几个方面：一是支农惠农政策措施打折扣，有的地方截留、挪用国家发给农户的政策性补贴；二是“一事一议”不规范，有的超过筹资上限，有的无论办不办事，搞强行集资摊派；三是乱收费现象仍然存在，尤其是借管理服务，比如婚姻登记、建房、办理身份证等名目乱收费等等。税费改革之后，农民负担的内容、结构等方面都发生了较大的变化。农民负担的重点由过去的行政事业性乱收费转变为经营性和行政事业性乱收费并存；农民负担涉及的对象由过去整乡、整村面向全体农户转向部分特定农户；收取主体由过去的乡村组织为主转向部门、乡村组织和市场中介的多重主体。这就使得目前农民负担的隐蔽性增强，监管难度加大。

5. 一些地方农村基层组织涣散

在社会组织结构日趋多元化的情况下，一些地方农村基层组织软弱涣散，有的缺乏为农民服务、带领群众致富奔小康的能力；有的村经济发展缓慢，集体经济实力不强，村党组织凝聚力、影响力弱化，难以驾驭复杂的工作局面；农村税费改革后，一些地方农村基层组织在催粮收款等传统的工作职能没有以后，不知道该干什么；一些地方农村基层组织存在着“老办法不顶用，新办法不会用，硬办法不敢用，软办法不管用”的问题，不知道该怎么干；有的农村基层党组织长期不开展组织生活，形同虚设，少数党组织处于瘫痪状态；个别地方干群关系紧张，宗族宗派、黑恶势力、邪教组织猖獗，成为影响农村和谐稳定的重要隐患，影响到农村依法治理和农民的民主权利。

6. 农村基层民主政治不健全

当前，村民自治机制和民主管理制度尚不健全，民主选举、民主决策、民主管理、民主监督的制度保障还未建立，村务公开和民主议事制度刚刚起步，水平还比较低，农民的知情权、决策权、监督权和参与权得不到保障。有些干部还不能适应群众不断增长的参政议政要求，有的农民还不会正确行使自己的民主权力。农村“一事一议”制度开展不起来，“事难议、议难决、决难行”的现象还普遍存在，村民依法自治和参与社会管理事务的意识不强。民主选举不够规范，村务公开在一些地方仍不能很好实行，集体财务缺乏监督。

7. 农村社会事业发展严重滞后

长期以来，受二元经济社会结构的影响，农村社会事业建设不仅严重滞后于城市，也成为农村发展中最薄弱的环节。一是农村教育投入严重不足。2005 年，农村教育只占国家义务教育事业经费的 23%。大部分农村面临着公用经费短缺的局面。二是农村卫生投入长期严重不足。农村医疗卫生落后，公共卫生体系缺失，农民缺医少药，看不起病和因病致贫的现象非常严重。农村地方病、传染病和人畜共患疾病的防治力度不够，经费紧张，医疗服务和保健服务不能满足农民的基本需求。三是社会保障基本没有覆盖。我国农村社会保障制度与新农村建设要求相适应的科学、系统、规范、统一的农村社会保障制度相差甚远，存在着覆盖面窄、发展不平衡、保障资金不足等问题。除极少数发达地区农民有退休养老金外，农民基本上还是靠养儿防老。如果按照人均 683 元的贫困线标准，我国还有 2365 万左右的绝对贫困人口。如果按照联合国制定的每天人均消费 1 美元的最低标准，中国贫困人口的总数将不少于 2 亿人，而且绝大部分是农民，一部分脱贫继而返贫的人口仍在增加。四是农村基础设施落后。农村享有的用电、通信、交通等基础设施服务，无论是数量还是质量方面都与城市存在巨大差距。农村住宅与畜禽舍混杂、农村污水、垃圾治理的问题仍很突出。农村社会事业建设滞后不仅是农民反映最强烈的问题，更是农民增收与和谐社会建设的重要制约因素。

8. 农民的思想文化素质整体偏低

目前，我国农民平均受教育年限仅 7 年左右，农村劳动力中，小学文化程度和文盲半文盲占 40.3%，初中文化程度占 48.1%，高中以上文化程度仅占 11.6%，系统接受过农业职业教育的农村劳动力不到 5%。绝大多数农民不懂得使用新技术，自我发展能力较差，就业竞争能力不强。一些农民法律意识淡薄，少数农民责任意识、诚信意识及社会公德较差。农村婚丧嫁娶大操大办之风比较普遍，成为农民沉重的隐性负担。一些地方封建迷信盛行，赌博成风。腐朽文化和封建落后习俗仍有一定市场。

9. 一些体制机制不适应新形势

许多不和谐现象长期存在，根源在于体制。构建农村和谐社会，必须在深化改革中逐步建立健全有关体制机制。从目前来看，体制性矛盾突出地表现在三个方面：一是基层行政管理体制不适应农村生产力发展的要求。与新形势新要求相适应的有效管理、治理、协调和服务农村经济社会发展的有效机制还没有建立健全，有效开展农业和农村工作的工作方法、工作机制、管理方式、服务方式还未形成。特别是农村税费改革后，乡镇政府职能如何准确定位、如何适应新形势转变工作的方式方法，是目前许多地方普遍存在的问题。二是农村公共产品供给体制不适应保障公共服务的要求。在长期实行的城乡分割的管理体制下，各级政府对农村和农民的利益保障缺少足够的重视，向农村和农民提供的公共品缺少法律和制度的保障。中央政府和地方政府以及地方各级政府之间事权与财权分离的问题比较突出，农村公共产品供给主体错位现象严重。三是农村劳动力转移就业体制适应不了优化配置劳动力资源的需要。长期存在城乡户籍制度很不适应农村劳动力转移就业的需要。国家就业体系中没有包括农村劳动力就业，实行的是城乡分割的就业管理体制，因此无论是国家发展规划、国家财政支持还是政府管理服务，都很难体现对农村劳动力转移就业的平等。有关农村劳动力转移就业的政策配套措施不完善，缺乏操作依据，如农民工的医疗、养老保险等社会保障方面国家没有出台完善的政策法规，影响了国家促进农村劳动力转移就业的有关方针政策的贯彻落实。

10. 农村生态环境恶化

人与自然的和谐是和谐社会的重要内容。从目前来看，农村生态环境给我们提出了严峻的挑战，集中体现在：一是水资源质量受到污染。目前全国 80% 左右的污水未经过处理就直接排入水域，流经城市的河段普遍遭到污染，近 50% 的重点城镇水源地不符合饮用水标准。据统计，近几年全国每年水污染事故都在1000起以上。二是土壤质量不断恶化。1/3的国土面积受到酸雨影响，全国水土流失面积356万平方公里，沙化土地面积174万平方公里，90%以上的天然草原退化。三是农业和农村面源污染严重，食品安全问题突出。我国化肥的平均施用量是发达国家化肥安全施用上限的2倍，平均利用率仅40%左右。全国畜禽养殖污染物的产生量是工业固体废弃物的2倍多，农业面源污染成为我国的污染大户。据农业部2006年第二次农产品监测表明，全国37个大中型城市蔬菜市场及基地农药总超标率为7.6%。这些问题导致事故频发，群众集体上访事件时有发生，地区间的纠纷不断，影响安定团结。

三、构建农村和谐社会的总体思路、目标与原则

构建农村和谐社会要以邓小平理论和“三个代表”重要思想为指导，树立和落实以人为本、全面协调可持续的科学发展观，坚持统筹城乡经济社会发展，坚持党在农村的基本政策，更加注重社会公平，坚持正确解决人民内部矛盾的有效方法，处理好改革、发展与稳定的关系，经济上保障农民的物质利益，政治上维护农民的民主权力，切实解决农民群众最关心、最直接、最现实的利益问题，立足发展、促进公平，统筹协调，推动农村社会建设与经济建设、民主政治建设、文化建设全面进步。

我们所要建设的和谐农村，应该是民主法治、公平正义、诚信友爱、充满活力、安定有序、人与自然和谐相处的社会。民主法治，就是农村基层民主得到充分发扬，依法治村、依法治农的各项政策得到切实落实，各方面积极因素得到广泛调动；诚信友爱，就是社区邻里互帮互助、诚实守信，全体人民平等友爱、融洽相处；公平正义，就是城乡关系以及农村社会各方面的利益关系得到妥善协调，人民内部矛盾和其他社会矛盾得到正确处理；充满活力，就是广大农民科学文化素质不断

提高，劳动技能不断增强，劳动能力得到最大限度地发挥；安定有序，就是农村社会组织机制健全，基层组织社会管理与服务职能完善，秩序良好；人与自然和谐相处，就是生产发展，生活宽裕，生态良好，广大农村成为幸福美好的家园。

构建农村和谐社会，要坚持党的六中全会决定明确指出的六条基本原则。努力做到：把“以人为本”作为构建农村和谐社会的出发点和落脚点，不断满足农民群众日益增长的物质文化需要；以发展巩固和谐，搞好“五个统筹”，转变农业增长方式，提高农村经济的发展质量；以改革促进和谐，全面深化农村改革，完善农业增效、农民增收和农村发展的体制机制；以稳定保障和谐，把改革的力度、发展的速度和社会可承受的程度统一起来，确保广大农民群众安居乐业、广大农村社区安定有序；靠党领导构建和谐，不断增强农村基层组织的战斗力、凝聚力和创造力，维护农民群众的主体地位，团结一切可以团结的力量，调动一切积极因素，形成促进农村社会和谐的强大合力。

四、构建农村和谐社会的对策措施

（一）贯彻工业反哺农业、城市支持农村的方针，加快建立有利于改变城乡二元结构的体制机制

重点要从三个方面加以推进：

1. 完善支持保护农业的政策体系

按照“多予、少取、放活”和“工业反哺农业、城市支持农村”的方针，加大对农业、农村和农民的投入力度，不断增强农业政策的反哺性和普惠性。设法调整、优化对“三农”投入的财政支出结构、固定资产投资结构、信贷投放结构。建立对农民的直接补贴机制，进一步完善补贴政策，扩大农业补贴规模。探索建立农业投入品补贴机制，降低农业生产成本。积极推动农业政策性保险试点。尽快形成完整的国家支持保护农业的政策体系。

2. 加大农业和农村基础设施建设力度

农业基础设施建设滞后，是城乡发展失衡的重要原因。统筹城乡协调发展，要在强化农村基础设施建设上下力气。加强农业生产设施和农村生活设施建设，加快实施农村“六小工程”，大力改善农村生产生活条件，着力提升农业综合生产能力，增强农村经济社会发展后劲。

3. 消除影响城乡协调发展的体制性障碍，建立新型城乡关系

推动建立资源在城乡之间合理配置的市场体系，形成城乡社会事业和基础设施共同发展的运行机制。引导各类资源和要素向农业和农村流动，促进农村产业结构调整优化，实现农业和农村经济全面发展。

（二）转变经济增长方式，大力发展现代农业

推进现代农业建设要着力做好以下几个方面的工作：

1. 大力推进农业科技进步与创新

必须加快构建国家农业科技创新体系，大力提高自主创新能力，加大农业生物技术、信息技术、食品生物工程技术等高技术的研发力度。必须健全基层农业技术推广体系，建立多元化的技术推广机制，加快科技成果的转化、应用和普及。

2. 大力发展现代农业物质装备

加快重大工程建设，扎实推进优质粮食产业工程，加快商品粮基地建设，实施种子工程、植保工程和新一轮沃土工程，建成一批高产稳产、旱涝保收基本农田。加快畜牧水产业基础设施建设。大力推进农业机械化。

3. 加快转变农业经营形式

加大对农业产业化发展的资金投入，扶持壮大一批竞争力、带动力强的龙头企业和企业集群示范基地，完善龙头企业与农户之间的利益联结机制。积极扶持多种类型的农民专业合作经济组织和中介服务组织发展，推动加快立法进程，促进农

民专业合作经济组织发展的规范化和法制化。引导各类专业大户和农村经纪人队伍健康发展。

4. 积极发展低投入、低消耗、低排放和高效率的农业循环经济

按照“减量化、再利用、资源化”的理念，以节地、节水、节肥、节种、节能和资源综合循环利用为重点，大力推广一批应用节约型技术，推进节约型农业发展。发展以生物质资源为主的农村新能源和新材料，促进再生资源的循环利用和非再生资源的节约利用，推动生物质经济发展。加大秸秆综合开发利用力度，大力发展农村沼气。

（三）持续增加农民收入

增加农民收入，要采取综合措施，不断拓宽农民增收渠道，努力建设农民增收的长效机制。

1. 充分挖掘农业内部增收潜力

提高粮食生产比较效益，保证种粮农民有稳定的收入来源。调整农业生产结构，按照国内外市场需要，发展品质优良、特色明显、附加值高的优势农产品，扩大养殖、园艺等劳动密集型产品和绿色食品的生产，推进“一村一品”发展，加快开发特色产业，提高市场占有率，形成具有竞争力的优势产业，促进农业增值增效。大力推进发展农产品加工业，促进农产品转化增值。

2. 大力发展乡镇企业和县域经济

引导乡镇企业转变机制和增长方式，加快技术进步和产业升级，大力发展劳动密集型产业和农村服务业，增强吸纳农村劳动力就业的能力。鼓励和扶持发展农村个体私营等非公有制经济，放宽市场准入，完善扶持政策，改善发展环境，培养农村经济新的增长点。积极发展小城镇，引导企业和要素聚集，发展壮大县域经济，增强农村劳动力转移就业的空间。

3. 引导农村劳动力转移就业

加强农民外出就业的指导和服务，做好劳务输出地和输入地的对接，做强做大劳务经济，增加农民劳务收入。加强对农村劳动力流动的监测，完善农民就业综合服务体系。建立城乡统一开放、竞争有序的劳动力市场，形成城乡劳动者平等就业的制度。

4. 完善落实农民补贴政策

继续推进完善现有农业补贴政策，健全对农民直接补贴的机制，增加农民的转移性收入。扩大对种粮农民直接补贴、良种补贴和农机具购置补贴规模，增加补贴标准，扩大补贴范围。推动建立对农民使用化肥、燃油等农业生产资料的直接补贴制度，完善对农业和农民的支持保护体系。落实重大农业技术推广项目专项补贴政策。

（四）切实保护农民合法权益

当前要突出保护好农民以下权利：

1. 保护好农民的土地承包权益

稳定和完善以家庭承包经营为基础、统分结合的双层经营体制，进一步明确土地承包经营权的物权性质，落实好惠及农民的各项土地政策，发展多种形式的适度规模经营。加快土地征用制度改革。严格区分公益性用地和经营性用地，明确界定政府征地权和征地范围，充分保障农民对土地的基本权利。完善征地程序和补偿机制，提高补偿标准，改进分配办法，妥善解决被征地农民的就业、生活和社会保障等问题。

2. 建立健全农民负担监督管理长效机制

严把源头关，坚持涉农收费“一个漏斗向下”制度。健全农民负担责任追究制，对农民负担实施目标考核，把农民负担工作作为考核和任用各级党政领导干部，尤其是县乡两级领导的重要依据和标准，实施农民负担黄牌警告，重点监控。完善农民负担监督检查制度和监测预警体系。

3. 改善农民工就业环境，保障农民工合法权益切实维护农民工的合法权益，清除农民工进城务工各种歧视性政策，建立工资支付保障金制度，杜绝拖欠农民工工资的现象，严格执行并不断完善最低工资制度，组织进城务工农民参加工会，改善农民工的劳动和生产环境，使其与城镇职工享有同等待遇。加强农民工社会保障工作，当前要抓紧建立外出务工农民的工伤、医疗保险。搞好农民工就业服务和培训。

（五）加快发展农村社会事业

从农民群众最关心、要求最迫切、最容易见效的事情入手，贯彻落实新增教育、文化、卫生等事业经费主要用于农村的规定，促进义务教育和基本医疗等服务的平等化。

1. 积极推进新型农村合作医疗制度试点工作

探索建立合理的医疗经费筹集机制，逐步扩大试点范围，提高补助标准，吸引尽可能多的农民自觉自愿参加新型合作医疗制度，提高广大农民群众的医疗保障水平。

2. 逐步建立农村社会保障制度

有条件的地方，积极探索建立农村最低生活保障制度。要科学确定最低生活标准，合理界定农村居民最低生活保障对象，积极探索农村低保金来源和发放的有效机制，切实改善农村弱势群体和贫困群体的生活。建立农村养老制度。农村养老保障要与五保供养和鼓励计划生育政策相结合，优先建立五保供养和农村计划生育家庭的养老制度，建立起全国性的农村养老保障制度，并不断提高养老金标准。要随着经济的发展和各级财政收入的增长，不断增加各级财政用于农村社会保障的支出，提高农村的保障水平，逐步建立城乡统一的社会保障制度。

3. 着力普及和巩固农村九年制义务教育

切实增加对农村义务教育的投入，中央财政新增教育投入主要用于农村，省级财政新增教育投入也应主要用于农村，并建立规范的农村义务教育转移支付制度。合理配置城乡教育资源。应下决心尽快改变教育资源配置主要集中在城镇的状况，建立城乡教师交流制度，建立城镇优秀教师到农村定期任教制度，农村骨干教师到城镇学校任教培训制度。

4. 切实做好扶贫工作，提高扶贫开发成效

搞好新时期的扶贫开发工作，对于全面建设农村和谐社会意义重大。要区别不同的致贫原因，采取更有针对性的扶贫措施，加大工作力度，提高扶贫成效。健全扶贫投入机制，加强资金管理，确保资金及时足额到位，真正使贫困户受益。

（六）加强新型农民培训，倡导健康文明新风尚

广大农村地区是否稳定和谐，很大程度上取决于社区居民的文化道德素质。全面提高农民素质，非常重要而紧迫。近年来，各地为提高农民素质，做了大量探索。培养新型农民，要造就两支队伍。一支是高素质的农业劳动力队伍，一支是高素质的转移就业劳动力队伍。今后要加大培训力度，创新培训内容，改进培训方式，建立培训体系，增加培训投入，切实组织实施好各项新型农民培训工程。要加强乡镇文化站、村文化室等公共文化设施建设，实施农民体育健身工程，积极开展多种形式的群众喜闻乐见、寓教于乐的文体活动。大力开展“八荣八耻”教育，大力倡导以文明礼貌、助人为乐、爱护公物、保护环境、遵纪守法为主要内容的社会公德，大力倡导以尊老爱幼、男女平等、夫妻和睦、勤俭持家、邻里团结为主要内容的家庭美德，提倡尊重人、理解人、关心人，热爱集体，热心公益，扶贫帮困，形成团结互助、平等友爱、共同前进的社会氛围和人际关系。引导农民崇尚科学，抵制迷信，移风易俗，破除陋习，提倡科学健康的生活方式。

（七）理顺基层党和政府组织管理体制，完善社会管理协调机制

党在农村的基层组织是农村全部工作的领导核心，是党在

农村的执政基础。一是不断加强农村基层党的建设，增强基层党组织的战斗力、凝聚力和创造力。以巩固和扩大农村党员先进性教育活动成果，建立健全常抓不懈的工作机制为主线，深入开展农村党的建设“三级联创”活动（创建农村党建先进区县、“六好”乡镇党委和“五好”农村党支部），着力提高农村基层组织的战斗力，为构建农村和谐社会提供坚强的组织保证。二是切实转变乡镇政府职能，按照有所为有所不为的原则，把工作重点从过去直接抓招商引资、生产经营、产品营销、催收催种、催粮催款等具体事务转到搞好社会管理和公共服务上来。三是加强乡村领导班子建设，提高农村基层干部素质，增强广大干部带领群众增收致富的能力，建设一支高素质的农村基层干部队伍。

（八）加强农村民主政治建设

一是进一步完善村民自治机制。着力健全村务公开和民主议事制度，让农民群众真正享有知情权、参与权、管理权、监督权。乡镇政府也要大力推行政务公开，方便群众办事，接受群众监督。二是加强农村法制建设，深入开展农村普法教育，引导农民牢固树立法制观念，增强农民依法维权的能力和履行义务的自觉性。三是进一步完善处理人民内部矛盾的方式方法，完善信访工作责任制，建立健全社会矛盾纠纷调处机制，把人民调解、司法调解、行政调解结合起来，依法及时合理地处理群众反映的问题，妥善处理农村各种社会矛盾。四是开展平安农村创建活动，加强农村社会治安综合治理，打击各种社会丑恶现象，使农民群众真正享有安居乐业的社会环境。五是培育农村新型经济社会服务组织，增强农民自我管理、自我服务的能力，引导和支持发展各种新型的农村社会化服务组织，鼓励发展农村法律、财务等中介组织，把政府不该管、管不了、管不好的事情管起来，为农民生产经营活动和维护自身合法权益提供有效服务。

第七章

统筹城乡发展的理论与实践

第一节

统筹城乡发展的内涵、基本要求和目标[①]

统筹城乡发展的方略是2002年11月党的十六大报告首先提出来的。后来，被不断丰富和发展。2003年10月党的十六届三中全会提出了“五个统筹”，即统筹城乡发展、统筹区域发展、统筹经济社会发展、统筹人与自然和谐发展、统筹国内

① 本节第一、第二、第三部分选自农业部软科学课题“统筹城乡经济社会发展的途径、阶段性目标和步骤研究”（课题编号：200427－1）研究报告，课题主持人：尹成杰。第四部分选自农业部软科学课题“统筹城乡经济社会发展的途径、阶段性目标和步骤研究”（课题编号：200427－2）研究报告，课题主持人：李岳云。

发展与对外开放。2004 年 9 月，党的十六届四中全会进一步提出了要推动建立统筹城乡发展、统筹区域发展、统筹经济社会发展、统筹人与自然和谐发展、统筹国内发展和对外开放的有效体制机制。中央之所以多次强调要统筹城乡发展，有其深刻的现实背景。这既与 20 世纪最后 10 年在向总体小康目标迈进中农村落在全国后面有关，也与 21 世纪头 20 年实现全面建设小康社会目标的重点和难点在农村有关；既与城乡差距呈现不断扩大的趋势有关，也与城乡差距之大已接近社会心理承受极限有关；既与中央领导人以人为本理念的确立有关，也与理论界日渐强烈的缩小城乡差距的诉求有关。

一、实施统筹城乡发展方略的体制起点

实施统筹城乡发展的方略，必须进一步打破其对立面即城乡分割的体制基础，逐步建立起有利于消除城乡二元结构、合理配置城乡资源、促进城乡协调发展的体制和机制；而要打破城乡二元体制，则必须对其本质和核心进行深入剖析，找出解决问题的突破口。城乡二元体制下的“三农”政策的核心，概括起来说，就是九个字：要得多、给得少、管得死。

（一）对农民索取过多，削弱了农民自我积累和自我发展的能力

不仅通过剪刀差和税费负担等方式，形成了对农民和农村企业的大量索取，农村资金也通过储蓄等方式大量外流。低价征地导致土地价差收益大量流失。低工资还导致农民工创造的价值主要留在城市。现阶段农民工工资水平低，既有市场机制的作用，也与城乡分割的二元体制密切相关。

（二）公共资源的分配向城市倾斜，投入农村的比例过低

1. 国家财政用于农业的份额过低

如 2002 年国家财政总支出 22053 亿元，其中用于支持农

业的仅为1457亿元，仅占7.7%。国家财政用于经济建设的支出为6674亿元，其中用于支援农村生产支出和农、林、水、利、气象等部门事业费918亿元，农业基本建设投资481亿元，合计1399亿元，占21%。需要注意的是，农业投入的“非农化”现象严重。最为突出的是水利投资。如1996—2002年防洪工程投资将近1400亿元，其中除少部分专门用于农业和农村外，大多数都是全社会受益的大型工程，但全部计算为农业投资。据估计，农业投资中实际用于农业和农村发展的仅占一半左右。

2. 国家财政用于社会事业发展的支出分配给农村的份额过低

以国家财政性教育经费的分配为例，2001年全国3057亿元的资金总量中，投向农村义务教育的为901亿元，不到1/3。再以国家卫生资源的分配为例，据一些专家研究，中国人口占全世界人口的22%，但医疗资源却不到全世界医疗资源的2%，而这些有限的资源，80%集中在城市、城市卫生资源的2/3又集中在大医院、一些高精尖医疗设备的数量已经达到甚至超过发达国家水平、这些大医院贵族化现象日益严重，农村只占卫生资源的20%，城市人均卫生事业经费是农村人均卫生事业经费的三到四倍。这足以表明，中国卫生资源分配很不合理，其公平性弱，分配给农村的资源太少。据世界卫生组织公布的数据，中国卫生资源分配公平性在全世界排名中居第188位，列倒数第四位。

3. 国家财政用于社会保障的支出分配给农村的份额过低

城市已建立完整的社会保障体系，除企业和职工个人要缴纳社会保险费外，国家财政每年要给予大量补助。2002年，国家财政对社会保障补助支出为1017亿元，全部用于城市；抚恤和社会福利救济费支出373亿元，估计一半用于城市；合计用于城市约1200亿元，人均享受补助239元。农村主要靠家庭保障和土地保障，国家财政主要是对五保户供养、自然灾害救济、贫困户救济有一定投入，估计约186亿元，人均约24元。

（三）城乡分割的管理体制，对农民限制过多，既不利于城市带动农村，又不利于农村自身搞活

1. 严格的户籍管理制度

严格的户籍管理制度是城乡二元社会得以形成和长期保持的重要制度保障。大批剩余劳动力滞留农业和农村，是农民收入增长缓慢的根本原因。目前户籍制度改革已迈出较大步伐，不少地方已基本放开。但多数大中城市户籍管理仍极为严格。另外，尽管大批劳动力已经进城务工就业，但城市政府没有把为民工提供公共服务的成本纳入财政预算范围，导致对进城务工就业的民工乱收费仍十分严重；把民工视作流动的社会群体，城市建设规划没有考虑民工“沉淀”下来的可能性，住房、教育、医疗等基础设施和公益设施的建设没有考虑民工长期住下来的需要。走的是一条高成本的城市化道路，城市化的门槛很高，实际上在城市内部已经形成新的二元结构。

2. 产业政策的城市倾斜

在供求关系处于卖方市场、经济发展主要受资源约束的时期，产业政策的着眼点是控制乡镇企业与城市国有企业争资源，强调乡镇企业要“三就地”。在供求关系处于买方市场、经济发展主要受市场需求制约的时期，产业政策的着眼点是控制乡镇企业与城市国有企业争市场，限制“五小”、“十五小”，实际上主要限制的是乡镇企业。

3. 信贷投放的城市倾斜

信贷资金大量投向国有企业，对农村乡镇企业、个体私营企业严格限制，使银行信贷资金的配置效率极为低下。农村信用社、国有商业银行等正规金融不可能满足农户多样、复杂的信贷需求，于是导致目前农村高利贷盛行。近些年来，农民借贷1/3靠正规金融机构、2/3靠民间借贷的局面没有多大变化。

4. 农产品价格调控政策的重城轻乡

农产品流通和价格放开以来，国家多次在宏观调控中通过平抑农产品价格，使农业和农民承担着维护城市社会稳定的成本。每当农产品上涨时，有关部门总是以控制工业成本、降低城市居民生活费用为着眼点，积极进行平抑，较少考虑到农产品价格上涨对增加农民收入、促进农业发展的积极作用。

二、统筹城乡发展方略的基本内涵

自从中央提出统筹城乡发展的方略后，在各种新闻媒体中"统筹城乡发展"、"城乡统筹发展"等提法的使用频率越来越高。但对统筹城乡发展方略的内涵和外延的理解和把握差异极大，对统筹城乡发展方略的阐发多种多样。因此，有必要对统筹城乡发展方略的基本内涵和根本要求作进一步的探讨。

（一）关于统筹的内涵

目前，对统筹城乡发展方略有代表性的阐述主要有以下三种：一是着重从城乡互动的角度来阐释，认为统筹城乡经济社会发展，就是要充分发挥城市对农村的带动作用和农村对城市的促进作用，实现城乡经济社会一体化发展。二是着重从公共资源配置应向农业和农村倾斜的角度来阐释，认为在制定国民经济发展计划、确定国民收入分配格局、研究重大经济政策的时候，把解决好农业、农村和农民问题放在优先位置，加大对农业的支持和保护。三是着重从破除城乡二元体制、创造平等统一的新型城乡关系的角度来阐释，认为所谓统筹城乡发展，就是通过体制创新，建立与市场经济体制相适应的城乡一体化的经济社会秩序，解决制约农村、农业发展和农民增收的体制性、结构性矛盾，促进城市与农村共同进步、工业与农业协调发展。

借鉴各方面对统筹城乡发展的理解，我们可以对统筹城乡发展的内涵作出如下阐述：所谓统筹城乡发展，就是政府为了缩小城乡发展差距、实现城乡协调发展，通过采取政策和措施，打破城乡二元体制、消除制约农业和农村发展的体制性障碍，调整公共资源配置、增加对农业和农村的投入。具体而言，要实现以下几个统筹：一是统筹城乡产业政策。改变“保城损乡”、“保工损农”的产业歧视政策，为乡镇企业发展创造宽松环境，赋予农民和农村平等发展权。二是统筹城乡劳动力就业。改变对农村劳动力进城就业的种种限制，实现城乡之间劳动力的充分自由流动。三是统筹城乡公益事业建设。改变政府用于发展教育、卫生等公益事业的资源主要投向城市的做法，将适当比例的公共资源分配给农村，承担起政府在农村公益事业建设中的职责。四是统筹城乡社会保障。改变社会保障体系不覆盖农村的做法，从最低生活保障和养老保险做起、从发达地区和失地农民做起，逐步建立和完善农村社会保障体系。

（二）关于统筹的主体

从统筹城乡发展方略的产生背景以及所要解决的问题来看，统筹是一种政府行为，统筹的主体是经济社会发展政策的制定者和公共资源的配置者。这里有四个问题需要明确：第一，目前城乡发展差距如此之大，很大程度上是以前的发展政策造成的，实现城乡协调发展必须尽快修正这些政策。这只能由政府来完成。第二，在纯粹由市场配置资源的条件下，我国目前仍处于城乡差距扩大的发展阶段，而实现全面建设小康社会的目标又要求加快农村发展步伐、逐步缩小城乡差距。这就要求政府大力调整国民收入分配结构和财政支出结构，提高用于农业和农村的公共资源分配比例，在遏制住城乡差距扩大趋势的基础上，向缩小城乡差距的方向迈进，最终实现城乡协调发展。第三，中央政府和地方政府都是统筹的主体。统筹城乡发展，需要中央政府在城乡之间合理配置公共资源，也需要地方政府在公共资源配置、城乡建设规划等多个方面兼顾城乡发展的需要。在浙江等地，省和县两级地方政府在统筹城乡发展方面已经有所作为。第四，强调政府的主体角色，并不排斥市场机制的作用。在市场机制的作用下，通过城乡互动，以城市的发展带动农村的发展，是实现城乡协调发展、缩小城乡差距的重要途径。现在强调要统筹城乡发展，就是要在发挥市场机制作用的同时，通过政府的介入，更好地实现城乡协调发展。

（三）关于统筹的目标

中央最初是从实现全面建设小康社会目标出发提出统筹城乡发展要求的。从这个角度来看，统筹城乡发展的目标就是要使农村在2020年如期实现全面小康。如果到2020年农村实现了全面小康，也就实现了统筹的目标；否则，统筹的目标就没有达到。这是总体性、结果性目标。实际上，我们还可以从若干侧面、动态过程的角度来把握统筹城乡发展所要达到的目标。从侧面来看，统筹城乡发展的目标可以细分为缩小城乡居民收入和消费差距、缩小城乡教育和卫生发展水平差距等若干方面。从动态过程来看，统筹城乡发展的目标不应该等到2020年之前的几年突击实现，而应该在整个建设全面小康社会的过程中均衡地向2020年的目标迈进。也就是说，在2020年之前应该分阶段提出统筹的目标。

（四）关于统筹的对象

从字面理解，统筹城乡发展就是统筹考虑城市和农村的发展，使城乡之间实现协调发展。从深层次理解，统筹城乡发展，要统筹的是公共资源在城乡之间的分配、生产要素在城乡之间的流动。简言之，统筹的对象既不是农村发展，也不是城市发展，而是政府在城乡之间的资源配置行为。明确统筹的对象是十分必要的：首先，有利于区分统筹政策与其他政策，避免出现“统筹城乡是个框，什么都往里面装”的局面。统筹城乡发展除了具有政府行为的特征外，还具有对城市和农村发展影响兼具的特征。也就是说，政府的任何一项统筹行为，都会既影响到城市的发展又影响到农村的发展，体现的是政府如何将政策效应在城乡之间进行合理分配，这有别于一般仅仅影响农村发展，而不直接涉及城市发展的农村发展政策。当然，统筹城乡发展政策与农村发展政策之间也是有联系的，统筹政策作用于农村以后实际上就成为农村发展政策的一部分，农村发展政策的最终结果也体现在促进城乡协调发展上。其次，有利于将统筹行为主体具体化。虽然我们已经明确统筹是一种政府行为，但政府行为是一个笼统概念，需要进一步具体化为部门行为。从统筹的对象主要是政府资源在城乡之间的分配来看，统筹应主要是政府中负责资源分配的各部门的行为。各部门在决定资源分配时，应统筹考虑城市与农村发展的需要。例如，计划和财政部门在分配国家财政性建设资金、教育部门在分配财政性教育经费、卫生部门在分配公共卫生经费时，应逐步向农村倾斜。

（五）关于统筹的原则

统筹城乡发展既然是一种政府行为，笔者认为就应该遵循以下原则：

1. 充分发挥中央和地方多重主体的作用

统筹城乡发展无疑需要中央政府发挥好主体作用，但统筹城乡发展需要解决的问题很多，既有普遍性的体制弊端需要革除，也有各种具体政策需要调整。这其中既有中央政府职责范围内的事情，也有大量工作属于地方政府的职能。这就需要中央和地方共同努力。对地方财力比较薄弱、可供重新分配的公共资源较少的地方，上级财政应加大转移支付力度。

2. 调整支出结构与消除体制障碍并重

做到统筹城乡发展，需要大力调整国民收入分配结构和财政支出结构，增加对农业和农村的投入。同时，要通过改革消除不利于剩余资源流出农村、稀缺资源流入农村的体制障碍，做到“人出去、钱进来”。

3. 统筹城乡经济发展与统筹城乡社会发展并举

统筹城乡发展，既要统筹城市与农村的经济发展，缩小城乡经济差距，又要统筹城市与农村的社会发展，扭转农村社会事业严重滞后的局面。

4. 因地制宜，从实际出发

全国各地发展很不平衡，统筹城乡发展的侧重点、切入点和力度应有所不同。经济发展水平较高的地方，可以在城乡教育、卫生、社保等方面加大统筹力度。经济较落后的地方，可以先在统筹城乡经济发展、促进农村经济发展方面多下工夫。

5. 在城乡共同发展中实现统筹城乡发展

统筹城乡发展不是要牺牲城市发展、停止城市发展，而是要在城市与农村共同发展中，使农村发展得更快一些。

三、统筹城乡发展的绩效评价指标体系和阶段性目标

（一）统筹城乡发展的绩效评价指标体系

统筹城乡发展内涵深刻、外延宽泛，涉及经济、教育、卫生、社会保障等多个领域，所要达到的目标体现在城乡收入、消费、就业、上学和就医等多个方面。对统筹城乡发展进行评价，需要建立一套科学实用的指标体系。为此应遵循以下原则：一是比较性原则。统筹城乡发展涉及城市和农村，对统筹城乡发展进行评价不能选用仅仅反映城市或农村发展变化的指标。所选指标应具有对城乡经济社会发展水平进行比较的功能，能够反映城乡差距的状况和变化过程。这与设计农村全面小康社会评价指标体系明显不同。二是结果性原则。统筹城乡发展既体现在政府政策的调整上，也体现在城乡发展的实际结果上。对政府政策的调整进行量化，有些是能够做到的，如义务教育经费在城乡之间的分配，有些则存在技术上的困难，如农民进城务工政策的完善。因此，笔者主要选用反映统筹城乡发展实际结果的指标，而不选用反映政策调整本身的指标。三是系统性原则。整个指标体系必须能够全面、科学、准确地反

映统筹城乡发展的科学内涵和统筹城乡发展的实际成效。四是相对独立性原则。指标体系中的各个指标既要相互配合，又要相对独立，避免信息重复。五是可操作性原则。所选指标既要功能明确，又要内涵清楚，在实际应用过程中具有可操作性。

按照上述原则，我们确定了以下 5 个方面 13 个评价指标：

1. 城乡经济一体化程度指标

评价城乡发展的统筹程度，或者说评价城乡发展的协调程度，首要的是要评价城乡经济发展的一体化程度，为此我们选用了 3 个指标："城乡居民收入比值"、"第一产业劳动力比重"和"城镇人口比重"。

2. 城乡居民生活质量比较指标

统筹城乡发展的最终结果，应该体现在城乡居民生活质量差距的逐步缩小上，为此我们选用"城乡居民消费水平比值"、"城乡居民恩格尔系数差"和"城乡居民文化娱乐消费支出比重差"这 3 个指标。

3. 城乡人口素质比较指标

城乡之间人口素质差异趋于缩小，既是统筹城乡社会发展的必然结果，也是实现城乡协调发展的重要前提。为反映城乡人力资本差异，我们选用了"城乡劳动力平均受教育年限差"和"城乡人口平均预期寿命差"这 2 个指标。

4. 城乡社会发展比较指标

统筹城乡社会发展是统筹城乡发展的重要组成部分。评价统筹城乡发展的绩效，必然要对城乡社会发展的协调程度进行评价。为此我们选用了 4 个指标："城乡小学生均经费比值"、"城乡小学师生比差"、"城乡万人病床数差"和"城乡万人医疗技术人员数差"。

5. 城乡社会保障比较指标

长期以来，我们强调土地对民的保障功能，对农村社会保障体系建设重视不够；随着城市经济体制改革的逐步深入，城市社会保障体系建设取得长足进步。国家财政用于支持社会保障的支出，绝大部分用在城市，用于农村的很少，这导致城乡社会保障出现全方位差距。限于资料的可获得性，这里仅用“城乡养老保险覆盖率”反映城乡社会保障的差距。

以上5个方面的13个指标虽然都能反映城乡发展统筹程度，但有着不同的重要性。为了综合评价城乡发展统筹程度，需要把13个指标值综合成一个数值。可按以下步骤和方法进行计算：首先，需要给出每个单项指标的权重（见表7－1）。其次，测算每个单项指标的实现率。公式为：单项指标实现率＝（实际值－2000年基期值）/（目标值－2000年基期值）×100%。其中，单项指标数值达到或好于目标值，实现率为100%；不如2000年基期值，则实现率为0。再次，计算城乡发展统筹程度。公式为：城乡发展统筹程度＝∑每项指标实现率×该项指标权重。

表7－1　　城乡发展统筹程度监测指标体系

	序号	评价指标	单位	权重
一、城乡经济一体化程度	1	城乡居民人均收入比值	%	20
	2	第一产业劳动力比重	%	10
	3	城镇人口比重	%	10
二、城乡居民生活质量比较	4	城乡居民消费水平比值	%	10
	5	城乡居民恩格尔系数差	百分点	5
	6	城乡居民文化娱乐消费支出比重差	百分点	5
三、城乡人口素质比较	7	城乡劳动力平均受教育年限差	年	5
	8	城乡人口平均预期寿命差	岁	5
四、城乡社会发展比较	9	城乡小学生均经费比值	%	5
	10	城乡小学师生比差	人	5
	11	城乡万人病床数差	张	5
	12	城乡万人专业卫生技术人员数差	人	5
五、城乡社会保障比较	13	城乡养老保险覆盖率差	百分点	10
合计		—	—	100

（二）统筹城乡发展的阶段性目标

1. 起点：2000 年

本文以总体小康向全面小康转换的拐点 2000 年为逻辑起点。这一年既是全国总体小康的实现年份，也是向全面小康迈进的起点年份，这一年的城乡发展协调程度是此后各年城乡发展协调程度的参照系。在所选 13 个指标中，除特别说明外，均采用《中国统计年鉴 2001》的相关指标含义和数值。

2. 2010 年

确定衡量 2010 年城乡统筹发展程度的具体指标值，主要参照以下几个依据：一是直接引用有关方面对“十一五”期间重要发展指标的预测数；二是从 2010 年的阶段性目标应当介于总体小康与全面小康之间出发，用前 10 年的发展速率推测后 10 年的发展速率；三是用 2000 年世界中等发达国家和我国城镇居民的有关指标，作为 2010 我国城市和农村相应指标的参照基础。参照上述依据，对各个评价指标 2010 年的具体数值进行计算、分析结果详见表 7 – 2。

3. 2020 年

确定衡量 2020 年城乡统筹发展程度的具体指标值，主要参照以下几个依据：一是党的十六大确立的全面建设小康社会的目标，以及有关方面研究提出的 2020 年全面小康目标值；二是 2000 年世界中等发达国家和我国大城市相关指标值，以及我国城镇居民 2010 年相关指标预测值；三是用过去若干年的发展速率推测未来若干年的发展速率。参照上述依据，对 2020 年各个评价指标的具体数值进行计算、分析，结果详见表7 – 2。

表 7-2　　统筹城乡发展的阶段性目标

评价指标	2000 年起点值	2010 年目标值	2020 年目标值	单位
城乡居民人均收入比值	279	280	250	%
第一产业劳动力比重	50	40	30	%
城镇人口比重	36.2	48	60	%
城乡居民消费水平比值	363	300	220	%
城乡居民恩格尔系数差	9.7	7	5	百分点
城乡居民文化娱乐消费支出比重差	2.5	2	1	百分点
城乡劳动力平均受教育年限差	4.5	3.5	3	年
城乡人口平均预期寿命差	5.66	5	4	岁
城乡小学生均经费比值	144	120	100	%
城乡小学师生比差	2.3	1	0	人
城乡万人病床数差	29	20	10	张
城乡万人专业卫生技术人员数差	41.3	30	20	人
城乡养老保险覆盖率差	87.4	65	40	百分点

四、统筹城乡发展旨在化解“三农”难题

（一）统筹城乡发展，要在资源配置上平等对待“三农”

要协调城乡关系，关键是要把全部生产要素，包括土地、资本、劳动等在城乡产业间、城乡区位间、城乡居民间统筹配置。

1. 土地

我国人多地少的基本国情是产生“三农”问题的一个特殊原因。随着经济的发展、社会的进步，人口会继续增长，土地特别是耕地会不断减少，日益紧张的人地比，会加剧“三农”难题的程度。土地既是农业的基本生产资料，也是农民的基本生存资料，土地对“三农”的重要性不言自明。但城市化、工业化的发展也需要增加空间，因此如何合理配置土地资源，在我国显得尤其重要。目前在城乡土地资源配置上存在一些突出问题，比如在一些地方，政府强制性征地、克扣法定

补偿、推诿失地农民的就业安置。为防止土地资源配置的不公平，应该以法律的形式限制各级政府的权力，实行最严格的耕地保护制度。

2. 资本

农村小康社会建设及农业现代化面临两大难题，即“钱从哪儿来，人到哪儿去”，前者即是资金筹措，后者即是劳动力转移。在历史上，“三农”为城市工业的发展提供了长期的资金支持。除大江大河治理和国家重点建设项目以外，国家并没有对“三农”注入应有的资金。因此“三农”所需资金除自身积累以外，往往靠农村金融来提供。但由于种种原因，农村金融正面临严峻形势：一些地区的农业银行“非农化”倾向严重，农村基金会和储金会由于管理不善被关闭，农村信用社管理体制历经曲折尚处于理顺之中，还没有承担起支农主力军的重任。“三农”资金“失血”、“外逃”严重。

3. 劳动

按照经济发展的一般规律，农村人口将逐步向城市转移，农业劳动力逐步向非农产业转移。但由于城乡严重分割的户籍制度的长期实施以及工业化和城市化的相对滞后，中国农村剩余劳动力的转移被迫走上双轨并行的途径，即“离土离乡”式转移和“离土不离乡”式转移。前者是指离开土地的农民进城从事工业和服务业，后者是指离开土地的农民就地从事非农就业，或是进当地的乡镇企业，或是进当地集镇从事商贸服务。从吸纳剩余劳动力的能力来看，目前“离土不离乡”式大于“离土离乡”式。但“离土不离乡”式转移必须具备一些基本条件，即当地有乡镇工业发展的基础，或有邻近大中城市或大工业的辐射，因而“离土不离乡”转移仅局限于东部发达地区及大中城市的周边地区。从长远来看，还应该把重点放在“离土离乡”式转移，这就需要建立城乡统一的劳动力就业市场，消除对农民进城就业的歧视。

（二）统筹城乡发展的总目标是化解“三农”难题

由于历史和现实原因，“三农”问题长期困扰我国。20 世纪 90 年代后期，随着我国农业进入一个新的阶段，农产品由卖方市场转入买方，主要农产品在全国大部分地方出现了供过于求，市场价格低迷，农民收入增幅下降，再加上连续多年的内需不足和日趋扩大的工农差距、城乡差距，使得“三农”问题呈现出了一些新的特点。由来已久的“三农”问题已经成为当代中国经济社会发展的“三农”难题，日益受到社会各界更多的关注。如何解决这一难题，理论界和政府提出了多种方案，然而现实的实施效果大多不尽如人意。我们认为，统筹城乡发展的总目标是化解“三农”难题，从而提高农业竞争力和农村发展水平，进而提高农民收入。

1. 提高农业竞争力

由于我国政府所制定的调节国民经济运行政策中所表现出的浓厚的工业偏向、城市偏向，使得我国农业在发展过程中一直处于附属地位，扮演着为工业发展提供资本、原材料和劳动力的角色，农业的主要功能被定位在为工业发展提供要素支持。这就导致了农业的发展缺乏必要的资金、技术方面的支撑，农业自身的优势得不到发挥，农产品价格偏高，而质量又偏低，从而影响了农业竞争力的提高，农业缺乏参与国际市场竞争的能力。特别是我国入世后，国外农产品大量涌入国内市场，而国内农产品又出不去，农业面临着巨大的竞争压力的情况下，提高农业的竞争力就显得尤为迫切。

城乡统筹发展就是要纠正以往的政策偏差，统筹处理农工产业关系和配置城乡要素，从体制上为提高农业竞争力提供保障，以确保农业发展所必需的资本、土地、劳动和管理等各种要素的有效供给。只有解决这些影响农业竞争力提高的深层次问题，才能使得我国农业的比较优势得到充分发挥，从而在日趋激烈的国际竞争中立于不败之地。因此统筹城乡发展要以提高农业竞争力为目标，而提高农业竞争力也必须坚持城乡统筹发展。

2. 提高农村发展水平

农村发展包括农村经济发展和农村社会发展两个方面。农村经济发展水平不高既有农村自身的原因也有政策上的原因。对农村自身而言，农村三次产业之间的关系是衡量农村经济发展水平的一个重要标志。农业在农村三大产业中所占比重一直最高，但近些年由于种种原因农业也在萎缩；而原本有了一定起步的农村工业，受自身规模的限制，现在也困难重重；农村服务业发展速度尤为缓慢。因此提高农村经济发展水平须在保证三大产业都取得较快发展的基础上，改善三次产业之间的关系，使之趋向于更加合理。从政策层面看，由于中国渐进式改革思路的影响，而制度创新必然有前有后，中央政府在特定时期内对城乡实行的差别政策，也抑制了农村经济的发展。相对于农村经济发展，农村社会发展更显滞后。一方面，农村经济发展水平不高，无法依靠自身能力为农村社会发展提供足够的支撑；另一方面，城乡差别政策又导致政府未能对农村社会发展提供与城市同等待遇。因此提高农村社会发展水平仅仅依赖于农村自身至少在短期内是不可行的，还需要政府在政策上提供与城市同等的待遇。

统筹城乡发展就是要破除城乡之间要素流动的障碍，使得农村发展所需的资金、人才等各种要素能够得到保证，同时消除城乡之间的政策差别，在教育、社会保障等方面给予农村与城市相同的待遇。只有这样才能从根本上解决农村发展水平不高的问题，从而提高农村经济社会发展水平。

3. 提高农民收入

“三农”难题的重点和难点是农民增收，特别是在目前农民收入增加趋缓的情况下，提高农民收入显得至关重要，它关系着农村乃至全局的稳定。农民增收难的主要原因就是农村人口过多，而农村工业对农村剩余劳动力的吸纳能力有限，务农收入占农民收入的主要部分，同时农民负担过重。因此许多学者都认为，解决农民收入问题就是要在进一步减轻农民负担的基础上，让更多的农村劳动力转移到非农产业。

但是由于户籍限制，城市对民工的歧视，以及农村教育、社会保障体制的滞后，使得农村劳动力向城市的转移受阻。若要解决农村劳动力转移难题，从而提高农民收入，必须打破城乡分割的现状，改变现有的户籍制度，建立城乡一体的国民教育体系、公共卫生体系以及覆盖城乡的社会保障体系，为农村劳动力的转移消除障碍。此外还要给予民工与城市居民同等的国民待遇，建立相应的民工权益保障机制，使得民工享有与城市居民同样的社会保障制度，只有这样才能让转移的劳动力留在城市。而这一切正是城乡统筹发展的基本内容和内涵，因此提高农民收入必须坚持城乡统筹发展。

第二节

国外统筹城乡发展的模式与经验①

一、发达国家统筹城乡发展的模式与经验

（一）发达国家统筹城乡发展的模式

1. 美国

美国是工业发展比较早的国家，也是在解决二元经济及城乡统筹问题上比较成功的国家。美国的主要做法有：一是通过建立完善农业保护政策体系来促进农业发展。如通过保护性收

① 本节内容选自农业部软科学课题“发达国家统筹城乡发展模式与启示研究”（课题编号：200903），课题主持人：屈宝香。

购政策和目标价格支持相结合的做法来稳定和提高农民收入，通过所谓生产灵活性合同和反周期补贴等形式给予农民直接收入支付。美国联邦财政补贴项目拨款，也要求当地政府拿出一定比例的配套资金。二是加强农村基础设施建设和社会事业建设。目前大部分乡村的基础设施和公共服务与城市相差无几。三是开展多元化的农民职业技术教育，如“工读课程计划”就收到了很好的效果。四是健全城乡统筹协调发展的法律体系。美国从20世纪50年代后期起，政府制定了一系列优惠的郊区税收政策，鼓励工厂和居民从都市迁往郊区。

2. 日本

为消除城乡经济社会发展中逐步显现的差距，日本政府自1961年起开始采取了一系列措施。比如1961年制定了《农业基本法》，把缩减工农之间收入差距作为基本法的目标之一。1967年日本政府又制定了“经济社会发展计划”，出台了一整套政策措施，来解决产业均衡发展、缩小城乡差距的问题。一是保护农村工商业发展。自20世纪60年代起制定了《新全国综合开发计划》、《农村地区引进工业促进法》、《工业重新配制促进法》，促使工业由大都市向地方城市和农村转移，不同类型的工厂在农村的存在和发展，以推动农村工业化。二是加强农村基础设施建设。政府运用公共财政加大用于农业生产基础设施整治、农村生活环境整治以及农村地区的保护与管理等农业基础设施建设的投资，加强城乡之间的物质和信息联系，促进农业生产率的提高。三是推进农村土地规模经营。1961年制定了《农业基本法》，1962年和1970年又先后两次修改，1975年制定了《关于农业振兴区域条件整备问题的法律》，这些制度改革促进了以土地买卖和土地租借为主要形式的土地流动，为土地规模经营提供了基础。四是发展农村基础教育和职业教育。除了义务教育普及了高中教育外，还特别重视农村职业技术教育，不仅为农业、工业和服务业产业效率提高夯实基础，也促进农民顺利城市化。五是建立与城市一体化的社会保障体系。通过1946年的《生活保护法》、1959年的《国民健康保险法》和《国民年金法》的颁布执行，日本农村基本上建立起了以医疗保险和养老保险为主的农村社会保障体系，形成了城乡一体化的国民公共医疗和养老保险体系。六是大力发展各类农业协会。几乎每个市町村都设有农业协会，农业协会提供的服务已经涉及了农户生产生活的各方面，很多地方取代政府承担了提供公共服务的功能，为发展农业劳动生产率、提高农民生活质量发挥了积极作用。

日本统筹城乡发展的做法取得以下几个方面成效：一是建立了统筹规划城市和农村发展的体系，促进了农民兼业；二是建立健全农村劳动力转移服务体系；三是形成政府、金融机构、公团、企业等社会力量和农民共同参与农村建设的良好氛围。但是，日本城乡统筹发展并未进入良性循环轨道，突出表现在以下几个方面：一是农业从业人口减少和农村老龄化的问题依然突出。尽管日本的农村与城市无论在经济上还是生活上已经没有明显差异，但是农村年轻人依然向往城市，向往现代的生活方式，农村人口持续外流，农业从业人口严重不足，后继无人。二是社会保障金负担沉重。农村被扶养人口占总人口的比例越来越高，社会保险制度面临着保障经费迅速增长，医疗与养老保险负担日益沉重、各类公共保险机构赤字增加的问题。三是造村运动对生态环境有一定的影响。农业现代化中，飞机喷洒农药、大规模畜禽产业的粪尿排放等，造成水质污染和环境污染，土壤生态失调，破坏了自然生态，影响了农业的可持续发展。

3. 英国

英国和其他国家一样，出现过“城市病”，也出现过逆城市化现象。为解决发展过程中出现的种种问题，英国采取了一些措施和办法，最富特色的是通过建立完善的城乡一体的规划体系，有序推进城乡统筹协调发展。英国最早建立起的由中央、地区和地方三级组成的、完善的规划管理体系，对于城市带动农村社会经济的发展起到了积极作用。第一，规划管理体系非常强调中央集权（规划的集中统一）、强调区域统筹（城乡统筹）、强调公众参与（推行民主）和规划执行，强调赋予并确保乡村地区的发展机会。其次，注重规划立法工作，强调规划建设的适度超前。1909 年，英国颁布了世界上第一部城市规划法——《住宅、城镇规划条例》，2004 年新修订的《城乡规划法》，将原来的指导性地区规划上升为立法性规范，从而起到强化政府宏观调控城乡统筹协调发展的作用。第三，注重小城镇文化特色的保护。英国的农村和小城镇的特色化发展，很好地解决了因地理条件不足带来的城乡发展制约瓶颈问题。概括来看，英国城乡统筹发展的经验可归纳为以下几个方面：制定宏观计划，有序推进城市化；支持农业和农村的发展；完善城乡统筹发展的法律体系；发展大城市与发展小城镇统筹推进；政府决策与公众参与相结合。

4. 法国

法国促进乡村地区发展、缩小城乡差距的措施主要有：一是通过立法来调控产业布局。法国从 1995 年开始不准在巴黎市中心区内新上工业项目，20 世纪 60 年代开始在巴黎市中心区征收“拥挤税”，对从巴黎区搬到郊区的占地 500 平方米以上的工厂，政府给予 60% 的搬迁补偿费。二是改革促进乡村发展的机构设置。法国在早期的乡村开发中设立了众多机构，有国土整治全国委员会、国土整治与区域行动评议会、区域经济发展委员会、城郊整治常设部际机构、地区和城市部、国土整治与生活环境委员会等，造成政出多门，效率低下，各部门政策往往互相抵触或重复，有限的资金也被分散了，庞大的官僚体系使财政背上了沉重的负担。1981 年后，社会党政府针对这种弊端进行了重大改革，将名目繁多的补贴和资金制度一律统一为国土整治奖金，成立了地方计划委员会，由地方自行制定经济、社会和文化发展计划，政府通过签署国家地区经济发展合同的方式来干预，从而确保国家目标与地区行动上的协调一致。三是完善支持乡村发展的资金渠道。法国政府在支持落后地区时签署的国家与地方经济发展计划合同，除60%的合同投资由中央政府财政承担外，其余的则由地方财政负担。四是注重为农村居民提供与城市居民大致相等的公共服务和发展机会。比如，通过“农业社会互助金”形式，完善对于农村人口的社会保险制度。五是在乡村地区建立新城，带动乡村发展。在20世纪60年代中期，法国巴黎确定了“保护旧市区、重建副中心、发展新城镇、爱护自然村”的方针，建立了由农业区、林业区、自然保护区和中小城镇组成乡村绿化带。这些政策的出台，使得国家对于农业、农村发展的支持更为集中，效果更为显著，为实现城乡统筹发展提供了良好的平台。

5. 德国

德国在欧盟共同农业政策框架的指导下，多年来在实践中逐渐形成了一系列极具特色且富有成效的农村改革发展战略。第一，可持续发展一直是德国农业和农村发展的重要指导思想。早在1984年，当时的联邦德国政府就提出了要大力发展生态农业，并把重点放在培训农民有关专业知识和生产技能方面。目前，在德国不同规模和类型的生态农场和村镇已发展到8000多个，许多大学和研究部门还设置了生态农业专业。第二，德国一项重要的土地政策是鼓励农地合并，促进土地规模化经营，提高土地集约利用，进而提高农业生产效率。早在1955年，当时的联邦德国政府就制定了《农业法》，允许土地自由买卖和出租，鼓励农地合并。此后又颁布实施了《土地整治法》，调整零星小块土地，使之连片成方，全国农场的数量和规模在不断扩大。土地的规模化对于农业的规模化生产和机械化经营，以及对提高农地的集约化水平，都发挥了重要的作用。第三，德国政府多年来动员和组织农民踊跃参加各类农业合作社。近十年来，德国的大多数农业合作社为了扩大影响力，还纷纷走上联合发展之路。许多合作社都加入了地区性合作社联盟、专业性合作社联盟和全国性合作社联盟，这些联盟在互通情报、控制市场方面发挥着重要作用。第四，德国政府专门制定了适合农村需要的社会保障制度，包括医疗和护理保险、养老保险和事故保险等方面，整个德国已经形成了统一的农村社会保障体系。1995 年 1 月，政府进一步加大对农业社会保障制度的改革力度，逐步统一城乡社保制度，从而使农民生活有了可靠的保障。近年德国政府预算中，每年用于农村社会保障的资金已达到 100 多亿马克。第五，德国政府突出以人为本的城镇化理念，多年来不遗余力地实施一项旨在缩小城乡差距的村庄更新计划。在德国，大多数人仍然居住在农村和小城镇。近年来，德国更是将大力发展城镇建设提到重要位置，并将其纳入农业改革发展的 6 年规划。德国在进行新农村建设中，非常重视规划工作。其规划的特点是自下而上，一般由地方社区进行引导，规划的参与主体非常宽泛，包括村民、企业、协会、管理部门等。

6. 挪威

第二次世界大战后，挪威城乡发展不平衡问题开始显现，社会结构性失业严重，资源浪费巨大，农村人口持续下降。为解决这些问题，为使人口不断流失的农村地区获得比其他地区更快的发展速度，缩小城乡差距，促进城乡、区域之间的协调发展，挪威政府相继采取了一系列政策措施。一是中央政府编制支持农村发展的中长期发展规划。1960 年提出的“地区发展计划”、1972 年提出的“北挪威发展计划”等，均是针对城乡失衡问题所做出的全面调整计划。二是政府不断加大对农业农村投资力度和财政转移支付的规模。自 1973 年起每年对农业的投资额均是其他产业投资额的 2—3 倍，1977 年最高时达到 4 倍，这还不包括公共建设投资对农村地区的倾斜。三是建立公共产品和服务向农村地区倾斜的长效机制。依据 1967 年制定的《全民社会保障法》，积极引导公共产业和服务向农村倾斜，使得挪威农村地区在 20 世纪 70 年代和 80 年代公共服务部门的就业岗位不断增长。四是增强农民在国家社会发展和公共事务中的话语权。挪威农民起初组织了“农民党”，成为农民利益和农村发展的重要代言人，后来改名为“中央党”，是挪威政坛实力最大的四个政党之一，该党代表的社会利益群体（农、林、渔就业人口）只占全国总人口的3.7%，但每次大选后该党在议会中席位都在15%以上。五是强化对农业“多功能”性的认识。挪威城市区域发展研究所的主流观点认为，农业不仅仅是为人们提供粮食，而且在环境保护、维护生态平衡、保持自然风景、保护人类文明遗产等方面都有十分明显的外部性，政府决不应该像对待私人产品那样将其完全市场化，必须进行规划和大力扶持，只有如此，才能遏制城乡差距继续扩大的势头。

经过几十年坚持不懈的努力，挪威经济社会发展取得了显著成就。到20世纪后期，农村地区居民的收入水准、生活条件和社会福利水平以及可持续发展的能力均不低于城市居民；城乡居民在入学、就医和享受退休金保障方面已经没有明显差别；在城乡基础设施建设和公共产品、公共服务提供方面已经实现了城乡一体化，城乡居民可以平等享受来自政府的公共服务，即使是在居民完全散居的乡村，在服务半径5公里以内，就可以享受综合商社、电影院、游泳池、垂钓中心、足球场等公共服务与休闲设施。挪威的城乡协调发展不仅仅表现在不同居住类型的居民能够享受到完全相同或相近的经济收益、物质福利和生活设施，更为重要的是，他们可以享受相同的民主权利和发展机会。

（二）发达国家统筹城乡发展模式的共同特征与经验

通过对发达国家城乡统筹发展经验的梳理，可以发现各国的做法有不少共同之处：一是重视制定和实施扶持农业和振兴农村的法规政策；二是注重建立以缩小城乡差距、实现城乡公共服务均等化的财政转移支付制度；三是逐步增加农业基础设施建设和农村社区公共事业建设的财政投入；四是大力发展各种农民组织，如建立“农协+农户”的基本经营体制等。

他山之石，可以攻玉。尽管也存在一些问题，但是，发达国家的一些统筹城乡发展、缩小城乡差距的做法是成功的，对于我国建设社会主义新农村、促进地区和城乡统筹发展，具有颇多启发意义。首先，建立完善的法律法规体系，夯实统筹城乡发展的基础。支持乡村发展，如果仅靠制订方案、规划和计划的方法，往往会由于不具有法律效力而在实践难以得到有效执行。国家的区域政策和促进城乡统筹发展的措施必须有法律作为保障，相应的有专门组织管理机构执行，保证战略计划的有效实现。其次，要加大政府对农村经济社会发展和公共基础设施建设的转移支付力度。适时加大政府干预力度，有利于加快乡村经济发展和社会稳定，政治上、社会上和经济上效益显著。我国应随着社会经济的不断发展和国家财力的不断增长，将国家公共事业投入向乡村倾斜，提高农村基础设施建设水平，增强农村自我发展能力。再次，在农村城市化过程中，要更加注意保护农民的合法权益。再其次，要因地制宜，形成各具特色的区域发展格局。最后，注重发挥社会力量作用。充分调动地方及民间力量参与、中央与地方财政相结合，共同促进落后地区和农村发展，是各国常用的办法。动员各种社会力量和农民一起参与新农村建设，是克服城乡垂直布局弊害、促进城乡统筹协调发展的基础。

二、发展中国家统筹城乡发展的模式与经验

（一）发展中国家统筹城乡发展的模式

第二次世界大战以后，许多发展中国家采用了优先发展工业的战略。对工业实行保护政策，给工业以大量补贴，提高农业所需工业品投入的价格，压低粮食和农业原料的价格，希望通过工业的发展带动农业和整个经济的发展。结果事与愿违，在这种“以农养工”的策略下，发展中国家的农业产值在

GDP 中所占比重迅速下降，而农业劳动力在全部就业量中却缓慢下降，两者间出现极不对称现象。二元结构没有消除，城乡之间、工农业之间的发展差距反而扩大了。自 20 世纪 60 年代以来，很多发展中国家开始注意城乡的协调发展，对城乡关系进行再探索。这些国家开始摒弃先前那种“先集中在城市发展工业，再回到农村支持农业发展”的路子，开始注重城乡统筹发展。

1. 韩国

第二次世界大战后，韩国是传统的农业国家。在产业民族化的方针下，韩国政府大力扶持本国工业尤其是重工业的发展，并取得了相当大的成效。到 20 世纪六七十年代，韩国已成功地转变为工业发达国家。在工业发展的同时，韩国也面临着二元经济的挑战，工农失衡严重制约着韩国经济社会的协调发展。针对工农失衡的困境，韩国政府于 1970 年启动了“新村运动”，走出了一条由政府推进主导的、扩散型的农村工业化道路。具体而言，主要包括以下三个方面：第一，促进农村社会发展。改善环境与农村排污系统，修建卫生供水系统、公共澡堂、公用水井及洗衣房，进行房屋屋顶改造、房屋维修和村庄重建工作。第二，加快农村经济发展。增加农业生产基础设施的建设，主要包括道路兴修与扩展、修筑小规模灌溉工程和水坝、水塘和排灌渠；增加农民收入的主要措施有推广经济作物、发展专业化生产区以及建立各种新村工厂等。第三，实施农村工业区计划。目的在于推进农村工厂规模化，将农村工业区建在农村人口密集区，避免把工厂扩散到广大农村地区，使农村的非农产业集中发展，从而实现农村工厂的外部规模经济，推动城乡均衡发展。增加公共设施建设投资，如大力发展农村电网、设置公用电话等。

韩国“新村运动”的主要经验包括：第一，建立统筹城乡发展的统一指挥运作体系。从中央到地方层层建立了专门机构，负责组织动员工作和协调监督新村建设工作。第二，建立全社会支持城乡统筹发展的全民动员机制。韩国政府要求社会各界积极支持新村建设起到了很好的效果，致使“新村运动”由农村扩大到城市、工厂、学校和政府各部门，进而演化成为倡导民族自立、民族自尊、事业报国的国民精神教育运动。第三，建立完善高效的农业服务体系。韩国农业服务机构分三级，中央设立农业振兴厅，各道设立农村振兴院，各市设立农村指导所。这三级农业服务机构集科研、推广和培训于一体，全面促进了农业和农村经济发展。

2. 巴西

自20世纪60年代以来，巴西摒弃了先前那种“先工业、后农业”，“先城市、后农村”的传统工业化道路，开始城乡统筹发展的新探索。主要措施有：第一，增加政府投入，改善农业生产软硬环境。巴西政府在1965—1985年用于农业的政策资金累计约2191亿美元，其中310亿用于农业补贴，其他用于投资和市场政策。第二，完善城市与农村的联系机制。为加速边远农村开发，巴西政府在远离海岸一千公里、位居亚马逊大森林的马瑙斯建立增长极，以带动整个亚马逊地区的发展。1974年后，在这个增长极的辐射下，亚马逊地区又建立了17个次增长极，形成了带动整个区域开发的发展网络。经济增长由中心城市向外围扩展城市的带动作用不断强化。同时，在一些农村地区，以边远资源开发地区或者以进行“绿色革命”的地区为新城建设点，形成新的增长极。此外，农村地区小城镇的兴起，在广大的农村地区形成多个经济增长点。第三，进行农村土地制度改革。巴西由联邦政府向农民提供信贷用于购买农村地产，从而推动社会基础设施建设。第四，统筹城乡社会组织发展。为进一步推进城乡的融合，巴西把原来由政府承担的培训、信息、宣传等工作转交民间组织承担，政府的工作重点是加强国民伦理道德建设，提升农村居民的共同体意识，强化农村民主与法制教育等等。

（二）发展中国家城乡统筹发展的经验

部分发展中国家城乡统筹发展的经验和做法，对我国稳步推进城乡统筹协调发展也具有重要启示：首先，统筹城乡发展是一项长期性的系统工程。几乎没有一个发展中国家能在数十年的时间内完成城乡统筹发展的基本任务。第二，统筹发挥市场配置资源的基础性作用和政府对经济社会发展的宏观调控作用，对于促进农村经济社会的发展有重要意义。对于发展中国家而言，政策对农业的扶持和保护对于农业发展至关重要，要从立法、财政、金融、科技教育等方面，全面为农业和发展创造条件。第三，建立稳定的财政支农支出增长机制，是支持农村经济社会加快发展的基础。要积极采取贴息、配套、补助、奖励等形式，鼓励和引导工商资本、金融资本、民间资本和外资直接开发农业，形成以政府投资为引导、社会投资为主体、利用外资为补充的市场化农业投资机制。第四，统筹城乡发展的路径应该根据国情，因地制宜。

第三节

我国统筹城乡发展的主要途径和政策建议[①]

一、促进农民收入较快增长

中央之所以强调要统筹城乡发展，一个重要原因是近年来农民收入增长缓慢、城乡居民收入差距不断扩大。统筹城乡发

① 本节内容选自农业部软科学课题“统筹城乡经济社会发展的途径、阶段性目标和步骤研究”（课题编号 200427－1），课题主持人：尹成杰。

展，最重要的就是要坚持“多予、少取、放活”的方针，采取综合性措施，力争农民收入较快增长，尽快缩小城乡居民收入增长速度差异，逐步扭转城乡居民收入差距不断扩大的趋势。实现农民收入较快增长要从多方面努力。除了要继续大力发展农村非农产业，促进农村劳动力外出务工，推动农村人口向进城镇转移外，从政府的角度，还要特别注意以下几点：

（一）要充分挖掘农产品需求潜力

目前种养业收入仍是农民收入的主体，实现种养业收入的较快增长是实现农民收入较快增长的重要基础。虽然增加种养业收入要受城乡居民消费恩格尔系数下降的制约，但随着人口的增长、城市化的推进和消费习惯的改变，以及国际农产品市场的开拓，增加种养业收入还是有很大潜力的。要大力培育奶类等新的消费市场。提高农产品质量安全水平，增强消费者信心，进一步挖掘全社会对农产品的消费需求。

（二）要充分利用各种政策工具

政策性增收是发达国家的通行做法，也是我国在目前新一轮宏观调控中加强农业的有效途径。据估算，2003 年全国农民人均纯收入增长 4.3% 中，约有 1 个百分点应归因于政策性因素。2004 年仅“一免三补”政策就可使全国农民人均增收 50 元左右，带动全年农民人均纯收入增加 2 个百分点。今后除了要继续充分利用粮农补贴、良种补贴、农机具补贴等各种补贴工具外，还要善于利用国家储备、最低收购价等市场调控工具，以及扩大农村公共工程建设等增加农民就业的工具。

二、促进城乡产业合理分工

改革开放以来，城乡经济都实现了较快发展，城乡之间产业互动日趋增强，但城乡之间产业发展的政策环境并不平等，城乡之间的产业对接并不完整。在完善社会主义市场经济体制和贯彻落实科学发展观的新形势下，应该改变“保城损乡”、“保工损农”的产业歧视政策，为农村非农产业发展创造宽松环境，赋予农民和农村平等发展权，实现城乡经济协调发展，促进城乡经济相互联系、相互依赖、相互补充、相互促进。这不仅是繁荣农村经济的需要，也是发展城市经济的需要。要继续破除城乡二元体制，充分发挥城市经济对农村经济的带动作用和农村经济对城市经济的促进作用，努力实现城乡经济一体化。

在市场经济体制下，城乡之间的产业分工和产业互动主要取决于市场机制的作用，但政府可以发挥引导作用。特别是要积极促进城市工业向农村转移。目前我国城市工业正处于结构调整和产业升级过程中，应该鼓励城市工业向农村扩散。这既有利于繁荣农村经济，增加农民就业机会，又有利于我国制造业降低成本、增强竞争力。一些地方的经验表明，这方面的潜力很大。哈尔滨借助老工业基地调整改造，引导县域企业加入大企业和优势企业的分工合作体系，发展配套产业；利用中心城市调整工业布局的机遇，鼓励中心城区工业企业到乡镇发展；推进“龙头”在城市、“基地”在农村的农业产业化经营模式，引进外资、城市工商资本和民间资本创办农业龙头企业。

三、建立覆盖城乡的公共财政制度

近年来中央高度重视“三农”问题，增加了对农业和农村的财政投入，办了一些多年想而办不成的事情。但按照统筹城乡发展的要求，国家财政对农业和农村的投入仍显得不足，距离“让公共财政的阳光普照农村”、“让公共财政的雨露滋润农民”的目标还有较大差距。加快建立覆盖城乡的公共财政制度，必须把握好几下几点：

（一）切实加强政府对农村的社会管理和公共服务

转变政府职能，既要解决好越位问题，又要解决好缺位问题。对农村而言，由于政府长期缺位，加强政府职能显得尤为紧迫。在把不该由政府管理的事情坚决交由市场和社会去调节的同时，要切实承担起政府的责任，把该由政府管理的事情扎扎实实办好。特别是要适应农村税费改革后的新形势，及时承担起政府在农村义务教育、公共卫生、道路建设、五保户供养等方面的责任。

（二）注重建立稳定的投入增长机制

随着财力的增长，国家对农业和农村的投入将逐步增加。需要强调的是，由于农业和农村投入基数小、比重低，如果不较大幅度调整财政支出结构，财政资源在城乡之间的分配将长期维持不利于农村的格局。必须按照公共财政的原则，大力调整支出结构特别是新增财力的使用结构，增加对农业和农村的投入，做到总量增加、比重提高。比照“新增教育、卫生、文化等事业经费主要用于农村”的规定，在农村其他领域探索建立国家投入稳定增长的机制。

（三）提高财政资源的使用效率

财政对农业和农村的投入不仅总量少，而且投向不合理、使用分散、效率不高。近年来国家对农业和农村的投入，相当部分用于全社会受益的大江大河治理，农民直接受益不多。政府支农投资渠道多，管理方式各异，项目安排缺乏统筹协调，行不成整体合力。应加大对改善农村生产生活条件、带动农民增收有直接作用的中小型工程项目的投入，例如“六小工程”；按照“统一规划、明确分工、统筹考虑、稳步推进”的原则，加快整合政府支农投资。

四、引导金融资源在城乡之间合理配置

改革和创新农村金融体制，使农民储蓄更多地用在农村，是实现城乡协调发展的必然要求。缓解直至消除农村资金外流，逐步增加农村信贷资金总量，实现金融资源在城乡之间合理配置，关键在于加大农村金融改革力度。

（一）扩大农村信用社改革试点范围，促进改善经营机制，增强服务能力

在全面总结 8 个省市改革试点经验的基础上，按照自愿参加、严格审核的原则，逐步扩大试点范围。落实化解保值储蓄亏损挂账、安排专项再贷款和发行专项票据等扶持政策，帮助农村信用社化解历史包袱；加强内控制度建设，完善产权制度。同时，实行降低营业税率、减免所得税等优惠政策，在宏观调控中对农村信用社暂缓上调存款准备金率、分步实施再贷款浮息制度且到位后加点幅度减半、暂缓执行差别存款准备金率，增强农村信用社扩大信贷投放的能力。

（二）调整农业发展银行职能，充分发挥政策性银行的支农作用

适当扩大中国农业发展银行的业务范围，从近期看，主要是在继续做好粮棉油收购贷款业务的同时，允许中国农业发展银行适当支持粮棉油加工和生产；在有效防范信贷风险及不与商业银行竞争的前提下，对具备贷款条件的粮棉油产业化龙头企业提供贷款支持。从长期看，可考虑开办扶贫开发贷款、农业综合开发贷款、农村基本建设和技术改造贷款等业务。扩大业务范围后，中国农业发展银行必须严格区分政策性业务与商业性业务，两类业务必须分类管理、分别考核，不能将商业性业务亏损混入政策性业务挂账，也不能以政策性业务亏损掩盖商业性业务亏损。

（三）探索建立县域内各金融机构为农业和农村服务的机制

借鉴一些国家的经验和做法，制定专门的社区再投资法或通过修改现行商业银行法，明确规定县域内各商业银行有义务为其经营业务所在社区提供金融服务。在保证资金安全的前提下，将商业银行分支机构吸收存款的一定比例用于本社区信贷投入。放款达不到一定比例的可以撤掉网点，让出存款市场。

（四）积极发展多种所有制金融组织

鼓励有条件的地方在严格监管、有效防范金融风险的前提下，通过吸引社会资本和外资，积极兴办直接为农业和农村服务的多种所有制金融组织。

（五）支持和鼓励农业保险的发展

鼓励保险公司加大农业保险产品创新力度，积极开发适合农村特点和农民需要的保险产品。加快研究对农业保险的再保险支持体系，建立健全农业保险的风险分散机制。对专业性农业保险公司或在农业保险方面有专长的外国保险公司，在市场准入方面予以优先考虑。

此外，还应加快研究引导邮政储蓄资金回流农业和农村的相关政策。

五、建立和完善城乡劳动者平等就业的制度

近年来，为改善农民外出务工环境，各级政府做了大量工作，社会舆论大力推动，但制约农民进城务工的体制性障碍依然存在，城乡劳动者在就业能力、就业机会、工资和福利待遇等许多方面非常不平等，城乡统一的劳动力市场远未形成。建立和完善城乡劳动者平等就业的制度，需要从多方面努力：

（一）克服传统思想观念的束缚

无论城市居民还是农村居民，就业都是民生之本。既要高度重视城市就业问题，也要十分关注农村就业问题。政府的就业规划不仅要考虑到城市，而且要考虑到农村。失业率的统计和预警、促进就业的各项政策等，都应覆盖到农村。正确看待和公正对待农民工，充分发挥城乡劳动力的互补性，而不能把农民进城务工与缓解城市就业压力对立起来。

（二）进一步清理取消对进城务工农民的歧视性规定

取消城市就业市场上的地区封锁和身份歧视，城市所有工种和行业都应向所有求职者开放，实行公平竞争，不得规定某些工种和行业只准招收本地户口人员。取消各地设立的针对农民跨地区就业和进城务工的各种行政许可和非行政许可审批事项，特别是要取消外出务工证和外来人口务工证，任何人凭居民身份证即可在全国范围流动就业。进一步清理针对农民工的行政事业性收费。

（三）实行平等待遇

城乡劳动者在城市就业中的待遇不平等问题极为突出，农民工不仅劳动强度大、工资水平低，而且普遍没有失业、养老、医疗和工伤等社会保险保障。一旦犯病或年老力衰，就不得不返回农村。这不仅损害了农民工的经济利益，而且损害了农民工的人格。有些学者指出，农民工的这种就业模式，把青壮年时期创造的社会财富留在城市，养老、医疗等社会负担推向农村，极不利于今后城乡的协调发展。虽然在农村剩余劳动力近乎无限供给的发展阶段，农民工工资水平不可能快速增长，但同工同酬的原则应该得到尊重，特别是农民工工资不能低于当地最低工资标准，并且应当通过适时调高最低工资标准促进农民工工资增长。虽然在农民工流动性大、劳动合同关系不健全的现阶段，参加城市社会保险有操作层面的难度，但对农民工的社会保障问题必须高度重视，特别是要大力开展和普及工伤保险等可以即期兑付的社会保险品种。

（四）提高农民工就业能力

应为农民工提供就业技能培训，提高他们在城市就业市场上的竞争力。同时，要加强对各类培训机构的规范和管理，防止借培训之名对农民工乱收费。农民工参加的技能性培训，应坚持自愿原则，由农民工自行选择，严禁强制农民参加各种有偿培训和职业资格鉴定。

六、逐步实现城乡居民同等的国民待遇

造成我国城乡发展严重不平衡局面的一个重要原因，是多年来城乡居民在许多方面的待遇严重不平等，农民在许多方面没有享受到与城市居民同等的国民待遇。近几年来，中央高度重视“三农”问题，在维护农民权益方面采取了一系列措施，如加大农村电网改造力度、实行城乡居民生活用电同网同价，推进农村税费改革、减轻农民负担，增加对农村义务教育、医疗卫生、县乡道路等建设投入，农民的国民待遇有明显提高。但必须看到，由于城乡分割太久，城乡居民国民待遇差别太大，要真正实现城乡居民享受同等国民待遇的目标，还需要长期不懈地努力。今后一个时期，提高农民的国民待遇，应从以下两方面多做工作：

（一）加大工作力度，把已经开始做的事情进一步做好

要继续深化农村税费改革，加快降低农业税税率步伐，直至完全取消农业税。继续清理对进城务工农民的各种歧视性政策和乱收费，改善外出务工农民的就业环境。按照建立公共财政制度的要求，增加财政对农村公共设施和公益事业的投入。加快推进户籍管理制度改革，逐步改变直至最终取消户籍与福

利挂钩的做法。

（二）选准突破口，不断开辟新的领域

缩小城乡居民国民待遇差别，还有许多方面有待突破。例如，应逐步尽快改变社会保障体系不覆盖农村的做法，从最低生活保障和养老保险做起，从完善五保户供养体制和农村医疗救助制度做起，从发达地区、城乡结合部和失地农民做起，建立和完善覆盖城乡的社会保障体系。又如，邮政、电讯、有线电视等行政性垄断行业和公共服务行业应借鉴国外经验，以城市业务的盈利弥补农村业务的亏损，取消城乡收费差别；再如，应取消城镇和农村户籍青年参军、复员转业等方面的差别待遇。

七、在城乡之间公平分配用于发展社会事业的公共资源

（一）抓紧制定并实施好农村各项社会事业发展规划

应当抓紧制定覆盖全国农村、时间跨度更长的农村教育发展规划，对中长期发展的目标、工作重点和主要措施进行部署。在农村卫生方面，实施好《中国农村初级卫生保健发展纲要（2001—2010年）》；抓紧编制并尽快颁布实施《全国农村卫生服务体系发展规划》，以改变农村卫生机构基本设备和设施匮乏的现状、提高农村卫生机构服务能力为目标，重点对政府举办的乡镇卫生院、县医院和县妇幼保健机构进行改造建设。农村文化方面，在继续巩固和推进村村通广播电视工程的基础上，应对加强农村体育场、电影院、图书室等文化基础设施建设作出中长期规划。

（二）切实承担起政府在农村各项社会事业发展中的职责

落实好新增教育、卫生、文化等事业经费主要用于农村的规定，坚定不移地改变政府用于发展教育、卫生、文化等社会事业的资源主要投向城市的做法。推进农村义务教育管理体制改革，在巩固和完善“以县为主”的农村义务教育管理体制

的基础上，逐步加大中央和省两级政府在发展农村义务教育中的责任，把以政府投入为主的农村义务教育经费保障机制落到实处。以乡镇卫生院为重点，引导和支持各地在一个乡镇建设一个卫生院，其余乡镇卫生院根据实际情况进行资源重组或改制；落实中央和地方财政补助政策，增强资金保障能力，积极稳妥地开展新型农村合作医疗试点；加强农村初级卫生保健。

（三）加强城市对农村的支持和带动

建立健全有效机制，把“三下乡”活动制度化、规范化。完善教师交流制度，特别是要制定相关政策和措施，积极引导和鼓励教师及具备教师资格的其他人员到农村中小学任教；继续组织实施“东部地区学校对口支援西部贫困地区学校工程”和“大中城市对口支援本省（自治区、直辖市）贫困地区学校工程”。严格执行城市医生在晋升主治医师或副主任医师前到农村累计服务一年的制度；落实好政府举办的二级、三级医院和疾病预防控制机构取得医师职业证书的新聘人员，到农村从事医疗卫生服务一年作为晋升中级职称必要条件的规定；鼓励县级医疗机构将人员、技术和设备向乡镇卫生院转移。

八、推进城镇化进程

推进我国的城镇化进程，必须从国情出发，坚持大中小城市和小城镇协调发展，走中国特色的城镇化道路。从有利于统筹城乡发展的角度来看，应着重抓好以下几个方面：

（一）推进征地制度改革

理想的征地制度，应该是既要有利于控制城镇化的成本，又要有利于保护农民的土地财产权利。这的确是一对矛盾。这对矛盾，前一个时期主要表现为以牺牲农民土地权益为代价换来城镇化的快速发展，造成大量农民失地失业，危及社会稳定。在这个大背景下，推进征地制度改革要更多地考虑如何有效保护农民利益。新修订的宪法规定，政府为了公共利益，可以对农民的土地实行征收或征用。作这个规定是必要的，但必须以严格限定政府的土地征收权和征用权为前提，明确哪些用途才可以行使政府的征收和征用权，以防止公权的滥用。而且，应该提高公益性用地的补偿标准，完善公益性用地的征收或征用程序。至于经营性用地，不应再一律由政府出面征为国有，通过所谓的协议方式出让给开发商，而应通过招标、拍卖、挂牌等多种方式实现集体土地使用权的流转，完全由市场形成土地价格。应抓紧修改土地管理法，废除集体所有制土地使用权不能买卖的规定。

（二）深化户籍制度改革

随着城市经济社会体制改革的逐步深化，多数商品的供应票证已经取消，就业基本市场化，外来人口子女入学借读费有所减少，城镇户籍本身的政策含金量已有很大降低。但城镇户籍制度的存在，社会福利继续与城镇户籍挂钩的做法，仍是制约农村人口向城市流动的主要体制性障碍。应该取消实行了几十年的城镇户籍、农业户籍的分类，统一按就业地或居住地登记户籍；降低外来人口在城市落户的门槛，允许在城市有稳定职业和住所的所有人就地登记户籍；逐步取消新老居民户籍的差别待遇。

（三）重点抓好城乡结合部的改造

城乡二元体制的矛盾和冲突在城乡结合部表现得更加明显和集中。随着城市的扩张，不少城郊农村的农用地转为非农建设用地，当地农村居民不再从事农业，大量外来人口和城市外迁人口集中居住在此，但由于两种土地所有制、两种户籍和两种行政管理体制并存、城市规划和城市公共服务体系没有及时覆盖到此，导致城乡结合部出现所谓“城中村”现象。一方面，在集体所有制土地上兴建的商品房无法办理产权证、不能进入城市低保等社会保障体系、学校医院环卫等继续由原村集体承办，已经城市化的“村民”不能与城市老市民享受同等待遇；另一方面，在有些地方，这些已经城市化的“村民”拥有大量私人房产、拥有丰厚的集体产权股份，比城市老市民处于更有利的经济地位，导致“外嫁女”不愿迁走户口、已迁走或已“农转非”的原村民回流。“城中村”现象的存在，使城市内部形成新的二元社会结构，不利于城市化的健康发展。应从改革和完善集体产权制度、土地利用和建设规划管理体制、社会保障和公共服务体系等方面入手，统筹制定把城乡结合部的“村民”真正融入城市的方案。

第四节

以城带乡的发展战略选择[①]

为了更好地实现城市带动农村发展，要将增长方式转变战略与再分配战略结合起来综合运用。这里的所谓再分配转移战略，是指在兼顾效率与社会公平的原则下，通过分配对增长的成果进行再配置，进而达到城乡统筹，以城带乡的效果，促进“三农”问题的解决。制度变迁应围绕调整国民收入分配格局进行配套改革，着力于为改善农村公共服务状况创造制度条件，取得缩小城乡在公共事业服务领域差距的直接效果。

一、增长方式转变战略

经济增长可以通过两条基本途径来实现：其一是增加生产

① 本节选自农业部软科学课题“城市带动农村发展：理论框架、重点问题与战略选择”（课题编号：Z200508），课题主持人：夏英。

要素的投入，经济总量的增长主要依靠资源的扩张性使用获得，称为处延扩大再生产；其二是提高生产要素的使用效率，经济总量的增加主要依靠生产性资源产出效率的提高获得，称为内涵扩大再生产。这两种增长方式分别是通常所说的“粗放”型增长和“集约”型增长。由“粗放”型增长向“集约”型增长转变是现阶段我国工业化发展、城镇化发展的必然选择。

目前，我国经济增长方式正处于转型期，其根本原因在于资源稀缺引致的发展与竞争压力，而这种转型的基础条件则取决于知识积累与技术进步。因此，提高自主创新能力，发展循环经济，走新型工业化道路是根本途径。在这一方略下，应汲取以往城镇化发展的经验与教训，根据国情、区情形成大中小城市并举，以小城镇为主的发展格局；提高城乡发展的依存度，大力发展劳动密集产业，实施第二、第三产业带动的结构调整，扩大城市化、工业化对农村剩余劳动力的吸纳，使工业化、城镇化与增长方式转变同步一致。

二、收入再分配战略

该战略是通过财政金融手段，引导国民收入新增部分的流向，使新增资源的配置有利于低收入者。

（一）完善农业补贴制度

根据 WTO 农业协议测算，我国农业“绿箱”政策的支持水平占农产品生产总值的平均值的比重很低，远远低于美国、欧盟和日本等发达国家和地区；“黄箱”政策的补贴水平平均为负值，不存在减让义务。因此，总体上讲，中国农业支持还有很大的空间和余地，如何利用有限的财力，调整支持政策的重点与方式显得尤其重要。按照 WTO 农业协议要求，结合我国农业补贴的现况，逐步形成农业支持政策框架。笔者建议：(1) 完善农民收入直接补贴制度。继续扩大对种粮农民进行收入直补，并根据粮食产量和供求余缺状况选择挂钩或不挂钩的方式。(2) 完善主要农产品最低收购价制度。在目前稻谷最低收购价制度的基础上，建立包括稻谷、玉米、小麦等主要粮食作物的最低收购价制度。(3)“绿箱”政策应突出农业保险、技术推广、动物疫病控制等。(4) 农业投入品补贴应将目标转向消费者而不是生产者。

(二) 建立健全农村社会保障体系

加强农村社会保障体系建设是以城带乡，实现城乡经济由二元结构向一元结构转型的必然要求。主要包括三个方面：第一，最低生活保障。它是国家和社会对农村低收入人口建立的社会救助制度，可依据不同地区农村最低生活水平来提供保障，其资金来源于国家财政划拨、集体资助及社会捐助。第二，医疗保障。在完善农村合作医疗制度上，主要考虑不同地区的经济水平和农民承受能力的差异，合理设计医疗保障水平，并相应调整国家的支持力度。如在高收入农村地区，可根据农民对合作医疗的需求、支付能力，依托集体经济和地方政府的支持建立合作医疗、大病保险等多层次的医疗保障制度；在中等收入的农村地区则可以推行以大病统筹为主的新型农村合作医疗；而低收入农村地区，贫困人口比例较高，可实施贫困人口医疗救助，由国家对医疗保障承担一定的责任，给予一定的财力支持。此外，应建立合理的医疗费用控制制度，如“逐级转诊制度”（按病情的严重程度把患者分别安排在村、乡、县三级卫生机构，控制费用支出）、“无赔款返还制度”（对卫生服务费支出不到一定限度的被保障人给予部分费用返还的奖励，增强他们参加合作医疗的积极性）；同时，加大对医生提供过度医疗、开大处方、人情处方的等行为的制约。第三，养老保障。解决农村社会养老的核心是保费问题。从目前一些发达地区先行试点的经验看，有几种可选办法，如将农民社会养老与农村计划生育挂钩；集体经济发达的农村，则可由村集体以退休的方式向农民提供养老金。西部欠发达地区，这一问题尚待破解。

（三）改革征地制度，保障农民合法权益

要改革现行的征地制度，必须承认农民及其集体的土地产权不受侵犯，必须明确界定“公共利益”范围[①]，必须严格限定非农建设用地的范围和规模，农地转为非农用地必须维护农民权益。为此，建议暂时冻结国家征地，废止土地“两级市场”，构建单一农村土地市场。“公共利益”用地，可以采取国家征购的办法获得，按市场价格补偿。凡经营性开发用地，一律按公平、公正、公开原则在市场上完成交易，转让价格由买卖双方面对面地合意确定。

（四）深化农村综合体制改革，提高行政管理效率

深化农村综合体制改革，是与农业税改相连带的制度变迁。取消农业税，原来的农村公共物品的资金供给源泉随之消失，乡镇、村基层组织出现运行困难，一时间基层行政管理的种种积弊，暴露无遗。在此背景下，农村综合体制改革势在必行，以便通过更加合理地配置行政资源，降低行政管理成本，提高基层行政管理效率。

三、投资再分配战略

投资再分配战略是指不是以消费的形式，而是以能直接提高产量和收入的各种资本资产的形式，将国民收入增长的一定比例转给低收入群体的战略。投资转移包括信贷和投入品的供应，增加基础设施，人力资本投资等。一是加快第三产业发展，为扩大农村剩余劳动力就业机会进行投资。二是加强农村

① 有人提出7种用地可以界定为“公共利益”用地：政府机关和社会团体设施用地，国防军事用地，交通用地，能源和水利设施用地，学校、基础性和公益性科学研究单位用地，城乡基础设施建设用地，法定其他公益事业用地。

教育，继续扩大劳动力就业培训，为有效提高农村劳动力素质和转移就业能力投资。三是加强农村基础设施建设，为推进新农村建设投资。

第五节

促进工业化、城镇化和农业现代化协调发展的对策建议①

在我国工业化与农业现代化的对应关系中，农业发展缓慢是主要问题；在工业化和城镇化的对应关系中，城镇化发展滞后是主要问题。这两个问题的产生有其深刻的原因，其主要包括：农业基础较差，农业现代化水平不高；工业重型化趋势明显，产业带动能力弱化；土地城镇化快于人口城镇化，城市的产业和人口集聚能力不强；城乡资源占用结构不合理，农村经济社会发展能力有限。基于这些原因，实现工业化、城镇化和农业现代化协调发展，既不能单纯依靠调整产业结构，也不能单纯依靠提高城镇化水平，而必须把工业化、城镇化和农业现代化作为一个整体，从中寻找解决问题的途径和办法。为促进工业化、城镇化和农业现代化协调推进，必须采取综合性措施。从近期来看，应着力抓好以下几方面工作。

一、进一步调整国民收入分配格局，健全完善国家支持保护农业的政策体系

继续坚持“多予、少取、放活”的方针，加快“工业反

① 本节选自2006年农业部农业农村经济重大问题调研课题“工业化、城镇化和农业现代化对应关系研究”，课题完成单位：农业部农研中心；课题主持人：赵长保。

哺农业、城市支持农村”进程，进一步调整国民收入分配格局，加大对农业、农村和农民的投入力度，逐步形成国家支持保护农业的完整政策体系。

调整基本建设投资结构，大幅度增加农业投入。调整基本建设投资科目，提高农业基本建设投资比重。继续加大对土地产出和资源综合利用、农业科技创新和应用、农业物质装备、农民自我发展、农产品加工转化和市场开拓、农业综合支持和服务等六大能力建设的力度，使农业综合生产能力提高到一个新的水平。

调整财政支出结构，加大“三农”政策扶持力度。提高国家财政用于农业支出的比重，依法保证财政对农业投入的增长幅度高于财政经常性收入的增长幅度。逐步改善财政用于农业支出的结构，扩大对农村公益事业和农村基础设施的投入。建立国家对农民收入的补贴机制，在全面实施现有补贴政策的基础上，增加农业补贴种类和规模，完善补贴方式，促进农民收入稳定增长和农业稳步发展。

调整信贷资金投放结构，加大对农业金融支持力度。继续深化农村信用社改革，进一步发挥其农村金融的主力军作用。抓紧制定县域内各金融机构承担支持“三农”义务的政策措施，明确金融机构在县及县以下机构、网点新增存款用于支持当地农业和农村经济发展的比例。采取有效办法，引导县及县以下吸收的邮政储蓄资金回流农村。加大政策性金融支农力度，增加支持农业和农村发展的中长期贷款。抓紧制定农村新办多种所有制金融机构的准入条件和监管办法。加快落实对农户和农村中小企业实行多种抵押担保形式的有关规定。扩大农业政策性保险的试点范围，鼓励商业性保险机构开展农业保险业务。

建立健全“三农”投入长效机制。通过法律的手段，把国家的重大支农政策制度化、规范化，防止财政对农业投资的盲目性和波动性。在税收、补贴、贴息等方面对投资农业给予优惠和奖励，吸引社会资金投向农业。完善政府农业支持的管理体制。建立有力、有效的保障机制，确保政府支持农业的各项政策和资金投入的高效率。

二、改造传统农业，加快农业现代化建设

加强农业基础建设，提高农业综合生产能力。合理开发利用和严格保护农业资源，实行最严格的土地管理制度，切实保护好耕地特别是基本农田。继续实施沃土工程，引导农民科学施肥，发展保护性耕作，加快中低产田改造，努力提高耕地质量。大力加强农田水利基本建设，发展节水灌溉农业，充分合理地利用各类水资源。完善农业自然灾害、生物灾害的应急反应机制，健全防灾减灾体系，建立可持续防灾减灾的长效机制。

加快农业结构调整，构建现代农业产业体系。在稳定粮食生产的基础上，要按照市场需求，继续调整农业结构。进一步推进优势农产品产业带建设，优化种植业品种品质结构，继续加快畜牧水产业发展。积极发展品质优良、特色明显、附加值高的优势农产品。

健全农业技术支持和服务体系，加快农业科技创新与成果转化应用。进一步深化农业科研体制改革；增加投入，加强农业基础研究、应用研究、农业公共服务等基础性工作；改革和完善农业科技推广机制，充分发挥各级农业专业技术推广机构的作用，大力发展农民和企业的技术推广服务组织，建立科技人员、农民、企业家等广泛参与的多元化农技推广队伍，进一步提高农技推广服务水平。

加强农业社会化服务体系建设。进一步加强种养业良种体系、农业科技创新与应用体系、动植物保护体系、农产品质量安全体系、农产品市场信息体系、农业资源与生态保护体系、农业社会化服务与管理体系等“七大体系”建设。强化农村社区性集体经济组织的服务功能，构建政府、企业、专业合作

组织和农民分工协作、优势互补的服务网络，进一步完善服务机制。

发展循环农业，切实改善农业生态环境。大力发展“低消耗、低排放、高效率”的农业循环经济，促进再生资源的循环、永续利用和非再生资源的节约利用。加大农业污染防治力度，减少土壤中的化肥、农药残留量。合理开发利用林地、草场及山区生物资源，加快山区流域综合治理，加强营林、造林、护林工作，不断加强生态环境建设。

借鉴现代工业组织形式，大力推进专业化分工、规模化生产，不断提高农业的规模化、组织化、集约化和产业化水平；借鉴工业融资方法，开展农业资本运营，实现资源的优化配置，形成多元化的投入格局；借鉴工业质量标准理念，进一步完善农产品质量标准体系，提高农产品的质量安全水平；借鉴工业市场营销理念，大力发展现代流通方式，推进农产品营销；大力发展农用工业，为农业提供技术先进、质量优良、符合农艺要求的各类农业机械，实现农业生产手段的现代化；把信息技术、生物工程技术与现代农业技术结合起来，努力拓宽农业的内涵和外延，增强和发挥农业的多种功能；积极采用工程、生物、农艺等技术措施，进一步提高农业生产水平。

三、扎实推进社会主义新农村建设，促进城乡协调发展

要站在全局高度，准确把握我国经济社会发展的阶段性特征，深刻认识建设社会主义新农村战略决策的重大意义，加强组织领导，创新体制机制，使社会主义新农村建设稳步推进，取得实效。

要坚持因地制宜的原则，积极推进社会主义新农村建设。要从各地实际出发，立足现有基础，努力创造条件，准确把握不同地区、不同产业、不同阶段的发展思路、发展内容、发展重点，提倡多样化，不搞一刀切。要从群众最迫切需要而又有条件做的事情办起，力戒形式主义。要尊重农民意愿，及时发

现和解决新农村建设中的热点难点问题。要及时总结和推广基层和群众创造的好经验好办法，注重典型引路，发挥示范效应。要逐步扩大试点乡镇和村庄的范围，不失时机地推进新农村建设。

要加强规划、合理引导。要按照社会主义新农村建设总体要求，从统筹城乡经济社会发展的要求出发，切实贯彻和落实中央促进农业和农村经济发展的政策措施，自觉地把本地区、本行业、本部门的发展目标要求、建设内容、政策措施与社会主义新农村建设结合起来，与农村经济、政治、文化和社会建设结合起来，促进农村经济社会协调发展。

要进一步建立健全社会主义新农村建设的保障机制。建立投入保障机制，安排专项资金，明确投入渠道，落实建设项目，为建设社会主义新农村创造物质条件。建立工作协调机制，搞好与有关部门的协调配合，发挥各部门职能优势，共同推进社会主义新农村建设。建立检查监督机制，明确任务，落实责任，加强检查，确保工作到位、责任到位。建立科学民主决策机制，广泛发扬民主，加强重大问题调查研究，加强规范化制度化建设，不断提高科学执政政、民主执政、依法执政的能力和水平。

要进一步提高认识，加强领导。各地各有关部门要认真学习党的十六届五中、六中全会精神，深刻领会社会主义新农村建设的重大意义、科学内涵、目标任务和基本原则，深入基层，组织形式多样的学习宣传活动，使中央关于新农村建设的战略部署家喻户晓，成为基层干部和农民群众的自觉行动。要按照中央的总体要求，切实加强对新农村建设工作的领导，研究发展政策，细化发展目标，制定发展措施，落实发展项目。各有关部门应相互配合，共同推进社会主义新农村建设。

四、改革城乡二元结构，大力实施多元化城市发展战略

加快建立城乡平等的就业制度、教育制度和社会保障制度，促进城乡社会协调发展。加快大中城市户籍制度改革，将外来劳动力的管理和服务纳入大中城市经济和社会发展规划中；放宽农民进城就业和定居的条件，消除农村劳动力转移就业的制度障碍；统一城乡劳动力市场，建立城乡劳动者平等就业制度；解决外来务工人员在子女上学、社会保障等方面的问题，为外来人口进人大中城市就业创业提供良好环境。大力增加农村教育投入，加快农村义务教育管理体制改革，进一步明确县级以上政府管理农村义务教育的责任；加快“两免一补”的力度，扩大覆盖范围，提高补助标准；大力开展先进实用技术培训等教育，加快培养新一代农民；增加专门用于农民职业技能培训的资金，抓好农村劳动力转移就业培训阳光工程，提高农村劳动力就业竞争力。大力发展农村社会保障事业，逐步建立起医疗、养老和低保救助体系，提高保障水平。

要坚持大中小城市和小城镇协调发展的方针，走中国特色集约式城镇化道路。充分利用工业化中期阶段经济快速发展的机遇，加快城镇化化进程。

继续大力推进小城镇发展。要以现有的县城和有条件的建制镇为基础，科学规划，合理布局，引导更多的农民进入小城镇，逐步形成产业发展、人口聚集、市场扩大的良性互动机制，增强小城镇吸纳农村人口、带动农村发展的能力，使其成为县域经济发展的核心。

充分发挥大城市的规模效应。引导它们利用综合经济实力强、财政收入水平高等优势，加大对郊区（县）农村的扶持力度，积极推进城乡一体化发展。继续发展与大城市分工协作的中小城市，进一步强化区域性中心城市的发展。东部沿海地区城镇化水平较高，在合理规划的基础上，应着力引导都市圈、城镇群和城市带的协调发展，加快超大城市群的建设和发展，使其成为我国参与国际竞争的中坚力量，增强我国经济的整体实力。

要搞好新一轮城镇及城镇体系规划工作，规范土地征用和使用制度，避免城镇建成区和规划区盲目扩展；不断提高城镇管理水平，理顺人口管理体制；继续加大城镇基础设施建设特别是公用设施建设力度，开辟城镇建设投资的新渠道，完善城镇建设投资体系，促进城市现代化发展。

五、调整工业结构，促进工业化与城镇化协调发展

坚持走新型工业化道路。按照新型工业化的要求，积极发展对经济增长有突破性重大带动作用的高新技术产业，用高新技术产业和先进适用技术改造传统产业，通过提升工业的产业高度，带动新型服务业的发展，形成以高新技术为先导、基础产业和制造业为支撑、服务业全面发展的产业格局。提高资源利用效率标准和环境保护标准，促进重化工业采取先进适用技术和制造工艺，加速淘汰高能耗、高物耗、高污染的落后生产能力，推进重工业增长方式转变。

促进非农产业在城乡之间合理布局。要调整非农产业布局，促进城市第二、第三产业向县域转移。支持和引导城市工业发挥资金、技术、人才、信息、市场优势，在农村发展农产品加工业，实现农产品转化增值、增效。县域要加快改革，转变政府职能，积极创造条件，主动迎接城市产业转移。切实贯彻落实国家扶持个体私营等非公有制经济发展的政策措施，在税收、投融资、资源使用、人才政策等方面，对农村个体工商户和私营企业给予支持。

发展乡镇企业，加快农村工业化进程。要按照走新型工业化道路的要求，不断深化乡镇企业改革，加快推进技术进步和体制机制创新；合理调整乡镇企业的产业结构，重点发展农产品加工业、服务业和劳动密集型企业。大力发展农业产业化经营，按照扶优扶强和大规模、高起点、强带动的原则，选择发展潜力较大的龙头企业和项目，继续加大扶持力度。

优化工业布局，发展产业集群。产业集群将产业分工细化与降低交易成本有效地结合起来，有助于提高产业的竞争力。

要根据产业的经济特性，促进专业化分工和相关企业的相对集中；对现有集群应着力提高创新能力，推动产业集群升级，并加强集群中社会服务支撑体系的建设；注重培育集群的形成、发展机制以及吸引要素集聚的机制，切忌拔苗助长。

工业化的发展要与城镇化推进相结合，提高城市的产业聚集程度，通过产业的集中，提高经济规模，促进专业化分工，进而带动第三产业的发展；通过加快第三产业的发展来吸纳更多的就业人员，优化不合理的就业结构。通过工业化、城镇化的协调发展，为农业现代化发展和国民经济结构调整创造条件；通过工业化、城镇化和农业现代化之间的良性互动，推动我国现代化建设事业不断跃上新的水平。

第六节

我国统筹城乡发展的实践与道路选择

一、浙江省统筹城乡发展的实践与启示①

（一）浙江省统筹城乡发展、推进城乡一体化的实践探索

1. 规划先行，促进城乡资源要素自由流动

我国城乡二元结构阻碍了要素的自由流动。一方面，农村的资源要素不能自由流动到合适的地方取得要素收入，促进农村经济发展；另一方面，城市得不到足够的资源要素，城市经济发展也会放慢。规划正是从体制上扫除了资源要素在城乡之间自由流动的障碍，进而优化城乡空间资源配置，促进城乡经

① 本文选自农业部软科学课题“浙江省统筹城乡发展经验与启示研究”（课题编号：Z200909），课题主持人：康胜。

济共同发展。在近些年探索中，浙江一些地区进行了积极的创新实践，如义乌市以高起点规划为龙头，成功实现了由浙江省中小城到国际商贸名城的蜕变。嘉兴市也以规划为龙头，全力打造城乡一体化“先行地”。

2. 打造现代高效生态农业，建设新型农业现代化

高效生态农业是指以市场为导向，以工业的理念为指导，以提高市场竞争力和可持续发展能力为核心，以增加农民的收入和满足群众绿色消费需求为基本目标进行建设的，产出高效、资源节约、技术密集、生态优良、产品优质的现代农业形态。农业资源紧缺与市场经济发达促使浙江选择了高效生态农业的新型农业现代化之路。农业资源紧缺促使浙江寻求农业发展方式转变，走发展效益农业之路，而发达的市场经济又促使浙江意识到生态农业是国际发展潮流。浙江在确立了发展高效生态农业这个战略性目标之后，出台了一系列支持政策，不断加大财政支农支出，实施“产业化”、“标准化”、“品牌化”，有力地推动了高效生态农业健康发展。

3. 因地制宜，探索农村土地流转新模式

农村土地流转是促进农业规模经营，促使农业产业转型升级，推动农民创业创新，推进工业化、城市化和城乡统筹发展的必由之路。浙江省大部分农村劳动力已转移到第二、第三产业就业，农民收入中来自农业第一产业的比重逐渐降低，农村社会保障水平不断提高，现代农业经营主体对土地流转需求不断加大，这促成浙江农村的土地流转先于全国而较早开始进行创新模式的探索。截至 2009 年 3 月，浙江全省土地流转总面积达 567.03 万亩，占总承包耕地面积的 28.7%。这一比例在全国处于领先地位。总的来说，浙江省的农村土地流转还处于探索阶段，目前最让人注目的是“慈溪探索”、“义乌经验”、嘉兴“两分两换”试点等典型模式。

4. 增强财政投入，建构农村公共服务长效机制

(1) 实施“千村示范万村整治”工程，率先开展农村人

居环境整治

浙江省于2003年实施“千村示范万村整治”工程，建立公共财政对于农村基础建设投入的稳定增长机制，解决农村建设无规划、环境脏乱差、公共服务建设滞后等问题。借此全面改变农村落后面貌，开辟农民增收新来源，向“土地整治”要收入，向“村庄管理”要收入，向“生态环境”要收入。

（2）社会救助、社会保险、就业三位一体，构建与完善大社保体系

①“低保先行”，率先建立新型社会救助体系。浙江省的最低生活保障制度不论在补贴数量还是覆盖范围抑或制度建设上都走在了全国前列。

②率先建立被征地农民社会保险制度，统筹城乡社会保障。浙江省被征地农民社会保障制度做到失地必保、即征即保，并建立了“基本生活保障”、“基本生活保障与社会保险相结合”和“直接纳入城镇社保体系”这三种被征地农民社会保障模式。

③率先制定农民失业标准，统筹城乡就业。为推进城乡统筹就业，浙江省还建立并不断完善了“以政府为主导、以市场为主体、以需求为导向”的农村劳动力培训运作机制和“政府主导、多方筹集”的培训资金投入机制。

（3）率先“基本普及十五年教育”，推进教育均衡发展

2001年浙江省政府出台的《关于加快基础教育改革与发展的决定》提出，“加大扶持力度，加快欠发达地区基础教育发展”。2004年，浙江率先在全国各省区中基本普及从学前三年到高中段的15年教育。2008年开始，浙江省组织实施了农村中小学教师“领雁工程”，计划用3年时间，培训省、市级骨干教师各1万名，县级骨干教师1.5万名，使全省农村中小学骨干教师的比例达到20%以上。

5.“强县扩权”改革，推进城乡统筹体制创新

从1992年起，浙江已连续出台政策，不断扩大和强化部

分经济比较发达县级政府的经济管理权限，开展“强县扩权”改革。2008年年底，浙江省明确提出加强县级政府的社会管理和公共服务职能，在全省（除宁波外）全面推行扩权强县。从“强县扩权”到“扩权强县”，意味着浙江把扩大县（市）经济管理权限作为推动县域经济发展，统筹城乡一体化的重要一环。在扩大县级政府权限同时，浙江省也开始乡镇管理体制的改革与创新，不断推进“强镇扩权”和“扩权强镇”的探索实践。绍兴县将县发展和改革局、经贸局、建管局等7个部门在镇域内的管理职权，全部委托给镇政府直接行使。改革县乡财政体制，提高对乡镇的财政分成比例。从2007年起，超过上年财政收入基数的增值税和企业所得税，其地方留成部分全部留给乡镇，将镇域内的土地出让净收益全额返还给乡镇。绍兴县在“强镇扩权”的基础上，又实施了“扩权强镇”。经过近两年的实践，扩权镇的财政总收入和工业总产值平均增幅均高出全县平均6个百分点以上。因为从实践来看，“强镇扩权，旨在通过赋予中心镇更大的发展自主权，充分调动其积极性，以实现新的跨越，成为辐射、带动周边乡村发展的区域中心；扩权强镇，主要是为了将弱镇做强而采取扩权让利的方式，培育更多的中心镇，成为统筹城乡发展的重要节点。”可见，“强镇扩权”与“扩权强镇”相结合，是一种培育小城市和区域中心的有效路径。

6. “惠民工程”梯度推进，引领欠发达地区奔小康

（1）“贫困县乡扶贫攻坚计划”

随着市场经济的快速发展，浙江农村普遍贫困的情况大大减缓，区域性的贫困成为扶贫的突出任务。为此，2000年，浙江省开始实施“百乡扶贫攻坚计划”，解决贫困乡镇脱贫问题。到2002年，贫困乡镇如期实现了脱贫目标，浙江省成为全国第一个没有贫困乡镇的省区。浙江在这一阶段的扶贫重点突出，加大财政转移支付力度，坚持“多予、少取”，将输血式扶贫与开发式扶贫相结合，探索走出了一条具有浙江特色的

扶贫模式。

（2）“欠发达乡镇奔小康”工程

为了解决欠发达乡镇的相对贫困，进一步加大区域协作、结对帮扶和政府支持的力度，2003 年浙江省在全国率先提出实施“欠发达乡镇奔小康”工程。“欠发达乡镇奔小康工程”引导欠乡镇充分发挥生态资源优势，建立特色优势农产品基地，发展“农家乐”等旅游休闲业，引导农民就地脱贫致富。它最显著的成效是欠发达乡镇农村居民收入快速增长，贫困人口大幅减少。

此外，在浙江还实行了“山海协作”工程、“百亿帮扶致富建设”工程和“低收入农户奔小康”等工程。

7. 激发合力参与，强化城乡统筹发展动力

（1）发动民营企业参与新农村建设

浙江是“民营经济”大省，“以工哺农”，建设社会新农村当然少不了民营企业的参与。浙江民营企业参与新农村建设有经济顾问型、产业带动型、合作开发型、直接参与型、公益捐助型、帮助自立型等主要形式。

（2）发动大专院校参与新农村建设

当地政府提出实施开放型科技发展战略，不断加快与省内高校院所合作。同时通过农业科技项目与实践基地的有效对接，有力地提高了该镇农业产业的科技吸纳能力和农业企业自主创新能力，推动了农产品升级。

（3）发动与培养“能人”参与新农村建设

“能人经济”是浙江新农村建设的一个亮点。如浙江奉化滕头村党委书记傅企平以“生态立村”为本，带领村民走生态农业之路，使滕头村成了远近闻名的富裕村。开化县积极实施“能人工程”，从资金、项目等方面出台优惠措施，引导农村能人创办和领办种养、加工等基地，发展农村经济合作组织。

（4）发动华侨参与新农村建设浙江省一直将华侨作为新

农村建设的重要力量

他们开展“百名侨胞助百村”、“百侨百会助百村联千户”、“侨企联村”等各种活动来吸引华侨投身新农村建设。作为全国著名侨乡，青田近年来大力实施“华侨要素回流工程”，引导华侨参与建设新农村方面。通过开展“百个侨团结百村”和“千名华侨扶千户”活动，拓展华侨参与新农村建设的空间和领域。

(5) 发动驻地军队参与新农村建设

驻湖部队共有103个连以上单位，与驻地乡镇、村结成共建对子，开展了水利援农、生态益农、流通惠农、扶贫帮农、医疗助农、科教兴农、消防护农、组织强农、稳定安农、精神富农等10项惠民工程为主要内容的“爱民工程”，为新农村建设注入了生机和活力。

(二) 浙江统筹城乡发展的经验与启示

1. 选择适合自身发展的路径模式，是有效实现统筹城乡发展战略的基本前提

以往实现城乡一体化的道路尽管千差万别，但主战场基本都在城市，浙江却别具一格，广袤的农村成为浙江推进工业化、城市化的温床，形成一种农村先行改革发展、乡镇企业集群化发展、城乡联动发展的内生发展模式，从而在探索统筹城乡发展、推进城乡一体化的路径上，走出了一条以农村市场化、工业化、城镇化为先导，并随后以政府统筹城乡发展战略为主导，实现有效化解“三农”问题和破解城乡二元结构、推进城乡一体化的发展道路。这一发展路径的选择，一是由于浙江人口密集并且过去主要集中在农村，而且城市工业比较落后，从而期望通过传统工业化、城市化模式实现城乡一体化，就会面临更多制约，所以，促使农村先行改革发展更加符合浙江省情；二是基于浙江改革与发展的根据地都是在农村，代表浙江特色的各种形式，无论是民营经济、块状经济还是专业市

场的发展，都始源于农村，从而农村的内生先行发展具有强大的动力和基础条件；三是农村市场化、工业化、城镇化发展到一定阶段，农村劳动力的分工分业和就近转移以及农村人口集聚都成为可能，从而促使农村的自我发展能力大大增强，并且整个社会的工业化、城市化水平也很大提高后，全面实施统筹城乡发展战略就成为必然的选择。

所以，浙江统筹城乡发展历程的基本经验表明，一个地区经济社会发展进程的阶段特性，包括发展水平、结构属性，国家总体发展战略的政策导向，以及资源禀赋条件等，在很大程度上决定着该地区统筹城乡发展应有的路径特征。而依据一定主客观因素选择的路径和发展模式，又会根本影响其发展绩效。所以，浙江在统筹城乡发展路径选择上的这一基本经验，给予人们的重要启示是，必须因地制宜从自身实际出发，很好地把握机遇，合理地选择适合自身条件基础的统筹城乡发展路径和城乡一体化的推进模式，这是统筹城乡发展、推进城乡一体化进程取得突破性成效的基本前提。

2. 建构合力协同的动力机制，是持续推进统筹城乡发展战略的关键保证

要保证统筹城乡发展战略的有效实施和城乡一体化目标的最终实现，就必须在体制机制的层面，建构一种能够不断推进这一进程发展的长效动力机制，即政府主导作用下的协同合动力机制。因为，农民既是统筹城乡发展的受益者，同时又是作为主体力量推进城乡一体化的参与者，这意味着在实施统筹城乡发展战略的各项举措中，必须充分尊重他们的意愿和首创精神。但政府必须对于实施统筹城乡发展战略负起关键性责任。因此，这种模式的动力机制，主要是通过政府的规划导向、政策推动、工程示范、财政扶持等“杠杆”和“抓手”的积极效应，可以有效建构城乡一体化的基本通道和运作平台，这当中政府的作用更重要的是体现在，能够组织和整合力量，带动、引导各种资源与要素向农村和农业流动，并且能够借助于

市场体制的利益驱动机制，充分调动和发挥农民主体及社会各种力量参与城乡一体化进程的积极主动性、创造性，从而既能保证实施统筹城乡发展战略形成强大的协同动力，同时又使之具有持续不断的动力来源。

3. 探索和创新实践模式是统筹城乡发展战略层层推进的根本途径

浙江省在推动城乡一体化进程中，之所以能够取得巨大成效，在实践模式上其最基本的经验就是：形成了这样一种有利的制度环境和政策导向氛围，即：充分发挥基层组织和民众的首创精神，积极鼓励并倡导大胆尝试、勇于探索、善于创新实践模式的意识及行为，在此基础上先行试点并进行理论总结和制度建设，以推广先行地区和试点地区的经验和成果，这当中，各级地方政府的创新和探索精神也得到进一步体现。

浙江省统筹城乡发展实践模式探索创新的基本经验给人们的重要启示主要是，不断探索和创新多样化实践模式，这是统筹城乡发展战略能够层层推进和步步深化并取得成效的重要途径。因为，统筹城乡发展、实现城乡一体化是一项复杂的巨大系统工程，任何战略举措的推出，都涉及社会整体的利益格局，与广大民众的切身利益息息相关，需要广大民众的认同和支持。同时，这也涉及体制机制方面诸多的制度建设，需要巨大的财力和物力的支撑。先行探索和试点地区积累的经验，无疑对全省及各地区进行相应的制度建设提供了支持，更为重要的是，先行探索与试点中所表现出的绩效与问题，也对其他省区统筹城乡发展提供了借鉴经验。所以，要统筹城乡协调发展，必须在制度环境和政策导向上积极创造大胆探索、善于创新、勇于实践的良好氛围，激发和调动基层组织和民众参与探索实践的积极性和创造性。从而在不断探索有效途径、创新多样化实践模式并进行试点和总结基础上，才能由点到面地层层推进、步步深化。

4. 推进新农村建设是统筹城乡发展战略落到实处的目标

要求

为推进城乡协调发展，中央在全国范围内启动了新农村建设。浙江省以此为契机，结合本省农村地区经济社会发展的特点和推进城乡一体化的基本要求，制定了相应行动计划和实施步骤，并通过推行系列项目工程的带动，将统筹城乡发展战略任务的目标落到实处。为此，先后启动了“千村示范、万村整治”工程、“乡村康庄”工程、“万里清水河道”工程、“万里绿色通道”工程、“千库保安”和“千万农民饮水”工程等项目。这在很大程度上解决了农村地区的交通、生态环境和居民饮水及社区秩序等突出问题，明显改善了农业生产和农民生活条件。

在进行新农村建设中，浙江的一个基本经验是，以特定任务和目标要求的项目“工程”为主要“抓手”，以各级地方政府公共财政投入的资金扶持为支撑，带动和整合各种社会资源，推进农村社会面貌不断改善，为搭建有利于农村全面发展的基础平台和实现城乡一体化的基本通道创造必备条件。所以，通过浙江省新农村建设的实践经验，我们得到的一个重要启示是，要以工程项目为重要抓手，积极推进新农村建设，这是将统筹城乡发展战略落到实处的基本要求。

在新农村建设中，浙江农村经济发达地区，通过体制和制度创新，积极探索和推进以中心镇和中心村为依托的农村居民点集中建设。过于分散的农村居民点向中心村集聚，既节约了十分宝贵的耕地资源，又大大降低了农村公共设施建设成本，更有利于农村管理和社会文化事业的发展。同时，利用节省的土地，结合农村的自然条件，发展“农家乐”等旅游项目，为农村经济发展探索新的模式。

5. 促进区域协调发展是全面推进统筹城乡发展战略的重要条件

浙江省是全国区域经济发展差距最小的省份，之所以这样，重要的一条经验是，在政府大力扶持和引导下，以欠发达地区脱贫致富和增加收入为目标，通过发达地区的带动及社会力量的支持，积极建立区域经济发展与城乡协调进步的互动机制，并且以战略规划的形式，分阶段层层推进实施“山海工程”、“欠发达乡镇奔小康工程”和“低收入农户奔小康工程”，使得原来经济较落后的舟山、衢州、丽水等地区经济增长较快，明显缩小了与其他地区的发展差距，不仅如此，这些地区的经济发展已经成为浙江经济发展的新生增长点。

因此，统筹城乡发展和统筹区域协调发展之间是有机的互动关系。协调的区域发展关系是实现城乡一体化的前提，也是实现统筹城乡发展目标的基础。只有较强的区域经济，才能为农业发展提供支持，才能为农村劳动力转移提供工作岗位，才能为城市化提供坚实的经济基础。也才能够为农村经济社会发展、公共设施建设和医疗社会保障提供财政支持。同时，农村经济作为区域经济的重要组成部分，其发展水平，不仅直接影响到区域经济的发展水平，在很大程度上也会影响到城市的发展。因此，协调的城乡发展关系，是促进区域经济健康持续发展的重要标志。

二、四川省统筹城乡发展的实践①

（一）政策突破：四川统筹城乡发展的成功实践

由于受到工业化发展的地域性、经济体制、城乡改革不同步、区域条件差异的客观等因素的影响，四川城乡发展存在着显著的城乡分割的二元结构现象。针对这种现象，四川省委、省政府认真落实科学发展观，立足四川实际，大胆探索，勇于创新，在西部地区率先全面启动统筹城乡经济社会发展战略，通过实施一系列突破性的政策措施以及不同地区的创新性实践，在破除城乡二元结构，促进经济社会全面协调发展方面取

① 本部分内容选自“中西部地区城乡统筹的理论与实践”（课题编号：Z200516），课题主持人：郭晓鸣。

得了显著成效。从政策突破的角度评价，四川省统筹城乡发展的多样化创新主要表现在如下六个方面：

1. 着力推进“三个集中”

(1) 推进工业向集中发展区集中

成都工业经过新中国成立60年的发展，已成为西部地区重要的工业基地。随着经济社会发展和城市化进程加快，成都市原有工业布局已经不适应现代工业经济发展的要求。主要表现在：工业区域分布结构不合理，主导产业不突出，产业特色不明显，集聚效应不强；工业开发区较多且普遍偏小，其过度分散、盲目布点与城市总体规划、土地利用总体规划衔接不够，而致基础设施不配套，投入产出效率低。为破解这些问题，成都市委、市政府在出台相关政策的基础上，分类指导、政策支持、创新服务、示范引导和强化统筹相结合，推进工业向集中发展区集中。

(2) 推进农民向城镇集中

从2004年开始，按照统筹城乡经济社会发展、推进城乡一体化的战略部署，成都市正式启动了旨在实现农村居民向城市居民转变、农村社区向城市社区管理体制转变、促城乡同繁荣共发展的“新居”居建设。所谓“新居”，居是指在本轮规划的城市建设用地区内，按统一规划、统一供地、统一标准、统一配套、统一建设、统一管理的“六统一”的方式建设的用以集中安置农村居民的城市化居住小区和都市村落式的农民居住点。“新居工程”是成都市的一项推动农村居民生活城市化的大胆探索和实践，项目建设涉及农民住宅拆迁补偿、集中建房的土地使用、产权管理等一系列新的问题，在建设用地指标极为紧张和面临国家土地管理、基本建设程序、房屋产权管理等政策限制的情况下，只有结合实际，创新政策措施，创造性地开展工作，才能确保“新居工程”建设的顺利实施。针对城市规划区内土地性质和用途的多样化、城市化推进方式的不同，成都市提出了城市建设用地区和非城市建设用地区不同的实施模式和建设目标，并在用地政策和房屋产权管理上大胆提出了一系列的创新性政策措施。

（3）推进土地向规模经营集中

在实施统筹城乡发展、推进城乡一体化战略的过程中，成都市积极推进土地的适度规模经营，出台了一系列吸引业主进行土地规模经营的优惠政策，制定优势产业规划，引导土地规模经营发展。第一，健全机制，防范风险。为防范业主因经营困难等无法履约的情况发生，在签订土地流转合同后，由业主每年交纳一定数额的风险保证金。另一方面，为防范业主流转有效期内农户单方面毁约，在业主缴纳的土地流转租金中，每年提取一定比例的信用保证金。两项“保证金”存入当地农村信用社，由乡（镇）农业承包合同管理机构监管。同时建立复耕保障机制，对个别业主因生产需要而部分改变耕地农业用途的，要按国土部门的有关规定交纳耕地复耕保证金，其资金交乡财政代管，作为今后的复耕之用。第二，强化服务，提高效率。一方面帮助业主找基地做规划，提供土地流转和产业发展等信息，做好组织协调工作，解除业主的后顾之忧；另一方面，加大对农民的思想宣传发动，随时向农民提供业主信息，帮助农户建立土地流转台账和档案，指导签订合同，帮助化解风险。

2. 重点抓好失地农民安置就业工作

我国城市化进程中出现了很多“失地农民”，因为他们已经失去赖以生存的土地，游离于农民和城市居民之间，处境极为尴尬。四川省各级政府结合自身实际，坚持以人为本，正确处理当前与长远、局部与整体的关系，统筹安置失地农民，降低了失地农民拆迁安置中的矛盾，保障了城乡一体化进程的顺利推进。以绵阳市为例，他们主要是从以下三个方面做好失地农民的安置工作的：第一，尊重失地农民意愿，妥善做好失地农民的基本生活安置。绵阳市在开发区园区开发建设中，走出了两条解决失地农民基本生活的安置之路：一种是农村集体经济组织自我安置。第二种是由征地单位对失地农民进行安置。第二，高标准高起点建设居民区，切实做好失地农民住房安置。第三，拓宽思路，多途径解决失地农民就业问题。如采取“给村（社区）预留集体经济发展用地和修建集体经济用房”的路子，为失地农民提供向第二、第三产业转移的门路；培训推荐农民进厂务工就业；鼓励自谋职业和自主创业；大力开发短期就业岗位。

3. 全方位创建农民工培训机制

四川作为人口大省和劳务输出大省，劳务经济已经成为四川省国民经济发展的重要产业，四川省高度重视不断探索农村剩余劳动力资源开发途径，把农民工培训作为统筹城乡发展的重要突破口，在体制改革和政策支持上实施了一系列重大创新：

（1）创新农业投入新方式

以全方位构筑农村公共财政为出发点，改革了过去农村单一的投向目标，将农村人力资源开发作为农村公共财政框架建设的重要内容，调整了财政投向，加大农村人力资本的开发，财政性资金为进入农村劳动力培育开发和利用，起到了巨大裂变效应，带动了相关产业的投入和发展。

（2）注重构建瞄准机制

四川省改变了过去单纯拨资金、下任务、定计划，自上而下的工作方式，建立了逆向工作机制，从尊重农民意愿，满足农民的培训愿望为出发点，以市场就业为目标开展培训工作。实践证明，这种方式能极大地调动农民工培训的积极性，实现劳动力的有效输出和转移。

（3）建立培训就业一体化体制

培训的目的是为了就业，就业成为评价培训工作成效好坏的主要标准。四川省委、省政府实施的千百万农民工培训工程始终把工作和考评重心放在就业上。明确规定培训必须以转移到非农产业为目标，培训者经培训后必须与用人单位签订劳动合同期限不得低于 3 个月，培训机构方能取得财政补助资金，凡是达不到基本要求的将取消其参与农民工培训工程的资格。

（4）启动和转化闲置资源

目前，四川县属国有企业发展遇到一定的困难，大量的中小企业在市场竞争中倒闭，不少厂房、机器设备闲置，造成资源浪费，同时，培训机构大多数存在着内部资源不合理的现象，文化课教师偏多，专业教师明显不足，必需的操作设施更是短缺，成为阻碍培训机构进一步发展的瓶颈。四川省在实践中，将二者结合起来，以培训项目为龙头，充分利用闲置资源，将原破产企业的厂房、机器设备和人员进行整合，使其与农民工培训相结合，化腐朽为神奇，厂房成为教室，机器设备成为教学设备，下岗技术人员转聘为老师，一举多得。

（5）多层次满足农民培训的需求

农村剩余劳动力是一个庞大的群体，每个人培训的目的和需要不尽相同，不少有知识有文化和有闯劲的农民并不满足于一般普遍的技能培训。在主要做好引导性培训和职业技能培训工作的同时，对有自主创业愿望的农村劳动力开展创业培训。以创业带动就业。通过创业培训打造“小老板”，创造就业岗位，转移农村劳动力和失地农民，收到了创业促进就业的倍增效应。

（6）注重品牌打造和特色建设

在提高劳动力组织化的程度的基础上，注重品牌培育和建设，树立品牌劳务输出，重点培训和开发有特色的劳动力资源，做到培训一批，就业一批，影响一片。

4. 探索建立农村社会保障制度

社会保障制度是构筑中国社会主义市场经济框架的五大体系之一，由于中国经济长期以来呈现出二元经济结构的特征，社会保障以地区为分界，明显划分为城镇社会保障和农村社会保障。四川农村社会保障体系的建立首先选择了以经济相对发达的成都市率先试点，以建立征地农民社会保障制度率先突破的发展路径。如2003年，成都市锦江区、青羊区、金牛区、武侯区、双流县等区县在失地农民的社会保障方面作了积极有益的探索。具体做法是：广覆盖、低保障，逐步建立与城镇社会保障相衔接的制度；缴费和保障水平相一致；区、乡财政和个人共同出资。通过试点，使参保失地农民年老后基本生活和住院医疗有了保障，受到失地农民的普遍欢迎。2004年3月，成都市委、市政府根据部分区县试点的情况，出台了《成都市征地农转非人员社会保险办法》和《成都市已征地农转非人员社会保险办法》，将1991年实行货币化安置以来产生的失地农民及其2004年起新征地的农民全部纳入社保体系，让征地农民享有与城市居民同等的国民待遇，上述两个"办法"文件的出台标志着成都市在统筹城乡经济社会发展，建立健全城乡一体社会保障体系上迈出了坚实的一步。

5. 构建新型农村合作医疗制度

为有效解决广大农民看病难的现状，缓解因病致贫、因病返贫情况，四川省新型农村合作医疗制度试点工作于2003年启动。四川省政府强调新型合作医疗必须坚持农民自愿的原则，反对强迫命令和一刀切。实行专户储存、专款专用，防止挪用、挤占、拆借、贪污等行为的发生。在构建新型农村合作医疗制度的过程中，总结出了以下三个方面的基本经验：

（1）将粮食直补与合作医疗"挂钩"

为低成本地、便捷地扩大农村合作医疗的覆盖面，要考虑整合2004年之后业已出台的国家财政对农民的优惠措施，可将新型农村合作医疗纳入政府涉农优惠政策框架中统筹，变合作医疗向农民每户、每人的直接筹资为从财政给农民的优惠补助中统一抵扣。这种做法的好处是避开了政府与单个农民之间先"发钱"后"收钱"的工作流程，是一种低成本、高效率的创新性做法，而财政不必多花一分钱，可以迅速地"全覆盖"的规模展开合作医疗体系建设。

（2）财政层级职责分工

尤其对于西部困难地区更应如此。新型农村合作医疗在许多地方的财政分摊比例是：省级财政（40%）、地级市财政（30%）、县（市）财政（30%），但这种做法让许多贫困地区的试点县不得不从已经很拮据的财政中挤出一部分财力安排配套，有的地方甚至将部分费用转嫁给了卫生机构。基于此，应适当调整县乡财政严重困难地区不同层级财政对新型合作医疗投入的职责分工，将大额资金筹集定位在中央、省级和市级财政，县乡财政承担农村合作医疗运作过程中的管理费用与零散支出。

（3）顺应农民心理，推行反向筹资模式

让农民先出钱，往往会被农民以“乱收费”的眼光猜疑。因此，各地应尝试由地方财政先将每人 10 元钱的补助金筹齐，然后中央财政注入补助金，最后凭着已经到位的各级财政补助资金收缴个人负担部分，让农民感觉到真实可靠。这就需要在合作医疗启动阶段，淡化“谁参保就补助给谁”的观念，参考试点县上年末的实有农村居民人数，先按照每人 10 元全部给予补助。这种模式有利于引导农民自愿加入农村合作医疗，从而降低基层政府工作难度，也可以降低农村合作医疗的筹资成本，迅速扩大覆盖面。

6. 实施城乡统一的户口登记制度

长期以来，我国户籍管理制度的“二元化”特征十分显著，这在很大程度上影响了国民经济和社会的发展，禁锢了生产力的提高。建立城乡统一的户口登记制度的一个核心内容，就是取消原有的按身份划分为“农业户口”和“非农业户口”的户口性质，转而统称为“居民户口”。同时，为便于统计分析城镇化水平，又按居民居住区域予以区分，原则上居住在城市、城镇的称为“城镇居民”，居住在农村的称为“农村居民”。在大力推进城乡一体化的今天，对于如何实现“农村居民”向“城镇居民”的转变，四川省的相关政策规定，只要满足两大基本条件，在省内各大中城市（含地级市，成都市 6

城区除外)，农民变市民将不再难。这两大条件一是在城市拥有合法固定的住所，二是有稳定的职业或生活来源。同时政策明确规定，已登记为“居民户口”的人员，在农村有承包土地的，其土地承包经营权可保留，在依法享有和承担农村集体经济组织成员应有的权利及义务的同时，依法享有履行当地城镇居民同等的权利和义务。对于各地在城市化进程中出现的“城中村”问题，四川省公安厅在户籍管理上也作出了相应的规定：对因城市建设需要、已无土地的农村居民，要直接登记为城镇居民。各地可报经当地政府批准，将人均耕地较少的“城中村”农村居民登记为城镇居民，并依法保护其应有的合法权益。

（二）四川省统筹城乡发展的启示

1. 全面加大对农村发展的投资力度

城乡投入不平衡，是城乡差距扩大的重要原因。给农村以资金，实际上是给城市以市场。因此，投入统筹是统筹城乡发展中具有导向性的重要问题。要立足城乡发展不平衡的客观现实，调整国民收入分配和财政支出的结构，改变过去投入上“重城轻乡”、“重工挤农”的现象，以制度保证财政对农业的净支出总量在财政投入中的比例和增长幅度逐年上升，并逐步形成支农资金稳定增长的长效机制。要调整投入方向，优选发展项目，无论是基础设施项目、产业发展项目，还是社会事业项目，都要有利于兼顾城乡，以城带乡。各级财政对农业、农村的投入要重点投向农村基础设施建设、社会事业发展和农业支持保护体系的构建上。

2. 进一步深化农村金额体制改革

金融是现代经济的核心，但现行金融体制在很大程度上重在服务城市，对农村、农民的服务明显不足，这不仅削弱了金融自身功能，更严重制约了农村经济的发展，阻碍了统筹城乡发展的进程。所以，应当着眼建立城乡资金市场良性循环机制，加快改革和创新农村金融体制：中国农业银行要充分发挥商业性资金融通功能，重点满足农村内部农业产业化经营龙头企业的资金需求；中国农业发展银行应逐步向综合型政策性银行转变，主要满足不能通过竞争性金融活动而获得满足的农村金融需求，一是针对贫困农户的扶贫资金需求，二是提供农村公共产品的资金需求；农村信用社应以产权制度改革为突破口，逐步改造为地方性农村股份合作银行，同样主要发挥商业性金融功能，但其融资对象应与中国农业银行有所区别，主要通过满足农村内部中小企业和经营大户的资金需求来争取自身的生存和发展空间，与中国农业银行形成互补关系；合理放松管制，扩大农村民间金融发展的生存空间。

3. 重点加快县域经济发展步伐

县域经济是统筹城乡发展最重要同时又是最困难的区域。就现实看，西部地区县域经济发展迟缓的矛盾普遍突出：县级政府调控能力不断弱化、县级政府的调控手段越来越少、县乡财政日益拮据、县乡政府普遍机构层次过多等问题日益充分地暴露出来，由此构成县域经济发展的重大体制性障碍。因此，通过深化体制改革，统筹城乡关系，加快发展县域经济的任务十分紧迫。应努力因地制宜重点推进县域经济工业化进程，探索省直管县的管理体制改革试点，进一步加大县乡政府机构改革力度。

4. 推进农村土地制度的创新和完善

近几年来随着经济的高速增长和城镇的快速扩张，农村耕地减少规模呈急剧扩大之势。在此过程中，不仅对失地农民利益的过度剥夺已成为十分尖锐的社会矛盾和严重的不稳定因素，而且对优质耕地占用的失控又在一定程度上构成影响粮食安全的重要因素。由于耕地稀缺是一个长期性的难以逆转的矛盾，通过农村土地制度创新完善，从根本上遏制耕地荒芜、质量退化、低补偿大规模占用等突出矛盾，无疑具有特别重要和特别紧迫的意义。

(1) 改革现行征地制度。率先探索下述两方面的改革途径：一是国家征地严格限制在公共产品建设方面，在继续保持强制性征地特性的同时，征地价格必须与土地市场价格基本吻合。二是一切经营性用地都通过农村集体建设土地进入市场交易的方式解决，对这部分土地专门发放农村集体土地建设用地证。

(2) 探索农户土地使用权抵押制。在农村土地资源与金融资源之间建立内在联系，尝试构建全新的农村土地金融制度，农户以土地使用权抵押方式获得贷款，既降低农业融资风险，又促进土地利用更加合理。

(3) 发育规范的农村土地租赁市场和土地产权市场。农村集体土地以租赁或入股方式参与土地资源的非农化开发。在不丧失土地的条件下降低农村工业化门槛，农民则以土地权利实际加入工业化进程。

(4) 重点推行土地股份制。农村内部土地流转应重点支持土地股份合作制发展，使农用耕地以股权化的方式完成从土地资源向土地资本的转化。

5. 构建农民工培训的长效机制

一方面，我国农民工整体素质相对较差是不合理的城乡差别发展战略的产物，另一方面，不发达地区在农民工培训过程中有很强的外部溢出效应，因此，各级政府应当在解决农民工培训资金问题上处于主导地位，特别是要重视合理建立财政转移支付制度，让沿海地区对劳务输出重点省区在培训农民工过程中的利益外部化进行有效弥补，以此解决农民工培训就业、社会保障、子女入学等方面的资金严重短缺的矛盾。从宏观角度考虑，当务之急是应当立足城乡统筹的角度，在中央一级多渠道筹集农民工培训资金，然后根据农民工培训规模的差异转移支付各省，由各省统筹安排，专项使用于农民工培训。进一步看，要真正构建起农民工培训的长效机制，还必须从以下三方面取得重要突破：第一，加强职业中学、职业技术学校、技工学校和就业训练中心的投入和建设。第二，建立农村劳动力梯次教育培训构架。在确定新增劳动力为重点的基础上，根据不同市场需求，培训不同层次的农村后备劳动力人才资源，形成短期和长期培训结合，初级、中级、高级配套的完善的后备劳动力技能型人才培训体系。第三，围绕区域支柱产业进行培训，打造劳务产业的优势品牌。农民工的培训应当围绕不同区域范围的支柱产业需要来展开，以实现产业开发与人才开发的有机结合，确立优势，打造品牌。

6. 加快农村社会保障体系建设

建立农村社会保障体系是一项艰巨而复杂的社会系统工程。在推进农村社会保障事业的进程中，不仅需要政府积极引导和高度重视，更需要农村集体与广大农民的积极配合，同时还要结合农村的特殊情况和我国经济的二元结构特征，从制度、组织、舆论宣传等方面着手，逐步完善宏观协调机制，培育社会保障的参与理念和制度基础，这不仅仅是社会保障规律的客观要求，也是加快农村社会保障体系的关键。第一，强化建立农村社会保障制度的经济基础。社会保障水平的提高必须依靠经济的发展，经济发展水平直接决定保障水平的高低。这就要求我们在建立和完善农村社会保障体系的同时，应全力发展经济，尽快建立社会保障制度所需的经济基础。第二，科学建立农村社会保障资金的筹集、营运和监管制度。资金问题是农村社会保障建设的核心问题。要在广大农村建立现代社会保障制度，不仅需要多渠道筹集资金，还要保证资金的高效营运，更需要严格有效的监管。

7. 继续完善新型农村合作医疗制度

要进一步完善农村合作医疗体系，形成科学的农村医疗卫生体制，既需要合作医疗制度自身的不断完善，还需要相关配套制度的支持。第一，深入细致地做好宣传发动工作，提高农民的参合率。必须深入了解和分析农民的意愿，使农民充分了解参加合作医疗后自己的权益，增强参加新型农村合作医疗的自觉性和主动性。第二，合理引入合作医疗竞争机制。合作医疗服务具有一定的私人产品性质，因此，合理引入竞争机制有利于合作医疗机构提供较好的医疗服务。第三，建立健全合作医疗监管制度。合作医疗服务是一种比较特殊的服务，合作医疗制度的实施不仅需要依靠有效的竞争机制，而且需要进行必要的规制和监管。第四，合理确定合作医疗基金的管理主体。目前，乡镇政府的事权大于财权，经常亏空运转，其行为难以得到合理有效的监管与控制，因此，合作医疗的管理主体应适当上移。具体来说，就是要在县政府成立专门的农村合作医疗管理办公室，统一制定合作医疗的相关措施和办法，负责合作医疗基金的筹集、使用及财务管理。成立专门的合作医疗管理中心，有利于防止其他公共医疗卫生管理和提供机构因利益问题而妨害合作医疗制度的有效实施，减少制度寻租的可能性。第五，合理布局农村医疗卫生资源。根据地理位置、人口分布等因素重新调整乡镇卫生院的数量、规模和分布。

三、北京统筹城乡发展的实践与启示①

（一）北京统筹城乡发展成就和经验

1. 统筹城乡总体功能和规划，合理布局产业结构

北京市以城市总体规划为指引，以郊区功能重新定位为导向，加快农村产业结构优化升级步伐。一方面，强化农业的经济功能；另一方面，突出农业的社会功能。同时还注重农业的生态功能，建立人与自然、都市与农业和谐的生态环境，使农业成为城市的花园和绿色生态屏障。

城乡统筹发展中，统筹城乡产业发展和布局，是推进城乡关系协调发展的前提，也是实现经济社会可持续发展的重要基础。然而，占北京市国土总面积62%的京郊山区，一直是北

① 本部分选自农业部软科学课题“北京市统筹城乡发展经验与启示研究”（课题编号：Z200908），课题主持人：李瑞芬。

京市生态文明和可持续发展的重要支撑，也是北京旅游产业资源的重要组成部分。近几年来，为实现山区经济的循环快速发展，北京市推出“沟域经济”发展模式，并在多个区县试点进行了成功的探索和实践，为京郊山区的发展增添了新的亮点。

2. 工作重心向农村延伸，形成了实现城乡统筹的联动机制

北京市把解决“三农”问题作为全市工作的重中之重，明确提出“我们的政府不只是城市的政府，市政府各职能部门也不只是城市的职能部门”，要求各部门增强城乡统筹协调发展的意识，从城乡统筹的角度开展工作，积极转变职能，将工作重点向农村延伸。目前，全市已建立起了城乡统筹协调的工作机制。

首先，建立协调机制。市长直接抓统筹，由北京市农委作为“三农”工作的抓总部门，负责总体协调和督促检查，市级各职能部门把工作范围和重点向农村延伸，建立协调机制，提出避免工作中的空缺与重叠，有效促进政策的集成、资金的整合，形成城乡统筹的合力，推动“三农”工作向纵深发展。

其次，全市城乡统筹分为三个层次来实现。市一级的城乡统筹主要表现在规划、功能分区定位、政策制定、财政转移支付等方面。区县一级的城乡统筹主要表现在劳动和社会保障、基础设施和社会公益事业发展、土地资源优化配置、城镇化推进、城乡管理体制改革等方面。乡镇层次的城乡统筹主要表现在农村的城镇化进程、农村集体建设用地和农民宅基地的置换集中、现代农业的产业规划和专业合作组织建设、农业用地的流转集中、微观市场主体的培育、村庄的整治并迁等方面。

再次，开展摸底调研，有效促进了政策资源、城乡资源的整合。

3. 财政资金投入向农村倾斜，为实现城乡统筹提供强劲的资金支持

2005年北京市有关文件明确提出：市政府建设资金中用于郊区的比例不低于50%，重点投入郊区基础设施建设；新增教育、卫生、文化、计划生育等事业经费主要用于区县以下的比例不低于70%等等。这些政策的出台为财政支出结构调整、实现财政资金投入向农村倾斜进一步指明了任务和要求。近几年，全市用于郊区、用于“三农”的资金在大幅增加，比重也在逐步提高。2007年市政府对“三农”的投入达到130.6亿元，同比增长16.8%，是2002年的5.2倍，市政府固定资产投资郊区与城区的比例从2:8调整为52:48。

4. 基础设施和公共服务设施加快向郊区延伸覆盖

北京市在城乡统筹发展中，以改善农民和农村的生产、生活环境为工作重心，从村镇道路改造、农民饮水安全、农村污水及垃圾处理、农业生产条件等方面大力支持“三农”工作，农村的基础设施正在进一步改善。比如“村村通油路”工程、农村低压电网改造、“村收集、镇运输、区处理”的垃圾治理新机制的全面推行等。此外，北京市加大了公共服务设施建设。截至2006年年底，郊区所有乡镇都完成文化活动中心的建设，村文化活动站达到3856个，2500多个行政村配建了体育健身设施，覆盖了100%的乡镇和65%的行政村，还有一批村庄设置了益民书屋。

5. 建立了财政支持农村公共事业和服务的长效机制

首先，为进一步完善和建立农村社会保障制度，北京在全国率先建立农村最低生活保证制度。北京郊区13个区县（现为11个）经政府批准出台了本地区农村低保实施办法，全面建立了农村最低生活保障制度，逐步提高保障标准。其次，政府对农村义务教育和农民职业教育的支持力度逐步增强，农村计划生育家庭帮扶及奖励扶助制度、农村社会救助工作、优抚工作也在稳步落实。住房救助、医疗救助和教育救助等各类专项救助相继实施。再次，加大财政资金转移支付力度，确保基层政权和农村村级组织正常运转。最后，减轻农民负担，完成农业支持和保护政策体系。

6. 城镇化进程加快，城乡统筹力度加大

20 世纪 90 年代中后期，北京郊区的城市化、城镇化进程得以大规模展开，到 21 世纪初进入加速阶段，农民的城镇化转移加快，2005 年农村城镇化综合指数达到 70.6%。从农村城镇化的内涵来看，首先，农村人口向城镇地区集中，农业人口转化为非农业人口，城镇人口占总人口的比重提高。第二，城镇数量增加，城镇规模扩大，城镇内部现代化程度提高，农村小城镇镇区面积扩大。第三，农村中非农产业和非农就业人员比重不断提高。

7. 积极将城市优质人力资源导入农村，大力开发农村本地人力资本

北京市各部门除在资金投入上向农村倾斜外，还采用多种手段将城市人才资源引向农村，改变了过去“见钱见物不见人”的做法。通过机制创新，把城市的人才、科技引入农村，以优质的人力资源支持农村发展，使郊区农民长久受益。教育、卫生和科技等人力资源的对口支援政策和办法相继出台。比如，北京市教育委员会近年实施了城乡“手拉手”活动，组织了 103 所城市学校与 103 所农村学校对口帮扶。此外，除实施城市支持农村的人才战略外，北京市还注重开发、培养农村本地人力资源。

8. 建立“以工促农、以城带乡”的长效机制，形成城乡一体化的管理体制

为了改变城乡分割的二元管理体制，北京市把完善经济和社会管理体制，尽快建立“以工促农、以城带乡”的长效机制，打破城乡二元结构作为建设社会主义新农村的关键措施来抓。2005 年北京市各有关委办局开展的“春季调研”成为该市完善经济社会管理体制、建立新型城乡管理体制的重要引子。春季调研后，北京市通过机制创新，把城市的资金、人才和科技引入农村，创出了“工业反哺农业、城市支持农村”

的具体途径，“以工促农、以城带乡”的长效机制正在建立，城乡一体化的管理体制已初步形成。

9. 完善农村集体经济产权制度改革，切实维护农民权益

土地政策与管理制度既关系到农民的经济利益，也影响着社会的和谐与稳定。北京市提出在推进城市化进程中，既要保证农民的眼前利益，更要保护好农民的长远利益。北京市一方面完善土地承包制度，按照依法、自愿和有偿的原则，研究制定农户土地承包经营权流转的办法，规范土地流转行为，确保农民的权利。另一方面，完善农村集体土地管理制度，重新调整了农村土地征收政策，探索建立征地留用制度和建设用地使用权流转机制，既保留出农村发展、农民就业的空间，又要促进土地的规模经营和集约经营。

（二）北京统筹城乡发展的启示

1. 统筹城乡产业发展和布局

统筹城乡产业发展和布局，是推进城乡关系协调发展的前提，也是实现经济社会可持续发展的重要基础。农村在产业布局上，要充分考虑城市发展的要求，与城市总体规划和区域功能定位相协调；农村产业则要向城市延伸，比如农副产品的加工、销售，可通过农民专业合作社，把农产品加工厂、农产品专卖超市和销售网络直接设在城市，延长农业产业链，让农民不仅可以获得农业种植环节的收益，也可获得农产品加工、销售环节的收益，从而实现农民增收。同样，设在城市的农业生产资料生产企业，应向农村延伸服务，如把化肥厂的职能延伸为肥料服务公司，不单单从事化肥生产，还能为农户提供测土配方施肥，农民只需打个电话，就能服务上门。生产良种和农药的企业也应为农民提供技术指导等服务。通过促进城乡产业和布局的一体化发展，推动和完善农业社会化服务体系发展，提升农业发展水平和经济效益。

2. 统筹城乡总体功能和规划

要实现城乡统筹发展，就必须统筹城乡总体功能和规划，在编制发展规划时，一定要把城市和农村作为一个整体来统筹考虑、统一安排，而不能把城市和农村割裂开来，单独制定城市或农村的发展规划。在具体规划中，要对全部辖区的城市城镇建设区域、农田保护区、工业区、商贸区、居住区、休闲区、生态涵养区及交通网络等，进行一体化的远景规划。北京在新的城市总体规划实施之后，城市功能区域划分已非常明确，已迈出城乡规划一体化的关键一步。北京已经进入郊区经济社会全面城镇化转型的发展阶段，城市的很多功能已经转移扩散到郊区，成为城市进一步发展的特定功能区域。

3. 统筹城乡基础设施和公共服务设施建设

基础设施既是衡量一个地区发展水平的重要指标，也是影响一个地区经济发展的重要硬件条件。当前，要结合社会主义新农村建设，使城市的道路、供水、供电、通信和污水、垃圾处理等设施，逐步向农村延伸，使农村居民能逐步享受到与城市大体相同的基础设施服务。特别是要提高农村的自来水普及率和污水、垃圾处理率，使农村居民像城市居民一样享受改革发展成果，过上现代化的生活。从城乡一体化的发展趋势看，一般性的市政道路、供电、饮用水、垃圾处理等设施的建设和运营管护，都应由城市职能管理部门负责投入，并向农村延伸职能，组织专业队伍，实现城乡一体化管理。

4. 统筹城乡公共产品和服务供给

公共产品和服务供给方面的城乡差距是最为明显的，也是城乡二元体制的主要表现之一。当前，主要是教育、医疗、社会保障制度等，应按照公共服务均等化的原则，逐步使城乡居民在教育和医疗上实现公平，享受到大致平等的服务。社会保障制度的完善需要一个过程，要按照不同的保障水平设计城乡社会保障制度，并要能够实现城乡对接。通过逐步提高农村社会保障水平，使城乡居民的保障水平最终趋于一致，包括最低生活保障、养老保险、新型合作医疗、无社会保障老年人生活补助等政策为主的农村社会保障政策。从当前生产力发展水平和当地人均消费水平出发，逐步建立起广覆盖、分层次的农村社会保障体系。农村救助体系积极探索低保标准调整的科学机制，加快建立以低保为基础，医疗、教育、住房等专项救助和临时救助为补充，综合性、多层次的社会救助体系。

5. 统筹城乡劳动就业市场和社会保障体系

劳动和社会保障部门不再仅仅是城镇居民的劳动保障部门，而是所有城乡居民的劳动保障部门，要将城乡劳动力纳入统一的管理保障体系。城市劳动力可以到农村经办企业或搞农业综合开发，农村劳动力也可以到城市打工或经商，同样不应设置障碍。城镇各个行业招聘职工，对城乡劳动力也应同等对待，不应有任何的就业歧视。通过城乡劳动力的双向互动，才能带动生产要素在城乡之间流动，进而逐步消除城乡之间的发展差距。

6. 统筹城乡社会管理

统筹城乡社会管理应从两个方面努力，一是城市社会管理的各种职能应加快向农村延伸，向城乡一体化管理体制发展，并且要有必要的资金投入作保障；另一方面是农村内部，要逐步实现农村经济组织与社区社会组织职能上的分离，经济组织是独立的市场经营主体，不应再承担过多的社区社会责任。北京市政府通过财政转移支付的形式已经开始承担起农村社会管理的经济责任。但在城乡社会管理体制上，有待探索有效的过渡形式。

7. 形成实现城乡统筹的联动机制

市级、区县和乡镇在统筹中要各有侧重，形成合力。在新的发展阶段，特别要重视乡镇一级统筹的作用，不论是经济发展，还是农村社会结构的城镇化转型，乡镇一级都是重要的体制支撑和组织载体。

8. 统筹城乡发展过程中，高度重视村集体经济产权制度改革在统筹城乡发展过程中，高度重视村集体经济产权制度改革，推动城镇化建设，可以采取先试点后推广的办法，逐步完成。北京市为了把这项工作做好做细，确定了13个旧村改造试点。在试点过程中，注意严格执法，逐步完善旧村改造涉及的有关土地政策，从政策上维护农民权益。有些试点已成功完成了改革，并已开始逐步推广。按照“资产变股权、农民当股东”的基本思路，北京市积极稳妥推进农村集体经济产权制度改革，发育新型合作经济组织，让农民的权益在改革中得到保全和保护，确保农民带着资产进城，更好地融入城市社会。